Law, Economics And Antitrust:
Towards a New Perspective

法、经济学与反托拉斯

——一个新视角

[爱尔兰] 帕特里克·A. 麦克纳特 著
段文斌 等译

Patrick A. McNutt
LAW, ECONOMICS AND ANTITRUST
Towards a New Perspective

根据爱德华·埃尔加出版公司 2005 年版译出

参与本书翻译的人员有：

段文斌
李宏生　刘大勇
刘舒潇　孟祥君
彭明明　许晨喆
尹向飞　张　曦

目 录

前言 ································· 1
致谢 ································· 10
第 1 章 法、经济学与反托拉斯 ············· 15
第 2 章 所有权和产权 ···················· 54
第 3 章 签订合同的法经济学 ············· 86
第 4 章 赔偿责任和法律的不确定性 ······· 132
第 5 章 自由、关键设施与可行性竞争 ····· 162
第 6 章 非负性与义务 ··················· 213
第 7 章 规制信号、标签与可置信威胁 ····· 240
第 8 章 竞争的伤害与公共政策 ··········· 270
第 9 章 非市场经济学 ··················· 307
第 10 章 法的范围 ······················ 333
第 11 章 竞争类型:抢夺、斗争与竞赛 ····· 362
第 12 章 竞争法的价值 ·················· 392
后记——竞争法和相关议题的最新进展 ····· 424
判例引用 ······························ 458
参考文献 ······························ 474
索引 ································· 496

图目录

1.1 规制的损失 ··· 32
2.1 有效时间 ··· 76
3.1 埃奇沃思契约曲线 ··· 96
3.2 卡尔多-希克斯补偿 ··· 109
3.3 斯托夫斯基补偿检验 ··· 110
3.4 萨缪尔森-里特标准 ··· 112
4.1 ACC 函数 ··· 154
4.2 平均固定成本函数（AFC 函数）······························· 155
4.3 民事侵权者的均衡 ··· 156
4.4 民事侵权行为切点 ··· 157
5.1 可行竞争的均衡 ··· 200
5.2 有效进入价格 ··· 202
8.1 进入壁垒的高度 ··· 285
8.2 正常的平均成本 ··· 286
8.3 福利剩余测定 ··· 287
8.4 可竞争性结果 ··· 291
10.1 成本结构 ··· 346

10.2	规模的净影响 ……………………………………	350
10.3	古典反托拉斯权衡 ………………………………	360
11.1	ASP 和零和博弈 …………………………………	369
11.2	竞赛性竞争 ………………………………………	375

表目录

3.1 补偿标准的选择 …………………………………… 117
3.2 合同的具体履行和计划成本 ………………………… 123
4.1 道德标准 ……………………………………………… 148
5.1 自由的类型 …………………………………………… 164
6.1 性别战 ………………………………………………… 234
6.2 交易原理 ……………………………………………… 236
7.1 掷币博弈 ……………………………………………… 246
12.1 协议矩阵 ……………………………………………… 418
P.1 制衡关系 ……………………………………………… 432

前 言

  作为一个新的研究领域，法经济学在当今法学界和经济学界发展最为迅速。法经济学作为一个范式，肇始于20世纪70年代。类似于中国东方神秘主义中的阴和阳，该范式一直偏好阳（经济价值）胜于起补充作用的阴（法律价值和推理）。它已经演变为对法律的经济学分析。例如，在法学界，批判性的法学研究对法经济学的范式提出了强有力的挑战。但是，经济学需要重新审视它的历史渊源，并扪心自问：马歇尔在写作他那本现代经济学的奠基之作《经济学原理》时，如果被生物学规律而非力学物理规律说服，会出现什么情况呢？

  在此背景下，本书试图阐明三个问题：法、经济学和反托拉斯。案例研究被作为典范引入到许多章节中。关键性推理受到博弈论的影响：个体凭直觉自发地行动时如何实现效率和均衡。本书也面临着在短期内就变得有点过时的风险。为了弥补该潜在缺憾，本书的研究方法在某些方面与主流有所区别；各章所论，在对关键性推理的概念论点和知识基础未做任何缩减的情况下，补充了文献中描述的主流观点。

  过去的几十年见证了法经济学研究方法的多样化发展。各种思想流派，从芝加哥学派、公共选择理论、新制度法经济学，到耶鲁学派和现代公民共和主义，都对重新定义法学研究和揭示法律环境的重要经济学含义颇有裨益。批判性法律研究对法经济学的挑战有助于其发展。在第1章,我们通过考虑经济效率与权利为以后的分析做准备,来论证休谟定理的一个变形:仅通过实证分析得不出任何规范性的结论。正如不同的章节所述,法律人和经济学家的合作是相当困难的。在某些情况下,法律人必须解释一个广泛的规范,经济学家也必须承认人们有各种非经济动机。

在第2章,我们为高效的、不偷懒的雇员引入一个非市场设置的s型公司。他们也意识到信息(例如,关于工作安全的外部威胁的信息)在公司内能够被更有效地利用。第3章论证经济学涉及对因果关系的研究,这种关系存在于理性人对具有其他用途的稀缺资源的调配中。它主要是对效率的探索,而效率意味着获取稀缺资源的最佳、有时是最优的组合。不过讨论是以质疑的方式表述的,质疑在法经济学范式中是否应强调把福利主义和效率作为最终的道德和法律原则。以过度捕捞作为典型例子的"公地悲剧",是指在公众共享的情况下,稀缺资源会被无效率地过度开发。从20世纪90年代中期开始,美国和欧洲政府被电磁频谱是一种稀缺资源的观点说服,开始拍卖频谱。电信公司以抵押资产负债表的方式来获得新一代移动电话业务的频道。

现在,电信公司通过政府或规制机构对最高投标人授予执照的方式获得了对频谱的产权。在第2章,我们回顾所有权和财产权利。在大约50年前,罗纳德·科斯就已经认为在分配稀缺资源方面市场比政府做得更好。对效率的追求,当然不是寻求利润最大化,而是寻求在某一个时点,$t>0$,做"正确的事",或者确保激励措施已到位。许可证持有人在二级市场上交易产权的机制可能会安抚科斯学派的学者,他们担心政府对频谱的分配要比市场配置的效率低。或者,有些人会争论说,频谱不应该成为产权,而是应该作为共享的公共物品向所有人开放。或许这才是在21世纪要做的"正确的事"。在第5章,我们按照以赛亚·柏林的自由论点,阐述了要做的"正确的事"。

所有的问题都是二元选择,在两种规则或两个结果中选择。法经济学范式提供了一个封闭空间,使法学和经济学从评估二元条件的互动中受益。在某些章节中,我们侧重于替代并采用布尔逻辑;我们进行类比,把经济学答案引入相互连接的推理链所形成的网络。第4、5、6章中的方法是使读者知道法经济学中不同争论线索间复杂的相互联系,并切实提醒读者,只有把握了全局才能实现对问题的理解。20世纪早期,德国哲学家谈论"Gestalt(完形)",一种形式的"站在一起",一种基于理解整体大于各部分之和这个观念的理论。

在法经济学学者中有一种趋势是分解和分析总体,接着对单独的线索进行详细研究。经济分析在汇集事实方面的归纳或实证方法在全书中以"实情调查者"这个人物提出。然而,单独这样还不够;对照事件检验预测,对任何可能导致初始理论被修正或调整的新事实进行演绎,这样的附加步骤也是必不可少的。在法经济学学者中同样重要的一个趋势是,通过汇集更多的事实来检验理论。例如,通过理解全局,法律人可以把对法律的经济分析融入他的法学推理中去。运用效率的论点,经济学家可以影响一个问题的公正解决。在第3章,我们把卡尔多-希克斯补偿检验看作一种理论上的补救,其中假定获益者会补偿受损者。

在反垄断的法经济学分析方法中,我们引入非市场经济学和新古典经济学。然而,正如第9章和第11章所概述的,竞争评估的非市场经济学方法更倾向于强调,竞争被理解为一个过程最恰当,竞争性公司间的行为应该被明确地模型化为理性选择。在反垄断的方法中,我们论证了竞争是一个过程,是被描述的而不是被定义的。在不参考市场中价格和数量的历史数据以及公司间的战略互动的情况下,竞争评估的利益参数不应该被孤立地估算。

法经济学范式在法学学术研究和经济分析中已经成为很强大的知识力量。问你自己如下几个问题:你是一个罪犯吗?看看你周围的环境,你正被数字包围着:你ATM卡的个人密码,家中住宅警报器的安全代码,进入你办公室或指定停车位的磁卡。你大概不能未经允许就将车停在自己的前门外;除非你缴纳必要的费用,否则你的垃圾将无人清理。一般而言,x(遵守)的(实际)真实机会成本,即$C(x)$,被内化为你安全环境的成本——一笔为保护你的财产权利支付的保险费用。你的$C(x)$是罪犯因为做 y(不遵守)而被监禁的预期成本$C^e(y)$的镜像,该预期成本同样通过监狱长官而获得了保护他的生命和财产的保证。

区别在于你没有把自己视为罪犯,而是以刑事犯罪的自然状态应对;以刑事犯罪的自然状态行动的真正的罪犯被投入监狱,并相信他自己将是安全的。作为理性人,你把生存环境的机会成本内化为实际成本,作为防备真正的罪犯、窃贼、偷车贼,把车撞向你的汽车的未保险的侵权行为者(第4章)或你工厂中偷懒员工(第2章)的保险。在这两章和第8章中,本书提出这样一个论点:价值(选定的规范标准)应该明确地被识别和规定,以明晰它们有限的和相对的有效性。

理性是法经济学范式的核心。作为一个具有康德道德意识的理性人(第1章),你绝对地并且无意识地选择了权衡做 x 的实际成本和做 y 的预期成本。那么，你就是第一种类型的个体。然而，传统的成本-收益分析将使你权衡做 x 的收益和成本，那么你是第二种类型的个体。全局评估的法经济学将比较做 x 的预期成本 $C^e(x)$ 和不做 x 的预期收益 $B^e(\sim x)$（第 4 章）。不做 x 的预期收益与被发现的概率成反比。如果你是第三种类型的个体，假定有足够数量的个体是第一种类型和第二种类型，就会一直存在搭便车者或边际小偷。代理人做($\sim x$)的决定是一个函数，基于其他个体的信念：做($\sim x$)是如此不道德、无原则、不诚实或不真实的，以至于没有人会去做或犯($\sim x$)。所以边际小偷或惯犯将继续做($\sim x$)。

第一种类型：如果 $C(x) < C^e(y)$，做 x；否则做 y。

第二种类型：如果 $C(x) < B(x)$，做 x；一直做 y。

第三种类型：如果 $C^e(x) < B^e(\sim x)$，做 $\sim x$；否则做 x。

卢梭(1754)在他的《论人类不平等的起源和基础》中论证说，一群人出发去猎鹿，他们都完全明白为了成功必须忠诚地坚守岗位。但如果恰好有一只野兔从他们中的一个人身边跑过，毫无疑问，一旦捉住了这只猎物，他就对自己是否使同伴失去了他们的猎物漠不关心了。每一个体都具有理性计算的能力，如果"合作"对个体而言是一种收益，他们将会合作。如果存在争议，团体能够依靠商谈来缩小争议和限制损失。

金融经济学文献已经论证了在家庭间存在交易不确定性的市场。与 20 世纪 70 年代布莱克和斯科尔斯的金融模型并无不同，法经济学也在探索谈判、义务和承诺的定理。第一种类型个体在刑事犯罪的环境中会采取预防措施只是一种猜测。法经济学的挑战在于为或有负债标定价格——只有在符合买方的利益时才会被行使。所以，如果你生活在无政府状态中，那么价格的存在是由于负债：因为在财产权利缺位的情况下你没有财产。

在具备法律和政府的秩序井然的社会中，仍然存在负债和损失的可能性，而且与传统的道德风险问题相关联，没有一个对或有负债的定价可以占上风，因此，我们中的某些人就会像第一种类型和第二种类型的个体一样采取预防措施并招致保险成本，而其他人则不这么做，继续充当第三种类型个体。这种情况下就出现了典型的囚徒困境：当所有其他参与者选择合作时，个体参与人可以通过不合作而获益更多，但从长期来看，所有的参与者都会采取不合作，合作的行为不复存在，而各方处境将更糟糕。因此，通过监禁或者罚款对第三种类型的依赖犯罪个体进行的惩罚应该转变为控制他们的支配地位，从而确保他们行为的成本越来越少地成为第一种类型和第二种类型个体的负担。我们将在第 4 章侵权行为者的案例中阐述这个问题。

在绝大多数产品市场中，我们偏好竞争的主要原因在于消费者可以得到低价商品和服务。在反托拉斯界也理所当然地认为，在提供相对多样化的选择和最优水平的质量方面竞争也同样重要。但在低成本航空公司的现象中，低价格不是竞争本身的结果，而是行业内一种被称为收益管理的定价惯例的结果，降低价格只是为了最大化乘客数量，而不一定是对竞争定价的反应，而这种反应才是激烈价格竞争的本质所在。

我们必须打破竞争本身总是好的和有效率的这种思维定式。回顾历史，着眼于中世纪西多会修士经济体、巴拉圭耶稣会省（Jesuit state）、以色列的基布兹集体农场（kibbutzim）和日本看板改善系列（kanban, kaizen and keiretsu）中供应商和生产商的合作等历史事例,你可以找到合作行为可以是有效率的证据。尽管亚当·斯密《国富论》中最著名的段落声称:"即使是为了消遣和娱乐,同行也极少碰头,但谈话总以反对公众的共谋或提价的诡计结束。"接着他又发出了不为人熟知的警告:"通过任何能够被执行的或者与自由和正义相一致的法律来阻止这种碰面确实是不可能的。"在第5章,我们引入在位者的消极自由来为后面第12章关于竞争法价值的讨论做铺垫。对操纵价格的犯罪起诉,只会将国家竞争主管机构和被告卷入一场无休止的关于程序和自然正义的博弈中。我们将在第7、8和12章中回顾竞争管理机构和规制机构的作用。

反托拉斯法在产品市场的定义上有缺点。实情调查者可能发现,没有任何竞争问题要求做出与SSNIP(即小幅度但意义重大的且非临时性的价格上涨)检验兼容的相关市场的定义。在一个合适的市场中,竞争问题膨胀到这样一种程度,以至于有责任的国家竞争管理机构在它的论述中明确而言简意赅地指出,阻止竞争或排斥新厂家进入市场的可能性确实存在——这样的市场就是相关市场。该机构可能不认为适用SSNIP检验标准是必要的。相关市场与关于支配地位的法律标准和对支配地位的滥用结合在一起。这里的滥用与性虐待中的滥用不同;反托拉斯中的滥用与不合理的滥用和背弃信任或美好信念的滥用不同。

通过控制对支配地位的滥用能够重建什么样的竞争?在1978年的联合商标公司与欧共体委员会诉讼案(United Brands v. Commission)中,欧洲的竞争法认为市场支配只是程度问题,而欧洲法院已经纠缠于独立支配和集体支配的定义了。在第11章,我们提出采用"市场上的同一行动"作为ASP证据的标准,实情调查者可能会在时点 t＞0 把"价格的偶然一致"（accidental sameness in price, ASP）误解为合谋价格。如果市场上不存在竞争的压力，规制也不可能创造出这样的压力。例如，法经济学范式可能会提出，在消费者和供应者之间基于"产品对产品"的交易成本变得微不足道的情况下，对本地市场的分类计价将降低效率价格（第5、6章）。

第5章阐明，那些将同样有效率的公司隔绝在市场之外的进入障碍才是真正要紧的，因而主要问题是，价格管制能否与竞争兼容。我们在全书中阐明了真实价格、公平价格和不合理价格等问题，把这些论点分解为第11章中对行为市场体系的理解。在国家竞争管理机构之间有一个默认的共识，公司全球化迫使针对企业战略的反托拉斯思想产生改变——它们不再是国内的而是全球的。后安然世界拥护治理原则，却忘记了——例如，在亚洲——羞耻感比罪恶感更重要。换言之，竞争政策真正有效的执行应该是将资产从公司剥离而不是罚款或者监禁。

全球化和私有化的出现增加了在全球市场视角下规制并购的需要。跨国公司把工厂设在全世界，这种情况增加了所有国家规制竞争政策的复杂性。考虑到欧洲的集中决策和各国竞争管理机构的分散决策这两种并行的方法，采取一致的、连贯的决定是势在必行的。在欧盟，对竞争法（第81和82条）的违反能使协议中关键条款不能执行，使公司承受巨额罚金并导致第三方对所受损失的索赔。所以所有公司都应该进行反托拉斯稽核，以识别可能违反竞争法的风险区域。无论公司是公共的还是私有的，我们都要问：公司是否必须遵守竞争法原则？还是市场就能充分担当纪律督导者？

寡头理论教给我们合谋、支配和单边效应,它们植根于对相互依赖的理解。合谋类似于各参与方对策略进行匹配的合作结局。单边效应很大程度上在并购各方的掌握中,所以任何关于对手做什么的质询不应该被认为是单边效应。效率很难测度,特别是在没有新发明或新产品的开发使需求发生变化的条件下。这一点将在第10章加以阐述,我们将讨论反托拉斯案例中支撑经济分析的剩余测度。所以,如果价格因 β 因素而上涨,那么竞争就因 β 因素而减小。我们可以辩解说,效率是公司内在的,除非竞争者压低成本,否则自己不会这么做。竞争规制机构必须考虑,反托拉斯损伤是经济或行业上的损伤,还是市场中对剩余租金再分配的财产权利纠纷?这和其他许多问题都将在后记中进一步讨论。从我作为一个规制者时的观察来看,尽管有许多预测,但是较高的市场份额被证明是稳定的,价格以多变的路径前进,市场进入一直存在。随着时间的推进,法经济学学者将验证中国那句老话:"阳极生阴。"

帕特里克・麦克纳特
2005年3月,都柏林和多尼戈尔

致　　谢

本书的写作经历了很长的酝酿期，我对很多人和组织多年来的支持和鼓励表示感谢。本书写作的四年历程，被《公共选择经济学》(2002)第二版的出版以及我在都柏林作为竞争局全职执行主席(1996—2000)和一名私人顾问所要面对的各种事务所打断。这些年来，我平衡职业选择和写作本书的兴趣，搜集相关论文，参加和参与国际会议，并作为规制者把理论应用于实践。

在本书不同章节中掩藏的许多观点和概念已经在许多国际会议，特别是欧洲法经济学协会的年会中，向自1999到2000在年墨西拿(Messina)工作室和自1992到1996年在马斯特里赫特(Maastricht)法经济学工作室的参与者做了介绍。对于在诸多会议中，特别是在维也纳、约翰内斯堡、纽约、都柏林、伦敦、布达佩斯和布拉格会议中就我的论文进行讨论的人表示感谢，感谢他们有益且有指导意义的评论。向你们所有人表达我对你们批评性评论的感谢。

我还向过去我在高威大学和阿尔斯特大学期间，在演讲和课堂讨论中聆听并发展了我的观点的一群学生——研究生和大学生表示诚挚的感谢。特别是，我希望就我从战略性反托拉斯工作室的一群经理人员那里收到的非常有益的评论表示感激，这个工作室是曼彻斯特商学院和威尔士大学的远程MBA项目的一部分。本书中引用的著作的众多出版商允许我引用他们的作者的论点和观点，我对此表示感谢。对于自1996年到2000年布鲁塞尔局长会议的所有参与者，我谢谢你们所有人，特别是乔纳森·福尔、约翰·坦普尔-兰、亚历克斯·肖布和皮埃尔·劳赫。

在将本书带到这个舞台的过程中，有许多人我想感谢，没有他们的支持和帮助，最后的手稿将无法产生。对于文中图表的制作，我向曼彻斯特计算中心的郭冉和格雷格·萨德勒表示感谢。我还想感谢以前在爱德华·埃尔加出版公司的丁夫娜·埃文斯，就她在手稿的每一个阶段提供的帮助，特别是她对完成手稿的持续的鼓励和支持表示感谢。我还想就书稿的复印、编辑和准备方面的工作感谢爱德华·埃尔加出版公司的茉莉·莱帕德和她的团队，包括凯特·埃门斯和内普·埃斯沃。我还想就影印本的准备工作感谢标准印制公司的格里·朗。我还想就某些案例的研究感谢在泽西的索菲·勒叙厄尔、弗罗伦斯·黑兹古尔、保罗·汉密尔顿、格雷姆·马利特和威尔·莱克曼。向每一章开始的智慧之语的众多作者和诗人献上特别感谢。

在观点的交流中，我想诚挚地感谢威廉·鲍莫尔，他在对我的论文的早期草稿的评论中是慷慨和友善的，这些评论被运用在对关于反托拉斯的许多章节的构建中。就在此过程中对我的论文和会议记录的具体评论感谢巴里·霍克、艾伯特·福尔、鲍勃·兰德、格雷格·西达克、马丁·凯夫、乔斯·里瓦斯、罗伯特·麦吉、查尔斯·米勒、曼格雷德·霍勒和文森特·鲍尔。向许多期刊的编辑，包括《全球竞争》杂志的乔斯·里瓦斯和《爱尔兰欧洲法律杂志》的托尼·科林斯，就他们在构成本书某些章节推理的原文的写作中的鼓励和支持表示感谢。我还想感谢法律奖学金网络和智囊团，以及《国际社会经济学杂志》的约翰·康韦奥布莱恩和《公共选择》杂志的弗里德里克·施耐德，和允许应用和改编初始产生于他们刊物中的许多观点的所有编辑们。

在身兼数职的工作生涯中，我在1996年于都柏林被任命为竞争局主席，并很满意任内应用反托拉斯理论和竞争政策的机会。我想就该荣誉感谢爱尔兰政府。我想就对我作为管理者的许多观点的有益建议感谢当时任内的同事比尔·普莱斯夫卡、伊索尔德·戈金、帕特·马西、德克兰·珀塞尔、帕特里克·肯尼、尤娜·布雷迪、夏兰·奎格雷、夏兰·奥奎尼根、托尼·肖特奥、科利特·赫加蒂和伯尼·伯恩。我对诺琳·麦基就其对早期章节草稿准备工作中的有益见解和深刻评论表示感谢。作为英德康伦敦经济咨询公司（2000—2003）的私人反托拉斯顾问，我得到了来自阿兰·格雷、约翰·麦圭尔、威廉·霍姆斯-巴特、科尔姆·奥利尔顿、尼尔斯·冯·辛顿-里德、帕特里斯·米勒、格雷格·斯威南德、纳迪拉·巴卡图拉、帕特里克·麦克劳安、安·里鲍特、格雷格·萨德勒、卡罗尔·哈罗德、尼亚姆·凯利和菲诺拉·奥莱尔登的支持和鼓励。

直到2004年5月，我仍肩负着作为新建立的泽西竞争和规制局兼职执行主席的责任，我感谢我在泽西的同事对我的章节草稿提出的有益评论，特别是查尔斯·莱瑟姆和莱斯·鲍布里克。我感谢泽西各省的任命和将现代的反托拉斯和管制的原则在一个岛屿经济体中付诸实施的机会。这种经验是无价的。我还想感谢牙买加公平贸易委员会，特别是彼得·约翰·戈登、戴维·巴蒂、芭芭拉·李夫人、斯蒂芬森先生和已故的雪莉·普莱费尔夫人。我感谢牙买加司法部和公平贸易委员会邀请我出席普莱费尔纪念演讲。

许多同事和朋友影响和引领了我在写作本书过程中的思考过程。然而,我确实想要向那些通过他们的作品直接或间接影响了我的思考过程的人致谢,表达我个人的感激之情。我特别感谢尚蒂·查克拉瓦第(班戈)、马弗里德·霍勒(汉堡)、比尔·麦基尔罗伊(乔治敦)、巴里·霍克(福德姆)、威廉·鲍莫尔(纽约)、罗伯特·麦吉(西登霍尔大学)、伊莱·萨尔兹伯格(海法)、沃特·威尔斯(欧盟委员会)、彼得·约翰·戈登(牙买加公平贸易委员会)、迪特尔·施密特兴(萨尔布吕肯)、伯恩哈德·纳格尔(卡塞尔)、戴维·奥基夫(伦敦)和俄尔林·艾伊德(奥斯陆)。

我还想感谢安东尼·奥格斯、彼得·卡姆萨斯卡、莫里斯·杜布拉、玛丽·哈尼、理查德·布鲁顿、丹尼斯·米勒、史蒂文·萨洛普、保罗·巴顿、阿利斯泰尔·本森、达米安·麦圭尔、彼得·史密斯、泽维尔·杜兰、罗伯特·兰德、艾伯特·福尔、森托·芬内尔、凯文·邦纳、阿德里安、加纳、安娜、玛丽·柯伦、约翰·芬格尔顿、弗兰·奥图尔、约翰·默里、格里特·德格斯特、马丁·布雷厄姆、迈克尔·福尔、皮尔-奥洛夫·加格兰、彼得·路维舍、迈克·利斯顿、艾伦·麦卡锡、菲利普·奥祖夫、弗兰克·斯蒂芬·汤姆·赫恩、伯尼·格罗夫曼、阿里·希尔曼、查尔斯·罗利、皮尔特罗·纳瓦拉、迈克尔·亚当斯、朱尔根·格拉维尔、阿里斯蒂德斯·哈茨兹、乔治·特里迪莫斯、范尼·博罗尔、努埃拉·奥罗恩、布莱斯·迪克森、帕特里克·冯·凯西尔、亚瑟·施拉姆、戈兰·斯科格、理查德·托里斯和沃尔夫冈·伟格尔。特别感谢马丁·斯库利的启发和威廉·鲍莫尔为本书制作的护封。我全心全意地感谢你们所有人并希望你们享受阅读。

最后,我想诚挚地感谢我妻子梅芙·多尔蒂在我写作本书期间不断的支持和鼓励。

帕特里克·麦克纳特

2005 年 3 月,都柏林和多尼戈尔

第1章 法、经济学与反托拉斯

> 有资格与上帝争斗的人,还有很长的路要走。
> ——艾尔弗雷德·丁尼生

　　法学和经济学作为两门重要的学科已有几个世纪的发展,它们能就同样的问题,为学者和业界人提供独特的分析视角。作为一个相对较新的研究范式,"法经济学"成为经济学和法学界研究发展最快的专业领域之一。历史上,直到20世纪60年代后期,经济学和普通(判例)法——财产、合同和民事侵权行为——才有所交叉融合。但是,这两者的交叉都局限在反托拉斯(竞争法)和政府对经济管制的领域内。反托拉斯法是个特殊的领域,当法学和经济学被分别应用于解决各自的问题时,两者产生了双赢的结果。本书三分之一的内容是针对反托拉斯问题进行批判性的讨论,法和经济学的方法论也作为经济学分析的补充,用来分析书中提到的许多问题。

引　言

　　本书将在法经济学方法论的分析框架内,用全新的视角分析法、经济学和反托拉斯领域中的一系列问题。对法律的经济学分析并不是必须在法律当中为法律问题找到答案,而是将法律视为一个社会现象,并从外部的角度考虑是否可能减少或增加交易成本(Ress,1994)。交易成本是指当存在相互替代的选择时,收集和评估这些信息所花费的成本。经济学家分析任何社会现象的目标,是想更多地从经济学方面去了解这些现象,进而提供均衡的解和有效的政策措施。特别地,经济学的方法论是将各种均衡解进行排序,并且寻求界定最优解或最适度政策。例如,在本书的第4章中,这种分析方法被用于讨论福利水平的最优化。

竞争法(或反垄断经济学)是经济学和法学界发展最迅速的专业领域之一。在美国和欧洲大陆,竞争法的经济学分析对法学界的影响深远。随着法经济学在美国和欧洲的发展,普通法的核心领域——财产、合同和民事侵权行为,不再是由法学家独占。在竞争法领域,法律从业者和法官经常发现经济学内在的有趣之处(Cooter and Ulen,2003),但是,他们同样也要求"让他们看到经济学理论如何能够帮助他们理解现实问题,从而获得有效的政策措施,以及这些政策措施的获得是除了费尽心力地学习经济学理论之外,别无他途的"。我们完全同意此种要求。长期来看,对经济学概念的清楚界定和明确运用能促进制定更富有成效的法律。

如果试图通过制定有效的竞争法(或竞争政策)来模拟出竞争结果,那么将经济学运用于法律就很重要。例如,在管制或限定价格的情况下,可以通过制定价格来防止获取垄断租金。然而,有争议的是,无论它们所处的产业是否被第三方解除了管制,这些解除了管制的企业本来就会进行创新改革。事实上,在信息技术快速发展的背景下,互联网通信和电子商务使企业超越了地域界限,产品和服务市场愈发成为全球范围的竞争,由法经济学的方法论指导的竞争法和竞争政策将有助于拓宽我们的视野,即市场而不是准政府垄断者(或机构)或者管制机构才能更好地决定生产、出售产品和服务的最有效方式。这一问题将在第5章加以讨论。

案例1.1　竹笛寓言

20世纪80年代阿马蒂亚·森在牛津大学的演讲中向学生们介绍了"竹笛寓言"。这个寓言有助于我们理解法律的功能。假如你在一场三人间争夺竹笛所有权的争议中是个调查人和仲裁者。你作为一个实况调查者,在三个人正在争论的时出现了,三个人一致同意指定你作为这个争论的仲裁者。这是一场典型的关于资源所有权的分配争议。谁将拥有竹笛的所有权,将依据作为仲裁者的你所掌握的信息而决定。你只能将竹笛判归一人所有,并且你的决定一旦做出就不能再更改。

如果你所掌握的实际信息仅仅是,第一个人制作了这个竹笛,而且假设你采信了马克思-诺齐克(Marxian-Nozickian,1974)分配法则,你将把竹笛的所有权判给第一个人。然而,如果你掌握的信息是第二个人会吹笛子,而且假设你采信的是较古老的边沁功利主义(Benthamite-Utilitarian,1823)法则,你将把竹笛的所有权判给第二个人。最后,如果你掌握的信息是第三个人最贫穷,而且假设你采信罗尔斯(1971)法则,你将把竹笛的所有权判给第三个人。你每次做出决定都是基于伦理法则,并且这些法则也必然有其价值基础,然而,它们是你作为仲裁者做出决策的组成部分。

价值判断和最终结果

对上述案例中的问题更一般的表述是,因为通常情况下对于任何资源分配问题都有很多不同的但同样有效的结果,所以仅是效率还不足以作为充分的标准,进而给出很清晰的解释。但是,在不存在财富效应的简单假设下,只有一种行为方式是符合效率的,那就是使得在交易中所创造的总价值最大化(Milgrom and Roberts,1992)。这就是价值最大化原理,也是将功利主义法则运用于解决分配问题的一个范例。它更关注的是最终结果。

法律体现了一种法则,即一种关注纠纷的最终结果的法则,比如,这种法则会对生效合同和财产权所产生的纠纷的最终结果进行评审。但是,这种纠纷真的存在正确或是公正的结果吗?法律真的是公正的吗?如果决策者信奉规则的功利主义,那么他可以秉承这样的信条做事,即:如果每个人都遵守同一套行为规范,那么社会福利(每个人的效用总和)将最大化。德国哲学家康德(1724—1804)相信道德的本质来源于理性,通过一个理性推理(不同于宗教信仰)过程,人们可以发现对和错的根源。在法经济学中,博弈论已经为理性推理提供了一个新的维度。博弈就是受规则支配的社会的相互作用,其特征就在于策略的互相依赖(Baird et al.,1994)。例如,在本章后面我们要讨论的一个终极博弈中,一方(提议者)决定如何瓜分10欧元,但须征得另一方(回应者)认可。如果遭到拒绝,则双方的收益都为零。按照自利的理性预测,回应者应该接受任何所获收益大于零的方案。而提出建议者若期待对方同意,应该给予回应者最小的金额。在一些实验中,提议者给予对方最低的报酬是 1 欧元,最高的为 5 欧元。

决定性的选择

然而,在案例 1.1 中,至少还有第四种情形。即调查者赶到争论现场并且拥有上述三条信息,帮助其做出竹笛归属权的决定。在这样一种特殊的情况下,调查者在做出其决策选择过程中是信息受限的或者说是有限理性的(Simon,1957)。如果对这三个个体的偏好不考虑财富效应的话,按照科斯(Coase,1960)的解释,三人全都认同的结果既不取决于各自的讨价还价能力,也不取决于争论开始时各方所拥有的财产数量,而取决于效率。

其他的因素仅仅会影响到成本和收益分配的决策。因此,效率与道德之间的关系变得复杂了。在一些案例中,道德规范有助于保持竞争性的行为并因此推动社会机构作用的发挥(Shleifer,2004)。例如,对腐败的道德谴责是建立在这样的思想基础之上的:只有政府公平地工作时,各个社会机制才能发挥应有的作用。单独的效率就能决定结果的原则,在法经济学界已发展成为著名的定理,即众所周知的科斯定理。科斯将交易成本等于零的条件作为基准,来探究资源在交易成本为零的情况下和在现实世界中分别如何有效使用(Coase,1960)。

科斯的分析框架并不要求最大化的概念;我们也并不需要根据均衡市场去分析科斯的结果。但是,均衡市场却是法经济学中交易成本分析法的基础。法律是会产生交易成本的——起草合同的成本、履行合同的成本以及解决争议的成本。对任何裁定纠纷的法律来说,有效的法律应使得其所蕴含的成本最小化。即使冲动与我们履行的责任碰巧结合在一起,调查者也应意识到,正确的或公平的裁决不应该出于个人冲动或自身的偏好。公正的结果只可能从对一个人行为的特定思考得出。这便可以解释科斯定理在法经济学范式中受欢迎的原因。相似地,法律学者和经济学家在处理他们所面对的问题时,也会习惯性地使用他们的伦理和道德作为基准。因此就同一问题既有开放的观点又有保守的观点,并且这些观点会转换成为分配的法则。在"竹笛寓言"中以道德做基准时,重要的是调查者以正确、公平的方式去思考个体的行为。康德式的理性的"被引导的意愿"给个人的行为加上了道德的维度。因此,正是对责任的认知与理解,驱使着我们的行动。

在考虑宗教是否是道德权威的最终源泉时需注意到,欧洲在18世纪和19世纪初的启蒙运动时期以强调人的理性而著称。道德问题中的对与错、好与坏并不是简单地由于神权或教堂的权威而被接受的;而人类的理性是可以作为对事实仲裁的依据而被信任,并且用来判断对错是非。法律影响道德不仅仅因为它可以通过法律制裁对人的行为产生直接影响,而是因为它"作为一种副产品,拥有改变道德信念以及加强道德制裁的有益作用"(Shavell,2002)。

道德与效率

组织与个体行为对理解法经济学的范式是至关重要的,而道德通过信念与价值形成了组织与个体行为研究的基石。价值与信念被认为是我们的文化中认知性的子结构中的一部分(Gauthier,

1986)。价值观与品行和道德准则紧密地联系起来,决定了人们认为什么是应该做的。例如,崇尚诚实、正直、开放的组织与个人认为他们自己和别人都应该表现得诚实、开放并富有正直感,因为他们认为那才是正确的行为。从另一角度来看,信念涉及人们判断事情的对错。我们将在第11章有关简单垄断的讨论中继续探讨这部分内容。

在很大程度上,权力与责任是一枚硬币的正反两面。如果管理者作为雇主有责任确保合理的卫生标准以及工人的安全,那么工人们也有权利期待获得这样的标准。如果工人有权利获得最低工资这一事实已经被大众所接受或者已成为一项市场规范,那么作为雇主的管理者就有责任支付给工人最低工资。一般性的权利和义务是道德给予每个人都要享有和承担的:例如,不能欺诈或者是不能偷窃的义务。法律上的权利与义务总是相辅相成的。这些权利和义务往往仅在特定的辖区内起作用(Chryssides and Kaler,1996)。在一些辖区内(例如在英国),法律上的权利与义务是议会通过法律制定的,这些法令也都是由普通法及判例法——由建立先例的法庭所传承下来的法律判决(即判例法)——所确定下来的。

尽管法律与道德之间存在着重叠(如果出售不该在市场中销售的产品,是既不合法又不道德的),但是一些行为是不符合伦理的但并不违法,并且(在少数情况下)相反的情形也存在。违背向朋友许下的诺言通常并不违法,但除非具有非常充分的理由,否则这样做是不道德的。这一问题将在第3章我们讨论合同问题时给予解决。在一个公司内部,存在着与角色相配的权力和责任,比如,所有的工人有权使用公司的食堂和停车位。而与特定的角色相配的责任可能也是一项法律义务：例如，没能推动公司产品销售的销售经理可能同时也违反了合约；另一种情况是，某个工人因在生产线上偷懒而没能履行其相应的责任，但是他可能并不违法。(Chryssides and Kaler,1996)

伦理标准：康德式的推理

康德(1724—1804)说意志是"按照法的意愿而采取行动的能力"。当我们实施某一行为时，我们能否达成计划的结果并不受我们的控制。因此判断行为道德与否并不取决于行为的结果。但是我们所能控制的是行为背后的意愿或动机。那就是说，我们可以遵守一种法而非另一种法去采取行动。因此行为的道德性必须以行为背后的动机为依据加以评判。例如，在"竹笛寓言"案例中，在遵守功利主义分配原则的情况下，调查者的初衷可能是：让听到第二个人的竹笛演奏带给人们的愉悦感最大化。

康德认为理性首先告诉我们的是：人们是为了履行义务而承担责任。道德并不等同于自利或慈善。如果琼斯是一个雇员的事实变成了要给予琼斯良好待遇的原因，那么管理者就会解除这种雇佣关系。比如，管理者会和他发生争吵，这种友谊关系也会不复存在。换句话来说，行为的道德基础不是建立在对他人的友谊和同情心上的。康德告诉我们，道德准则被人们所遵守是由于道德本身所规定的行为是正确的，而不是由此带来的结果能助长人们的道德行为。

康德指出道德的法则生来就是普遍适用的，除非有例外的情况(Chryssides and Kaler,1996)。例如，在贫穷国家的 A 先生可能会受贿，而在相对富裕国家的 B 先生则不会这样做。他们是根据不同的原则与信念(maxim)采取行动,而那个穷人的假定就是自己已经没有其他的生存之道。

在康德看来,信念即是我们行动时所依据的个人原则。康德把作为他道德理论基础的绝对命令定义如下:"除非这样做能够使我的信念成为一种普适的法则,否则我绝不会这样做。"因此,对于受贿和偷窃在一些情况下是对的而在另一些情况下是错的这种问题,必定存在相对的差异,因此,不同当事人所遵守的信念也不同。但是信念能成为普适的规则吗?

伦理标准:功利主义

康德坚持其道德理论与行为的结果无关。因此,批评家们会辩称,偷窃行为对于富人来讲通常是错的,而对于穷人来讲有时是对的,因为对富人偷窃行为的禁止和对穷人偷窃行为的准许会提高整体的福利水平。如果一个穷人从一个富人那里偷得一欧元,他所获得的边际效用超过了富人丢掉一欧元所损失的边际效用的话,那么整体的福利就会提高。这就是为引入被称为功利主义的道德理论而使用的法经济学线索。更具体地说,在做出道德决定的过程中,一个人可能会将他的福利与其他人的福利做一个权衡,从而依据哪种行为会使得福利最大化而做出决定。以这种方式做决定,就意味着把一些被称作"后果论者"的研究方法引入道德中来。和康德主义不同,对于结果主义者真正重要的并不是已成条文的道德准则,而是道德决策的结果。一些道德决策蕴含在法经济学关于侵权以及合同纠纷的裁决中。

最著名的理论当属功利主义,它主张只要一种行为能够给最大多数的人带来最大的幸福感,那么这种行为就是正确的,反之就是错误的。要知道功利主义者并不认为正确的行为必定会产生大量的愉悦感。还有问题尚待解决。"竹笛寓言"中的调查者试图解决一个分配问题。克瑞斯顿斯与卡勒(Chryssides and Kaler,1996)组成的一个管理团队曾记录了这样一个经历:他们的公司因为未能跟上产品设计的创新,在与对手的市场竞争中,不断地失去他们的市场份额。而之后管理层的对策却是降低工资。

正义的元素可以被用到降低工资的选择中来。克瑞斯顿斯与卡勒(Chryssides and Kaler,1996)引用了下面的例子:假如工人获得 8,000 英镑而管理者获得 80,000 英镑,管理者面临一种选择:他们给自己降低工资同时小幅提升工人的工资,或者他们可以承受这种工资的降低直至公司重新夺回丧失的市场份额。其他可供选择的方案是管理者可以引入自愿减薪机制或是建立与绩效挂钩的支付结构。这些方案比武断地降低工资的措施更公正,同时可以判断行为的对错。判定措施的正确与否,需要在公司内采纳那些根据责任来定义的规则。我们将在第 2 章中有关公司的讨论中解决这一问题。

伦理标准:"无差异理论"

这一法则是确保消费者从零售商和制造商那里获得公平交易的最重要的法律依据。例如,各种卫生和安全法确保了雇员工作场所条件的大幅改善。合同法详细地规定了雇主不再有签订合同的完全自由;雇主也无法在许多辖区的工会中,在工资和工作条件方面代表工人的意愿。尽管法律日臻完善,但是这并不意味着商界可以依靠法律来解决道德上的难题。人们期待负责任的管理方式。管理层要么认同这种"无差异理论",从而使自身在商业活动中所秉持的道德行为标准与私人生活中的标准保持一致,要么则认同公司内部有关权利和责任的隐形规定。比如,有的伦理准则反对对工人的压榨。同一种市场力量,可以引发一家公司内部的不道德行为,但同样的力量可使另一家公司(如第2章中的S型公司)的工人和管理层同心协力地工作并改进伦理和效率间的匹配关系。

伦理标准:良好的道德意味着成功的事业

这种商业道德的观点通常被认为是"巧合理论",即美德与事业的繁荣碰巧重合了。这可以体现在产品责任法中。例如,一家公司出售有缺陷的产品,消费者将不会继续购买该公司的产品。管理层希望避免法律纠纷并确保公司的一切活动,从招聘到解雇员工,从提供连锁管理到产品的出售,都有最佳表现。有很好道德声誉的公司很少被起诉。与商业界的重大灾难相伴随的是各种起诉和负面宣传:如印度的博帕(Bhopal)事件,比利时沿海的齐布鲁格(Zeebrugge)渡船事故,阿拉斯加沿海的埃克森(Exxon)石油泄漏案件,欧洲的皮埃尔(Perrier)公司瓶装水污染案以及美国的安然事件。在许多情况下,法律提供了基本底线,使得商业不至于失败(Chryssides and Kaler,1996)。在反托拉斯经济学中,完全竞争市场在价格和边际成本方面提供了一条基准线。而且正如我们在全书中所主张的那样,只有个人和公司都按照自然秩序自发地行事并相信他们的直觉,才能够达到效率或均衡。

瓦尔拉模型

是什么构成了法经济学的微观基础？在科斯-波斯纳的传统影响下，这一问题已被多数的律师们和经济学家们含蓄地回答了。任何一个观点的普及，都是法学和经济学作为一般性的框架共同作用的结果；在此框架内，我们可以在一个经济体内描述所有经济人的行为，更能描述具有代表性的经济人的行为，判断他们是否是民事侵权人、垄断者、消费者、犯罪者或者是卡特尔。不过在法经济学领域，在价值与分配理论的支持者和货币理论的拥护者之间、在规模经济方面，并不存在严重的分歧。

法经济学不仅关注个人和公司，同时也关注"在资源数量给定情况下的报酬与分配的作用"(Keynes,1936)。这种凯恩斯式的结果是引发了一些问题，而这些问题可以归入到新瓦尔拉体系中。

新瓦尔拉方法

瓦尔拉理论所采用的观察现实世界的方法基于两个重要特征：(1)许多独立的活动在同一时间发生。(2)决策、分配以及价格不断地发生变化。卡兹纳(Katzner,1988)将瓦尔拉方法表述为如下："不仅单个事件同时发生并相互关联，随着时间的转移，所有的事件都是这种状态。"融合了语言学和历史学之后，这两个重要的特征连同优雅的风格、经济学的活力及逻辑的力量，成为我们在本书中称之为"对法律的经济学分析的新瓦尔拉方法"的基础。它是从实证出发，在事实论证过程中对隐含内容的分析。我们的目标不仅是观察在特定的假设和前提下能得到什么结论,同时也要对隐含的内容进行分析。

从新瓦尔拉法经济学模型的角度来看,尽管每件事都能被经济理论在技术上很好地解释,但是实际问题的答案仍然需要调查者去扮演法官和仲裁者的角色,来减少"由相互作用的复杂性而产生的个体情况的多样性"(Weintraub,1979)。最终,新瓦尔拉模型是一个一般性的系统模型,而现今法经济学的范式并不一定聚焦于一般性的系统模型。然而,我们确实使用了一些严谨的推理来支持我们后文的分析,包括:第 3 章(合同)、第 6 章(瓦尔拉价格)及第 9 至第 11 章关于市场系统和竞争类型的讨论。

在本书中通过经济学方法论来了解的内容,能够在儿童故事书《小红母鸡》中有所体现。这是一本在 20 世纪 80 年代很流行的儿童故事书。

案例 1.2　小红母鸡

在农场上,小红母鸡是勤劳的。当她向农场上的其他动物求助去种植玉米和烤面包的时候,小红母鸡的号召无人响应。其他动物的不合作没有阻止她,小红母鸡自己种植玉米、烤面包并生产鸡蛋。她也拒绝将面包和鸡蛋分给其他的动物。在小红母鸡的经济世界中,所有权是确定无疑的。其他动物很快意识到,为了获得面包和鸡蛋,他们必须进行贸易并和小红母鸡进行交换。

如果所有的动物都拒绝分享某种资源 x,那么一种无序的混乱和无政府的状态便会在农场上出现。 每个动物都争相地生产资源 x。最终动物们会达成共识，并进行交易。这并不表明每个动物都有相同的道德观（分享），而是每个动物就对个人和组织行为所"期望的结果达成了共识"（McNutt，1988）。市场分配法则是让生产 x 产品的人消费该产品。但是，当小红母鸡是一个利他主义者时情况又会是怎样的呢？尽管利他主义会导致与市场调节相同的消费结果（大家分享该种资源），但由于每个利他主义者都会因为别人消费 x 而争相生产 x，这也会产生一种生产优先的无政府状态。然而，是出现蒲鲁东式（Proudhonian）的自愿合作，还是有秩序的无政府状态，实际上是取决于你对人性的认识。

当每个动物都获得了一定数量的经济资源的时候，可用来交换的剩余产品的数量由埃奇沃思-鲍利（Edgeworth-Bowley）盒状图（见图 3.1）的两轴长度所决定。然而，在瓦尔拉经济学的研究范式框架内，最基础的交换和贸易模型（Weintraub，1979）是无交易成本的阿罗-德布鲁-麦肯齐（Arrow-Debreu-Mckenzie）模型。这一模型植根于早期的瓦尔拉-卡塞尔（Walras-Cassel）模型。在那个模型中，物品的所有权是完备的，从贸易中所获得的收益分配是由市场中的零交易成本决定的。这一问题我们将在第 3 章中予以解决。零交易成本是完全的所有权和无成本的价格决定机制相结合的产物，所有的贸易和交易也都是在这种情况下确定下来（Barzel，2000a）。在零成本交易模型中，只有一个人掌握了每种商品的所有权，并且都知道商品的所有者是谁。因此其他动物为了和小红母鸡进行交换而不得不进行贸易。在这个现实的博弈中，他们演化成社会性的动物。

《小红母鸡》故事书中所表现出的是一种依赖意识（搭便车者的暗示）以及与其他个体的一种交互作用（利他主义）的意识。在这里还蕴含着公共物品的问题（McNutt，2002；DeJasay，1989）。许多决策是针对公共物品的，而对公共物品的抵制是通过法律来执行的。对于任意的第三方，将小红母鸡的面包拿走然后交给其他动物来享用的行为，就可以被视为是一种公共物品的使用。但是，如果以法律的形式来要求所有的产品都应被分享，则会导致生产不足、产量为零或其他混乱的状态。公共物品的使用必须优先于个人的利益和权利，这一简单的规则是哲学界关于个人在自然状态下的自由问题的争论的核心。而小红母鸡很快便会注意到存在着一种洛克式（Lockean）的自然（经济）法则——用面包去交换其他的物品。因此关于交换的一般性规则逐渐发展起来（详见第 3 章），而遵守这些规则成为理性的表现（Kavka，1995）。

法经济学

通过"竹笛寓言"（案例 1.1）和儿童故事书《小红母鸡》（案例 1.2），我们可以了解法经济学的研究范式。在"竹笛寓言"中，个体不了解他人拥有的东西，并且也不清楚调查者会花多少工夫来调查此事。德琼威尼尔（DeJouvenel，1967）表示，真正的实情调查者是"与行为实施者分处两极的"。因此，个人必须付出成本来估计这些变量的价值并提高他们的交易能力。竹笛寓言模型是一个交易成本非负的模型。与此相对照，在小红母鸡模型的世界中是没有交易成本的，并且争论也是无成本的。市场价格已被确定下来，你要么选择以市场价格进行交易，要么选择退出市场。巴泽尔

(Barzel,2000b)称,在这样的一个世界中法律机构是多余的。

从瓦尔拉经济学模型洞察到的最重要一点是,如果两个人进行交易,那么他们都能够给对方带来好处,即使这种好处可能不易被第三方看出。法经济学的观点是,除非这项交易会给第三方带来不利,否则这种交易应该被法律所容许而不应被阻碍(Edlin,2000)。如果某项法律规则禁止人们从事对相互利益都有好处的行为,那么受到影响的人就会修改法律或者绕过法律的束缚。这一原理在我们现代反托拉斯法中对卡特尔行为的研究中同样有所体现。

与处理通过法律强制履行责任问题的侵权法不同,由竹笛寓言模型演化而来的合同法,使得各方当事人都同意相互的义务,并自愿地履行。在小红母鸡的模型中,如果其他动物从小红母鸡那里偷走了面包和鸡蛋,小红母鸡不大可能用起诉追回损失——相反,小红母鸡会选择报警。其他动物并不想被捕,因此交易便产生了,于是其他动物就会通过交换得到面包和鸡蛋。交换的比率将在第3章中详细地考察。如果对财产规则的偏好胜于对责任规则机制的偏好,在小红母鸡的模型中,财产权体系将会逐渐发展起来。如果每一类的调查者和决策制定者都遵从他们所偏好的规则,也就是说如果这些人都按照此规则行事的话,每个人都能获得最好结果,那么这种规则将会盛行。这就好像是每一类调查者和决策制定者都遵从哈塞伊(Harsanyi,1977)所定义的"康德式的责任"的模式。

新制度经济学

新制度经济学对法律体系能够促进交易的程度提出了质疑。

不对称信息的出现以及非完备合同的存在限制了法律体系促进交易的程度。威廉姆森(Williamson,1985)称,当这种限制意味着效率的损失时,私人机构便会兴起来接管交易。这些机构"履行双方提议的交易而不依赖于法律体系"。相反,它们依赖于各种合同,如"佃农耕作、所有权结构、仲裁和终止条款、延迟补偿计划以及强制性的退休"等合同安排,以此来提供"对于合同遵守的合宜鼓励"(Grief,1996)。第2章中的s型公司就是一种合同安排。经济学中的新制度学派明确反对"新古典经济学确定的法律体系的核心地位",但是新制度学派也承认,法律体系在管理交易的过程中发挥着重要的间接性作用(Williamson,1985)。

价格悖论

我们所理解的反托拉斯法,是将产品的销售价格定在一个"理想的"成本之上的法律实体。更具体地说,在瓦尔拉模型中,竞争性厂商在价格等于长期边际成本又等于长期平均成本处达到了均衡,此时的经济利润或者正常利润为零。一家公司的管理者的头脑中会产生这样一种想法:如果这些公司全都降低产量,那么价格就会上涨。并且厂商从高价格中能够获得的收益,相比以低价多销获得的收益更高。这样的结果就形成了卡特尔。

但是卡特尔的一个成员很快便会意识到,如果在协定的较高的价格下扩张他的产量,他将获得更大的利润。当每个卡特尔成员都采取同样的行动时,他们又会把价格拉回到卡特尔形成之前的水平。至少有一个对策可以解决反托拉斯从业者的利润分享问题,即卡特尔中的每个成员签订同意限定其产量的合同。根据现今的反托拉斯法,这样的合同是非法的。另外一种解决方法是一些厂商可以合并来形成垄断。

竞争与反托拉斯法的主要动机是规范市场以远离垄断或卡特尔。这一目标通常是通过政府组织的规制机构的创立来完成的。这些监管机构解决问题的方法可以是由他们在市场上强加形成自然垄断(规制的典型形式),或者他们选择将价格制定在瓦尔拉均衡点处。这将带来几个问题:首先要找出公司的真实成本——在经济学教科书之外的真实厂商并没有成本曲线的图表供参考。对于竞争性机构而言,确定边际成本也是非常困难的——这不仅需要知道厂商生产特定数量的产品所需的成本,而且还需要掌握生产其他产量所需的成本(D. Friedman, 2000)。第二个问题是规制者和法院要依据瓦尔拉模型在长期边际成本(LMC)处制定一个有效价格,并强制实行。如图 1.1 所示,垄断厂商可以单方面地将价格设定在 p_1 的水平上。图 1.1 中的这一价格 p_1 要高于理想的价格,即相比 p_1 稍低的价格。如果规制者将价格制定在等于长期边际成本的价格水平 p_2 上,这将会使得厂

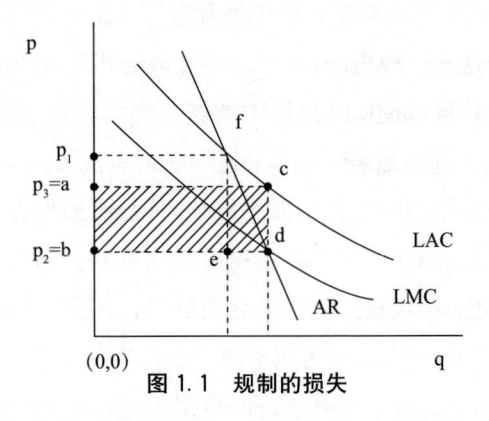

图 1.1 规制的损失

商遭受金额为 $p_1 feb$ 的亏损。因此规制者取消上面的定价,而要求厂商将价格制定在等于长期平均成本的水平 p_3 上,虽然市场效率比指定在长期边际成本上要低,但相比厂商单方面自主定价的情况而言,还是更有效率。然而这又会给纳税人造成大小为 abcd 的福利净损失,这就相当于公众对厂商的成本进行补贴而产生的额外成本。

这将导致一种矛盾性的局面。在这一局面中,竞争和规制性的组织被建立起来去管制反竞争性的行为以确保价格收敛到竞争性的水平上。在缺少竞争性价格的情况下,被规制和限价的厂商与众多的经销商中间会产生一个协议的价格。因为竞争法与规制体系将定价行为与竞争相混淆,所以竞争法和规制体系的内在逻辑是存在潜在缺陷的。我们将在第 6 章中解决这一基本问题。反托拉斯法的经济学将回归到基本的瓦尔拉法则,并将反竞争性的定价(掠夺性定价、垄断定价)定义为在市场上限定竞争的定价。约在五十年前,斯蒂格勒(Stigler,1955,第 272 页)就指出:"面对这样一种变化的经济体,明确竞争的定义是很必要的。"我们将在第 9 章和第 11 章中提出这个概念,并用演化经济方法来分析市场。向经济学引入演化经济方法并不新鲜。阿尔弗雷德·马歇尔(Alfred Marshall,1920)同时使用生物学和机械的隐喻来描述经济活动。在一篇有影响的文章中,阿尔钦(Alchian,1950)表示,演化推理可以指导新古典经济学的分析。有关演化竞争理论的具体细节和阐述可以在尼尔森和温特的研究成果(Nelson and Winter,1982a)中找到。

法经济学范式

《法学研究》主要致力于把科学方法运用到对法律体系的研究中,自 1972 年创刊以来,法学和经济学的学科交叉,或者更精确地说,用经济学来分析法律,对于法学和经济学这两个领域来说,都是巨大的成功。自那时起(或者更确切地说是在美国反托拉斯史上更早的时候),大量期刊上的文章已经把微观经济理论、社会选择理论、成本-收益分析、博弈论以及计量经济学的方法用来解决法律问题。法经济学发展史上重要的标志性事件是 20 世纪 80 年代欧洲法经济学委员会的创建,以及之后不久美国法经济学委员会的创建。与此相关的专业性文章不断地涌现,深化并拓展了我们关于法律的经济学分析,大量的学术期刊普及了这些学科和研究方法。

当今的法经济学学者认同这样一种判断:成文法和普通法的主体都是有效的。波斯纳(Posner,1977)称,尽管普通法是有效的,但是成文法并非如此。问题在于:成文法为什么无效呢?波斯纳做出这一判断的依据是司法和立法决策之间程序的差异。斯图尔特(Stewart,1979)质疑这种观点,认为缺少其他证据的支持。关于公共选择的文献(McNutt,2002)认为:成文法由于其只是利益集团行为的副产品而效率不足,但是事实是这样吗?鲁宾(Rubin,1982)对波斯纳关于成文法和普通法之间效率差异的观点提出质疑,认为效率的缺失与否并不是由立法过程的本质决定的,而是一系列外界变量的产物,例如利益集团的成本。

利益集团已经能够取代个人而成为普通法和成文法形成过程中的重要影响者(Grew and Twight),1990)。法经济学学者继而讨论法律规则是否符合帕累托标准(即在不使任何一个人福利减少的情况下增加某个人的福利),尽管卡尔多-希克斯(Kaldor-Hicks)补偿检验在补救措施中有所体现,但他们几乎不能明确阐述这一标准(即某个人的福利减少,但是他能从其他的获益者处得到补偿)。我们将在第3章中继续讨论卡尔多-希克斯标准。随着第3章的展开,我们会弄清楚法律规则是充分的,但是在交换经济中不一定达到了帕累托最优的均衡状态。例如,如果没有稳定的结果,财产权和合同法体系也会发展起来。但是这一资源消耗的行为可能与卡尔多-希克斯补偿检验不符。任何一方的策略性行为都可能引发问题,或者寻租性支出的产生可能影响科斯定理的结果(Dnes,1996)。

在法经济学中,效率被理解为其本身就存在着一系列自相矛盾的假设(Barzel,2000a)。在本书中,由于法律可能会偏离有效的资源配置,从而引发如图1.1中福利为abcd的净损失,法律可以被认为是缺少效率的。如果法律体系能促使资源分配达到最有效率的结果,那么它就是有效率的。如果法律能够使得个人遵守规则并赋予其在社会中的正当性,它也可以说是有效率的。如果法律能够提供一种相对于其他导致混乱的或与帕累托不相容的结果较少的交易成本的话,这些规则就应当被遵守。换句话来说,法律应该仿效一些各方都能在无成本的条件下达成的协议。

在任何一个交叉学科领域,特别是在法经济学方面,很难把握研究的层次和对问题的推理。在经济学中存在一种要求逐字定性论证的数学传统,而在法学中也存在着一种普通法传统,要求对现代反托拉斯问题的应用需要有更强的理论基础。这其中蕴含着法经济学面临的挑战:将逐字论证的要求与分析的严谨性相结合。将经济学的分析应用于法律的研究已经引起了激烈的辩论,这些辩论的前提就是,对法律的研究要求学者不仅仅涉猎经济学,而且还有哲学、历史以及其他领域的知识。

规范性的法律

法和经济学作为法律研究的重要推动力,重视研究项目和调查事件的建设性和规范性,并强调波斯纳效率。专业的律师和法理学家从与经济学家不同的视角来看待法律,传统的对法律问题的研究方法包含着一个核心的问题:人为什么要遵守法律呢?法律专家提供的答案可作为一个模型来描述法律是如何影响人的行为的。法律如何影响行为的法律模型在其表面上就区别于法律如何影响行为的经济学模型。科恩豪斯(Kornhauser,1999)讨论了义务对个人实际审议行为影响的法律学解释。义务与责任或规范具有相同的意义。义务可以是道德的,一些是法定的,一些是社会性的。

在上世纪60年代之前,多数英美法哲学就提出了责任制裁理论。这一制裁理论给出了法律规则如何影响个体行为的严格解释。这种解释声称,个人遵守法律是为了免于被制裁,遵守法律是符合个人利益的。经济学同样将个人利益视为动机的基础。因此遵守法律的原因是出于谨慎而非道德,特别是在针对某一特定规则的制裁时更是如此。这一解释很好地适用于小红母鸡模型中。

哈特(Hart,1961a)对这一解释提出了异议。例如,他指出一些法律规则并不包括制裁条款。在私法中,他指出,像签订合同这样的授权制度是允许个体之间彼此创造责任的。在这种情况下,不遵守法律会导致个体行为的无效而非制裁。更为重要的是，公共法中的规则构成了政府的框架，比如那些管理电力系统的规则，在其中并未附有制裁的条款。哈特总结认为，制裁的存在对于一项法规来说并非必要。

就价格协定案例的非法性来看，这又将矛头指向了反托拉斯法。如果价格协定行为被发现，法律必须保证当事人（参照卡尔多-希克斯标准）"情况变得更糟"，而不仅仅是相对于违法行为没有发生或没被发现时的情况而言"没有变得更好"。尽管预期收益会收敛于零，但是获利者（垄断厂商）在理论上不能够对受害者（在该案件中的消费者）做出补偿。因此如果实施不受补偿的标准，最后获利者是获得较高利润的、采用价格协定的厂商，而受害者是消费者或与其竞争的厂商。真正的问题在于如何确定由价格协定所带来的损失。调查者监视市场中的价格，但是如果没有价格协定，价格又会怎样呢？只要在卡尔多-希克斯标准下存在着补偿的困难，这就仍将是个问题。

外部性

而且，一般来说制裁的存在并不足以产生责任。例如对汽车征税会给司机带来额外的成本，但这并不会让司机产生不去开车的责任。如果民众认同政府对外部性问题的解决方法，那么民众间达成解决方案所耗费的政府成本要小于中央政府拿出一个解决方案所耗费的政府成本(McNutt, 2002)。这一结论是首先由马威尔和安姆斯(Marwell and Ames, 1976)提出的公共产品博弈模型变异而来的。像科斯定理所阐述的观点一样，在解决外部性问题时，民众间的解决方案可以作为政府行为的替代。

麦克纳特的结论隐含着一个政策，例如，应该通过激励措施来鼓励开车的人去解决由交通堵塞（这可由高速公路上排起的汽车长龙、汽车尾气排放等来衡量）带来的外部性问题，这些措施能进一步鼓励开车的人采取集体行动。人们单独行动，可使风险降低到最小。然而，对于理性市民的偏好来说，如果缩短工作的通勤时间或者是减少向大气中排放的一氧化碳量被视为一组不可分的商品，那么单独行动也许就不是最优的。因此，应该激励作为理性市民的开车人去分担这种不可分商品使用的成本。例如，共乘车*具有地方公共品和俱乐部物品的一些特征，它可以排他性地、无竞争地进入高速公路上的共乘车专属车道。相比于让所有的汽车免费使用有限的公共资源，这种方式更具有社会效率。

如果激励政策能提供便利让市民按自己的意愿行事的话，在对地方公共物品的共同消费中，理性的市民倾向于承担共乘车的集体成本，而不是支付泊车许可的费用。共同提供公共物品背后的推理，其所蕴含的重要特征是"联合提供"，也就是说，这种供给包括了私人的和公众的利益。共乘车的私人收益与由减少车辆、减少尾气排放和交通阻塞所带来的公共利益将会促使理性的市民权衡加入俱乐部。但是，因为使某一俱乐部的收益最大化并不是帕累托最优的，政府应采取激励手段以鼓励较多的俱乐部产生。我们将在本书后面对俱乐部式样的厂商及卡特尔的一般性行为的讨论中继续这部分探讨。

---

* car pool 指共乘汽车，在美国是指（为了节约汽油）共同开车上班的组合。而 car pool lane 一词，是指设置在高速公路上最里面的一条道，特别设置给两人或三人同乘的汽车在繁忙时间行驶的，目的是鼓励多合乘，减少独自开车，以便疏导交通和保护环境。——译者

经济学和期望成本

经济学认为个体对其可选择的行为集合具有明确的偏好,并会选择使其期望效用达到最大的行动。责任会以多种方式影响行为:通过改变报酬、信仰或者行为选择的集合。思考一下一项禁止一氧化碳排放量超过某一限定标准的法规的效果,就会发现这种影响。经济学分析表明,个体会将法规视为其行动的首要动因。特别地,当个体将不服从排放标准的选择与遵守该标准的选择进行比较时,在评价不遵守标准的选择时,会把不遵守标准的期望成本考虑进来。

如果期望成本超过了期望收益,个体将会选择遵守标准;否则,个体将不会遵守标准。而排放超过标准的一氧化碳的经济收益大于不遵守标准的预期成本的事实,并不能构成个体不遵守标准的理由。因此,如果个体认为法律是具有权威性的且是被慎重地制定的,那么个体将会经过深思熟虑之后才采取行动,正如拉兹(Raz,1975)在其排他性的推理中所指出的那样:通过税收控制和通过民事或刑事的罚款所带来的排放量的分配结果是不同的。当今与惩罚和罚款的实施相关联的社会问题的出现,有助于构建关于犯罪与执法的经济模型(Polinsky and Shavell,2000)。

经济分析表明,相对于税收,罚款更能促使人们遵守规则,因为个人会首先用税收来权衡比较收益和成本,但是实施罚款则排除了这种比较。多数法律的经济学分析都内在地接受了哈特(Hart,1961a)批评的责任惩罚理论。在经济学模型中,惩罚理论可能会以多种方式出现。比如,人们可以根据康德的义务理论把人的责任视为一种激励,在其中由于不承担责任将导致外部成本。另外,人们也可把责任视为一种约束,这就等同于把它视为一种在不遵守时惩罚为无限的一种激励。在库特(Cooter,1984)的分析中,责任与激励的不同不在于在行动时是作为首要考虑还是次要考虑的原因,而在于当不遵守时惩罚大小的差异。他认为价格方面的微小变化——与不遵守激励相关的罚款——会导致行为的重大差异,而惩罚方面的微小变化——与不遵守责任相关的惩罚——不会导致行为的重大变化。库特认为惩罚不是连续的,而价格却是连续的。

因此在库特看来,在侵权中的严格责任机制形成了一种激励,而疏忽机制(negligence regime)则施加了一种责任。这将在后面的第4章中看到。科恩豪斯(Kornhauser,1999)认为,拉兹(Raz)式的责任与激励间的差异忽视了不遵守的结果。而拉兹强调责任与激励在个人实际的深思熟虑中所起的作用——像其他的首要考虑的因素一样,激励也是一种首要考虑的因素。与库特的观点——责任是一种强烈的首要的行为动机——不同,拉兹认为责任至少将一些因素排除到考虑范围之外。

对于法经济学学者来说,在此讨论中有一个关键信息。一般的直觉是,对排放征税和对不遵守规则而进行的等税额的罚款或处罚是不同的。例如,一些反对征收环境税的人认为,税收会使得排放量超过规定的限度,而罚款会使得排放量不超过规定的限度。但是问题仍然存在:个体在受到准许或禁止时的行为会不同吗?这一问题对反托拉斯法的实施也至关重要。在托拉斯中实施价格协定的卡特尔被定义为刑事犯罪。如果两种反托拉斯机制在实施制裁上的形式不同,其中一种对不遵守标准的行为处以罚款,并伴有持续性的监督和审查，那么我们将会看到，人们更愿意遵守责任规则（刑事性的罚款）而不是税收规则。

为了将这种行为理性化，法律的经济分析引入了额外成本模型。拉斯姆森（Rasmusen,1996）的模型假设不遵守责任会产生额外成本，表现为或者是获得耻辱的恶名，或者是内心的愧疚。假设惩罚的大小不同，那么在将法律视为激励手段的前提下，遵守标准的预期人数的变化会大于将法律视为排他性因素的人数变化。有人可能会争辩：由于排他性理性估计完全忽视了罚款水平的变化，随着罚款水平由零变化到无穷大，遵守标准的人数不会产生变化。但是鲁宾菲尔德（Rubinfeld,1987）表示，责任规则的设计是为当事人提供不同的激励，这种激励要根据当事人在某一时点上所掌握的私人信息来确定。

均衡分析

一些法律的经济学分析模型不将法律规则视为解释个人行为和社会现象的因素，而是将其视为均衡行为本身的一个方面。比奇埃拉（Bicchieria,1994）将一个人口群体 P 中的规范定义为满足下列两个条件的行为规则 R：(1)只要所有的人都遵守规则，那么群体中的每个成员都愿意遵守规则。(2)群体中的每个成员都相信其他成员都会遵守规则。在格林和波特（Green and Potter,1984）的不确定性下的合谋模型中，有意或无意地违背协议的行为会导致协定价格无法维持，在这样的情形下，厂商会心照不宣地达成合谋。由于每个卡特尔成员都相信其他卡特尔成员都会遵守这一准则（较高的价格或限定产量），所以均衡状态可以达到。

一些法律并不满足比奇埃拉所定义的规则的条件。个体遵守规则的动机可能与其他成员遵守规则的动机不同(Kornhauser, 1999)。诚然,在给定不遵守规则的比例下,大多数人都不会相信所有的人都会遵守法律。例如在均衡状态下,公司会采取遵守与惩罚相结合的复杂行为。美国法律强制实施禁止横穿马路的规定,但此法律并不满足比奇埃拉所定义的规则的条件。在都柏林每年都有大量的抢劫行为被记录在案。这一数字每年会有所不同。结果是人们购买防盗安全设备。能不能在大众中形成一种一致遵守的期望从而来禁止偷盗行为呢?从某种意义上说答案是肯定的。因为大多数住在都柏林的人都不偷盗;而且,不是所有偷盗的人都不放过任何一次机会。

那么法律不应被视为仅具有最佳均衡状态的特征,而且它还可用来解释为何特定的均衡未达到。换句话来说,法经济学对问题(y)的影响,dy/dx,可以被拆分为法律影响 $\delta y/\delta w$,以及经济影响 $\delta w/\delta x$ 这两个影响:

$$dy/dx = \delta y/\delta w + \delta w/\delta x$$

法律结构、法律,以及司法机构($\delta y/\delta w$)有助于甄别在众多均衡中博弈的参与方实际上会采取哪种均衡。法律的建立会导致新的均衡机制的产生。法律规则会影响观念结构,因此个体会在众多可行的均衡中选出他们想要达到的那种均衡。在一些情况下,法律规则会直接影响到个人关于要采取哪种均衡的信念($\delta w/\delta x$),这一影响是由讨价还价和履行交换合同所产生的非负的交易成本而带来的。例如在第 2 和第 3 章中我们将重新审视损失补偿措施与禁令措施之间的优劣,在第 12 章中我们将会看到竞争或反托拉斯法给处于垄断地位的厂商或卡特尔厂商的行为所带来的影响。

在本书中，我们还将考察1978年纽约的"拾便法令"。这一法令要求狗主人清理他们的狗的排泄物。尽管城市官员并未花费很多资源来促进这一法令的实施（$\delta y/\delta w$），但是这项法令的确立大大改善了纽约市的街容巷貌。狗主人行为的改变，可能仅是因为他们担心不遵守法律而产生的预期惩罚成为了一种激励（$\delta w/\delta x$）。但是这种预期惩罚来自于通过新法令的建立所引起的公共官员信念上的变化。依据科恩豪斯（Kornhauser，1999）的说明，法律的建立改变了那些通过协调其行为来促进法律实施的各种官员的信念。

这并不能完全呈现排他性规则起作用的方式。为了将责任模型化，我们有必要对个人的偏好稍做改动，就像追加成本模型那样，假设个人具有自觉履行责任的偏好。但是人们清楚，在满足其他利益的时候，必须舍弃一种利益。正如后续几章所展示的一样，实际中的取舍，表现出了遵守与不遵守责任之间的一种复杂的模式。尽管事后结果看起来很明显，但是这样的模式在确定事前意愿方面却很困难。对于一定程度的制裁而言，个人遵守规则在很大程度上与制裁程度的大小无关。

行为法则与经济学

从行为法则与经济学的观点分析，有助于形成这样的预测：在其他条件相同的情况下，当人们感觉到大多数人都在奉献时，合作性活动就会增多。当群体中的大多数人都对无烟、共乘车、物品的循环使用等做出贡献的时候，上述活动更可能获得成功（Perkins，1997）。高度公开化的事件，如（第7和第8章中的）吹口哨者的案例，将对管制的公共需求产生极大的影响(Kuran and Sunstein, 1999)。

在第 9 章中我们通过重新定义新古典经济学家所采纳的研究竞争与合作的方法来概述竞争性价格。在行为法则与经济学方面，存在着与中级博弈的一个重要的相似之处。即使破坏公共规则是出于自身经济利益的考虑，个体和厂商也不大可能这样去做，至少在破坏行为是公开的情形下。

拉宾(Rabin,1993)设计了在个人判断中表现公平原则的模型。他表示，一些人可能会选择牺牲个人利益来帮助善良的人。例如，一些人会通过为争取更公平的结果而放弃丰厚报酬的形式，表现出一种"对不公平的厌恶"。可将这种情况与图 3.1 中个体 A 或 B 的位置做比较。卡特尔的均衡可以被理解为一个映象式公平(mapping-fair)的结果。只有在参与的所有厂商都同意这一结果的时候，卡特尔的结果才是映象式公平的。并且由于总是存在着在价格方面进行欺诈的可能，在本书的后续章节中我们将按照这一推理思路来评价反托拉斯的意义。

终极博弈

相关文献中提出了解释个人或厂商可能破坏规则的几点理由，其中包括预期的恶意(如在终极博弈中)或负的声誉效应。在泰勒(Thaler,1991)对终极博弈的说明中，管理博弈的人临时将钱交给第一个局中人。第一个局中人被指示将一部分钱分给第二个局中人。如果第二个局中人接受了给予他的金额，第一个局中人将得到剩余的钱财。但是如果第二个局中人拒绝了前者的提议，那么两个人都将什么也得不到。博弈双方都清楚上述规则，并且不允许讨价还价。运用有关理性、自利和选择的标准假设，经济学家预期第一个局中人会给第二个局中人一便士，并且第二个局中人会选择接受。但是这并不是实际发生的情况。通常的分配比率是50∶50。如果双方都同意的话，这一分配比率就是映象式公平的(McNutt,2002)。换句话来说，如果博弈双方被第三方告知，50∶50的分配比例是公平的，这并不会确保他们会都同意这一比例。这就是典型的囚徒困境问题。作为映象式公平的公平结果只有在双方都同意的情况下才能达到。如果双方都同意70∶30的分配比例，那么这一结果就是公平的。

责任与s型公司

将责任模型化还需要解决厂商或公司机构内部的责任问题。存在需要履行的义务，并且这一义务是赋予管理者和工人的。他们都代表着第2章中介绍的利益相关者。他们拥有公司资源的所有权。第2章将提出一种在公司内部评价所有权的新方法。在这类公司中，工人们拥有所有权以外的财产权。该方法的重点将放在作为公司利益相关者的工人身上。我们将这类公司称为s型公司，并且工人被定义为公司的利益相关者。他们是公司的一部分，管理自身，监督产品质量和生产效率。

多个老板的公司

s型公司与新古典模型形成了鲜明的对比，在新古典模型中(Arrow,1994),"工人并不是公司的一部分。他们是从市场上购买的与原材料和资本品一样的生产要素。但是他们(或其中一部分人)拥有信息库⋯⋯他们既不是所有者也不是奴隶。因此将公司定义为具有生产性知识的场所这一说法存在着争议"。传统的公司被描述为多个老板的公司(老板个数大于1),这会产生信息不对称或者是x无效率。法雷尔(Farrell,1987)称不对称性提供了一种将资源用于影响其他工人的激励。公司内部的责任,实际上就是计划并协调好公司内部的经济活动。责任与(要素)定价无关(Weitzman,1973)。

在s型公司中,工人和管理者都被视为一个老板,即老板个数为1。并且作为利益相关者的工人同样清楚在面对公司生存的外部威胁时,协同合作的内在价值。在s型公司中,工人的活动水平与工人股东的财产权有着极其复杂的联系,这种财产权在一定程度上被看作是企业生产多少、企业获得多少收益(这种收益在凯恩斯理论支配下的企业中是排斥工人的)的标志性权利。生产多少的确定决策类似于一种权利分配机制,是一种自利的行为过程,它能确保权利和准租金在不同的工人利益相关者间自愿转移以获取利益。

寻租行为与x无效率

法经济学学者重点关注对(财产)权利的分配是否能够减少公司内部的寻租行为和降低x无效率的水平。例如,寻租行为能够演化为一种必要的信息活动,缺少这种活动,公司将变为分散性的机构。公司的管理者有必要抓住公司内的生产机会(来确保工人利益相关者之间的工作效益最大化)并使所有权流动以确保公司的生产效率得以提高。

例如,在新古典经济学领域,博弈规则能够确定实际资源的争执产生的负面影响的程度(Eggertsson,1990)。s型公司内的博弈规则要求首先在利益相关者之间建立合同关系。工人利益相关者与 s 型公司签订接近正式的合同协议来分享财产权和公司的价值。这种权利的分享在行业中出现高失业率的时期，将在工作稳定性上显示其优势，同时其优势还体现在更好的工作条件或者工作努力程度的可选择性上。

一种应用于 s 型公司财产权的理论需要一套完整的公司理论。因此，我们必须把寻租的观点引入财产权理论当中。例如，s 型公司机构被认为是竞争性股东的联盟，每一个股东都尽力使准租金消失。尽管不良的寻租行为可以被理解为在非自愿的转移中对每个人财产权的剥夺，但是有关寻租行为的文献并未明确地提及财产权。西斯科（Sisk,1985）将这种"不合意愿的非补偿的转移"视为图洛克-波斯纳-克鲁格（Tullock-Posner-Krueger）寻租行为不受欢迎的关键所在（McNutt,1996）。

尽管在组织内部对财产权的经济分析主要关注剩余权利，相关研究文献并没有完整地探讨公司内工人间的所有权的法律基础。第 2 章的讨论认为，没有解决的所有权问题将阻碍企业的盈利规模。只要未解决的所有权问题能导致正的准租金，那么这一论点就与协调失败相似。换句话说，当财产权未在公司内分配时，准租金便是正的。波斯纳提出（Posner,1975）：财产权将随着资源价值的提升而被更加清晰地界定。

商品化

传统的对法律的研究集中在应尽的义务上，而没有关注法律存在的目的。法律是按照人们希望感到安全和保险并且其财产能受到保护的愿望而演化来的。法律和法规的本质不应被视为限制性的。科尔伯格(Kohlberg,1971)的后传统观点认为，人们理解由法律产生的积极的价值观，并出于对法律目的的强烈认同而遵守这些法规。在法经济学的框架内，可以处理公平问题，例如，通过阿齐兹和费什宾(Ajzen and Fishbean,1980)或莱温泽(Leventhal,1980)的概念方法将这些问题融入扩展的期望效用模型中。根据泰勒(Tyler,1990)的观点，为了达到这样的目的，法经济学的研究就要效仿法律的威慑力，这就需要把社会团体的非正式制裁和个人道德问题加入到模型中，而传统的模型只包括对确定性和严厉处罚的判断。

然而，法律研究继续就法律在其他方面的局限给予解释，特别是就其不承认对意识形态的依赖而不去弥补不确定理论方面。另一种关于应尽义务的观点，将在第 2 章有关"商品化"问题中应用。其主要思想是：双方当事人进行的交易，并不使用经济学家和律师通常在他们的关于外部性和损失的分析中用到的方法，而是以一种更加微妙的形式——"改变人们的思考方式"(Radin,1987；D. Friedman,2000)来影响他人。这显示了探究个体的想法并理解他们的价值观的必要性。

在双方(假设当事人为 A 和 B)交换或交易中可能出现这种情况：如果当事人 B 拥有参数为 x 的私人信息，在参数 x 很高时，当事人 B 就有动机采取不同的行动。此时，参数 x 很高的想法必须是足够可信的，进而促使 A 向 B 做出很大转让。因为 B 想要转让很大，他会让 A 相信参数 x 是高的——他会通过自己的行为让 A 相信。然而，如果 A 的效用函数同样是时间可分的和效用可加的，那么 A 的信念就不会受到 B 的信念的影响。换句话说，A 与 B 的效用函数密切相关。我们将在第 4 章中深入探讨这一问题。

一个具有经济特征的机构——公司、s 型公司或者社会——通过联合和租金分配的方式(不完备合同)能够为小红母鸡模型中的所有权提供法经济学基础。特别地,通过将这一所有权概念应用于公司中的不同工人,正如"工人"和"雇员"被替换为"工人利益相关者"或"利益相关者"一样,劳动投入要素被商品化了。企业的供给变成了资源;生产性价值增长的使用权是所有权的关键。小红母鸡在市场上出售她的面包:她拥有面包并接受市场价格。管理者的作用是将财产权在公司内部分配而不引起协同工作效用的消失。如在第 2 章中所显示的那样,当资源最有价值的时候(例如,在企业有倒闭的潜在可能性时),管理者的作用将影响企业和产出。

信息限制

竹笛寓言和小红母鸡模型的共同主题是:在时间 t 大于 t_0 这个具有争议的时间段内,产生了对信息的需求。调查者受到手头信息量的限制,而当任何一方当事人拥有更多信息时会表现得更好。在小红母鸡模型中对信息的需求还没那么迫切,在这一模型中贸易和交换(市场)提供了价格信息,愿意支付商品价格的意愿促成了该种商品在市场上的交换。但是如果在 t 大于 t_0 时,可以"购买、分享或出租信息"(Varian,2000),又会出现什么情况呢?在竹笛寓言中,仅当当事人确定调查者将把竹笛分配给他时,相关当事人才会乐于与调查者分享信息。但是如果在 t 大于 t_0 时,调查者可以从任意当事人处购买、租用信息,能否达成一份更加有效的协议呢? 争议当事人的收入分配显得格外重要——较贫穷的个体是否更有可能将信息出售给实情调查者呢？如果调查者愿意为信息所支付的价格超过了贫穷个体愿意为拥有竹笛所付出的成本，那么答案就是肯定的。

穆埃勒(EN Mueller,1980)发现，相对于对偏袒或其他结果的指责来说，对分配不公平的感觉更能有效地预测反抗体系的政治行为。竹笛寓言模型间接地提及法律作为解决争端的伦理工具的功能。我们将在第4章中讨论法律的不确定性问题。法律还须处理缺少各种不同要素的信息不足的问题——法律应该如何看待这一不确定性问题：有关协定在多大程度上是可能的？必须存在着条款约定A或B向对方发出信号，否则信息会在宾默尔的(Binmore,1992)博弈论中变成公共信息，它又被描述为"任何可以充当生产过程中的投入要素并可以通过其建立声誉的事物"。

如果当事人B始终展示"虚假的"偏好，那么从操作的角度来看，法律必须将这些视为他的偏好。当事人可能无法将他的"真实的"偏好与他在长期中所故意显示出来的偏好区分开来。此时，任何讨价还价的僵局都是帕累托无效的。并且，任何促成这种僵局的事件也是帕累托无效的。这中间存在着矛盾——当(B向A许诺的)协定是不确定的和不可撤销的时候，对个人而言，尝试履行协定并因此冒着可能使情况变为僵局的风险的做法仍然是(矛盾地)理性的。

法律的存在

从一般意义上来说，法律由于分歧和争端的存在而存在。它们是法经济学研究范式的起源。无论是在社会或公司层面上，无论是在财产、合同抑或侵权方面,只有当事人有权决定当事人之间的协议,具体做法就是由当事人将他们各自的期望或表现转化为准合同责任。市场交易才能产生价格,非市场交易将责任商品化并因此使得一方当事人的福利提高、另一方当事人的福利下降或使双方当事人的福利都提高。在瓦尔拉市场背景下使得双方福利都变差的交易不会发生——不存在这样的均衡。

同样地,不同公司之间的经济表现取决于商品化的劳动,因此这会保证"工人利益相关者"的供给,而他们最好的回应就是不偷懒。在 s 型公司内部,交易中的自利行为很普遍,这种自利行为确保权利和租金在不同的当事人之间自愿转移以获得回报。这种自利过程类似于一种权利分配机制,它作为自愿性的过程实际上将劳动责任商品化。从这一角度来看,泰勒(Tyler,1990)认为,一些公共的服从至少是人们依照各自的责任自愿履行的,而不是出于法律的奖励或惩罚。哈特(Hart,1961b)间接提到这一点:当"在系统中至少有一些人自愿地合作并接受规则"时,法律权威才能被视为有效的。

对于法律来说,(由于其与公司的管理相联系)为经济体内有益的和利他的行为提供便利同样是义不容辞的。法律通过合同和双方竞争以及以提高个体和公司的生产率为目的的所有权转移来确保当事人的最佳表现。特别地,法律必须体现人们内心的正义准则和对社会应尽的义务,以确保理性个体遵守义务,并愿意显示出其真实偏好。法律结构的构建必须忠于个人主权的原则(Vanberg,1986,1994)。只有明确的排他性产权出现,市场中的自由交换才可能成为稳定的均衡,同样地,只有当法律能按照等价原则(等价原则旨在为双方的交换和协调提供便利)将现有的外部性内部化时,法律的权威才成为可能(Buchanan,1989)。这一问题将在第 2 章中讨论。

在像公司这样的企业组织的具体情形中,经济分析应该反映作为生产性企业的公司内部独特生产要素的重要性。个体是理性的,依据迪奥德拉斯(Diodorus)法则,无论在什么时候,如果一个人在谈及未来事件时认为"存在着许多可能性",那个人总是错的;仅存在着一种将成为现实的可能性。简言之,"未来不存在不确定性,而仅是预言家存在着疏忽"(DeJouvenel,1967)。法经济学的研究范式确实为讨论实际问题提供了新方法,而没有让理性选择排除掉责任。法经济学替换了单一的分析标准——如社会福利最大化这样的标准;作为一种研究范式,法经济学仍可以继续回避确立一个定义明晰的替代性分析标准这一核心问题;因而,此时较好的或最好的分配方式应被视为临时的制度性结构,在其范围内不用考虑个体的变更。

卢梭(Rousseau,1754)在其演讲中称,当个体组成一个社会时,他们构成了一个具有同一意志的实体。然而,正如在小红母鸡模型中所指出的,社会中的每个成员都有他们自己的意愿。作为社会中的市民,他们只是参与到一种共同的意愿中——他们可能是自私或利他的,他们可能作为违法者追求自己的特殊利益并同时违背共同的意愿(详见第 4 章)。成员利益的法经济学分析有助于解释社会中不同机构(例如法律机构和公司)的演化。司法和法律机构等良性机构对经济增长和发展的重要作用已被广泛地承认（Knack and Keefer，1995）。第 2 章讲述了作为公司利益相关者的个人利益问题，当相互间重复合作并分享共同经验时，能够建立信任并增加社会利益和福利。

第 2 章 所有权和产权

> 为了思考,我们必须吃饭,但是从一片面包中,仁者得仁,智者得智。
>
> ——泰尔哈德·德·查尔丁

在这一章,我们主要评价个人利用资源的权利,并将这些权利定义为产权(财产权)。人们每天在被称作"公司"的组织中行使这些权利,不管该个体是某大公司中一个默默无闻的雇员还是一个街角小店的所有者。对经济学家来说,他们都代表公司,一个为了获得效率所必需的制度性结构。然而,对于法经济学家来说,他们更关注组织的类型、起源、功能和制度设置。在本章中,我们关于公司的讨论所强调的是效率的度量应该更加明确地涉及如下这一点,即给定投入如何能够生产出更多产出。

因此,公司被看作一个战略过程,在该过程中,个人可以重新配置资源以改变外部威胁,这些威胁涵盖范围广泛,从新进入者的威胁到失业、工厂关闭的威胁。公司不是被假定的,而是被构成的,因为经济体内的某些个体在某一时间点会因使用他们在某公司内的资源而获益。产权(财产权)在任何经济的运行中都处于核心地位。德姆塞茨(Demsetz,1967)很具有影响的研究认为,不同的产权制度在一定程度上促使了现代法经济学的出现(Dnes,

1996)。正如戈登的"公地悲剧"(Gordon,1954)所提出的,经济分析表明产权(财产权)比公权更有效。

引　言

在法经济学的范式中,不同于法律权利(Cheung,1974;Barzel,1997),个体消费或交换资源以获利的能力是经济产权(财产权)的本质。在法律上,产权不仅排斥特定的人,而且一般绑定部分人。在奥诺雷(Honore,1961)的经典报告中,所有权由"占有权、使用权、经营权、受益权"构成。但是,在使用资源时存在一些限制,例如国家所施加的限制或者因契约而自愿承担的限制。

由于法律上不存在绝对所有权的概念,因此所有权表现为一组权利,例如在公司内以及股东间对资源的使用权。例如,与新古典制度经济学文献中所使用的一样,产权概念不仅演化得比法律上的产权概念内涵更广泛,而且还包含社会准则。阿尔钦(Alchian,1977)评论说:"在任何社会中,个人使用资源的权利(即产权)受来自礼节、社会习惯以及排他性力量的支持,并通过正式制定的法律,受国家暴力惩罚机构的约束。"

在存在不确定性和高交易成本的社会,在对产权的分配过程中,理性个体除了按照帕累托标准衡量的边际贡献理论制定决策之外,还将(如在第3章所描述的)关注交易过程或者是签订协议。布坎南(Buchanan,1989)将其称为"交换学"——关于交易的科学。在更早的文献中,阿尔钦(Alchian,1977)在探讨对争论的理性反应时曾经提到"行为模式",他进一步提出,理性行为可能要求构建行为模式而非根据传统经济学中的最优化边际条件做出调整。如果假定议价机制无成本,双方就会在契约上达成一致。然而,正如在后面第3章中探讨的,交易的一方为了从达成协议的过程中获得更多剩余份额而会选择"延迟"交易。

作为对不确定性的反应,理性个体有可能严格遵守习惯和传统行为,这些行为习惯与过去的成功有关。另外,作为工人的个体可能会重新评估他们使用稀缺性资源的权利,并将这项权利转移到为公司的工作所付出的努力中。很多企业开始从根本上改变它们的组织结构和管理惯例。例如,工人变成企业的利益相关者;他们成为企业的一部分,在自我管理团队中管理他们自己,监督产品的质量和生产率,这一点在第1章已经提到。

企业文化必须激励所有员工(包括工人和管理层)在更少的垂直层次和更水平化的层级上分享知识,彼此协作。这和以前引用的新古典主义(Arrow,1994)模型截然不同,在新古典主义模型中,"工人不是企业的一部分"。在这一章后面,在对我们定义的利害相关公司——s型公司的讨论中,重点放在提供激励和增加公司内部利益机会的规模上,而非将工人和风险、意外事故隔离。我们讨论企业内的所有权和产权,以期搭建企业产权理论(该理论承认由生产要素涉及的准租金所带来的契约问题)(Easterbrook and Fischel,1989,1991)以及更多的企业制度性理论(该理论更关注企业内部的等级结构,认为公司治理可以防止准租金的消失)(Williamson,1986,1996b)。

法经济学关于企业是一个组织的观点认为:理解企业形成的原因以及由企业组织产生的特点,对于理解作为企业人力资源的员工和管理者之间的相互作用是很重要的。自贝克尔(Becker,

1964)的著作发表以来,关于人力资本的理论性和实证性文献几乎都专注于"总体目标和公司特有的人力资本"(Gibbons and Waldman,2004)。在 s 型公司的讨论中,我们重点探讨工人和管理者在公司内组织生产的途径。在这里我们并不接受科学管理之父泰勒(Taylor,1911)愤世嫉俗的观点,他评论道:几乎所有的工人都花费大量的时间用于钻研如何工作得慢,但仍设法使雇主相信他工作得相当快。s 型公司由工人和管理者共同应对外部威胁所做出的集体反应演进而来。它是经典的夏皮罗-斯蒂格利茨(Shapiro-Stiglitz,1984)非自愿失业模型的一个变量,该模型认为,如果雇员工作的效用小于失业的效用,那么他们倾向于逃避工作。

产权的分配

在不同的文献研究中,产权一般被分为三类。第一,使用资产的权利,这项权利界定了资产的经济学应用。第二,从资产中获得收益、参加交易并与其他经济人签订契约的权利,这是第 3 章的主题。第三,向其他经济人永久性转移资产所有权的权利。尽管亚当·斯密高度评价产权的重要性,但是一般认为卡尔·马克思是掌握产权理论的第一个社会科学家(Demsetz,1964;Pejovich,1982)。

20 世纪 60 年代后期,在法经济学大兴对产权的研究之前,产权被假定为外生于完全竞争均衡。相关研究主要关注买卖双方的数量、信息限制以及不能影响市场价格的单个经济体的微观行为。如果个体有一袋土豆要卖,可以推断该个体是这些土豆的合法所有者。更重要的是，在完全竞争均衡下，所有权必然被执行。否则在资源稀缺经济中，由于拥有很少或者没有资源而进行盗窃是一种理性行为，那么偷盗将是一个次优均衡。

法律上关于产权的经典定义考虑到了权利的确定和实施。对于原先无主的资源来说，第一个提出所有权的人被认为是资源的所有者（宅基地原则），这一产权原则是被法律所公认的。一项权利表示，权利所有者有资格要求另一个人（不）做某件事，而其他人有义务按照权利所者的命令（不）做这件事（Hohfeld, 1920）。法经济学是分析分配问题的。这一点会在第3章加以说明。传统的观点认为，权利的法律定义及其对法律关系内容的分析对这样的分析来说是不够的（Barzel, 2006）。例如，拥有产权的一方能够通过拒绝让另外一方接近他所控制的资产来延迟契约的履行。正如第3章的图3.1所阐明的那样，延迟是交换中重新协商对剩余价值的分割的一种手段。

产权结构

产权结构能以特定的方式影响人们的经济行为。私有资产代表着市场交易的核心，国家强制执行的所有权增加了其价值。科斯（Coase, 1960）证明，有价值的权利将总是寻求最有价值的用途。这可以从20世纪90年代英国对3G移动波谱的拍卖中得到论证。然而，在国家没有协助契约的实施或者禁止占有和交换的领域——非法的毒品市场——高额的交易成本通常限制甚至阻止交易。产权更多取决于社会需求、准则和人们的接受程度（即人们实际上是怎样守法的）以及警察部门的效率（禁令执行的程度）。

尽管个人拥有资源的所有权，但是他们使用这些资源的权利有可能受到约束或限制。拥有车的人，没有在公共车道上鲁莽驾驶的权利。如果你院子里的树探出了围墙，一根树枝掉下来砸伤了一个过路者，那么你就侵犯了他人的权利。如果这棵树是在你的农场里的，要是树枝砸伤了路过的行人，那么在波斯纳的世界里你并没有侵权，因为相对于树枝砸在行人身上的不低概率事件所带来的成本来说，种树的成本更高。

案例 2.1　农场主与牧场主诉讼案

拥有土地的人有时不得不准许别人进入他的私人土地。在农场主与牧场主的经典案例中，农场主 F 拥有一片长满庄稼的土地，而牧场主 R 的牛群要经过农场主的庄稼地去找水喝。一个有效的规则必须权衡农场主因为牛群走过并践踏庄稼所造成的收入损失和牧场主因为牛群不能找到水源而发生的损失。对农场主来讲，主要的问题是把他的土地用栅栏围起来——以保护庄稼免受游牧的牛群践踏——的成本，或者只有在放牧人照看的情况下才允许牧场主的牛群通过。游牧对农场主来说是一个负的外部效应，而雇用放牧人的成本对牧场主来说代表交易成本最小的底线。

法律权利的分配，需要考虑补救措施：是允许牧场主游牧（损害赔偿）还是不允许牧场主游牧（禁令补偿）？科斯学派认为权利怎样分配并不重要，因为每个个体都试图获得最有效率的结果。但是，不同的权利分配方式直接影响农场主和牧场主的财富——需求函数可能因产权的分配而发生改变。

这对基于法庭裁决的权利分配尤为重要,因为法庭必须知道可能的财富效应和可能的损失成本。如果牧场主要对农场主的庄稼的所有损失(等于40)负责,而且避免造成这些损失的成本比较大(大于40),那么牧场主会继续让他的牛群游牧,此时禁令补偿是无效的。然而,如果通过雇用放牧人引导牛群去河边,牧场主的成本下降了(10),则牧场主就会这么做,这时损害补偿是有效的。这里的假设是,第三方,即放牧人,阻止了牛群带来的破坏。

在农场主与牧场主的经典案例中,我们把情况改变一下,使农场主拥有让牛群直接到达水源的土地。现在,如果农场主和牧场主可以讨价还价,牧场主为了获得通行应向农场主支付多少? 农场主的损失为(40,F),但是牧场主雇用放牧人的成本是(10,R),留下剩余(30)。牧场主将准备支付数量上少于总额(40)的公平价格给农场主,例如(25),将这笔剩余分为(25,F)和(5,R)。而波斯纳规则关注什么是最有效率的,它将会把全部剩余(30)奖给农场主,只要他允许牛群通过农场去河边喝水,而对于牧场主没有任何补偿。

博弈规则

在博弈规则的选择中,要权衡作为理性参与者的个体与行为受到制裁威胁的个体之间的关系。关于损害赔偿和禁令补偿的法规以及波斯纳的效率规则界定了博弈的规则;个人作为参与人选择适当的策略。多数产权分配理论方法的出发点是第1章提出的关于价值最大化和效率的假设,根本的原则是根据问题的结构找到分配产权的方法。正如上面所提到的,在牛群获得水源方式的案例中,农场主和牧场主之间的结构发生变化。在此案例中,产权的分配可被看作是一个集体交换的过程,需要所有参与者的同意。

农场主允许牛群通过庄稼地,而牧场主承担照看庄稼的义务。然而,在允许牧场主游牧(损害赔偿)或者不允许游牧(禁令补偿)的案例中,产权分配可以看作是由收益和损失的总量所驱使的单方面过程。每个个体都有权利使用资源。如果把效率作为相关的标准,那么法规的采用顺序——损害赔偿、禁令补偿或波斯纳规则——可以由法庭根据合意原则的近似程度来决定。如果法庭认为不能有效地避免损失,那么产权应该根据合意原则的近似程度加以分配。这是权利分配的更为动态的过程。

例如,你是山上一座空闲小屋的主人;对于被困在暴风雪中的人来讲,它是一个正的外部性。正如弗里德曼(D. Friedman,2000)所提议的,如果你被告知,若某个人破门进入小屋而你应该对损失负责的话,那么你就不会建造这个小屋或者在小屋中储存食品。还有可能出现另外一种情况,即本应强行闯入小屋的被困者放弃他们索要赔偿的权利。被困者会这样做,因为如果不这样他就有可能死在山上。他现在可以同小木屋的所有者讨价还价,根据合意原则分配权利。罗尔斯主义的观点也会支持为生存而闯入的合法权利,但不会支持小屋被破坏后赔偿的权利。权利作为一个集体交换过程而被分配,需要所有的当事人都同意。

在每个案例中,各当事人都被认为是这些简单的议价博弈中的参与者(Perry and Reny,1994)。当事人以(S,x)的形式提出建议,S表示参与者的数量,x表示收益和损失的向量;然后是按次序投票,所有参与者必须就产权分配达成一致意见。并且,博弈过程是连续的。当事人可在任何时间绘出提议,或者要么接受要么拒绝已有的提议,但在任一时间点只能有一个提议,因为新提议应替代当前的提议,条件只有一个,即保证结果路径在时间上的连续性(例如,人们不能在一个提议被给出后立刻接受它)。

这意味着局中人的行动顺序没有事先指定。参与者 1 给出第一个提议。根据埃文斯(Evans,1995)的观点,拟组成联盟的成员按顺序依次对该提议投票。如果他们都投票赞同联盟放弃博弈,各成员将获得协议的支付。如果他们中的一员投票反对,则提议无效。接下来,第一个投票反对的参与者给出下一个提议。那么静态均衡中将出现一个中心解,因为任何一个参与者都有时间在均衡提议被接受之前提出异议。如果支付需要贴现,那么不存在均衡(最后接受协议的参与者始终可以通过提前一点接受而做得更好),但是 ε 均衡的支付集合随着 ε 趋近于 0 而收敛于中心解。

案例 2.2　弗里德曼的下沉轮船

在这节骨眼儿上介绍戴维·弗里德曼(David Friedman,2000)的在下沉轮船上讨价还价和谈判的例子十分有用。该案例中假设你拥有一艘价值一千万美元的轮船,这艘轮船正遭受暴风雨侵袭,陷于瘫痪而面临搁浅。幸运的是,一艘拖轮出现并提议救援。

不幸的是,拖轮的船长知道你的轮船的价值,于是提出收取九百万美元的服务费。如果你拒绝他的报价,他乐意将你和你的船员带到安全地带,但任凭你的轮船沉没。你同意了这个价格,他将你的轮船安全地拖进港口,然后你拒绝支付,声称这个协议是被强迫达成的。海事法庭裁定拖船服务的合理价格是一百万美元,从而相应地改写了你们之间的协议。

主要问题是:拖轮船主索取的有效价格是多少?答案是使相关各方净收益最大化的价格。既然支付只是一种转移,那么价格产生的激励将影响拖轮船主和需要拖轮的船主的行为。弗里德曼从拖轮船主的立场来考虑这个问题,来决定是否为百分之一成功的概率而支付额外的十万美元来拯救沉船。从效率的观点出发,他应该何时决定花费这笔额外的钱呢?

如果他能收取的价格至少是一千万美元,他将花费这笔钱,因为在那种情况下(假设不考虑由于厌恶风险而导致的复杂情况),他的十万美元的花费将带来至少十万美元的平均收益。如果这艘轮船的价值至少为一千万美元,他将花费这笔钱,因为在这种情况下,他的行动给社会带来的收益——额外百分之一的拯救轮船的概率——将至少等于成本。弗里德曼得出结论,只要拖轮船主的要价是正的和非零的,那么当轮船船主拿他的船去冒险时,就会为拖轮船主提供正的外部性,因此轮船船主会采取措施使船少受风险。

在弗里德曼的例子中,有效的价格处于轮船的价值和拯救轮船的成本之间。还可以得出这样一个结论:没有理由期望通过议价产生一个有效价格。当轮船正处于下沉(且拖轮已经出现)时,议价的结果就已经得出,毕竟轮船船主和拖轮船主已经做出相应决定。剩下的唯一抉择是拯救这艘轮船还是让它沉没,而每个人已经知道这个问题的正确答案。每个人都知道这个问题,但是我们也许不能接受它。当他们争论时,轮船正在下沉。这为法规的制定提供了有力支持,即允许海事法庭改写一份太偏向于一方的协议。在这种情况下,最好的结果可能对双方都无效率。这与科斯定理相一致吗?答案是,在完全的科斯世界里,所有的交易成本为零,轮船船主和拖轮船主应事先签订协议,确定拖轮的出现时间以及轮船的拯救地点。贯穿在沉船的例子中,弗里德曼的观点暗含着一个假设,即要紧的是法律怎样规定,而不是人们做什么。

通过把权利分配的博弈作为产权研究方法,法经济学将外部性和交易成本两方面结合在一起。在这一章我们提及,在个体产权争议的评估中,合意原则可作为相对于法庭判决结果的替代。产权是个人对资源的使用权,需要明确界定和分配(McNutt,2002)。产权的一个主要功能是引导和激励,以最大程度获得外部性的内部化。如果产权的分配被看作是一个集体交换过程,那么明确的、排他的产权对稀缺资源的有效分配来说是不可或缺的。明确界定的产权是第 3 章中将超出市场交易范围和自愿契约的交换案例应用到公共产品供给和遵守法律的新领域所必需的。

作为分配机构的公司

当委托人将对某一资源的使用权委托给代理人时,代理人将受到合同的制约,合同代表双方支付回报的利益原则。第 3 章的图 3.1 提供了契约曲线上代理关系中的变量,在此曲线上,双方为达成交易而讨价还价。有很多代理型关系的例子:地主和佃农,病人和医生,股东和管理层,工人和管理层。由于委托人和代理人的利益并不一致,代理人可能做出从委托人的角度而言是次优的决策,除非他们被监督或者限制。一些具有新制度经济学思想的学者(Jensen,1983)更倾向于关注对代理人的监督而非最优契约的形式,这是委托-代理文献的特点(Milgrom and Roberts,1992)。代理关系的两种研究方法都认识到,代理人的机会主义行为增加了委托人的成本,委托人发现监督代理人或者以一种减少代理成本的方式构建契约是符合其利益的。

典型公司:p型公司

在理解法经济学中的产权的过程中,我们可以关注个人使用资源的权利。在接下来的部分,我们选择了典型的企业家公司。在企业家公司里,个人,即作为有价值的投入要素的所有者的工人,将在一段时间里把将他们的资产投入到产品和服务等产出的生产中以获得回报收益的特定权利委托给一个主要的代理人,即管理层。管理者同投入要素的所有者以及公司产品的购买者签订一系列双方契约。其与作为投入要素(人力资本)所有者的工人的契约在要素市场上签订,与买方的契约在产品市场上签订。

自从上世纪70年代科斯的理论被重新发现以来,经济学家就人们对典型公司的替代方案展开了激烈的争论(Ricketts,1994)。第一种替代方案是让产品的消费者在不同的市场上同投入要素的所有者谈判,并以此来决定最终产品的价格。然而,消费者和投入要素所有者直接签订契约的交易成本可能高到让人望而却步,特别是当产品和技术十分复杂时。第二种替代方案是关于契约的签订,即投入要素的所有者可绕过作为主要代理人的管理者,而在他们之间谈判,对他们各自的产品进行定价,然后由一个要素所有者就最终产品同消费者进行协商。

然而,如果衡量个体对工作投入的贡献的成本很大的话,那么提议的结构将会是无效率的(Cheung,1983)。第三种替代方案不是如所提议的那样排除主要代理人,而是用主要代理人的工作投入补充要素所有者的工作投入,以设法直接衡量他们作为公司利益相关者的联合努力。联合工作投入把他们作为个体对资源的使用权具体化。第三种替代方案与其说是一个契约替代方案,不如说是对典型公司的产权替代方案。

传统的古典企业理论主要关注私有企业,即 p 型公司;典型的例子就是教科书中的新古典企业家公司。在这样的公司内,管理者的目标是长期利润最大化,工人常常被认为是可消耗的成本。例如在新古典模型中,作为一个组织,p 型公司的管理团队仅有一个或两个所有者并且只经营一家工厂。当它产量的扩张超出了最小且有效率的工厂规模时,p 型公司将受收益递减的制约。随着时间推移,管理者需要不断做出生产多少的决定。

在新古典的 p 型公司中,投资很少发生,但是当它确实发生时,公司可以被预期为依赖银行融资,因为公司无力在内部筹集资金。公司可以决定雇用员工的数量(Blanchard and Fischer,1989)。在这样的情形下,由于工人的合法权利受制于短期目标,这就不利于公司获得更多的获利机会。在 p 型公司,管理"几乎就是公司的本质定义"(Arrow,1994)。而且,最成功的公司依靠企业家精神的作用,企业家精神作为一个固有的过程在 s 型公司框架下能被更好地接受。

s 型公司

阿尔钦与德姆塞茨(Alchian and Demsetz,1972)和詹森与麦克林(Jensen and Meckling,1976)最初对科斯理论的理解简单地认为公司作为一个组织可以被认为是专门签订契约的中介,是在不完全信息下规避风险获得最大化收益的渠道。在其影响深远的文献中,阿尔钦和德姆塞茨认为公司的本质是允许个体作为一个团队进行工作(Ricketts,1994)。在交易成本的文献中,对所有权的经济分析集中在米尔格罗姆和罗伯茨(Milgrom and Roberts,1992)所定义的"剩余决定权和剩余分配权"。例如,当双方面对一项资产时,可以合理假设一方或者另外一方享有剩余控制权,但是将80%的剩余控制权分配给A方而将20%的剩余控制权分配给B方的做法,即使可能的话,也是很困难的(Armour and Whincop,2001)。

但是如果双方从已经达成的协议中放弃租金会怎样?这个工人持股公司——s型公司代表了作为企业理论中传统的利润最大化方法的一个替代。在 s 型公司内,管理者和工人一样迅速意识到,签订契约的主要问题是制造对双方的激励,使他们的工作投入最大化,以应对公司生存所面临的外部威胁。这样的威胁表现为工厂倒闭、工人冗员、新的规章或诉讼或者工厂管理层的变更。他们形成了一种社会契约或者被迫的协议,这些契约反映了他们对双方的工作投入没有最大化将要产生的结果的直观性理解。如果公司内部都同意签订契约的话,那么在面对外部威胁时,契约是自我执行的。在 s 型公司内,自我执行的规则出于定义一个参考点的目的而演化,该参考点决定着组织的结构、生产率和利润水平。

因此对通过加大工作投入而互惠互利的期望决定性地影响着契约义务的履行。

自我执行的规则是标准化的(normalised)工资结构。换句话说,每人每小时 5 英镑、4 英镑、2 英镑的工资支付标准化为价值 11 英镑的产品的 5/11、4/11 和 2/11:所占份额加总或者标准化为 1,$\sum W = 1$。如果原本获得份额的 2/11 的个体所估计的生产率翻倍的话,那么他将有很大的概率获得 4/11 的份额。可以通过引用更具竞争性的职位阶梯的方法来实现这一目标。该阶梯上的等级之间存在更少台阶。员工既可以受到提拔,也可以被贬职。员工不是由一个等级晋升到(降到)另一个等级上,而是根据生产率的高低随机排序,受到提拔(被贬职)的人必然是生产率高(低)的人。个体所占的份额很大,说明在 s 型公司可能有不少的雇员被直接雇用到高水平职位中去。

早期关于私有化的争论围绕"公众的份额"(Volksaktiem)这个焦点,并涉及工人的授权(Prentice and Holland,1993)。宾莫尔(Binmore,1998)描述了不同情形下的社会契约,认为参与者都是自私的,但是无论参与者自私与否,支付的最大化取决于支付的内容。譬如,雇主可为雇员制订一个股票期权计划,使其与雇主的连续雇用的保证相联系。有人会把 s 型公司当成是一个追求利润最大化的公司,而不是由对收入的外在威胁演化而来的补充性的"治理"结构。将 s 型公司当作埃琪涅尔(Eichner,1985)的"大型企业"的一个特征子集的观点也是很有蛊惑性的,该大型企业在它所属的产业中不是以一个而是以几个 s 型公司的形式运作,每个 s 型公司(以一套固定的技术系数形式)拥有最小成本技术。

新规章代表着对被管制公司的外部威胁。第 1 章我们间接提

第2章 所有权和产权

到了监管的负担;例如,图1.1阐明了这种负担的成本。政府必须将它所提议的监管方案的成本和收益同私有的s型公司的方案相比较。与工资立法、工作条件或者定价相关的规章制度应该根据它们在多大程度上和私人解决方案相适应来进行划分。施瓦布(Schwab,1989)解释道,政府不应该假定"私有的缺陷意味着政府干预将改善状况"。作为s型公司中生产性企业的数量,因子ϕ是内在的——不能对其施加规制。

产权明确

产权定位在哪里,它们在何种意义上是s型公司的特征?由谁来决定?在s型公司所运营的竞争环境里,失业可能性增加,因此s型公司的实际资源对所有工人利益相关者来说都是颇有价值的。选择生产多少的(产权)权利是对企业经营的一种奖励。产出可能被s型公司占有,但是公司特有的人力资源体现在作为社会群体的工人利益相关者中。管理层必须清楚,按照阿罗(Arrow,1994)的方式,"嵌在工人、经理人和技术人员中的人力资源是市场对公司资本评估的重要组成部分,尽管这不是通常意义上的资产"。工人和管理层都决定重估工人-管理层的关系。此外,工人(管理层)意识到独立于管理层(工人)能确保公司中集体工作的努力(一般来说,这与s型公司的产品市场上失业概率的增加及与之相伴随的工作保障的减少有关),以此增加生产性企业的数量。

明确界定产权对实现资源在公司内外的有效配置是必要的(McNutt,2002)。正如科斯最初提出的,产权明确是效率的必要条件。波斯纳(Posner,1992)也说:"没有产权,就不存在引起这些(投资)成本的动机,因为不能保证合理的回报。"在现代企业环下，典型的企业中的利益相关者和工人之间的产权结构已发生了改变——德阿莱斯(DeAlessi,1980)很好地抓住了 p 型公司的这种无关性，他引用了阿尔钦(Alchian,1965)的观点：不同的产权体制代表了不同激励结构下的决策者的决策，由此导致资源的不同配置。在后来的一篇文章中，德阿莱斯(DeAlessi,1983)在其评论中更是明确批评了教条的拥护者，他认为：关于不同离差水平表示公司决策过程的不同结果的假设，实证研究至今没有提供一个确定的检验。

在现代公司中，除非合理地设置不同的激励结构以反映公司内在的所有权结构，否则工人利益相关者将继续意识到准租金的存在，当好的时机出现时，他们会想方设法施加阻碍。这是 p 型公司的典型例子。经营活动的水平将取决于工人利益相关者权利的分配。在失业的环境里，利益相关者间的冲突将会出现，这从负面撞击了企业利益的实现。然而，如果在 s 型公司中，工人利益相关者的(财产)权利可以用诸如一个标准化的工资结构来补偿，那么增加工作投入可能会缓解解雇工人和公司倒闭的成本。此时，工人负担所有权成本。

此外，正如下一章所述，对于进入者来说，如果规制政策的改变所提供的价格低于有效进入价格，那么政策的改变是对在位企业产权不加补偿的"征用"。如果一个在位者的利润与市场的投资不成比例地减少的话，这种情况就会出现。美国杜奎森灯具公司与巴拉什公司诉讼案(*Duquesne Light Co. v. Barash*)就支持该主张。如果界定所有权是为了允许来自在位者的自愿同意以指导资源的使用，那么根据产品质量和消费者剩余计算的所有权成本将由进入者承担。如果成本很高的话，所有权成本将阻止不诚实的进入(Farrell,1987)。可以断定,市场上的所有权成本应该是一个合法的正的交易成本。

准租金

s型公司是一个能提供更好的工作激励的契约安排。它试图调和界定公司时的阿罗困境。换句话说,作为利益相关者的工人和作为利益相关者的管理层在s型公司内拥有的产权缺乏所有权。例如,他们的准租金是与在技能和知识方面的投资联系在一起的。工人的技能和s型公司是一项联合资产;换句话说,技能——这让我们联想到贝克尔的公司特定的人力资本——是这种s型公司资产价值的补充。对工人和管理层追加的准租金将不再在公司内分配。每个人都将承担逃避、机会主义和阴谋破坏的全部成本——公司将倒闭。

为了取代传统的处理工人所有权和合作企业之间关系的方法,公司内产权的概念被延伸了。所有权的延伸是通过固定公司内的产权分配(在某种程度上和剩余占有权相类似)和把所有权的法律概念从公司属于股东这一(公司法)法律教条中释放出来而实现的。更重要的是,技能对工人所工作的s型公司而言是专有的。在这种情况下,工人处于不利地位,工人和管理层之间的任何议价过程中的破裂将给双方带来高额的交易成本(Milgrom and Roberts,1992)。

所有者起作用吗?

科斯定理认为,除非议价成本极高,否则工人和所有者可以就某一价值最大化的协议达成一致。s型公司的效率不受影响,但是价值的重新分配将向有利于所有者的方向倾斜。这就是延误的真实社会成本,因为工人获得更少的公司价值和更少的产权,他们没有受到事前激励以提高生产效率或者工作投入。正如本章后面所讨论的,管理者在工人之间分配(财产)权利的失败将减少企业的产量,用 ϕ 因子表示。s 型公司的这个 ϕ 因子乘以平均劳动生产率水平(AP_L)可以估计与 s 型公司联系的绝对所有权(即股权)。

所有权变更

s 型公司作为个体的组织形式而不断演化,它是协作的而非敌对的。公司的存在源于竞争压力的外部威胁,例如,公司可能倒闭。由于不确定性的存在,工人和管理层更趋向于用合作的方式解决问题(Brennan and Buchanan, 1985)。管理者尽可能自发地分配工作投入。作为组合体、同时又是利益相关者的管理层和工人意识到他们对工作投入的各自贡献并非必然是相互排斥的。换句话说,公司内部的任何争论可以通过妥协和协商来加以解决。特别地,任何涉及实体资源在公司内部的运用的争论都能被解决。

从股东或工人协作的角度来看,所有权转变为公司里的股份或者无形的投资。所有权是关于(财产)权利的。s 型公司的本质是,它允许工人利益相关者在公司内拥有缺乏所有权的产权。选择生产多少的(财产)权利是对公司经营的回报。这要视工人—利益相关者和 s 型公司之间(产权)权利的支配转移而定,这是可行的,因为工人会信守承诺,同时工人行为受(财产)权利支配转移的激励(McNutt and Batho, 2004)。这种推理背后的直觉是,工人利益相关者意识到并抵制不全力投入工作的这种非经济性(例如,就业的损失或 s 型公司的倒闭)。

s 型公司的法律性质主要是关于产权的分配和准租金的消除,这也是本章的目的。例如,在 p 型公司内,权利的不公平分配和准租金的存在引起冲突,侵蚀了公司获得生产利润的机会。换句话说,权利和准租金限制了企业的经营行为,公司内部利益相关者的冲突阻碍了获利机会的规模。然而,s 型公司代表着产权在公司内不同利益相关者之间的具体化。公司使用社会的实体资源以达到生产的目的;每个工人利益相关者私下掌握着资源运用的权利。

每个利益相关者拥有一个大小为 φh 的产权,这表示工人利益相关者在 s 型公司中的份额。对工人利益相关者而言,(财产)权利运用在他们各自的工作投入中;不像 p 型公司那样通过支付更高的工资来鼓励增加的工作投入,在这里,当工作投入在生产机会实现之前不能被观察到而只能在雇用过程中体会时,更高的工资被认为是确保增加的工作投入的一种手段(Nelson,1970; Holler,1987)。劳动力被假定为 s 型公司的体验商品,工作投入不是外部强加的。麦克纳特(McNutt,1994)所提议的工作投入方案认为,优于最小值的工作投入是自我强化的,并从属于受控制的(财产)权利的转移。

因此,公司经营活动的水平取决于 φh,取决于公司对实体资源的使用。例如,分配给工人的缺乏所有权的(财产)权利转化为他选择生产多少的权利。p 型公司内的工人没有这种权利。因此 s 型公司组合了关键的微观要素以实现(财产)权利的支配转移。作为公司内部工人-管理层冲突的解决方案,作为利益相关者的工人参加了有关协作和信息共享的契约系统。最终所有者关闭工厂和挪用准租金的威胁得到消除。这一观点在工业化早期的欧洲行会系统和日本东京的血缘关系网的历史上不是没有先例的。

奥佛的商品化

S型公司主要担当(财产)权利和经济租金在契约的利益相关者之间转移的分配机制。作为S型公司内的利益相关者的工人和管理者选择一起工作。争端不可避免地最先出现在(财产)权利的分配上。例如，工人-利益相关者可能在工作实践或生产奖励上和管理者不一致。然而，对于每个利益相关者来说，都存在对雇佣安全的预期。在依赖利益相关者和谐关系的组织里，每一个利益相关者都有将他们各自的预期转换为准契约义务的权利，并且受到法律支持，这严格约束着S型公司的管理层。在健康和安全规章的需求、非公平解雇立法的实施或更多的有效工作时间等其他事情上都可以显示出这一点。

但是，世界各地的公司环境已经发生了显著的变化。基于大规模生产和半熟练劳动力以及干预主义政府的、有组织的资本主义或福特主义的时代已经被无组织的资本主义新时代所取代。在这个新的后福特主义时代，皮尔逊(Pierson,1994)是这样解释的："在新环境中，不会看到国家从对劳动力的组织和再生产的干预中大规模撤退。国家的作用加强并倾向于有酬劳动。"在欧洲，我们可以观察到各国政府为跨国公司的落户而竞争。在奥佛(Offe,1984,1991)所谓的"行政性再商品化"中，政府在促进资本和劳动力的更充分利用或者商品化中的作用将通过公司税收减免、培训计划、补贴性工业贷款以及其他事情间接体现出来。

通过鼓励外国直接投资于本国经济,欧洲各国政府继续采用这种行政性再商品化的战略。但是实际上,它们推动了去商品化的过程,即侵蚀了劳动力资源能被更充分利用的环境。这可以从由劳动特定税收支付带来的劳动力持续高价格所导致的非均衡、在就业和失业的福利权益之间持续的福利困境、对外国公司利润遣返的容忍和政府在创造生产性就业方面的无能等方面反映出来。

s 型公司的技术集

这里所描述的技术建立在卢卡斯(Lucas,1978)和罗森(Rosen,1982,1992)引入的模型上。关键是所测度的平均生产率(用 AP_L 或者 gL 表示)是递增的。我们将 s 型公司的技术定义为 $f(z) \leqslant 0$,其中向量 z 表示 s 型公司的净投入,如果出现 x 无效率,则 $f(z) < 0$。假设 x 无效率取决于公司所有权的变化。所有权的变化能够以两种方式发生:(1)s 型公司内部(财产)权利的重新组合或者从 p 型公司向 s 型公司转变;(2)s 型公司所运作的法人环境的改变。这些改变可能由于私有化、并购或者政府的行政性再商品化的战略等因素而发生。

第一直观的办法是假设所有权的改变使得由生产可能性边界表示的生产函数发生改变:

$$f(z) + F(H) = 0$$

其中无效率函数 $F(H) \geqslant 0$,如果所有权在 s 型公司内部的变化或者从 p 型公司转变为 s 型公司的变化给 s 型公司的每份 φh 带来更多赢利机会,那么它是 H 的单调递减函数。

如果每个工人利益相关者 h 拥有 s 型公司的份额 φh,那么 $H=\sum h\varphi h$ 表示为所有权参数,当 $H=0$ 时代表 p 型公司,当 $H=1$ 时代表公共公司(国有或者工人合作社),当 $0<H<1$ 时代表 s 型公司。s 型公司的每个工人的(产权)"收益"取决于用 ϕ 因子来检测的个体对增加的工作投入的服从程度,即劳动力投入的商品化程度。

如果我们假设生产函数的结构是累积的,那么所有权的变化将影响生产的可变成本(Bos,1987)。换句话说,生产获利机会增加,因为生产可能性边界以给定工人利益相关者的投入生产更多产出(即 $Q^*>Q$)这样的方式移动,如图 2.1 阴影部分所示。由于边际生产率取决于 H,这会影响到 s 型公司内部生产率的测度。为了抓住已有的获利机会,管理团队有责任确保员工的服从。在工人利益相关者之间分配(财产)权利的失败可以通过生产性企业的数量 ϕ 因子反映出来。

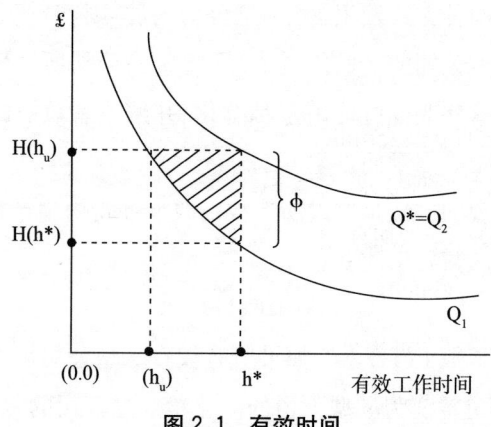

图 2.1 有效时间

企业的生产需求

在 s 型公司,如果在管理层和工人利益相关者之间存在(财产)权利的治理转移,那么协作是不可能失败的。有工人作为利益相关者,管理层就有一系列的不同问题要应对。工人可以为了更高的利润而牺牲工资,从这一点来看工人利益相关者并不是短视的;而且,工人为了评估管理层的决策对工人们的益处,会贴现决策的现值。例如,在 p 型公司中,传统的平均生产率(AP_L 或 gL)在衡量产出水平时,是假设实体资源(用 Q^* 表示)的产能是充分利用的。

产能的充分利用需要每个工人利益相关者最大限度地投入到工作中,并且要保证工作过程平稳且不间断。但是除非机制失败,否则工人都有动机偷懒,也就是说他们会提供小于最大化的工作投入,除非他们确信公司内的所有工人都不偷懒。此外,工人的旷工也使得产出不会达到产能充分利用的水平。在 s 型公司里,工人在面对工厂关闭、被解雇或失业等外部威胁时,会倾向于最大化其产出从而使企业产量达到 Q^* 水平。

> **案例 2.3 生产率的衡量**
>
> 更传统的 p 型公司的平均产量 gL 的测度用 Q_1/L_1 来表示,而新古典经济学原理要求,如果 $Q_2 > Q_1$ 且 $L_2 > L_1$,那么 gL 增加到 Q_2/L_2,或 Q_1/L_1 增加直到收益开始递减。在 s 型公司中,直觉是不同的:由不偷懒的工人 L_1 获得的增加的产出水平 Q^* 可以记为平均生产率,由 Q_1/L_1 增加至 Q^*/L_1,其中 $Q^* = Q_1 + \varphi$,$Q_1 < Q^* < Q_2$ 且 L_1 恒定。值得注意的是,在标准化的工资结构 $\sum w = 1$ 下,$gL = 1/AVC_L$,而 AVC_L 是劳动力的平均成本。

有效工作时间

因此，对生产率更高水平的衡量转化为生产周期中更低的单位平均可变成本。直观上看，考虑图 2.1，有效工作时间 h 用横轴测度，平均可变成本 H(h)（平均生产率的倒数）用纵轴测度。这个倒数 H(h) 与有效工作时间负相关。误差 ($H(h_u) - H(h^*)$) 近似表示 s 型公司在 Q_1 产量水平上未在工人之间分配（财产）权利的机会成本。

例如，标准契约规定在 h^* 点工人每周工作 40 小时，但是由于偷懒和其他事物的冲突，有效的工作小时数只有 $h_u < h^*$：平均可变成本增加到 $H(h_u)$。因此（由于平均生产率的下降）在 h^* 处，为生产 Q_1 单位产量雇用工人的真实成本增加到 φh。因为每个工人利益相关者占有一个份额 φh，该份额转化为一种（财产）权利，现在这种权利的价值降低了（例如，在 s 型公司中雇用可能不再安全）。只有在增加工作投入的情况下，有效时间才能增加到合同规定的时间 $H(h^*)$，AVC_L 才会下降。

φ 因子

φ 因子反映了工人选择工作或生产的数量的能力，在凯恩斯经济的 p 型公司中，却忽视了工人的这种能力。p 型公司的计算方法将 1979 年后欧洲生产率增长的减缓全部归因于真实工资和周期效应。戈登（Gordon,1987）评论道："与失业的上升相对应的必然是劳动时间的减少或负增长。显然，欧洲失业问题部分源于产量的下降……但是也可能需要审视产量和生产率下降情况下的

劳动时间问题。"(斜体是本书作者加上去的)

由于工作投入的改善和产能利用的变化,在表 2.1 中根据 φ 因子,Q_1 增加到 Q^*。换句话说,劳动生产率的增加 gL 相当于 s 型公司单位劳动力的利用率或者商品化的增加。在这种情形下,重点要意识到,更多的劳动投入等同于更高的生产率。平均产量的计算和用从 L_1 到 L_2 的增加来表示的雇用数量的变化没有关系,而是和实现的更高的 Q^* 产出水平有关,Q^* 产出水平比实际测度的产能产出(用 Q_1 表示)更大。

对给定数量的工人来说,在产出本身没有变化而生产资源的利用增加的情况下,平均生产率是可以增加的。由于工人的隐藏行为对公司资源的价值存在很大影响,所以通过授予工人所有权,可避免他们工作懈怠的问题,而所有工人的平均生产率可以随着生产资源利用率的补充增加而增长,同时实际产出本身也有正向的变化至 $Q^* = Q_2 > Q_1$。

在 s 型公司里,工资等于劳动边际产出是没有理由的。如同在典型的巴罗-霍尔(Barro-Hall,1972)世界里,工资刚性和就业确定是不相关的;在 s 型公司的世界里同样如此。对于就业岗位的创造来说,从 Q 到 Q^* 的产能利用率的增加是很重要的,而这归因于工人偷懒的减少和更大的工作投入以及管理层筛选和获得更高质量的劳动力的能力。改善的工作投入来源于管理层和工人之间的受控制的(财产)权利的转移。为实现 Q^* 水平的产出,管理层必须确保工人利益相关者的利益得到满足,这些利益包括工作环境的改善、真实的工资水平以及获利机会 φh 等。

雇员的共同联盟(common pool)

在此情形下,企业雇用员工的数量要视工人利益相关者的行为而定。赞同新凯恩斯主义的方法认为名义刚性不是产生于劳动力市场。在 s 型公司中,雇用和解雇可能不像在传统的 p 型公司中那样常见。管理层在工人利益相关者之间建立协作,使得每一个利益相关者能够获得他们各自的产权。最终,作为公司的利益相关者,工人和管理者组合为一个雇员的共同联盟。换句话说,随着公司专用的人力资本变得更加有价值,s 型公司的产权定义得更加明晰。

当公司受到扩张或布局变更、新技术或创新、失业或关闭的威胁时,生产率增加的重要性显得更加重要,这也是对新进入公司的威胁做出的反应。当谈判、制定政策、执行规章或社会契约的成本趋近于零时,s 型公司内的交易成本趋近于零,因为成本被受控制的生产率的增长水平所吸收,正如图 2.1 中 φ 因子所示。φ 因子是一个公制,来试图表明更大的工作投入能转化为更高的生产率这一事实。例如,在如下一个简单的生产关系的情况下,生产率水平取决于新产品 X 的增长:

$$Q = f.(gL) = a.(X)^{-b}$$

治理结构

工人利益相关者和管理者之间的冲突,可能影响 s 型公司的发展。现代公司的等级结构要求每个工人和管理者分别提供工作投入和企业家才能,这可能促使了这些冲突的出现。尽管每一个利益相关者都与公司签订契约,但是,不论是隐含地还是以其他方式,在利益相关者之间不存在如此的契约。因此,一些经理和工人可能不愿提供他们各自的技能。在给定的组织里,竞争的等级结

第2章 所有权和产权

构甚至可能妨碍企业家技能的共享。s型公司的本质就是尽力改善由于等级结构所带来的负面影响。这可以通过受控制的(财产)权利的转移作为补偿来实现。

通过受控制的(财产)权利的转移,消极的当事人不得不提供个人服务,也就是说,他们有义务做一些事情,同时得到财政奖励或者获得公司的公共产品(保证所有的其他工人不偷懒)或公司资产价值的一个份额。权利的转移与对工人和管理层的监管及对其薪酬的操纵相符,于是监管变成一个占优策略,而服从则变成唯一的最优回应。每个工人都意识到,其他利益相关者采用的立场可能与他们的相冲突。在偷懒-监管的博弈中,任何工人利益相关者都有能力以对其他利益相关者不利的方式做出反应,因而阻碍s型公司内的获利机会。

工人利益相关者意识到提供任何低于最大努力的投入的非经济性(例如,失去工作或者s型公司倒闭)。处理这些问题所花费的时间和精力转化为s型公司的高额机会成本,进而转化为工人的高额成本。换句话说,对于一个有代表性的工人利益相关者,协调失败的机会成本是正的——机会成本观点与莱宾斯坦(Leibenstein,1966)提出的x无效率概念有相似性,x无效率表示公司实际资源被用到非生产领域的活动中,这可能对公司的长期发展造成不利影响。s型公司不是一个工人合作社;在一个工人合作社里,所有权完全由工人所拥有,而在s型公司中,利益相关者的产权缺少所有权。工人和管理层在各自的层面上行使契约自由,也就说,他们可以通过自愿合作或受控制的产权的转移来获得收益。s型公司引入的治理结构也影响获利机会的范围。可能存在对谈判、监管和执行工作投入承诺等方面进行资源投资的需求。工人和管理层所选择的治理结构将使联合工作得到有效配置。

制度上的等同

制度经济学的核心原则是通过构建经济过程中的一系列竞争来强化规则，从而指导经济。位于这种方法中心的是界定博弈规则的制度水平与经济代理人在现有的规则内选择他们的策略来参与博弈的亚制度水平之间的外在差异（Vanberg，1994，1997）。

制度经济学的核心是个体可能在两个制度层面行使他们的缔约自由——他们可能在两个层面上从自愿合作中获益，换句话说，个体试图不仅通过参与互利的市场交易，而且通过服从于互利的制度约束来从自愿合作中获益（Buchanan，1989）。他们遵守法律（第1章）或确实同意 s 型公司中治理的补偿契约。康德关于职责的格言是适用的，但是它可能不是在每种情况下都适用。例如，在第 4 章，我们将调查侵权者采取适当措施避免事故发生的行为。

直观上来说，工人和管理层都意识到他们联合的工作投入是治理合同中的特殊资产，其当前在 s 型公司中的运用比在公司外的任何其他用途都有价值。这个差价在 s 型公司中不可能被任何一方挪用，因为拖延给双方带来在 s 型公司以外被重新雇用的不确定性。因此，既然他们不得不投入更多的资源以减少机会主义拖延行为，那么重新被雇用的不确定性的增加为双方应对这种不确定性的行为带来了额外的成本就是合理的。为了不浪费实际资源，他们选择最大化 s 型公司内的联合投入。

以上观测基于这样的事实，即工人和管理层之间就公司内财产的剩余权中关于生产多少的决策存有协议，该协议便利了公司对内外的变化因素的适应。当所有的社会博弈中的经济人有权在

"亚制度层面"(例如,参加市场或者虚拟市场交换)采取不受限制但有规则指导的行为时,这就等同于制度的存在。原则是基于经济人的所谓"亚制度"行为,由于其中代理人之间的外部性,问题出现了。根据科斯定理,资产被那些能最有效利用它们的人获得;资产没有得到最佳使用的话,资源就不会得到有效利用,除非偶然地被分配给对它们估价最高的人。

政府的作用

在许多经济体中,政府是唯一被授权发起对新经济秩序和法律结构的制度调整的经济人。例如,政府规范了竞争和监管政策。20世纪80年代的私有化方案,以所有权的更广分配和为法人控制的股票交易建立市场为特征,没有真正地增加义务或减少官僚主义。法经济学范式告诉我们,所有权对界定良好的产权产生影响。在不同的经济中,这些产权也许不同,但必要的是在每个经济体内,利益相关者之间的产权是相同的。尽管私有化可以被解释为政府在经济中的作用的下降,但是与规制相伴随的私有化可能是政府干预经济的策略,尤其是政府作为规制环境下的一个利益相关者,这是很有可能的。

政府和公司之间、规制者与在位公司之间的互动可以被描述为"交换经济博弈"。中央集权国家作为经济政策领域的垄断者,意味着国家有解决经济中所有真实的和潜在的"交易博弈"的能力(Hayek,1976;Weingast,1995)。在本书后面讨论反托拉斯的章节中,这一点被间接提到。在这里需要注意,由于无法确定监管等级,根植于社会和体制性网络中的无效的法律条款可能造成被规制资源的非完美配置。这将把新近被规制的公司(它作为竞争者与政府互动)的行为转变为类似于在国家管理或政府控制下的公司(它作为垄断者与政府互动)的行为。

信仰的价值

问题的有趣性在于规制所创造的与信仰相对的价值的大小。价值定义了将要实现的基本目标。例如,在法律上,重视不错判无辜就是一种价值。信仰是对事实的理解,例如,死刑制止了犯罪就是一种信仰。另一种信仰认为真相可以通过对抗的审判制度来发现。规制使人们相信受规制的公司将更有效,并且对违法的制裁将有效阻止企业间的定价行为。而企业的所有权和产权处于被忽视的危险中,这些所有权和产权对公司的生产率和价值来说至关重要。所有权和产权是价值,在理解公司内部组织时,它们应该被当作价值进行估价。

对很多公司来说,价格可能并非是公司价值的主要驱动力。在事先实施规章之前,实情调查者必须理解公司的基本目标。在一个公司里,由于个体理性可能和群体理性相冲突,帕累托改进不一定经常存在。s 型公司背后的推理是,当外部威胁能够从内部拴牢一个帕累托改进的决策过程时,一个规制决策却能够完全阻止这个过程。最优的公司一定是有最好的灵活性的(Basu,1995);而一个最优的制度必定也有最好的灵活性。

但是,在我们关于 s 型公司中产权分配的讨论中,增加的内生化常常来自于经济价值的变化,这些变化不但从市场环境的变化中得来,而且从政府和第三方的参与中得来。由于每个个体或者公司对产权的估值各异,寻租可能将资源转用于无效的用途上。认为被规制的公司将更有效、公共权利将比拍卖式产权更有效,或对违法的制裁体系将阻止企业间定价等观点,必须在各种情形下都成为个人和企业的价值观。否则,实情调查者将看到人们会抓住纠纷或去商品化的过程不放。这一过程会逐步侵蚀劳动力资源得到更充分利用的环境。这是必须被避免的。在公司的具体案例中,受控制的生产率成为由工人决定生产多少的偏好工作集的函数。一般情况下,不管它被实情调查者定义为竞争性的还是垄断性的,公司的社会契约类型将不可避免地反映对外部威胁可能的未来结果的直觉理解。私有化和放松规制的过程可能代表着对被规制公司的一个外部威胁。新的监管机构成立,新的法律颁布。如果制度变化被整合进被规制公司的生产函数,例如内生变化,它们将增加国内产品和服务市场上的生产成本,这些市场服从规制者规定的竞争性进入。如果国内市场是被规制的,而竞争由市场的地理因素界定,被规制的公司将更加缺乏弹性,更加受制于规制者的规则。

第3章 签订合同的法经济学

> 对于所有的交易来说,市场能为所有的
> 参与者提供交易机会,并把他们引向竞争。
> ——马克斯·韦伯

在这一章,我们先假设没有一个经济人能做所有的事情,因此,在为了交易所需要的物品进行议价的过程中,每个经济人都有利己主义的动机。合同法可以被视为促使了第1章提到的小红母鸡模型中的个体缔结私人交易协议。这就是本章我们所说的签订合同。交换过程将确定市场价格或者赋予产品或服务相关价值。更重要的是,在交换过程中,信息被发现。签订合同为交易中出现的问题提供解决方案,而合同本身是对那些由交易时间所带来的问题的解决方法。

侵权法通过设计分摊损失或者判定赔偿方面的规则来为合同法做补充。这些规则将在第4章被评定。本章,我们发现关注补偿检验(也就是著名的卡尔多-希克斯准则)有助于探索法律与实现诸如零事故、零犯罪或零冲突等社会有效点的关系。此标准在法经济学中被用来为市场辩护,并被认同为波斯纳财富最大化。例如,泽布(Zerbe,2002)建立了卡尔多-希克斯效率的扩展作为原则化的体制。

签订合同还需要像经济学中委托-代理关系所讲的一个授权行动(Milgrom and Roberts,1992)。你可能委托一个园丁修剪你的草坪。园丁作为代理人能够利用你这个委托人。在这个范例中,委托人雇用一个代理人来付出努力。代理人试图懈怠,而委托人试图通过设计一个根据代理人的产出来支付薪酬的合同来克服这个道德风险问题(有时称为"代理人"问题)。问题中隐含的是理性经济行为。但是它已经变得制度化了——工人偷懒和园丁懈怠。因此我们也需要解释作为制度的理性经济行为(Macneill,1980)。为什么代理人试图懈怠?

引 言

经济学家担心的是合同将不会诱导园丁付出足够的努力;律师担心的是,当代理人积极主动,但是其努力被误导时将会发生什么事情。例如,园丁从园艺中心预定了价值10,000英镑的新植物,尽管此前你已经明确地禁止他这样做。因此经济学家的议题和普通法内传统的代理法的议题不同。代理法超出了本书的范围。拉斯姆森(Rasmusen,2004)对代理法做了一次精彩的概述。读者可以查阅比尔等(Beale et al.,1990);阿蒂亚(Atiyah,1989)、库特和乌伦(Cooter and Ulen,1988,2003)对合同法做出了更详尽的论述。

我们的出发点是沙维尔(Shavell,1980)的著作和科恩豪泽(Kornhauser,1986)的调查。他们两个都发现了很多围绕违反合同的法经济学问题。罗森(Rosen,1992)、布罗素和格拉坎特(Brousseau and Glachant,2002)对合同的经济特征进行了有趣的讨论,而萨拉尼耶(Salanie,1998)讨论了完备和非完备合同的动态性问题。在这一章,我们考虑当为了交换或交易而进行讨价还价时的经济关系的基本类型。这为对法律合同的经济动态评估做了铺垫。

签订合同

签订合同从很多方面来看是一种组织形式,正因为如此,它有正式的方面(合同法)和不太正式的交易方面(经济市场)。在法经济学文献中,通常假设在零时刻,$t=0$,对产品的支付已经转账,既然对产品提前进行了支付,那么某种确保合同执行的正式文书就是必要的。否则,如果卖者是机会主义者,他将有动机保留支付并在 $t>0$ 时刻违约。因此,交易需要双方接受对方对资源的占有权(Ricketts,1994)。

微观经济学

合同法和新古典经济学(微观经济学)拥有相同的主旨——交易和交换。合同的经济原理不是为颂扬市场价格,而是庆祝交易各方当事人就任何条款和条件达成一致的自由交换(Epstein,1992)。英国的合同法干预的不仅仅是承诺,而且是双方达成的协议。因此如果 A 允诺将某物给 B,但是 A 违反了他的承诺,法律将不允许有任何补救措施。当且仅当假定雇主和工会双方都认为该协议仅仅是一个广泛的工作安排而不是在法庭上要经受逐条详细审查的捆绑合同时,绝大多数雇主和工会之间涉及工资和就业的其他条款的集体协议将不受法律约束(Marsh and Soulsby,1989)。市场可以被界定为一个协议,凭借这个协议,买卖双方相互作用来决定一种产品或服务的价格和数量(Samuelson and Nordhaus,1998)。

> **案例 3.1　契约自由的重要性**
>
> 　　交换中存在冲突和分歧;冲突尤其可能产生于一方对另一方造成的损害。这遵循第 1 章讨论的原则:除非法律被修改为对公民权利提供保障或为分担损失实现补偿,否则自愿协议的范围不能用道德的标准来辩护。合同法的经济作用是便利缔约双方之间的交易,以通过交换创造价值。此作用的推论是:一个关于合同的经济理论应该是确保"合同自由"。关于合同的法经济学主题是法官应该对合同起到非干涉主义的作用。理解图 3.1 背后的经济哲理时要意识到市场个人主义是主要的动力。大致的过程就是,当事人应当进入市场,选择订约人,设定他们自己的条款并达成协议。
>
> 　　但是,有假设认为,商业协议是为建立合法的合同关系。这个假设是可以被反驳的,但只能通过强有力的证据(例如书面合同上的明确声明)才可能被反驳。在罗斯和弗兰克与康普顿兄弟有限公司诉讼(*Rose and Frank v. Crompton Bros Ltd*)(1925)中,一家英国公司同意通过纽约的一家公司在美国销售复写纸。这一销售约定是三年期的且可续的,并且有一个条款是"该约定不列入正式的或法定的协议,不应受法庭的司法权约束"。因此,当英国公司撤销该约定时,它不负违约责任,但它仍有义务兑现它在撤销前的订单。

　　哈特(Hart,1995)评论说,经济学家已经写了很多关于财产权为何如此重要的东西,尤其是为什么机器是私有还是公共财产这一点很重要。但是,法经济学范式试图解释私有财产权归属的重要性。个体可以购买一部机器或者从另外一人手里租用它。如果签订合同的成本为零,这两个理性的个体就会签订一个租用协议,这与改变所有权同样有效。给定任何两家公司,如果通过合同交易或者合并成为一家公司,会产生什么差别?在后面的章节中,我们会在反托拉斯和竞争法则的框架下,批判性地审视这个问题。

法经济学关于签订合同的最初前提是建立在一个科斯类型的假设上,即交易成本——谈判成本、转让成本——都非负并且都很高。正因为成本是非负的,因此我们需要合同法来调节合同中"当事人双方的讨价还价",并且需要公司来和解第三方的利益。换句话说,在对法律的经济分析中,交易成本是法律存在的理由。在第2章我们特别关注过 s 型公司,在专门的"虚拟市场"关系中 s 型公司是工人和管理层两个群体之间财产权缩减的渠道。在这一章我们简要地再次关注最小化交易成本的经济组织,公司和市场是这种组织的经典范例。

合同的经济特征

对合同法的经济分析得出这样一个结论:从确保人们长期履行义务的观点来说,一个完备合同是最合意的(Cooter and Ulen,1983,2003)。在合同议定时,合同各方对所有的相关事实有完全的知识,因此能够结成一个十分详细的合同关系以保证稳定性和效率(Ress,1994)。但是,完备合同的实现需要广泛的资源投入以获得所有必要的信息。换句话说,存在正的交易成本,随着时间跨度的增加，t＞0，成本只能增加。

这就是长期合同特别倾向于非完备合同的原因。理性个体在某一时点上趋向于偏好位于如图3.1所示的合同均衡的邻域而非实现一个均衡。合同的经济特征最好地阐明了合同的本质是什么，即为了交换或交易而进行的讨价还价。其间存在商品或服务的转让，而交易成本为非负的。合同可以被界定为相互承诺，而其核心是约束限制。但是存在一个机会成本，因为交易或者交换的一方至少必须放弃某些东西以得到其他东西作为回报——这就是解读合同违约的关键所在。

埃奇沃思-鲍利盒状图

此部分的目的是通过如图3.1所示的埃奇沃思-鲍利（Edgeworth-Bowley）盒状图来比较违反合同和偏离合同曲线的结果。我们将关注双边交换以及合同的经济、法律特征。例如，在双边交易的情况下，双方就一种服务或者商品的交付价格达成协议。如果当事人中的一方认为合同没有满足其利益，那么合同就会中止。在这种情况下，中止合同的一方将招来由法律或合同规定的惩罚。在这章后面的部分我们将回顾经典的议价理论，该理论拒绝承认作为合同受益者但没有对价要约的第三方的任何权利。

强加在埃奇沃思-鲍利盒状图上的零和资源限制和内在的瓦尔拉定理告诉我们："虽然不是每个人都是完美的套利者，但也不是每个人都对免费的美元熟视无睹（Glaeser，2004）。"我们稍后会在这章讨论这一点。根据丹尼斯（Dnes，1996）的观点，律师和经济学家都一致认为，呆板地执行协议的条款并非法律的目的。当然，我们会发现这样的情形，其中"法律惯例允许违约，只要立约人对受约人支付损失补偿"。正如迪普洛克(Diplock)大法官在英国的照片生产公司与斯克里科运输公司诉讼案(1980)中所说,"合同违约方有义务对另一方支付现金以补偿其损失"。根据丹尼斯(Dnes,1996)的观点,对这种方式的经济学解释认为,"法律应该鼓励有效率的违约"。

合同法

传统上,普通法按照报价、还价、承兑和拒绝来分析合同。当一方接受了另一方的报价,合同就成立了。承兑必须和报价完全一致。这就是所谓的"镜像"规则。对不同条款的承兑就是对一个报价的拒绝,这意味着还价。还价会破坏原来的报价,随后很可能不会被承兑。

> **案例 3.2　一个还价**
>
> 这种方法的权威来自关于海德与林奇诉讼案(*Hyde v. Wrench*)(1840)的相关英国法律。案例的事实如下:在 6 月 6 日,A 向 B 叫价 1,000 英镑出售一家农场。6 月 8 日,B 做出答复并还价 960 英镑,但是 A 拒绝了。6 月 29 日,B 说他准备支付 1,000 英镑。然而 A 拒绝遵守先前的要价,B 起诉要求 A 履行已经同意的合同。法庭认为 B 在 6 月 8 日的行为是一个拒绝,且其随后的还价破坏了先前 A 的要价,因此双方不存在任何合同。伦戴尔(Longdale)大法官裁定:"原告给出了自己的要价,因此拒绝了被告的要价……他不能在后来通过还价就使被告的提议重新生效……因此双方之间不存在任何形式的责任。"

后来的案件强化了这一原则。在琼斯与丹尼尔诉讼案(*Jones v. Daniel*)(1894)中,A 报价 1,450 英镑以购买财产。B 回信接受报价,并附上一个含有原报价没有提及的特殊条款的合同草案。这被认为尽管在价格上达成协议,但是双方不存在合同。有的律师喜欢重提海德与林奇诉讼案(1840),讨论其判决的优点,即还价破坏了起初的报价条款,这些条款本可以包括在承诺的合同中的。相关文献充分地讨论了对违约的辩护(Atiyah,1989;Adams and Brownsword,1994),包括胁迫、错误、表述失实、受挫和商业上的不可操作性,这些都超出了本章的范围。

订立合同:双边交换

合同是在双方当事人之间进行双边交换的一种形式:一方同另一方讨价还价或者一方承诺为另一方做某事 X。正如前面所提及的,如果 A 承诺给 B 某件东西但却没有信守诺言,法律将不同意任何补偿。但是,如果 B 承诺做某些事情作为回报,因而 A 的承诺依赖于 B 的承诺,承诺的交换就作为互惠的因素把双方的安排转变为合同。

这类似于经济学中构成新古典市场均衡基础的供求之间的交换。图 3.1 展示了一个标准的埃奇沃思-鲍利盒状图,以此展现一个关于合同经济学的创新性的法经济学视角。这么做的目的是阐明交换的经济特征,包括回顾所涉及的机会成本和议价成本。在经典的委托-代理模型中,委托人雇用代理人或者与之签订合同以使代理人做某一工作。代理人试图偷懒,而委托人通过设计一个合同来克服这种道德风险。一旦委托人为限制代理人而投资的资源的边际回报率在某一点以后开始下降,委托人消除代理人所有的机会主义行为的激励便减小了。

对经济学家来说,签订合同的问题在于如何激励代理人采取正确行动。对律师来说,这是个关于对错误行动的损害和赔偿的问题。但是,从经济视角来看,存在一个基本问题:如果价格机制决定着竞争均衡模型中的交换,为什么还需要公司法或者代理法?20世纪70年代,伴随着"信息经济学"学者的脱颖而出,经济学家开始探讨这个问题,而这些学者不满足于传统的阿罗-德布鲁(Arrow-Debreu)一般均衡模型的局限性。

萨拉尼耶(Salanie,1998)主张,在一般均衡模型中很难证明企业存在的合理性,因为相互作用是通过价格机制发挥的。很多年以前,科斯(Coase,1937)认为企业的显著特征是其对价格机制的取代。在不确定和信息不对称的世界里,企业在交易各方之间起到"合同联结"的作用。在作为(显性)合同的保证人或合同争论的仲裁人时,公司扮演了法律(或法庭)的角色。在 s 型公司的案例中尤其如此。换句话说,如果违约发生或者当事人处在偏离契约曲线的点上,法律与 s 型公司都可以起到第三方仲裁人的作用。

代理法

在法律研究的最前沿,代理法作为侵权法和合同法的交叉学科出现。它具有双方(委托人和代理人)协议的合同特征,但不具有双方非故意的违约的特征(Rasmusen,2004)。在代理人使用第三方的情况下侵权特征尤其显著。例如,当代理人采取了错误行动,为委托人的商行雇用了道德不好的雇员时,损失必须分配给某一个人——委托人、代理人或者第三方。一个解决办法是在委托人和第三方之间分担代理人过失所带来的成本。这将激励每一方都小心谨慎。霍姆斯特姆(Holmstrom,1982)不同意这种观点。他的研究认为,任何分担损失的法规都是无效率的,除非它具备下面两个条件之一:(1)通过对委托人和沿袭代理错误的第三方施加惩罚,法规破坏了价值;(2)法规在分担责任和惩罚次优谨慎时利用了委托人和第三方各自的谨慎水平。

"为了交换"而讨价还价

如图 3.1 所示,契约曲线或者埃奇沃思曲线是看待两方或者两个群体之间所签合同的经济特征的一个有用的出发点。合同开始于指定专门的代理人和交易双方,这样每方都有一个良好的行为偏好次序。我们把经济学简化了,但有兴趣的读者应该参考比拉斯(Bilas,1972)或者卡茨那(Katzner,1988)的相关文章。我们的讨论不失一般性。概括地讲,在两个个体之间按照图 3.1 所示的切点 E 分配盒资源的产量(x,y),这时存在一个虚拟的无差异曲线,且在 B 点经过盒子的角,其长度代表着由分配决定的个体福利之和,并且它和位于切点 E 的直线的斜率相平行。

图 3.1 中的每一个点都是可行的分配,因为所有点都可以通过再分配得到。这就是理解签订合同的动机的关键。在埃奇沃思类型的框架下,我们不关心市场而是关心单个的交换行为。我们也假设,如果双方可能从交易中获利,那么交易前的分配不应该被称为一个均衡。这些点是帕累托有效配置的子集:这些点由那些不存在更合意的而且事实上有效的联合——这些联合如 A,B 和(A,B)——的分配组成(McNutt,2002;Weintraub,1979)。换句

话说,面对讨价还价的低成本,理性的交易者将一直进行商谈,直到通过移向契约曲线上一个双方都同意的点而穷尽相互获益的所有可能性为止。

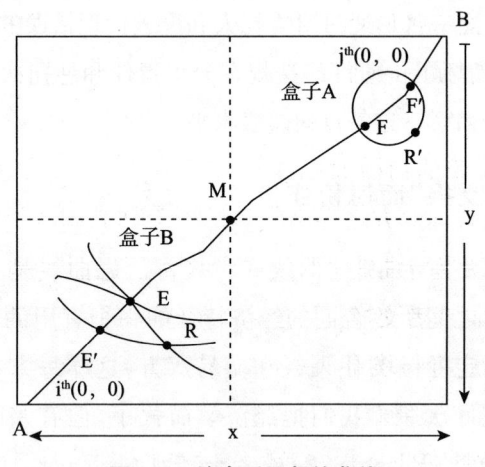

图 3.1 埃奇沃思契约曲线

这是常用的微观经济学框架的一个变型;我们的方法是强调交换 C 即像 R 这样的契约曲线外的点和像 E 这样的曲线上的点之间的距离,作为向契约曲线移动的主要动力。它们对理解在本章稍后将要讨论的补偿标准背后的哲学很关键。我们假定讨价还价机制没有成本。相应的交易转变为价格。但是,不管机构或第三方是一个市场、一个公司或一个法庭,在缺乏第三方或者机构的情况下,到达契约曲线上的点变得十分昂贵。如果信息是完全的和无成本的,那么就不存在为了交换而进行讨价还价的意图。双方都愿意简单地交易。尽管埃奇沃思-鲍利盒的几何学在多于两方的情况下不再适用,但是应该注意的是这一交易模型可以被推广,卡兹纳(Katzner,1988)给了一个很好的介绍。

重新签订合同

这里的起始点不是图3.1的中M点。我们考虑签订合同的当事人位于罗尔斯主义的原始位置,个体A在E′点而个体B在R点。在这种情况下,我们必须让一个代表性个体选择E′和R,不管他是A或者B。这一点也代表实际的初始禀赋,(个体A)个体B会问:如果我的初始配置(在E′点)在R点,我会进行交易吗?因为在R点合同双方之间存在不平等,个体B相对于个体A处在一个更高的无差异曲线上。

签订合同或者交换是为达到一个相互满意的结果,如E所示的均衡点。这将与埃奇沃思(Edgeworth, 1881)所提及的"最终解"相一致,而"最终解"不可能被"所有重新签订合同的各方的有利条件"改变。每个个体将不得不从初始位置移向最终均衡点,引起到均衡点E的距离大小的交换成本。如果E点对双方都是稳定的,那么它就被称为首选的交易结果。重新签订合同是一个建议、挑战、反建议的过程,在该过程中,解点之外的交换实际上不会发生(Feldman, 1974)。

帕累托最优

交换经济中的帕累托最优和通常的帕累托最优的重新分配的条件是达到无差异曲线之间的切点,就像图3.1中的E点或者F′点。这就是说交换的商品之间的无差异曲线的斜率(经济学上的边际替代率MRS)对双方来说应该是相同的。帕累托最优结果预示着个体交换商品的一部分以及所有商品都能以充足的数量进行交换(Bohm, 1973)。在个体A认为额外一个单位的商品x和额外两个单位的商品 y 是无差异的,而个体 B 认为额外两个单位的资源 x 和额外一个单位的资源 y 是无差异的情况下,即

$$\mathrm{MRS}_{xy}^{A} = 1/2 \quad \mathrm{MRS}_{xy}^{B} = 2/1 = 2$$

帕累托最优不是占优的。

从经济上来看,签订合同的关键动力是双重的:权衡边际替代和效率。从有效选择和有效决策来看,不存在能够改善一个代理人的处境而不损害另一个的处境的更好的替代选择和决策。这就是帕累托最优的典型条件。因此,如果当事人讨价还价而移动到 E 点,而个体 B 的境况没有变差(E 点和 R 点在同一条无差异曲线上),提高到一条通过 E 点的更高无差异曲线上后个体 A 的情况变好,这时帕累托改进就发生了。这就是在没有违约或强制执行的情况下实行的帕累托最优协议。

签订的合同"偏离契约曲线"

为交换而议价的传统表述是理解产品市场上供求关系的基础。在微观经济学中,完全竞争模型局部地体现了交换的这种传统表述。但是,作为一种博弈的合同形成过程无疑是一个非合作过程,这和埃奇沃思-鲍利盒状图中的讨价还价不同,在那里合同是由一方做出的静态报价的结果(Fudenberg and Tirole, 1991)。

在这个市场上,交易成本很高,因为原子似的个体既不能计划到所有的偶然事件,也不能当面商讨和交换商品与服务。这就需要公司,而众多公司合在一起构成了市场。同样,法经济学学者也已证明:(比如说)在事故防范或污染标准的问题上,存在非市场解;在非市场解中,高交易成本可能而且确实出现了,因此需要法律(Cooter and Ulen, 2003)。

为理解签订合同时权衡边际替代率的作用,我们提出如下问题:如果当事人从一个不收敛的位置R点移动到一个收敛的位置点E,帕累托改进会发生吗?E点是一个收敛的均衡,因为移向E点对交易双方来说都是一个帕累托改进。但是,在R点,个体B没有必要和个体A进行交换。如果B确实交换,这时移动涉及双方的转让和交易成本,如果两个成本都最小化了,那么交换可能促进了价值的最大化。

但是,个体B可能"拖延"和个体A交换;如果这样,一个局部解就出现在"占有"位置R点上,此时一方会维持移动到一个有效结果上。在这种情况下,财富效用增加到个体B上。因此,由于财富效应,对资源的帕累托劣配置将持续,但可能通过改善签订合同的代理人一方或双方的位置而引进一个帕累托改进。

效率与议价

因此,对埃奇沃思契约曲线来说,对财产权的限制是其一个原因,而不是其障碍。我们处在世界的后混乱状态,否则将不存在我们契约曲线分析中的出发点。让我们来思考可供私用的公地的案例。公地可以通过购买、拍卖或依据法律上的"先到先得"原则而得到。后者是财产权原则中限制财产权的一个典型例子,就是所谓的"田产原则",该原则认为,第一个对无主资源提出要求的人是法理上的所有者。其目标是最大化公地的价值。

虽然普通法或者判例法承认这个原则是自然法理伦理中务实的解决方案,但这个原则却来源于关于现实本性的纯哲学的公理。例如,当有人为土地估值每英亩10英镑时,却有土地所有者以每英亩1英镑的价格出售土地。在这个案例中,交换将最大化其价值。这种类型的帕累托标准的应用是明显的,例如,在米尔格罗姆和罗伯茨(Milgrom and Roberts,1992)效率原则里。该原则规定"如果人们能够在一起有效率地讨价还价,并能够有效地实施和执行他们的决定,那么经济行为的结果将趋于有效率(至少对讨价还价的当事人如此)",他们最终到达契约曲线。

但是,我们必须从本质上区别是对结果、问题、决策还是合同本身的议价。合同需要执行,帕累托效率的概念必须包括合同的执行成本。执行合同有效率的原因在于合同会向市场发送信息。在为合同的执行而议价的情况下,信息和协调是必需的,尤其是存在信息不对称时。针对公司的新古典办法声称市场系统能够有效地解决协调问题。但是,从法经济学的角度看,在假定存在财产权体系、经济代理人之间存在完全信息和零交易成本的前提下,市场才存在。

帕累托不可比性

在契约曲线上的点如图 3.1 中的 E 点,相对于所有曲线外的点如 R 点,都是"帕累托占优"。同样地,如果 F 点是交换双方无差异曲线的切点,此结论对 F 点同样成立。F 点帕累托占优于 R′点。但是,帕累托标准不能够对契约曲线上的点进行比较。它不能对 E、E′、F、F′和 M 点进行排序。帕累托不可比性的这一情况不顾及公平,因此是帕累托伦理的一个弱点。正如前面所提及的,图 3.1 中起始点 E′的位置告诉我们关于合同双方之间的潜在的收入分配情况。个体 B 拥有比个体 A 更大的资源份额(即收入)。因此讨价还价能力是和收入相联系的。

议价的结果意味着帕累托最优点被达到。实际上,不存在财富效应,这在价值最大化原则上是绝对的。但是在贫富世界里存在很高的交易成本,比如交流成本和策略成本以及没有支付能力。市场解中的高价格将相对贫穷的代理人从交易中排除出去。因此这样的成本必须被法律最小化,以保证有效的私人协议。如果不这样的话,很容易出现违约。

平等的共谋

但是,帕累托改进的原则只为两个解决办法提供便利:(1)双方都获利或者(2)有一方获利,但无人受损失。但是它不考虑第三种解决办法的可能性:(3)一方获利,另一方受损。后者是帕累托道德规范的精神所深恶痛绝的,但是被卡尔多-希克斯补偿检验捕捉到,在该理论里,假设在交易中赢家需要补偿输的一方。我们将在本章后面部分阐述这个问题。如果一方预期在谈判中失败,要么谈判被推迟,要么改善其讨价还价能力。如果我们加上零交易成本的假设,并将无力支付定义为(很高的)交易成本,签订合同时讨价还价能力较低或者收入较少的一方可能除了按照一方获利、另一方受损的原则签订合同以外别无选择。

贫民窟的地主或者瑕疵产品就是恰当的例子。麦克纳特和肯尼(McNutt and Kenny,1998b)的论文考虑到了这种情形,他们的结论认为,支持穷人的重新分配政策不一定让穷人受益。麦克纳特(McNutt,2002)随后拓展了该论文的观点并认为:一个政体借助它"直接惠及"的群体来享有"持续的合法性"。如果这些群体继续支配经济资源,非民主的政治行动将作为社会的沉重成本持续下去。更大的不平等赋予更高收入群体更大的权力,而他们的政治行动决策正是连接政治体制类型和经济增长的关键环节。这个论点有助于打消人们认为反对不平等的斗争已取得决定性胜利的观点。只要一个发展中的经济体仍然极端贫困,那么分配倾向于非常富有的阶层,将可能有利于经济增长。

> **案例 3.3　假定的补偿**
>
> 　　思考以下典型事实。如果签订合同前两个个体 A 和 B 的财富分别是 100 英镑和 50 英镑,那么只有当总和为 150 英镑的财富在他们之间重新分配时,合同签订后才会出现带有帕累托改进的价值最大化。但是,如果总的财富增加到 160 英镑,其中 A 有 110 英镑而 B 有 50 英镑,将会发生什么事? A=120 英镑和 B=40 英镑的结果不是一个帕累托结果。然而,它可能而且经常发生在谈判的真实世界里。给 B 合法救济的提议是这个特殊案例中合同法存在的理由。相应地,政府会一直对 A 收税以重新分配给 B。

科斯定理

在这一章的后面我们将回到科斯所做的贡献上。在很多方面,人们会认为埃奇沃思-鲍利盒状图的关键推理是在法经济学中深受欢迎的科斯定理的精髓:如果交易成本为零,私人协议可以实现资源的有效分配,因此初始分配不影响最终分配的效率。作为实现埃奇沃思契约曲线上的初始分配的一种方法,这将为财产权的"植拓法则"(homestead principle)提供一些支持。对初始分配出价将只会增加议价的成本。有些学者已经分析了科斯定理的详细假设(Bouckert and DeGeest,2000)。

要使科斯定理成立,必须存在完全信息,不存在战略行为、零财富效应、零禀赋效应，以及法庭必须无成本运作。丹尼斯（Dnes,1996）给出了一个精彩的讨论。法经济学范式内对科斯定理更广义的解释是说，在不存在财富效应并且效率最大化原则适用的条件下，合同当事人赞同的价值最大化行为将独立于讨价还价前的最初位置。但是这一推理忽略了财产权对科斯定理的重要性，科斯定理坚持界定清晰且受到有效保护的财产权（第2章）构成（在契约曲线上）社会最优的必要条件这一事实。建立在科斯定理的基础上，在不存在交易成本的情况下，法庭裁决可能对最优资源分配不存在影响。

违约

法经济学学者关注的问题是，任何有效率的最终状态能否通过市场机制的讨价还价来实现，或者只能用建立法律机构来实现。答案取决于财产权的分配。如果存在一个能够赖以保护必需的财产权分配的可用的程序，通过将此程序和市场结合起来，就能够实现最优的结果（Sugden,1986）。法律学者关注的问题是违反合同是一个单方面决定。签订合同的一方注意到合同不再满足其利益，决定退出合同（Salanie,1998）。当事人将承担由法律或者合同所规定的惩罚。违约在本质上是达到契约曲线上的帕累托效率结果的承诺的反面。R点和R′点可以被解释为埃奇沃思-鲍利盒状图中事后违反合同的点。

波斯纳（Posner,1986）提出，与民事侵权行为相反，在合同中，很明确的是只有一方可以阻止违约的发生。要么A方违反合同，这是B方不能够预防的，要么B方无力支付，这是A方不能预防的。拉斯姆森（Rasmusen,2004）解释了在哈德利与巴克森德尔诉讼案(*Hadley v. Baxendale*)(1854)中制定的规则里责任不可分解性的例外,在这个例外中,违约方对不可预见的损失不负法律责任。既然他仅仅对违约所造成的直接损失支付补偿,"这就拆分了总损失,将损失完全分配给一方或者另一方,而从违约者的角度来看,让其对不可预见的无偿损失负责是无效率的。

图 3.1 中的圆形邻域

在本章后面对具体执行的讨论中,我们主张当一个合同未被执行时,能够得出这样的结论,即不存在对受害者的可行性补偿。考虑图 3.1 B 盒中的圆形邻域。第三方可能希望将帕累托均衡定位在 F 点或者 F′点。两点都有利于个体 A,因为 A 将达到更高的无差异曲线上。如果 A 和 B 都准备好就契约曲线讨价还价以便使他们各自的边际替代率相等,第三方试图移动到圆形邻域内的分配将引发个体 B 和第三方之间的冲突。直觉上,作为第三方的负责重新分配的政府或者法庭可能试图从 E 点移到 F 点以有利于 A。如果群体 B 代表社会中的一个更大和组织很好的群体,他们可能预见到政府将进行重新分配以有利于 A,于是会游说反对这个位移或修订现有的立法。

给定两个机构,为了交换和签订偏离中间点的合同而进行讨价还价,合同中的每个(自私)个体能够单方面地达到一个与帕累托等级相一致的最终状态的排序。在任意可行的最终状态集合中,对 A 或 B 来讲,比以前任何一个都更好的最终状态被定义为帕累托效率,而最好的那个结果是帕累托最优的。因此,B 群体将政府行动内部化为他们的集体行为。至于规范方面,圆形邻域的分配暗示政府或者第三方实际上正重新分配资源给受欢迎的 A 群体，并且可以从允许甚至鼓励 B 群体讨论和协调他们的计划中获益匪浅。第三方不得不为平等而牺牲效率——对 A 更多的再分配可能以 B 更多的无效率为代价。一个有效率的解决办法的前提是每个群体的收入的边际货币被第三方同等地估值。如果一方的成本超过另一方的收益，就不会出现一个帕累托最优合同。

违反合同意味着一方能够通过不签订合同获得同样多的剩余或者租金。如果对签订合同的承诺取决于所产生的租金或者剩余的份额，那么此过程取决于潜在的收入分布。随着作为交换经济的不同经济体的出现，他们将使用不同的契约曲线，并建立很多不同的第三方机构，包括政府、法律和法庭系统、政治体系和由竞争公司组成的工业系统。

对照该背景，法经济学学者考虑通过考察处于自然状态的个体是否自由地同意这个制度或者合同来探询该制度是否是受合同约束的。社会契约理论或者契约主义理论（contractarianism）试图回答关于义务的问题。这一思想可以在自由传统中找到根源，因为它强调社会及其制度没有与生俱来的或者天生的约束个体的权利。实际上它们仅仅有个体在最初位置拥有的那些权利。

组织和签订合同

在第 2 章我们引入了 s 型公司作为工人和管理层之间合同关系的组织集团。从等级管理结构中的所有者-工人两分法特征来看，新古典的正式公司是对公司更传统的解释。新古典公司的管理目标是利润最大化，当生产的边际成本（机会成本）等于来自额外销售的边际收入时,该目标就实现了。包含在该目标实现过程中的假设是,额外的产出转化为销售并且实际资源的机会成本被最小化了。当对产品索要的价格高于生产的总成本时,利润就会增长;但是,索要的价格取决于在同一产品市场上的对手公司的竞争反应。我们在本书的后面研究垄断和竞争定价时会再讨论这一问题。

此时,我们回到这个问题:我们为什么需要公司?提供答案的关键是理解法经济学里的公司主要是一个组织实体,它为大量理性经济人之间的交换提供便利。更特殊的是,在新制度经济学中,公司被定义为一个网络或者"合同联结"(Jensen and Meckling, 1976)。在公司内部,产品的连续交换和定价被延缓,一个管理团队管理着投入。这一法经济学观点应部分归功于阿尔钦和德姆塞茨(Alchian and Demsetz, 1972),他们根据合同关系模拟了不同类型的公司组织。我们所称的阿尔钦-德姆塞茨-科斯公司(ADC公司)的构造从根本上不同于作为法律实体的新古典公司。米尔格罗姆和罗伯茨(Milgrom and Roberts, 1992)抓住了其中心思想,即"因此公司本身是法律虚构体,在其本身和它的供应者、工人、投资者、管理者和顾客之间加入了相对简单的双边合同。如果没有一个能够和他们单独签订合同的法律实体,这些人将不得不在他们之间形成复杂的、多边的协议以实现他们的目标"。

因此,作为组织的公司是一个法律实体。不管采用哪种方法来签订合同,经济分析的主要单位是交易,与之相伴的是商品和服务在经济人之间的转让。正式转化为合同后,交易的经济性质在两种公司之间可能有不同的含义。在分等级的新古典公司,管理层和工人像股东和管理层一样因等级而脱节。这带来了经典的代理问题,以监督工作投入和承诺——内在价值的转移。新古典和ADC的公司定义都不是完备的,因为自私利益将超过公司特有的利他的利益。

合同理论

传统的合同理论构想了在政府、公司、法律或法院等机构设立之前所存在的自然状态。在合同理论的一个更抽象的版本中,罗尔斯(Rawls,1971)考虑了一个最初在个体不确定性下做决定的情形,有兴趣的读者可以参阅哈特(Hart,1995)的著作。如前面所提到的,检测一项制度是否是合法或受合同约束的,就等同于考察个体在自然状态下能否自由接受该制度或合同。更确切地说,一个随机的个体偏好分配点 E' 还是 F'——这将取决于这个随机个体是 A 还是 B。

为什么19世纪美国的公共土地分配给自耕农?反对的理由之一认为竞争投标可能提高了每英亩土地的价格但不一定最大化了公共土地的价值。因此财产权规则——植拓法则(home stead principle)——适用,即第一个对无主资源提出要求的人即为所有者。普通法或者判例法承认该法则是在解决议价或合同问题时的一个务实方案。

如果市场的交易成本很高,公司可以提供第三方解决办法来减少交易成本。公司共同组成市场,并汇集了第三方的解决方案。在事故或者污染的情况下,不存在市场或者法律上的解决方案,由于高交易成本,合同法是必需的。但是如果那里已经存在一个法院系统,愿意执行关于交换或交易的合同或条款,为什么我们需要合同法?这至少存在两个原因。即使法院愿意执行已经达成协议的合同,我们仍然必须确定这个合同是否存在以及它的条款是什么,合同各方对这些问题有时可能意见不一致。

其次,即使每个人都同意合同存在并且应该执行,每个人也都赞同它的表述,但"合同都是不完备的"(D. Friedman,2000)。关于后者,存在关于如图 3.1 所示的 A 和 B 之间的交易的各个当事人之间的"非平等的议价能力"的相关议题。在法经济学范式中,设计合同是为了使那些签订合同的当事人的净收益最大化。但是交易中的当事人不能通过议价将价格降到他们对该产品或服务赋予的价值上。尽管效率应该考虑了每个人的成本和收益,但并不是合同的所有当事人都处于将净成本或者净收益强加给第三方的立场上。

合同法的均衡

在寻找合同法的均衡的过程中,可以认为帕累托最优概念是和没有财富效应的条件联系在一起的。换句话说,如果存在财富效应,则资源的帕累托劣分配方案存在,因而引入一个帕累托改进以改善其中一个代理人或者两个代理人的处境是可能的。图 3.1 中起始点的位置也告诉我们一些关于潜在收入分配的信息——我们承认议价能力和收入相关。尽管契约曲线上的点帕累托占优于偏离契约曲线上的点,但是帕累托标准无法将处于契约曲线上的点进行比较。

帕累托不可比性的情况将我们带到了公平的议题上,即交换中贫穷的当事人可能因为没有资源而不能从事只有某些富有的当事人才能采取的行动过程。这个不平等的议价能力的问题意味着,在很多实际的商业情况下,战利品按照议价能力来划分。出于交换目的的有效率的议价意味着实现了一个帕累托最优点,而且不存在财富效应,这在价值最大化原则中是毫无疑问的。此外,对合同法均衡的探求与对补偿的衡量错综复杂地联系在一起。然而,在法律上土地被当作独特的商品来处理,关于土地转让的合同也被严格地执行(Dnes,1996)。

补偿检验

卡尔多-希克斯补偿检验(1939)的基本前提可用图3.2表示。直线简便地表示从个体A和个体B的潜在效用函数得出的无差异曲线。社会进步或者政策以从a点到b点的变动表示。在b点,受益者B可以(假设地)移到c点,这样做使得受损者A比在b点的状况更好。因此b点被定义为卡尔多受偏好度高于a点。

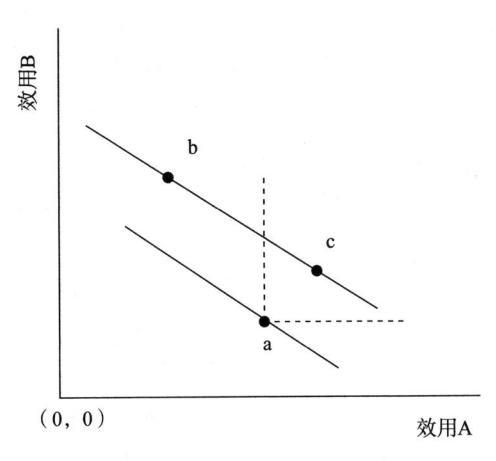

图3.2 卡尔多-希克斯补偿

既然个体 B 拥有一个通过移到 c 点使得 A 境况改善的选择,这就足以引进一个超越帕累托准则的法律规则或者制度反应。这就是民事侵权法的精粹。但是,本例中的受损者不能贿赂受益者使之不移到 b 点。个体 B 在 a 点比在 b 点的境况要差。在卡尔多-希克斯补偿检验中,贿赂赢家的能力是希克斯补偿要素的关键决定因素。它是我们在这本书中所提到的公平补偿(见第 6 章)。

图 3.3 更进一步阐明了卡尔多-希克斯检验的明显不一致性。

在图 3.3 中存在 S 点和 F 点。初始点在 S 点,我们要考虑一个向 F 点的移动。既然受益者 B 可以补偿受损者 A,那么请注意,在卡尔多标准下,相对于 S,F 更受偏好所导致的明显不一致性。个体 B 在初始点 S 右上方的一点的境况会改善,但是不如在 F 点的境况。

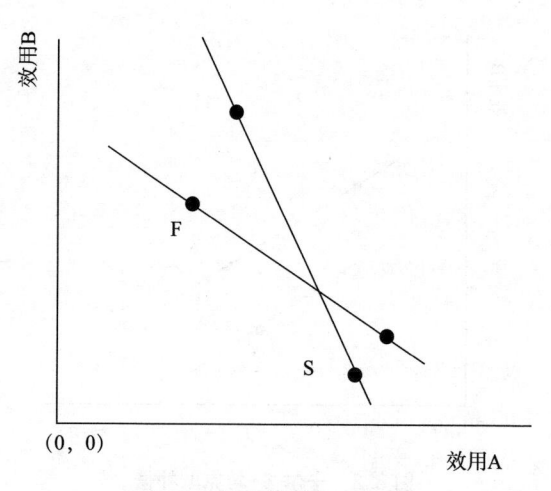

图 3.3　斯托夫斯基补偿检验

斯托夫斯基(Scitovsky,1941)引入了一个双重检验来克服任何明显的不一致性：当且仅当 F 的卡尔多受偏好度高于 S 而 S 于 F,F>S,因为在 F 点,受益者 A 不能补偿受损者 B,从 F 点移到 S 点的右上方的点对个体 B 来讲代表损失。S 点的右上方不存在补偿个体 B 的点。

假定补偿的原则

总之,(1)如果从 b 到 a 的改变满足卡尔多-希克斯检验(如果每一个人在 a 点的境况都优于他在 b 点的境况),且在 a 点的分配优于在 b 点的分配,或者,(2)如果同样的变动满足斯托夫斯基标准(在从 a 点到 b 点的变动中,每个人的状况不能比他在 a 点的境况更好),且同样,a 点的分配更好,则图 3.2 中的 a 点被认为社会受偏好度高于 b 点。如果两个标准都满足,那么 a 点的社会受偏好度高于 b 点。里特(Little,1950)提出涉及重新分配的财富效应必定改变个体的动机。他认为直接的收入转移是不可能的。因此,要么受益者必须愿意重新分配,要么找到第三方的解决方案(例如:所得税)。

图 3.1 中的契约曲线在经济学教科书中被定义为效用可能性边界(I_1,I_2),即它代表在给定其他人所享有的满意水平的情况下一个人可获得的最大满意程度,并且契约曲线上任意一点的边际替代率(MRS)对每个人都相等。但是,这个条件只有在埃奇沃思-鲍利的交换盒中不存在消费的外部经济或者不经济的情况下才能成立。它们随着对重新分配持有不同标准的第三方的出现而发生。图 3.4 引入了一个萨缪尔森-里特(Samuelson-Little,1950)分配标准的变量,附带有效用可能性边

界(I_1, I_2)和分配排序(R_1, R_2, R_3),其中 $R_1 > R_2 > R_3$,">"表示"受偏好度高于"。重要的是要记住,法经济学中提到的社会福利函数(SWF)指的是 SWF=f.(R_1, R_2, R_3)。根据分配排序,S 点是最受偏好的点。从 S 点到 F 点的移动可能会通过斯托夫斯基标准;但是 F 点位于最不受偏好的分配排序上。

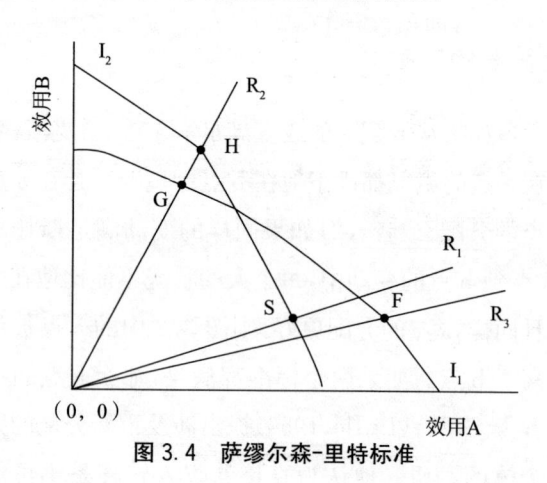

图 3.4 萨缪尔森-里特标准

分配排序

控制资源的第三方,例如政府或者法院,可能希望使个体 B 的状况改善(或者补偿 B)。然而,如图 3.4 所示,这只有在损害个体 A 的情况下才能发生。假设让(G,H)代表第三方的优先权;它们处在第二最优顺序的分配上。在 H 点,个体 B(理论上)不可能通过移到 F 点来补偿 A。但是个体 B 在 F 点比在 S 点的状况没有恶化,个体 A 在 F 点比在 S 点的状况有所改善。因此为什么 F 点处在最低排序的分配上?帕累托效率并没有提及分配排序问题。

案例 3.4 分配份额

思考下列分配份额:(1,10),(4.5,6.5)和(5,7)。分配效率的萨缪尔森-里特标准支持从(1,10)到(4.5,6.5)的移动,而帕累托标准将支持从(4.5,6.5)到(5,7)的移动。因此,根据(5,7)优于(4.5,6.5),而(4.5,6.5)优于(1,10),这意味着多数认为(5,7)优于(1,10)。但是,从 10 个份额移动到 7 个份额的个体可能阻碍该重新分配。补偿的分配原则不得不承认,尽管个体在 D_1 中的分配份额可能不比在 D_2 中的分配份额差,但是 D_2 可能比 D_1 具有更好的分配。

补偿悖论

更严重的是,图 3.4 中包含着偏好次序的循环。如图中所示,H 的怕雷托于 G,G 在分配上受偏好度高于 F,因为"多比少好",所以 F 优于 S,而 S 在分配上受偏好度高于 H。因此存在如下循环:

$$H>G>F>S>H$$

导致这种自相矛盾的补偿标准的原因在于它们所基于的价值判断,即(1)使得每个人状况更好的改变是一种社会改进;并且(2)对给定产品的更好的分配是一种社会改进。如果决策者通过实现资源的理想分配来进行社会改进,然后进一步的改进是将所有的增值都给予一个个体,由此产生的分配绝不是完美的,因此归类为社会改进的行动是基于以下原因:由于(2)的判断,(1)的判断可能同时表现为社会劣等境况。此时"播下了悖论的种子"(Mishan,

1981)。

那么,解决方案是考虑一个具有两部分的福利标准、一个兼顾分配和帕累托特征的方案。在法经济学中,法律被认为是社会福利的工具,该工具的任务包括为社会最优带来一个次优情形。可以论证的是,从最小化社会成本的意义上看,有效的法律可能执行它的分配功能,因为如果法院的法官等决策者完全掌握了关于诸如社会成本和收益数据的相关知识,就可以马上实现分配效率。但是如果我们假设每个个体都系统地、从完全定义的可供选择的方案中选择最优结果,那么就不存在错误、违约、事故以及犯罪等的机会,因为每个人都将预测到并且避免它们,而如果这些问题在模型中存在,它们也将是最优的(Polinsky,1980)。

回顾有关科斯的贡献

通过排除了次优可能性的假设,新古典均衡成了最优方案。因此,它没有为那些被认为应该由法律解决的问题留下机会。它以不存在摩擦、协调分歧和未被补偿的成本为特征。在这样的世界里,严格地说,法律作为一个产生效率的工具没有任何作用。在这样的背景下,法律变得微不足道(Krecke,1998)。已经有人认为:"一般均衡和法律的共存显得相互矛盾。"(McGee,1998)因此,法律的经济模型看起来在本质上具有社会政策的用途。它们承担着确定竞争市场所假定的最优结构的责任,这种结构应该被应用在次优的真实世界中。换句话说,在正的交易成本下,普通法被认为应该起到与理想的竞争市场在假定零交易成本的世界中相同的作用。

这就处在理解科斯对经济学作为一门社会科学的贡献的尖端。科斯承认,不可能在实证上实现零成本的交易,但是该观点接近零成本的理想状态。尽管他批评新古典主流经济学,但是科斯的目标不是挑战基础理论,而是通过在交易成本方面提供一种将现实主义作为一组"边界条件"引入分析过程的方法来帮助基础理论对抗那些指责它明显缺乏现实性的批评。科斯(Coase,1988)评论如下:"使(我的作品)与众不同的,不是它们否定了现存的经济理论,……这一理论具有广泛适用性,而是它们应用这一理论去检验公司、市场和法律在经济系统运行中的作用。"

多年来,以"科斯定理"闻名于世的理论几乎被专门用于支持市场配置优于国家配置的主张(Campbell,1998)。如果人们把零交易成本当作是治理问题的一个解决方案(实际上它只是在分析这种问题时的一个阶段),从而假设实证的市场将趋向于零交易成本,那么市场的优越性可通过(不公平的)比较完全有效率的市场和无效率的国家而体现出来。在向零交易成本的理想状态过渡的过程中,这一荒谬且令人困惑的目标是不可能实现的。这是第9章引入的非市场经济的精华。

随着经济从第1章的小红母鸡模型不断演进,等级体系发展了,它为居民排序(McNutt,2002)。作为民主的标志的第一次排序是在被选举的议员和选民之间展开的。在议员阶层里,存在政府和反对派。在选民中,存在政府的支持者和那些支持反对派的人。在居民中存在有选举权的选民和被剥夺了选举权的非选民。制度随着既提供公共产品又确保私有商品财产权的民主而演化。内在的等级成为嵌入这个系统中的部分,而且增强等级的制度持续出现。

在事物的这种进化过程中,信息从公共产品转变为私人商品,个体的组群开始出现,来告知你的合法权利、宣布你的健康、决定你在创造的财富中所占的份额并监督你的财产和分配公平。在交易中发生的谈判、信息收集、组织和安排不仅仅是成本,它们还是为交易提供必要便利的社会关系。谈判是一项成本,但在没有语言的情况下能签订合同吗?信息是一项成本,但在完全无知的情况下可以签订合同吗?所有的行为,包括所有的交易,只有在全体一致的社会关系中才能发生。从法经济学范式对经济行为的实体特征分析来看,交易成本的减少经常使人困惑。如果真正将所有交易成本从图 3.1 中的埃奇沃思-鲍利盒状图中拿走,交换不会无成本地发生;交换根本不会发生。

损害

我们认为,假设市场的交易成本为零的新古典经济学,只有在权衡了市场交易中制度结构(包括市场中产生的那些)的重要性后,才能指导经济政策的制定。制度和法院必须判定损失,分配责任。法经济学中的公正补偿的办法在本质上与补偿检验本身的基础不同,这意味着通过区分合同各方面临的补偿数额并让它们自我选择,作为补偿的损失可以用来行使如同鲁宾菲尔德(Rubinfeld,1987)定义的"筛选机制"的功能。在这种情况下,当法院不能事后检验这些私人特征时,合同各方可以被诱导采取与他们私人特征相匹配的预防措施(在图 3.3 中从 S 点移动到 F 点的意愿),而这只有当事人自己知道。

因此,如果我们从 S 点开始,我们必须知道,它可能不是在效用可能性边界上的最优位置。换句话说,必须排除第三方在行动前不按最优方式行动这个事实。事前知道这个假设对交易各方来讲是昂贵的。如表 3.1 所示,如果签订合同的当事人知道第三方或者合同的签订在行动后将进行干预,那么他们应该选择萨缪尔森或者卡尔多-希克斯标准而非帕累托标准来评估该行动。在签订合同的情形下,尤其是在偏离中间点签订合同时,当事人应该知道,在存在不平等的议价能力的情况下,通过议价来实现个体之间的平等交易是不可能的。

在签订合同前的自然状态下,双方当事人为了交换而讨价还价,以达到契约曲线上的那个难以找到的稳定的均衡。A 和 B 的财富分别为 100 美元和 50 美元,$\Sigma = 150$ 美元。B 同意将器械的部件交付给 A,而 A 将为此支付 10 美元给 B。A 使用该部件将获得 20 美元净收益。签订合同后的帕累托改进的最大价值是 $\Sigma = 180$ 美元,A 和 B 分别获得 120 和 60 美元。但是 B 在指定时间未能向 A 交运部件。B 已经同意,如果不能满足最后期限,它将支付对 A 造成的损失。新结果 A=110 美元和 B=40 美元不是一个帕累托结果,尽管财富保持最大化 $\Sigma = 150$ 美元。这时 B 可能通过法院寻求法律救济,如果法庭认为因 B 在最后期限未能交运给 A 带来的成本的合理估计是 10 美元,那么合同的损害条款是可以执行的。在这种情况下,如果资源潜在的产量已经改变,作为决策者的法院可能面对不同的契约曲线。

表 3.1 补偿标准的选择

第三方最优 分配前	第三方最优 分配后	标准 选择
否	否	帕累托
是	否	帕累托
否	是	萨缪尔森
是	是	卡尔多-希克斯

法院的作用

如果法院认为10美元高估了A的实际成本——假定A确实使用了该部件并获得20美元——它可能认为10美元条款是一个惩罚条款,是不可执行的。惩罚条款是财产权的私有版本。在责任规则下,如果B在未经A同意的情况下使用了A的财产,B必须支付反映对A的伤害的赔偿。但是,在财产规则下,如果B想使用A的财产,B必须首先获得允许;如果B未获允许,B将遭受惩罚或处罚,而惩罚不是被设计来衡量对A的伤害,而是确保B在未获得A同意的情况下不敢再次使用A的财产。

A给予B在给定日期内将部件交付给C的一个财产利益。如果B想在那个日期以后交付,B必须从A购买到许可。如果B没有获得A的许可,它将遭受10美元的罚金。在这个假定方案中,作为理性个体的A和B将对合同的条款重新谈判,引入合理的条款,例如,留出交付时间方面的误差幅度。弗里德曼(D. Friedman, 2000)充分解释道:在惩罚条款极少被援用的预期下,两个理性个体选择惩罚条款而不是将判定损害的权利放手交给法院是十分合理的。他还认为,"然而,同样的法律系统会执行由法官和立法机构所确定的财产权,却拒绝执行它所约束的人们私下里制定的财产权规则"。

法院可以理解为辅助私人诉讼的机构。法院的判例像在长期内建立的股本,具有正的外部性,是社会的公共产品。没有经济原因促使法院建立法则,当没有明显的市场失灵的迹象时,那将妨碍或降低签订合同各方的意愿。在科斯的世界里,"法院面临的直接问题不是将由谁做什么事情,而是谁有权利做什么事情"(Coase,

1960)。但是上法院的费用是高昂的；诉讼是昂贵的并且存在风险，因此使判例处于具有排他性的公共产品的地位上。在表3.1中的补偿标准隐含着更多的损害。

如果签订合同的当事人认为法院的判决实际上是重新分配收入，那么交易中的每个当事人都想要确保重新分配是有利于他们的。在交易成本为正的模型中，个体从来不能确定谁拥有什么，也不确信第三方会付出多大努力来执行任何给定的权利。这可能导致贝克尔（Becker，1983）的方案，在该方案中签订合同的当事人竞相形成利益群体以塑造和影响第三方，尤其是立法机构的行为。这有助于图3.4中R_1、R_2、R_3的排序。

贝克尔认为，给定交易成本限制，利益群体之间的组织良好的寻租竞争对第三方施加了压力，以确保有效的重新分配方案、政策或者规则。利益群体知道在何时第三方干涉是最优的。干涉的时机是意义重大的。在关于对权利的描述的辩论中，库特和科恩豪泽（Cooter and Kornhauser，1980）关于不能达到帕累托效率结果的最初结论和哈德菲尔德（Hadfield，1992）关于获得信息的成本限定了法院制定有效规则的能力的结论分别落在表3.1的第1行和第2行。他们都忽视了在关于剩余分配的争端产生后，带有补偿性的和第三方干涉性的合同法达到均衡时，可以获得萨缪尔森或卡尔多-希克斯的效率结果。

作为承诺交易的合同

在法经济学的范式中，合同被认为是交易双方的承诺（Cooter and Ulen，1988，2003）。法律涉及的是问题，而合同法存在的目的是调查每个案例中的合同是否存在,是否可以执行,并为原告识别损害。酬金在法律看来有价值的——它可能是对原告的一些伤害或者被告的一些收益。为了形成酬金,双方在交易中就一个执行或者回报的承诺讨价还价。值得注意的是,在商业合同中,合同签订时不存在酬金的问题。出现这种情况是因为合同当事人将已经在金钱交换价值上达成了一致。

承诺和协议

历史上合同的先例是承诺和协议。这一章前面采用的方法是关注为了交易而进行的讨价还价;现在我们集中讨论作为可执行协议的合同。在英国的法律中,主要强调初级合同中作为议价形式的协议,很少关注双方的承诺。初级合同不同于正式合同的地方在于,初级合同实际上是一个没有签订的协议或者合同。承诺和合同有什么不同?我们做出了以下类比:承诺加上达成一致的交易(互换行为)构成合同。

因此,尽管所有合同都是承诺,但并不是所有承诺都是合同;一个没必要的承诺或者礼物或者没有互换就是后者的一个例子。A先生计划将他的牛送给屠夫作为某些互惠行动或者执行的承诺的回报。该协议-合同形式意味着承诺的执行构成了达成的协议的一部分,即一个双边合同或者具有合同的经济性质的协议。

效率分析关注交易是否增加签订合同各方的总价值,但是并不干预这一价值在他们之间的分配。关于议价能改善双方境况的假设认为当事人互相拥有完全信息。在著名的史密斯与休斯诉讼案(*Smith v. Hughes*)(1871)中,被告的赛马驯马师已经同意从原告农场主那里购买一些燕麦,当燕麦被交付时却拒绝付款。被告坚持认为他理解的协议是关于陈燕麦的而不是关于农场主实际交付的绿燕麦的。该案例提出这个问题:合同法应该在多大程度上找到人们的内在意图或者外部表现的一致性。这产生了一个关于合同的主观或者客观方法的议题。例如,丹宁(Denning)大法官在仓库保管员与曼彻斯特市委员会诉讼案(*Storer v. Manchester City Counail*)(1974)中认为,"在合同中,你无法窥视一个人头脑中的真实意图。你注意他所说的和他所做的。当从所有的外部表现来看存在一个合同时,合同就形成了"。

英国法律在对待合同的立场上采用客观的方法。通过保护善意的信念,它促进了商业和公平。对法律规则的经济分析把该问题看作是一个次优问题,即你误导另一方认为你在签订合同。如果你犯了一个错误,意思和你所说的不一致,由此发生的交易不是价值最大化交易,在这种情况下,波斯纳式的解决办法是应该有侵权赔偿责任以阻止这种粗心行为。如果你住在一条街道上,拥有悬于行人道上的一棵树,一根树枝掉落砸伤了步行者,那么你就要对这一侵权行为承担法律责任,但在自己土地上有很多树的农场主不用承担法律义务,因为交易成本很高。

思想的交锋

作为相互补偿物的酬金是十分重要的。合同存在零和方面,所以在进入一个合同时,各方都假设每个人都将有效率地行动并增加相互收益。合同是自愿的。我们应该让人们遵守他们的承诺吗?答案在于加入合同的机会成本和一方对合同的履行与另一方履行的滞后时间。如果对 A 来说滞后时间很长并且机会成本很高,那么B应该遵守对A的承诺。除非合同是可执行的,否则像A这样的理性个体不会在如果另一方违约而没有一些补偿或者保障的情况下加入合同。

案例3.5　酬金

判例法提出不低估法院在找到酬金方面的独创性这一点十分重要。查诺克与利物浦公司诉讼案(Charnock v. Liverpod Corporation)(1968)就是英国法律中一个有启发性的案例。在该案例中,我们应该检测汽修厂的收益,尤其是查诺克先生由于在使用了这个汽车修理厂后由机会成本所带来的损失。查诺克先生的汽车和公司公共汽车卷入了一起事故;公司承担疏忽造成的责任。由于修理该辆汽车的汽修厂十分繁忙,维修工作本应该花费五周,但是实际花费了八周。当该汽车正在被维修时,查诺克先生租赁了一辆汽车。公司却只支付了五周的租金。

查诺克先生能否从汽修厂索取未偿付的那三周的租金?没有在规定的五周时间内修好这辆汽车就违约了吗?这是汽修厂和查诺克先生之间的合同还是查诺克先生保险公司和汽修厂之间的合同?对作为被告的汽修厂来说,后者是一个好的辩护策略吗?该如何补救呢?汽修厂辩护的主线是它与查诺克先生之间不存在合同,因为合同的另一方是他的保险公司而不是他。然而,查诺克先生的索赔最后成功,因为他接受了汽修厂提供的业务(这是汽修厂的收益),已经放弃了将维修工作委托给另外一个汽修厂的机会(这就是查诺克先生遭受的损害)这一点成立。

合同的具体履行

合同的执行过程中,存在一些可利用的补救;当合同没有被执行时,可以推论受害人不存在可利用的补救。如果一方的成本超出另一方的收益,一个帕累托最优合同就不会执行。经济效率的争论主要是关于不浪费法院时间的。如果一方成本超出另一方的收益,一个关键问题是:法院能够估计金钱损失吗?签订合同的服务的价格是多少?演唱会(已经被取消)的市场价值或者钻探空油井的市场价值是多少?在每个案例中,承诺人能够转换并找到新的立约人,即承诺人能够找到新的歌手或者一个新的石油钻探公司。法院将不能满足原告承诺人在每个案例中对损失所维持的主观价值。

在表3.2中,A对B违约并把产品再卖给C是一个帕累托最优。A为了从C处获利40而放弃了从B处获利20,净收益为20。那么在违约之后的情形下,B可以从C处获得产品。作为法律标准,具体的履行(A将产品交付给B)恰好抵消了合同中的这一机会主义类型的剩余再分配行为。但是,在法庭上,如果B能够使法庭相信损失真实地量化为200-120=80,A就有可能支付80单位的损失。

表3.2 合同的具体履行和计划成本

	价格	价值	机会成本
当事人A	100	90	-10
当事人B	120	200	+80
当事人C	140	150	+10

于是必须问的问题是:如果A的价值是90,为什么A要支付80?如果B对法庭可能会怎样解读A违约的成本存在任何疑问,

那么 B 在任何双边合同中加入一个清算损失条款将是明智的。的确,如果 A 被 B 以公开声明的形式告知损失将为 80,并且 B 将追回损失 80,然后如果 A 将此当作是可信的威胁,A 就可能对 B 不违约,而是执行合同。

这就是谢林(Schelling,1960)最初引入,在某些细节上经阿吉翁和博尔顿(Aghion and Bolton,1987)发展的战略许诺的本质。卡茨(Katz,1991)建立了一个模型,其中对某商品的估价为 p_1 的卖者面对一个对该商品的估价为 p_2 的买者。如果卖者给该商品定价,他将通过将该商品定价为 p_2 独占所有剩余。但是,如果买者同第三方签订了一个公共合同,承诺只从他那里以 p_1 的价格购买商品,那么均衡价格将是 p_1,而买方将独占全部剩余。该合同行为也是建立在事前许诺效应的基础上,存在降低合同交易的最大价值的作用。这样的行为应该被阻止(Cooter and Ulen,2003)。

公平和所有权

如果个体同意合同的相关条款,那就不会违反权利。但是合同中的公平不是最终产品,公平是在如图 3.1 所示的转让和交易过程中的。我们想起 12 世纪的公平合同和关于公平工资的学究概念。那么现在,我们必须认识到交易成本包括战略拖延、监控成本、战略成本和支付能力。麦克纳特(McNutt,2002)有这样一个格言:如果交易或者合同是公平的,签订合同的双方当事人都将赞同它,但他们赞同交易或者合同并不意味着该交易或者合同一定是公平的。

A 女士拥有一座带有绵延壮观风景的漂亮房子,她的邻居决定在她的房子前挖一座矿——矿的价值等于 100,000 英镑;如果 A 女士对房子估价为 200,000 英镑,她会支付给她的邻居 150,000 英镑吗？在第2章农场主-牧场主纠纷的案例中，篱笆是否竖立，通往水源的道路是否允许通行，科斯定理说明最有效率的结果将会占上风。但是结果会影响潜在的财富分配。例如，如果一百个庄园主联合起来拒绝让牧场主接近水源，牧场主的以牛群价值表示的财富在价值上将会减少，除非牛群能够到达水源。类似地，如果牧场主获准通过，他的牛群漫游放牧，每个庄园农场的财富生产能力将会降低。

因此，所有权和分配结果是联结在一起的。对本质上是所有权纠纷的财产权纠纷的解决办法取决于信息。在第1章"竹笛寓言"的例子中，竹笛在各经济人之间的分配取决于做出决定时掌握的信息。此刻的关联在于每条规则关注最终状态的方式，正如价值最大化假设看待已达成的合同的最终状态的方式一样。

偶然性

理性代理人将为产品或服务的合同交付的所有偶然性进行保险，因为正如表3.2所突出的那样，主观价值和客观价值之间可能存在差异。偶然性很难预测；存在卷入的风险，在裁定违约是否发生之前，有效的法律将区分可预见的和不可预见的偶然性。

案例3.6　油井与歌手

我们来思考歌手允诺将在一个演唱会上演出的案例。如果该歌手在那晚没有出现，合同可能规定一笔支付，作为对演唱会组织者的补偿。如果合同对偶然性没有提及而歌手死了怎么办？如果歌手死亡对双方来说是一个可预见的偶然事件并且在合同上存在沉默条款，那么法庭支持立约人，即那个歌手，是帕累托有效率的(Milgrom and Roberts, 1982)。

该案例中的演出组织者(即受约人)将为歌手的无法演出而投保。如果歌手的死亡仅仅被合同的一方当事人预见,并且合同中仍然存在一个沉默条款,如果双方都认为法院将裁定立约人承担责任,那么立约人可能负有责任。我们能否设计一条规则对演唱会的组织者施加消除保险的激励?成本更低的保险人规则将是一个激励,尤其是如果受约方(演唱会的组织者)能够通过通知立约人(歌手)在合同中包含一个可预见风险条款来减少损失的话。除非立约人对违反合同负责,否则成本更低的保险人规则将起作用,不存在解决这个纠纷的法律上的帕累托效率规则——对法院的裁定只能通过抛硬币来猜测。

再来思考一个小石油公司作为立约人为受约人钻探了数千次以寻找石油的案例。对立约人的具体绩效预期,就是找到石油储备。但是随着钻探次数的增加,小石油公司会遭受更大的损失。在该案例中,如果不坚持具体结果的话,合同应该将成本转移给受约人。或者该合同有可能是立约人向受约人支付50,000美元,然后随便钻一个洞。在一方存在很高的成本,超出了第二方的收益,且没有按照各方对风险的态度进行风险分配的情况下,最优合同是不会协商出来的。生产成本可小可大。如果生产成本很高,那么油井的收益可能低于(较大的)生产成本。沙维尔类型的合同会有一个条款申明,如果油井的收益小于其生产成本,那么立约人将不承担履行合同的义务。

禁止翻供

在传统的对酬金的议价分析中,在被告要求的情况下,原告采取对自己有害的行动才将是酬金。禁止翻供会产生基于对准予(所有权)利益的信念或承诺的责任。如果 A 对 B 说:"我将给你 1,000 英镑",B 出于对承诺的信任,花费 1,000 英镑购买产品 x,那么 B 不能从 A 处索取 1,000 英镑。或者,A 先生和 B 女士住在一起;房子承诺给 B 女士。她用 10,000 英镑重新整修了该房子后,A 先生试图恢复其对房子的占有,但是法院禁止了他的这种行为,因为承诺生效。

因此至少存在两种情况,在这两种情况下,对受约人有害的承诺可由于禁止翻供(作为酬金的替代品)而受到约束:(1)所有权禁止翻供;(2)在承诺是立约人将不执行某些对受约人不利的合同权利的情形下。然而,合同和禁止翻供之间的一个基本区别是,合同需要一个承诺——即使是暗示的,而且被另一方接受;而禁止翻供能产生基于不明确的陈述(例如,信任或预期)的责任。在英国法律中,有一种合同方法认为,不存在对 A 先生的承诺的酬金,因为他没有要求 B 女士的任何物品作为回报;换句话说,双方不存在讨价还价(Atiyah,1989)。对立约人所请求的行动的承诺,其中该行动的执行是好的酬金;出于对作为酬金的承诺的信任而采取的行动,该行动不是立约人所要求的;它们之间的差异是该承诺通过有约束力的禁止翻供而被赋予法律有效性。有兴趣的读者可以参阅阿蒂亚(Atiyah,1989)、比尔等人(Beale et al.,1990)及亚当斯和布朗斯沃德(Adams and Brownsword,1994)的著作。

新瓦尔拉理论和法律

交换经济是其中不存在生产的经济(Katzner,1988)。每个个体都拥有初始商品禀赋,可以在市场上进行交换或者交易,但是经济中的可供分配的商品总量不能改变。在所阐明的最简单案例中,存在两个个体和两种商品。该简单交换模型的均衡可以用(消费)埃奇沃思-鲍利盒状图表示出来。图3.1展示了以通常方式画出的个体A的坐标系。它的原点位置用(0,0)表示。但是B的坐标系统被完全颠倒,它的原点位置在(0,0),因此衡量商品x的轴线和衡量个体A的轴线相平行,对个体B同样如此。盒子的长度和高度分别等于商品x和y的初始禀赋之和。因此盒子中的每一点都表示所有禀赋在个体之间的一种可能分配。最初禀赋分配用E'表示。

如图3.1所示,图中存在两种均衡:在R点和R'点的非均衡价格比和诸如在E点和F点的均衡价格比。假设p>0,那么当且仅当$E^{**}(P)=0$时,超额需求函数$E^{*}(P)=0$。在两种商品模型中,一个市场在另一个市场不均衡的情况下不可能达到均衡。在以瓦尔拉定律著称的理论中,所有市场上的超额需求的价值恰好相互抵消。换句话说,所有商品和支付在两个个体之间流动,没有流入第三方。如果不存在可行的重新分配使得在没有降低他人效率(例如个体效应或者公司利润)的情况下使某一个人的境况得到改善(且其他人的状况没有恶化),在缔约环境中所有人的行为和约束条件的集合称为帕累托最优。

帕累托最优的性质在一个典型的瓦尔拉背景下出现,在该背景下,所有参与者都受到市场和竞争的充分约束以产生最终结果。西蒙(Simon,1957)认为,要想和瓦尔拉模型中所描述的那样理性,必须拥有对所有的可选择方案导致的结果的完全了解。只有这样,真正的最大化选择才能被确定。但是由于选择的数量是如此之大,评估它们所需的信息是如此之广,大多数理性个体"自我满足",或者追求满意的或"足够好"的行动过程。在合同环境中"足够好"想法的一个寓意是在如图3.1所示的盒子A中的圆所代表的凸集阐明的邻域中选择一点。

新瓦尔拉模型之所以在本章被引入是因为瓦尔拉(Walras,1954)在他观察真实世界的初始行为理论中所采用的方法是建立在寻求最优结果的经济特征上的(Weintraub,1979)。即使按照法经济学里所采用的抽象水平,大量独立的行为看起来也像同时发生的。消费者和公司做出决定,价格相应地做出反应。除了对在孤立状态下和在与其他人的行为相联系的情况下的个体行为的研究之外,还存在关于均衡的议题。

贝叶斯影响

贝叶斯(Bayes)均衡没有考虑这个事实:既然一个参与者的每一步都可能揭示关于他的类型的信息,参与者就可能通过观察他们对手的行动来知道他们的类型。当我们想更新对假设的看法以找到新的证据时,很容易想到贝叶斯准则。贝叶斯修正意味着参与者尽可能地运用贝叶斯准则。在这个意义上,塞伦和卡里夫(Celen and Kariv,2004)认为:"个体理性地忽略了他们自己的信息,而盲从了大众。"但是,在这个社会学习典范中,随着时间的推移,实验室实验中的受试者趋向于"贝叶斯修正",也就是说,受试者将其他人正在犯错误的可能性整合进他们的信念当中(Celen and Kariv,2004)。

瓦尔拉理论的一个主要目的是解释观察到的独特事实,即传授对资源分配的理解(Katzner,1988),尤其是理解脱离契约曲线的分配点 R 和 R′作为偏好点,在其中可能存在忽略契约曲线均衡结果的强烈动机。按照 A 群体对盒子 A 中位于契约曲线上的一点的要求,当事人之间的议价构成凸集$\{F: F>0\}$和$\{E: E>0\}$。它们对议价的一方或者双方来讲都存在,因为只有当财产权被明确界定时,它们才会内部化外部成本并产生有效水平的交易和交换。否则将存在违约或者盗窃。例如,在财产权受到很好保护的国家,可以观察到较高的财富水平和较高的财富创造率(Knack and Keefer,1995)。

个体 B 可能不想离开初始禀赋,因为他可能事先不知道最优点在那里,但是在用埃奇沃思收敛过程所描述的程序下,即在交易和交换的程序下,法律和制度应该最终将他带到最优处。如果不是这样,正如班纳吉(Banerjee,1992)和贝克昌达尼等人(Bikhchandani et al.,1992,1998)的社会学习模型所预测的那样,他将通过观察其他人的行为进行学习。在瓦尔拉经济中,贝叶斯个体在不完全和不对称信息的情况下依次做出一生仅一次的决定,最终每个个体都会模仿他的前任,即便如果他按照自己的信息行动也能够独立地做出不同的选择。

法律的新古典瓦尔拉斯理论

在这里存在法律和制度的一个作用。例如,法律发挥着一个预言性程序的作用,允许对现状的观察被解读为瓦尔拉模型中全

第 3 章 签订合同的法经济学

球稳定的均衡。运用今天的法律引导明天的个体是一种可以容忍的对现状的近似,即使明天以历史的时间展开。历史时间可以被解释,因为法律在每个时刻都产生行为,并且法律本身依赖时间(Georgescu-Roegen,1971)。

法律的新瓦尔拉理论认为,市场自身不会消除反而能够经常增加非理性。一个理性的个体不可能同时喜欢 x 和非 x($\sim$x)。理性卖者将设法剥削那些不完全理性的买者。新的不同的法律可能从第三方(政府),或者古老而重复的法律先例,或对司法审查的成功挑战中产生。

因此不仅当法院执行法律时社会可能集体受益,而且当聒噪的个体忽略司法行动的历史而独自基于私人信息做出决定时,他们会揭露更多关于私人信号的信息,如果信息是坏的(例如,很高的被发现的可能性),更多的理性个体将遵守法律。新古典瓦尔拉理论描述了偏好以及它们的特征和理性,其范围由图 3.1 中 A 盒中的圆和图 3.1 所示的 R 点和 R′点的禀赋分配共同决定,因此$\{X: x\geqslant 0; R\varepsilon X$ 且 $R'\varepsilon X\}$且转化为如图 3.4 所示的以在效用可能性边界上的点表示的补偿标准。分配集合(X)表现了偏离契约曲线的非理性行为的特征,后者定义了契约曲线的理性行为。行动是否是帕累托最优的取决于对补偿的测度。法经济学对签订合同的大部分——尽管绝不是所有的——分析都可以在 X 的范围里被识别。

第4章 赔偿责任和法律的不确定性

> 拿猎兔来说吧。如果是的话,我的孩子,
> 当我们带着战利品回家时,我们曾经被嫉妒,
> 因为,我告诉你,小莫里斯,这儿当时有很多
> 不能承受那种艰难的人。
>
> ——莫里斯·奥沙利文

法律的经济分析包括通过揭示隐含在法律规则和惯例中的内在经济逻辑来解释法律发展的努力。该逻辑本质上追求经济效率。例如,赔偿责任的法经济学方法植根于一个假设,即避免事故的措施能够被侵权人或者受害人提供,因此赔偿责任应该由"成本最低的规避者"一方来承担(Calabresi,1972)。事故法的方法和民事侵权法的传统常识原则大相径庭。在对法律的经济分析中,因果关系的确不再是分配责任的决定因素。我们将在这一章的后面审视事故规避的法经济学。

在经济分析中,效率是在帕累托效率的标准内定义的,如果在新的状态下有人境况改善而没有人境况恶化,就产生了帕累托改进(例如,作为一个法律规则的结果)。在第3章,我们注意到,如果个体A能够支付50美元作为补偿来弥补B的损失而违反它和B的合同,并且A自由地重新同C谈判从而获得大于50美元的价值,那么A和B

之间的违约是帕累托有效率的。在潜在的伤害者和潜在的受害者因为成本太高而不能订立合同关系来进行分摊的情况下,民事侵权法通过设计分摊损失的规则补充了合同法。(Cooter and Ulen,1988,2003)

引　言

波斯纳(Posner,1977,1986)的方法已经影响了采用(社会)财富最大化作为简单的经济效率标准的法经济学方法。在上面的例子中,假设50美元正好补偿了B从他与A的合同中获得的期望收益,B的境况没有恶化,而A的境况得到改善,因此财富最大化了。但是,在第1章我们注意到,效用最大化是侧重最终状态的分析的结果主义工具,例如,财富最大化忽略了收益的分配。如果经济效率是法律的最终目标,法院被要求干预私人交易或者重新安排法律制度以最大化社会财富,那么不能忽视涉及这些干预的道德理由的问题(Krecke,1998)。

经济效率具有任何道德意义吗？德沃金(Dworkin,1980)提出疑问:为什么这个目标的道德受偏好度高于法律的其他目标,比如正义？他得出结论:"法律的效率理论可能同法律的正义理论相冲突。"在20世纪80年代,关于采用财富最大化作为法律政策决定标准的争论出现了,波斯纳(Posner,1980)支持这种标准而德沃金(Dworkin,1980,1986)批判作为规范性原则的财富最大化。德沃金(Dworkin,1986)强调以基于权利的平等主义观点来解决以"竹笛寓言"为标志的那类争论。通过模仿市场或者讨价还价的交换产生的结果,或者通过安排激励和反激励以便私营个体实现这种交易,或者披露法律当局为模仿它们所需要的信息,法经济学试图确定能够促进它所定义的合意结果的规则。在这方面,法经济学分析和普通法推理存在相似性,普通法推理设法将一系列案例连成一条线以证明一个异常结果。在库特和乌伦(Cooter and Ulen,2003)的著作中,读者被导向了对于发展经济原理以解释和排列责任规则的顺序的讨论上。

法律的不确定性

批判性的法律学者试图揭示法律分析和法律文化是怎样迷惑局外人和合法化它的结果的。这类问题首先由米诺(Minow,1989)提出:如果法律原则本身是不确定性的和粗糙的,而法律裁决和惯例产生了带有偏袒某些团体和某些看法的模式的确定性结果,那么法律体系和法律学术怎么能够保持公正、中立的形象并维持失败群体成功行动的连续可能性?法律的作用和法律讲道的水平是怎样使司法官员和学者远离他们自己的经验和道德判断的?

对这种方法的早期批评警告说,虚无主义或者无政府状态都可能是对法律不确定性的证明所带来的后果(Hutchinson and Monaghan,1984)。法律学者和经济学家都知道,确保公众对法律和法律当局(如警察和司法机构)的裁决的服从是多么重要。因为他们有兴趣确保对法律的服从,法律当局希望建立和维持导致公众普遍接受裁决和政策的条件。这并不容易。

轶事证据暗示,很多类型的行为是法律当局无力阻止的,包括价格操纵、谋杀、逃税和酒后驾驶,(还有很多是)被明令禁止或阻止的但却在继续,从毒品到卖淫到相互勾结。斯蒂格勒(Stigler,1968a)认为,公司寻求卡特尔化;卡特尔化的收益包括更小弹性的需求曲线和更慢的进入速度。对现代公司来说,相互勾结是理性的,可能也是商业无害的,因此再怎么立法也不能抑制那种要求。争论可以追溯到斯拉法

(Sraffa,1926),他认为如果来自卡特尔化的预期租金超过长期竞争带来的收益,公司应该避免竞争。因此在所有类型的行为中,伴随着道德感,存在着对收益和损失的理性权衡。我们将在这一章的后面寻求对支撑被告行为的道德度量时阐述这一问题。

契约中的道德风险和风险

正如第3章所认为的,法经济学特别关注契约中的风险和可能的结果,这些都取决于当事人的行为。契约法的一个重要功能是执行商定的风险分配,这和民事侵权案例中的责任分配有点类似。假设个体是理性最大化者,要最大化他们自身的利益。在后面的面包师案例中,接受51便士也关联着风险,除非它现在就支付;同样地,对面包师来说,烘焙51便士的面包卖给出价51便士的购买者也存在着风险,经济学家可以运用价格歧视来消除风险。价格歧视的问题将在后面第11章中以单独的案例研究的方式加以解决。

案例4.1 面包师的面包

一个面包师以每条50便士的价格拍卖面包;相对贫穷的第一个投标者出价50便士,但是另外一个投标者出价51便士。我们不能说第一个投标者对这块面包(资源)的估价低于第二个投标者,而是第一个投标者只有50便士。千真万确,这条面包确实花费了51便士,额外的一条面包也会花费51便士,但是这说明不了关于面包价值的任何事情。如果购买者不再需要面包,那么它的价值只能根据购买者知道或者想到的运用这条面包的可能方式来决定。他可能转售这条面包,或者制造面包屑。考虑过所有的选择,他可能最终决定吃掉这条面包。

经典的表述是 A 先生或 B 女士与那些对资源估值最高的人交易。这引入了支付限制的无力,它很少是波斯纳型论点的关键因素,该论点趋向于更少关注利益的最终分配。这还突出了一个关键事实,即法经济学争论的方向是对利益或资源的应用。

思考如下的"次品"例子。

案例 4.2　交换的时间间隔

A 先生拥有一辆价值 1,000 英镑的汽车,B 先生现在以现金方式报价 1,000 英镑,但是,C 女士对该车估价 1,100 英镑(这不是一个"次品"),提出现在支付 500 英镑,余款在一周内支付。在没有法律上可以执行的权利时,法律会偏向于交易间隔较短(即,现在而非以后支付)的价值交换,因此降低了资源使用的效率,妨碍了价值最大化结果。

但是法经济学的一个范式在契约作为承诺的讨论中增加了一个限制性条款,即卡拉布雷西侵权分析中著名的最小成本规避者原则。因此,正如丹内斯(Dnes,1996)所辩称的:"风险由能够以最低成本避免不测的当事人承担的合同是有效率的,因为这最大化了扣除各方成本之后的联合剩余"。

考虑案例 4.3 中的例子。

案例 4.3　工厂

公司 A 根据契约为公司 B 的工厂提供夜间巡逻服务。A 公司的一个巡逻队员(佩罗先生)在巡逻时,在工厂中不小心引发了一场火灾,大火失去控制,很大一部分厂房和存货被烧毁。

我们该如何确定 B 公司的商定损失？我们不得不询问，是否存在评估损失的预期价值或者机会成本或者两者都有。更进一步，A 公司可能根据合同中的免责条款寻求庇护，例如关于火灾风险的免责条款。

这就提出了一个问题，即免责条款是否将道德风险问题引入了商业契约。如果是这样，也许有进行司法干预的必要。或者，理性风险规避的 A 公司偏好工厂所有者作为最小成本的规避者来承担火灾风险？如果真是这样，B 公司支付的第一方保险普遍低于对不确定性的赔偿责任保险，那么 A 公司不可能反对，除非 A 公司不得不赔偿 B 公司。法经济学方法会考虑，工厂所有者 B 公司的成本可能通过 A 公司较低成本的巡逻来收回。

最小成本规避者原则

最小成本规避者原则询问哪一方避免损害的成本较低，然后将责任分配给该方当事人。但是这可能不是完全令人满意的，因为它降低了让另一方当心的激励。在这个例子中，它会降低让 A 公司当心的激励。使用 A 公司而非 C 公司作为巡逻公司的机会成本——在火灾发生的情况下——也应该被分解进法院对损失的计算中，否则 A 公司将继续粗心。根据本章后面概述的汉德（Hand）公式，粗心相当于采取少到无效率的谨慎。

侵权法力求将事故成本的赔偿责任施加给能够低成本地避免事故的一方。潜在的赔偿责任激励该方行使避免事故所必要的谨慎。为了分析一个规则是否按照以最低的社会成本减少某些事故的方式分配赔偿责任,首先要找到这些事故的最小成本规避者(Conaway,1988)。如本章后面证明的,事故和对事故的规避都会产生社会成本。例如,在后"9·11"世界中,社会可以通过禁止飞机旅行来避免一定数量的事故,但是当理性个体以替代性(更安全)的旅行模式通勤时,又会承担增加运输时间的成本。因此,社会必须求得平衡——必须力求避免事故直到这样一点,在该点避免事故比允许它们发生成本更大。图4.4的切点表明了这一点。卡拉布雷西(Calabresi,1970)介绍了勃朗峰隧道的例子,该隧道减少了从罗马到巴黎的旅行时间。尽管当时预言每一公里将夺走一个工人的生命,但它还是建成了。尽管在估计社会成本的过程中对人的生命进行估值看起来是错误的,但是因为某些对社会有益的行为会对人的性命造成风险,这样的估值是不可避免的。

公平的法律

法经济学的观点也为挑战经济效率或者帕累托效率提供了基础。具体而言,在法律上,这种基础建立在违约和履行以及强制执行契约上。存在着降低违约可能性或者概率的法律补救措施。如果契约被当作一个委托-代理问题来分析,我们能够引入立约前的信息不对称和立约后的机会主义作为代理成本(Milgrom and Roberts,1992)。但是,理性的商业人士对这些代理成本打了折扣,并且意识到程式(forms)的交换可能不会导致强制执行的契约。他们一般设法通过在各自的程式里包含一条申明已方条款最高地位的条款来使他们的条件被接受。涉及更重要条款的谈判将会发生。一旦这些条款达成一致,当事人将继续交易。因为普通法在处理所谓的"程式战斗"的案例中明显无能为力,比方说,美国就起草了一条法定条文,该条文被包含在《统一商法典》中(见案例4.4)。

法经济学范式告诉我们,作为契约成本的后果,一个契约的当事人将不可避免地写下一个不完全契约;即契约将包含缺口和缺失条款。因此,即使假设被告的承认如同罗特-利斯案中一样作为拒绝而运作,并且一个契约通过行动建立起来,对担保的排除也不会成为契约的条款,因为保证条款已经被纳入法典中。但值得注意的是,如果当事人可以轻易地转向新的交易伙伴,而这又发生在重新谈判阶段,契约成本不显著,以至于当事人将在时期 T 拥有不对称信息,那么他们在 T 时刻可能达成一个有效率的协议。

案例 4.4 程式战斗

最终,争论落在普通法与法定条文在解决程式战斗的优点上。律师的问题是,程式是否代表法律上的契约;对商人来讲,问题经常围绕着契约的条款和"实质要点"(如产品的交货时间、质量、类型和数量),后者类似于行为契约。例如,在美国罗特-利斯与计划生育巴特利特有限公司诉讼案(*Roto-Lith v. FP Bartlett & Co. Ltd*)(1962)中,一个核心的问题是,对附加或不同条款的赞同是否是明确有条件的接受。接下来的问题是,排除担保的新条款是否是"不同的"或者"附加的"。如果它被认为是"不同的",那么意见是它不能变成契约的一部分,除非被要约方明确地接受;但是如果它是"附加的",它将不会成为契约的一部分,因为它将彻底地改变契约。

> 法院持有与《统一商法典》不同的观点：它认为受约方对插入条款的承认必须被认为是"对不同条款的赞成的明确有条件的接受"，而这些插入条款是要约方单方面承担的。换句话说，是一个反要约。当原告同意并为商品付款时，他就接受了这个反要约。因此，要约方受到受约方条款的约束，包括对担保的排除。这正是遵循"发射最后一枪的当事人赢得战斗"的丹宁原则的普通法所追求的结果。

法律的功能

泰勒(Tyler,1990)认为，法律被通过和执行以代管人们宁愿回避的行为，例如向受害的当事人支付赔偿，或者阻止人们做某些可能使他们受益的事情，例如避税或者偷窃。除非建立在个人内在的正义和责任的规范上，否则法律将不能正常运行。而这些规范结晶成共同标准(Komesar,2002)。诸如财产和权利保护这样的法律规则（知识产权法）、外部性的内部化（侵权法）或者法律承诺的履行（契约法）之类的经济目标，只有在所谓的实质性权利能够通过法庭最终得到执行的条件下才能实现。

法院来裁决，而法官各自的司法技能不同。不同的标准可能适用于某一个案件中的同一个重大事实。麦克纳特(McNutt,2002)对一套法律规则(LR)确立了四个标准，$n=4$，并且提出了别具风格的证明，即应用所有四个标准来构建一套法律规则是不可能的。这些标准包括：中立，法律法规是中立的，它不会预先确定结果；不对称，法律规则是不对称的，对法律规则的解释取决于不同的司法能力；不偏不倚，法律法规是公正的，司法机关在初始位置不会偏袒纠纷的任何一方;公平,法律法规是公平的,因为双方都认可它们。

后者是麦克纳特(1992b)映射-公平概念的一个改编,即如果双方都同意 X,那么 X 就是公平的。它和波林斯基(Polinsky,2000)引入的公平-相关效用的概念是根本不同的,后者与在执行模型中判断最优制裁的再分配满意度更相关。例如,如果包括潜在违法者在内的所有个体,通过相应地调整他们的犯罪活动,都同意制裁,那么制裁会是映射公平的。主张因为制裁是公平的,是由仲裁人、立法机关或者法院所裁定的,因此所有的个体,包括潜在的违法者都认可这些制裁,进而相应地调整犯罪行为,这样的观点是没有说服力的。

定理:如果法律规则的非凸集合 LR 存在,其中每一条法律规则以至少 n=4 个标准为特征,如果该集合被分割,对于任何被定义的 V⊆LR 和 V⊆E,道德规则集合 E 的逆影像集合 $f^{-1}(V)$ 存在,那么 LR 的子集至少排除了四个标准当中的一个。

换句话说,法律规则可能不一定具备所有四个标准(麦克纳特(McNutt),2002)。定理构建的前提是(1)当事人存在一个道德规则集合 E;(2)当事人都同意道德规则(因此它们是公平的),并且当作法律规则来执行它们以避免无政府主义状态。因此存在一个映射 f:E→LR。集合 LR 被定义为非凸的,暗示作为道德规则的任何两条法律规则,它们的结果是相互排斥的——如果任意两条法律规则的成对组合可以产生第三条规则,而这第三条规则对当事人来说是道德上不可接受的话。

由于集合 LR 的非凸性,第三条规则不是集合 LR 中的一个元素。例如,宪法是由公民之间的协议建立的一项社会契约。它们也构造了一个法律规则的集合。但是,一条法律规则可以被认为是违宪的:并不是所有的法律规则都是合乎正道的,反之亦然。因此,集合 LR 可以被分割为诸如 $LR_A \cap LR_B = \phi$ 的子集,$n<4$ 的特征映射在子集中。公平可能无法获得。公平的结果是当事人预期从公平程序中得到的东西,而一个持续产生不公平结果的程序本身最终将被视为是不公平的。如果该程序来自一项法律,那么该项法律将被视为是不公平的法律。

定理的含义 由于冲突的价值观而不被遵守的法律应该和那些要求车手在红灯亮时停车的法律区分开来;后者更可能被社会成员支持,即使人们可能在日常生活中违反它们(Tyler,1990)。

责 任

法经济学的一个有趣领域是对责任规则的评估。在法经济学的范式内,责任规则按照严格责任与过失来评估。这个问题是根据对受害人的补偿或者损害赔偿来度量的。如图 4.1 至图 4.4 所示,这一章中的模型是对波林斯基和沙维尔(Polinsky and Shavell,2000)提出的框架的变形。在他们的模型中,个体会犯下危害社会的罪行。如果某个体犯下这种罪行,他会以正的可能性被发现,进而招致货币制裁。如果非法所得超过预期制裁,任意个体都会决定犯下这种罪行。

提炼库特和乌伦(Cooter and Ulen,1988)的观点:过失规则(简单过失)的最简单方式将事故的责任强加给伤害者,当且仅当他的预防措施低于法定标准时,不考虑受害人的预防水平。然而,严格赔偿责任让伤害者承担他造成的事故的成本，不考虑他的预防程度。按照严格责任，不存在与成本分摊相关的关于预防的法定标准。对侵权的经济分析是关于怎样从采取适当谨慎的激励角度比较过失和严格责任的。

但是谨慎的最优水平是多少？谨慎的法定标准通常被定义为合理的谨慎水平，在一般情况下，按照这样的标准支付。但是还存在社会成本最小的预防水平。谨慎的最优水平由谨慎的法定标准等于社会成本最小的预防水平来确定。典型地，在严格责任下，不审查原告的行为；问题在于，被告是否被允许做辩护，其主旨是即使被告的行为造成对原告的伤害，原告也没有资格得到赔偿。例如，这可能在案例 4.3 的"工厂"中出现，如果原告工厂所有者 B 已经自愿承担了损害的风险，即被告 A 公司明确地警告了原告关于使用 A 公司（关于佩罗先生）的安全服务的潜在损害。

有过错

在科尔曼（Coleman，1988）关于严格责任的开创性论文中，他声称，除非受害者证明伤害者的过错，否则就将损失留在原地——这种做法等同于对受害者的严格责任。也就是说，除非无辜的受害者证明另一方有不当行为，否则他将承担未被补偿的损失。这正如在严格赔偿责任规则下，无过错的制造商必须承担未被补偿的损失，除非他们证明原告消费者相关的那部分不当行为（例如共同过失）（Cooter and Ulen，1988）。科尔曼认为，在严格责任和过错责任之间存在关于公平的对称性——如果一方不存在被证明的过错或过失，那就将未被补偿的损失留给另一方。这可以由图 3.2 阐明，图中从 a 位置到 b 位置的移动没有（假设）补偿。因为，原则上,当一方或者双方被证明有过错时,通过这两种方法得出的结果之间不存在差异,那么相对于严格责任,正义的考虑并不偏好过错责任。批评者已经反对科尔曼:除非另外一个过错的因果关系确立起来,损失和伤害将停留在它们所在的地方,没有人必须判断它们是否存在以及是否有资格作为法定伤害(Cooter,1984)。我们按照模仿做正确事情的负责任的选择来分析下面案例4.5中的论点。这是一个来自商业道德规范的经典案例。

很多法经济学学者相信,在赔偿原告时,补救措施和惩罚性赔偿除了纠正威慑不足或法庭错误之外没有效率的理由。这些讨论真正围绕着犯罪制裁的效能,而犯罪制裁伴随着一套在司法分析中允许灵活性的规则。例如,任何关于"过失"的假定都能被对照着行为特征菜单加以驳斥。在其他情况下,有效率的法律设法使被告"完整"(仅仅剥夺所有的收益)。但是,在赔偿责任的案件中,我们应该从潜在的被告是理性的这一假设出发,即如果犯罪的预期收益超过预期损失,犯罪有可能继续。

有效率的法律

因此,在任何调查或法院案例中,一个理性的被告会考虑调查和诉讼的预期成本,即他在法庭上的时间的机会成本和垄断利润(租金)的可能的消散,然后计算出估算的损失 L,并和罚款或者制裁的预期水平 S 进行比较。如果罚款或者制裁的预期水平小于估算的损失,那么就存在着使被告公司坚持所谓的反竞争行为的每种激励。

在一个有效率的法律的波斯纳世界中,设惩罚的预期成本(EC,即对威慑的度量)是 $EC = \rho S$,其中 ρ 是拘捕和定罪的概率,S

是判决。有效率的法律会至少将 EC 维持在先前的水平；立法机关能够通过两种方式做到这一点：或者通过一部加重惩罚的法律来改变 S，或者增加治安机构的经费和资源来提高 ρ。如果原告以补偿的方式获得本来会从谈判中得到的罚金（全部责任补偿），对法庭的机会主义利用将不会出现。如果法庭设法估计市场结果而不是恢复原告的初始效用，法庭的任务将增加几个数量级的难度。请回顾表 3.1 后面的讨论。更准确地，有效率的法律将要求更高水平的罚金、更严厉的制裁和法律的更有效的执行。如果被告预期未被发现、未被判罪或者制裁得不充分，惯犯行为就会发生。无法运用资产的效率损失与丧失的交易机会的价值通常是不一样的。

例如，在反托拉斯案例中，在位者知道，竞争政策的有效执行给它们所带来的损失将得不到补偿；潜在的输家将使用他们的实际资源去抵制帕累托改进政策。潜在的赢家可能选择同样的行动以捍卫改进。结果，垄断利润被浪费了，而社会剩余没有改变。一项有效率的法律会鼓励面临其他潜在交换的主犯在法庭上讨价还价或者做出保证。为了阻止在法律下的犯罪，补救措施必须被预期为使被告比他曾经讨价还价的境况要差。

道德度量

假设在区间 $[0,1]$ 上存在个体的一个连续统一体。所有的个体都拥有相同的基数效用函数 $v(x)$，其中 x 表示"应有的谨慎"。在博弈的开始阶段，每个个体决定是否进行对最优谨慎的投资，产生成本 $c \geq 0$。在赔偿责任和民事侵权行为分析中，这是唯一要做的决定。因此每个个体可选的纯策略集合是 $S=(Y,N)$，其中 Y 表示对最优谨慎的投资，N 表示不对最优谨慎水平进行投资的决定。投资是理性个体的一项承诺和义务。为使双方都进行投资，必须存在一些强制执行机制，以确保最优谨慎水平普遍存在。因此，为了实现对责任的公平分配，侵权法有存在的必要。

在他们的调查结果中，特沃斯基和卡尼曼（Tversky and Kahneman,1991）发现，人们对损失比对收益更敏感。人们对损失的敏感度（L）高于他们对收益的敏感度（G），最初作为特沃斯基和卡尼曼的前景理论（Kahneman and Tversky,1979）的特征，后来又成为卡尼曼（Kahneman,1996）观点的特征。这个特征可以构建为一个基本度量 $v[G] < v[L]$。他们发现决策者的损失厌恶系数大约是 2，即一个决定的消极结果需要一个相当于消极结果两倍大的积极结果才能补偿，也就是 $v[2G] \approx v[L]$。积极结果 x 的价值的重要性小于相应的消极结果（～x）的价值的重要性。我们也可以将这种情况解释如下：一个理性人将做 x，但是如果有一个对补偿的度量，他将只做备选的（～x）。作为一个决策者，个体可能是利他的并显示社会的承诺和感同身受："他们已经内化了社会的道德标准。"（Etzioni,1988）赫恩斯坦和普瑞里克（Herrnstein and Prelec,1991）曾主张，对决策者真正重要的是决策的备选方案的加强价值。这和泽尔腾（Selten,1994）的结果并无不同：决策者设法避免在不同的价值维度之间权衡。

然而，在法经济学范式中，侵权和契约中很多情况的确需要多重思考，通过考虑被告的行为对其他当事人的影响来做出最优决定。但是，法律的实践不能只建立在对最终状态的实用主义考虑上。不可预见的结果、距离和时间效应以及"公地悲剧"（Gordon,

1954)表明非实用主义(义务论)的考虑在复杂的侵权和契约案件中可能也是必需的。契约中的具体执行和侵权中的责任规则在对纠纷的评估中提供了义务论的考虑。

当代道德哲学确立了三个截然不同的观点来评估一项行为,即社会的观点(观察者相对性,表 4.1 的第一列)、行动者或实干家的观点(实干家相对性,第二列)、利益相关者的观点(接受者相对性,第三列)(Sen,1982)。负责任的选择要求在义务论、功利性和外部性价值的多维空间中对程度最低的最差(least-worst)替代的选择。

如果存在两个备选方案 A 和 B,当且仅当

$$\min\{D(A),G(A),S(A)\} > \min\{D(B),G(B),S(B)\}$$

时,A 才是负责任的选择。

福特斑马车案是一个关于潜在被告面临复杂选择的很好的例子。决策者有不止一个备选决策,因此他们能够在不同的行动方针之间选择。在该选择状态下,存在着代表决策者的职责或义务的道德标准。负责任的选择意味着找到并执行备选决策,它与给定背景下的道德责任观念相符合。

案例 4.5 福特斑马车

简要地讲,1978 年,由于她们的福特斑马车爆炸,三个女孩在印第安纳州威纳马克死于非命。这不是第一例由该款汽车爆炸导致的严重事故。已经有几起针对福特公司的诉讼,因为有证据证明最高管理层曾被告知该款汽车的设计问题。尽管他们工厂里的工程师提出了警告,福特管理层仍然决定制造和销售该款汽车(Viscusi et al.,1995)。

> 福特管理层的主要目标是在没有时间耽搁、没有额外成本（G）的情况下推出该款汽车。适用的道德标准是，为顾客提供安全的产品以避免危及他们的生命，D。利益相关者 S 是该款汽车实际的和潜在的购买者或使用者。本质上，有两个备选方案可供管理层选择：(1)A_1：不经重新设计就制造和销售该款汽车；(2)A_2：重新设计车型再制造和销售更安全的版本。

以案例 4.5 中的事实为推断的出发点，同时改编佐尔奈（Zsolnai, 1997），表 4.1 阐明了如下选项：$v[A_1]=[-2,1,-2]$ 而 $v[A_2]=[1,-2,0]$。很容易证明，由我们提供安全产品的道德直觉可知，A_2 是负责任的行动方针。A_1 和 A_2 在它们最差的元素(-2)上是相等的，但是第二最差的元素 $A_2=(0)$ 好于 $A_1=(-2)$。最大化最小(maxmin)选项是带有最好的最差结果的选项。应用最大化最小规则，A_2 相较于 A_1 更受偏好。

表 4.1　道德标准

	义务式价值，D	功利性价值，G	外部价值，S
A_1	-2	1	-2
A_2	1	-2	0

表 4.1 表明，在社会的道德标准、决策者自身的目标和利益相关者的利益之间总是存在冲突或至少是紧张。在这一阶段，回到第 1 章中对"竹笛寓言"的讨论可能是有启发性的。你也许记得，在那个纠纷的解决办法中不存在惩罚，因为实情调查者没有信息，不知道笛子是不是从合法所有者那里偷来的。如果一起罪案发生，个体 A 和个体 B 闯入 C 的房子并从 C 处偷走了笛子，并且如

果个体 A 和个体 B 通过偷窃获利,那么实情调查者应该将非法所得包含在被他的分配规则最大化的财富价值的计算中。自相矛盾的是,在缺乏犯罪移交信息的情况下,实情调查者受分配的道德规则引导从而将笛子分配给罪犯的可能性不可谓不大。

关于犯罪移交的信息将不可避免地蔓延到有关罪犯(受害人)身份的信息上,并引起有关实情调查者的公平和不偏不倚的问题。为了竹笛的分配,第 1 章的分配规则必须由基于公正的正当理由来加以补充。仍然不清楚的是,基于公正的分配是否是社会最优的。现在的法经济学文献没有提供解决方案。分配规则既可以根据波林斯基和沙维尔(Polinsky and Shavell, 2000)的观点来表达,其中实情调查者因为观测导致纠纷的犯罪而体验负效用,也可以根据公平地分配对犯罪的保护的哈雷尔和帕乔莫夫斯基(Harel and Parchomovsky, 1999)范式来表达。

在一个不同的方面,波斯纳(Posner, 2001a)最近警告要警惕在塑造对犯罪案件中惩罚严重性的偏好时的"象征性寻租"。

侵权行为

思考一下如果我们试图使用严格责任作为侵权法的中心概念,将会发生什么。财产权利的问题会以保护财产权利的形式出现。但是保护财产权利必须和保护所有者的利益区别开来(Cooter and Ulen, 1988)。当他能够获得"来自降低他的财产权利价值的人的补偿"时,所有者的利益得到了保护。关键的问题是怎么定义损害或者"值得补偿的损失"。本书通篇使用的公正赔偿表示一个这样的赔偿或补偿的水平,以至于受害人(或者第 5 章的进入公司)在没发生事故(自由进入)时的自然状况和发生了带有补偿性赔偿的事故(在有效率的价格处受管制的进入)时的自然状况之间是无差异的。

难道无过错的犯罪受害者应该完全掏空公众的钱包吗？一个保险计划能够达到科尔曼的矫正正义的标准,该计划从疏忽的司机那里收取资金然后向汽车事故或者车辆过失中的受害者分配赔偿金。它补偿受害人的不正当损失,并且它消除了疏忽的司机因未采取适度的谨慎而获得的不正当收益。实际上,如果我们试图抓住并处罚高比例的疏忽司机,发现和执行的成本将很高。如果我们的发现率很低,极少数被抓住的非常不走运的疏忽司机将不得不支付大笔罚金来为赔偿基金筹集足够的款项,即使他们没有伤害任何一人。按照过错系统,从大批造成事故的更不走运的司机那里抽取大量罚金可能更有效并且不失公平。刘易斯(Lewis, 1989)得出一个相似的关于犯罪处罚的观点。更高的效率部分归因于这样一个事实,即平均来看,事故的引发者比那些同样疏忽但确实更走运的家伙留下了更多的疏忽痕迹。

这提出了法律规则对公民的引导问题。如果这种引导是有社会价值的,那么为什么法官通常试图依据可用的最狭窄的法律来裁定案件？也许法官意识到,结果的不确定性经常带有社会收益(Kavka, 1991)。假设社会上的两个群体现在对一个给定的惯例存在很强的且相反的情绪。那么如果该惯例的法律地位保持隐晦和不确定直到态度缓和、对这件事情进行法律解决的时机成熟,那将最好地促进社会团结。

一个法庭结果比一个双边和解更可能实现社会偏好的结果。一个法庭将定义好结果,但是正如克利奥曼努斯在曼德维尔

(Mandeville,1975)的《蜜蜂的寓言》中所表明的,一个结果是关于美德的性质:

> 霍雷肖:但是经过选择,难道世界上没有一个人是好的吗?
>
> 克利奥曼努斯:是的,但他们是被理智和经验而不是被天性——我的意思是,不是被未经教导的天性——引向那个选择的。但是"好"这个词是有歧义的,这是我要避免的;让我们坚持用"有道德"这个词,我断言没有行为是这样的,有道德不指向某些征服或者其他的东西,不指向某些对未经教导的天性的或大或小的胜利;否则这个修饰词是不合适的。

对称性

因此,在评估责任和威慑行为时,解决道德风险类型的问题十分重要。当且仅当事故水平下降和谨慎水平上升时,严格责任在分配上才是更有效率的。对那个结果的任何偏移都聚焦于以严格责任体制下的事故规避成本来表示的社会价值。在他的开创性论文中,布朗(Brown,1973)确立了不同的责任规则以确定对侵权行为的补偿。在任何责任下,受害人无论如何都不承担责任,这就是伤害者无论如何都要承担责任的严格责任的对称性。

在过失规则下,除非发现伤害者有过失,否则受害者要承担责任。在共同过失的严格责任规则下,除非发现受害者过失,伤害者要承担责任。在共同过失的疏忽规则下,如果伤害者存在过失而受害者不存在过失,伤害者要承担责任,否则受害人承担责任。在双方共同过失的严格责任规则下,如果受害者存在过失而伤害者不存在过失,受害者承担责任,否则伤害者承担责任。在比较过失的情况下,责任根据双方的相对责任进行分摊。

汉德(Hand)公式

在责任经济学中,如果侵权者没有采取合理的谨慎,则他要支付损害赔偿。这是过失标准,它是有效率的。在受害者也能采取预防措施的情况下,它比严格责任规则执行得更好。参阅图 4.1,只要法庭根据划算的谨慎来理解"合理的谨慎",预期伤害者要赔偿所有的超过有效率水平的事故。如果我们重新理解图 4.1,用水平轴测度预防措施,把 ACC 理解为侵权者的边际收益曲线,用 c_1 代表侵权者的边际成本,那么侵权者将采取($0q_2$)单位的预防措施,该水平是有效率的,而受害者将承担(q_2A)单位未预防事故的成本。受害者承担事故成本的事实鼓励他们采取任何可能的划算措施来防止事故(Dnes,1996)。

划算已经根据汉德公式做出解释,它是以审理美国与卡洛尔拖车公司诉讼案(US v. Carroll Towing Co.)(1947)的美国法官汉德来命名的。汉德说,所有者的责任是三者的函数,即小船漂走的可能性、由此导致的损害的严重性和采取足够预防措施的负担。如果我们定义 B＝避免的成本,p＝损害的可能性,L＝损害的价值,那么汉德公式定义如下:

$$B \leqslant p.L.$$

法经济学学者对着眼于减少事故的成本感兴趣,该成本以伤害者或者侵权者防止损害的努力,或者受害者避免损害的努力,或者两者的结合来衡量。在法经济学范式中,有人建议,犯罪是在违法的收益超过成本的情况下的理性反应。因此,根据该模型,除非罪行的边际成本超过了边际收益(Polinsky and Shavell,1999),任何一个侵权者或罪犯都会侵权或者犯法(Becker,1968)。在接下来的章节我们将考察采取适度谨慎的可能激励和侵权者积累的边际成本和收益。

事故威慑

减少一场事故的成本如图4.1中的事故预防成本曲线ACC所示。ACC曲线就像经济分析中的需求曲线,二者都代表边际评价关系。换句话说,正常的需求曲线可以被理解为边际效用曲线(MU),MU和价格同比例增加(减少)。同样,ACC曲线可以被理解为事故曲线的边际预防成本,代表着对社会的价值和实际上对侵权者而言的事故规避的价值。边际预防成本随着可以避免的事故数量的减少而增加。不像正常的需求曲线,图4.1中ACC曲线要从右向左来理解,横轴代表谨慎(可避免的事故的数量的近似),纵轴代表事故预防成本。

威慑的困境

纵轴代表的成本包括事故预防成本(沿着纵轴向上读)和侵权者的预期成本(沿着纵轴向下读)。因此,对于每个事故的给定成本 c_1,存在一个如图4.1所示的谨慎水平 q_1。我们进一步假设事故的规避是谨慎的一个增函数,即随着适度谨慎的增加,在其他条件相同的情况下,更多的事故被避免。如图4.1所示,当我们达到更低的谨慎水平(在横轴上从 q_1 向左读到 q_3),事故预防成本增加

到 c_2。促成增加的一个原因是事故预防成本本身可能由于更少的谨慎而增加。

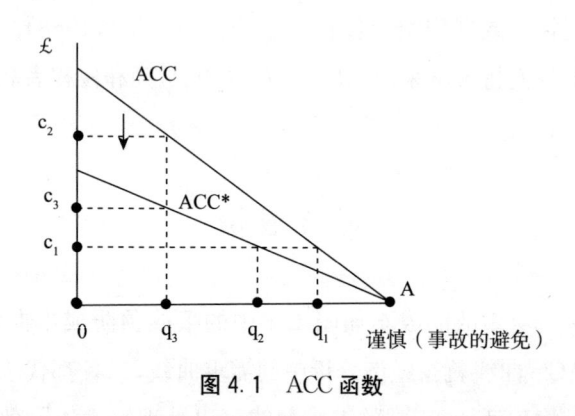

图 4.1 ACC 函数

如图 4.1 所示，ACC 函数到 ACC^* 的向下移动表示延迟的或者争论的法律诉讼的净效应，即一个侵权者或者罪犯被拘捕，或者他们被拘捕并判罪的低可能性，或者两者兼有。对于一个给定的谨慎水平 q_3，侵权者的预期成本从 c_2 减少到 c_3。但是法庭需要知道，如果它执行有效行为（向图 4.1A 点的移动），侵权者的预期成本是否为 c_1。不管法庭相信侵权者将要做什么或者实际做什么，侵权行为者可能不会偏离 q_3。如果采取更少的谨慎是一个占优策略，那么不管法庭做什么，它都是民事侵权者现有的最优行动。

威慑的成本

直觉上，以一定的成本控制可观数量的事故是可以实现的，但是要提高百分之 x 的比例将导致成本的大量增加。而且，可能存在如下关于递增的事故预防成本的道德风险类型的解释：图 4.1

横轴上的向左移动转化为更多的事故(更少的谨慎),并且由更多事故所产生的事故阻止成本越大,事故预防成本增加得越多。换句话说,新立法的出现招致新的事故规避开支(新政策、更高的法院成本)。将 ACC 曲线解读为边际预防成本曲线导致这样的理解:从一个事故发生率很高的环境变到事故数量略微少一点的环境比从一个略微低一点的事故环境变到一个如图 4.1 的 A 那样的实际上没有事故的环境代价更昂贵。

ACC 曲线以点 A 为支点旋转,该点和最高水平的谨慎以及无事故环境相一致。此外,对于任意给定水平的谨慎,例如图 4.1 中的 q_3,谨慎的激励的直接效应是将事故成本水平从 c_2 减少到 c_3。恰好因为事故成本已经实现的水平是一个实际成本,如果被起诉,侵权者会把它理解为一个固定成本。用图 4.2 中的横轴表示避免的事故的数量;随着避免的事故的数量增加,避免的每起事故的平均固定事故成本下降了。换句话说,如图 4.2 所示,侵权者存在一个平均固定的成本关系。

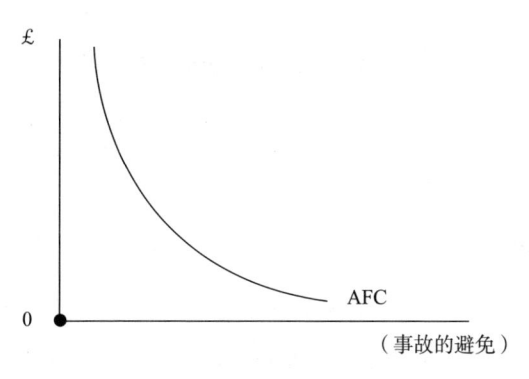

图 4.2 平均固定成本函数(AFC 函数)

如图 4.3 所示,如果我们将 AFC 曲线叠加在 ACC 曲线上,我们能够得到对事故威慑的某些福利的度量。尤其是,侵权者的私人均衡出现在图 4.3 中的 F 点,在那里 AFC 曲线和事故成本线相交。相反,一个庇古型的均衡出现在图 4.3 中 F 点左边的 P 点,在该点事故成本线与 ACC 函数相交。为了得到社会福利的度量,我们考虑 A、B、D 三个几何区域。这些区域因为市场的不完善而出现,而市场的不完善来自于被起诉时诉讼中的一系列延迟为侵权者减少的事故成本的组合。这是在实现社会成本的过程中附加在侵权行为者的预防成本上的一项重要的外部成本。

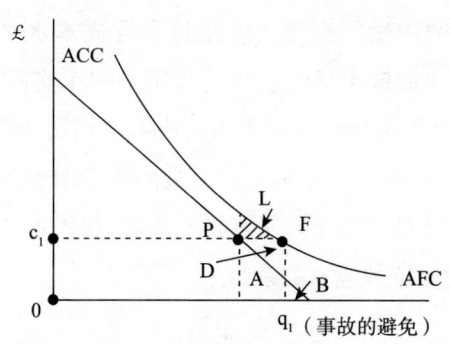

图 4.3 民事侵权者的均衡

异常的侵权者

思考图 4.3 中的 A、B 和 D 区域。A 区域是(A+B)和(A+D)的公共部分;(A+B)区域代表社会的收益,即它代表 q_1 水平的谨慎,接近谨慎的最高水平。相反,(A+D)区域代表社会的损失,因为给定的 AFC 反映由法律延迟造成的市场不完善导致侵权行为的程度。只要 B>D,理性的侵权者将继续以成本 c_1 违反法律。

其直觉如下:因为 B>D,侵权者处在一个进一步远离无事故点的环境里,而在那一点,ACC 与水平轴相交。

换句话说,该环境可能显示更低效率的治安和不起诉的可能性。异常的侵权者将忽略事故成本 c_1,继续违法。然而,如果实际成本水平等于预期的或者确定的事故成本,即 $c_1=CE$,那么得到一个图 4.4 中的切点 E。

当 P 点和 F 点在 E 点重合时,侵权者不存在以事故避免成本表示的激励。切点等同于因为事故施加给侵权者的完全责任。例如,科纳伟(Conaway,1988)曾经辩称,"正如普通法的传统实践所做的那样,通过将责任完全地和排他性地施加给酒后驾车者,社会将获得更高水平的威慑"。

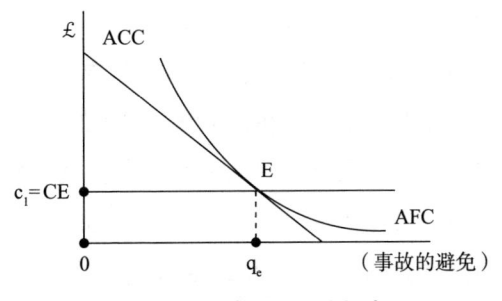

图 4.4 民事侵权行为切点

我们这里的分析暗示,一旦作为理性人的侵权者得出结论,实际成本足够高,足以保证犯罪行为的减少,ACC 曲线就转化为侵权者的事故避免曲线。因此 ACC 曲线是社会和侵权者双方的事故避免曲线。这个结果的政策含义是,事故预防成本的水平在威慑侵权者方面不像预期成本那样重要,预期成本是对任何侵权者的抑制。

谨慎共担的方法

对于任意给定的成本 c_1,侵权者将继续侵权直到招致的成本等于它的确定成本 CE。这种可能性发生在图 4.4 的切点 E,且可能需要一个带有确定性的且不一定等于 c_1 的成本水平 c^*。由于 c_1,如同由于任何事故,图 4.3 中的成本几何区域(A+D)和(A+B)将会出现,侵权者将继续进行 B 和 D 之间的权衡。如果 B>D,那么在 $c_1<c^*$ 的条件下成本 c_1 偏好于 c^*。如果 c_1 等于在 AFC 的构建中固有的预期成本,即 c_1=CE,那么侵权者将确定无疑地招致 c_1。

除非侵权者停止,否则社会的损失就是图 4.1 中在数量上等于 (q_2-q_1) 的适度谨慎的损失,被法庭以罚金形式收缴的可能的收入损失等于 $(c_1 \cdot q_2)$。在这里经济分析的核心是更严厉的措施,伴随着扩大的责任,能够降低侵权行为的发生率,而这些措施被可能的侵权者视为永久性的。这在关于酒后驾车的立法案例方面有特别的反响。政策含义是支持对酒后驾车者追究全部责任,同时附加一个强调酒后驾车的危险性以及高发现率的教育计划。

在评估责任和分担成本的问题上,从他人的角度看问题是有好处的(Harsanyi,1955)。关于责任的法经济学仅仅规定,如果适度谨慎的标准被设定在社会最优水平上,在该种情况下任何一方采取少于适度谨慎的谨慎都不是一个均衡状态。假设一个躲在罗尔斯"无知的面纱"背后的侵权者将自己置于受害人的位置,那么一个行动的理性选择可能是采取最优谨慎。但是如果侵权者的策略是一个合理解的一部分,那么必须规定一个在所有情况下的理性选择,包括图 4.3 中那些被侵权行为者的均衡排除在外的理性选择,在那里只要 B>D,侵权者将继续以事故成本 c_1 违法。

第4章 赔偿责任和法律的不确定性

如果这样的合理解存在，则它是一个纳什均衡（Binmore，1990）。只要实际中不可能对所有情况下的所有侵权者的行为做一个精确的分析，在法经济学范式中所有的侵权者作为责任博弈中的参与者都是理性的这一假设就要继续打折扣。降低最高限速或者减少酒后驾车发生率的决定可能很好地反映了见多识广的选民的偏好，但是有效率的法律需要从选民/司机/侵权者的选择中推断出他们的偏好。关键是估计个体怎样权衡生命与死亡的概率。

在法经济学中被广泛接受的侵权法的规范效率目标首先由卡拉布雷西（Calebresi，1970）提出："侵权行为的责任规则应该按照最小化预防措施、事故和管理成本之和的原则构建。"三十年后，它仍然是侵权法经济学中不可或缺的一部分。但是，提供可靠的和令人信服的统计生命价值（VSL）也已经成为更广义的责任分析中不可或缺的一部分（Viscusi，1993）。因此，法律被用于推断个体的 VSL，该个体的偏好对最大化社会福利十分重要。但是它需要法律制定者知道与速度限制或者血液酒精浓度水平相联系的权衡，并且法律要反映"司机/选民对偏好分布中心的偏好"（Ashenfelter and Greenstone，2004）。

正如第3章所暗示的，某些个体可能喜欢移动到图 3.1 中的圆形结果中去，而其他个体可能偏好初始禀赋并为交换而讨价还价。依此类推，当存在双边预防措施时更容易确定社会成本最小的谨慎水平（因为每个个体都处在契约线上），但是确定契约线外的公平补偿是很困难的。这支持过失优于严格责任。但是在第3章中还有来自契约曲线分析的另外一个简单教训——契约曲线排列了偏好和激励。给定几何区域 $B>D$，一个理性的侵权者会继续违反法律，因为在不管其他当事人怎样行动，它都是最优的可选行动这个意义上,采取适度谨慎不是一个占优策略。作为对当事人行动的预测,存在一个观点,即占优策略均衡在直觉上是很吸引人的(Bar-Gill,2003)。

适度谨慎的弹性

例如,对法院来说,给定其他当事人的行动或者给定法院对其他当事人行动的信念,没有必要把一个当事人的行动合理化成最优的。无论这个当事人(侵权者)相信他的对手(受害者)要做什么或者无论受害者实际上做了什么,侵权者将不会偏离占优策略(Kreps,1990)。在适度谨慎的占优策略缺失的情况下,严格责任对异常的侵权者来说可能是受偏好的责任规则。当存在单方面预防措施时,严格责任可能更有效,并且只指望一方采取预防措施,即指望没有占优策略的当事人适度谨慎。

适度谨慎水平的变动(Δq)多么灵敏地随着事故避免成本的变动(Δc)而变动,可以通过一个适度谨慎弹性系数 $\alpha = \{c/q. \Delta q/\Delta c\}$ 来描述。给定这个系数,我们能够将威慑考虑成沿着一维变化,$0 < \alpha < 1$:对于政策制定者来说,如果增加的事故预防成本增加了适度谨慎,$\alpha > 0$;而对于侵权者来说,如果增加的预期成本增加了适度谨慎,$\alpha > 0$。该系数代表威慑措施的强度。ACC函数的移动和威慑困境将对 α 的值产生影响。法律执行是一个影响适度谨慎弹性进而影响法律效力的政策工具。通过确定政策工具变化对弹性变化的影响,我们能够确定不同政策选择的效率效果。如果侵权者是理性的,他的行为将依赖于对预期成本和收益的比较。但是,如果他不知道惩罚和发现的比率,那么他可能不以想要的方式反应(Cooter and Ulen,2003)。存在受限制的理性的问题,在法

第4章 赔偿责任和法律的不确定性

律运行中也存在机会主义问题(Milgrom and Roberts,1992)——法律存在本身的限制(Komesar,2002)。但是法律对个体作为一个有秩序的社会运行是必需的。在一个对本章所概述的互动情形下的行为的描述模型中,法律提供了一个亚里士多德均衡解,在他的《尼各马可伦理学》中被表述为"epieikeia",即"纠正作为一般化的副产品的那些错误"。有人可能争辩说,正是因为法律存在它的局限性,即使聪明的参与者也将倾向于忽视均衡解下的战略考虑,在责任的博弈中宁愿将其他博弈者的行为看作固定的和独立于他们的行为的。

然而,由于缺乏角色和传统的等级制度,个体行为理解起来更复杂。我们确实有无政府状态吗?不——因为典型的同质经济人是完全理性的,出于自身利益而行动,并且拥有完全信息。他是通情达理的,试图使用一个法律框架,法律和制度,其中个体根据特殊类型或者标签行动——被告、罪犯、民事侵权者、价格限定者、卡特尔成员、垄断者、在位者,这些都是和一个有秩序的社会中的角色绑定在一起的。对21世纪的法经济学学者的挑战是理解把自己定位在没有法律制度、角色和传统的等级制度的社会中的个体。除非更强调自身,更少关心其他人,否则这个社会不是一个无政府主义社会。例如,在缺乏给每个个体分配角色的传统等级制度的情况下,个体试图找到公民权的"优势和成本之间权衡的理想点"(Taylor,1993),这种公民权要求对个人身份的一种觉悟;或者选择参加一个需要其他个体认同的寻租的"G群体"(McNutt,1988,1996)。因此如果个体愿意参加真诚的对话,法律的不确定性问题不会出现,因为他们不会担心法律可能导致他们质疑他们自己的信仰。

第5章 自由、关键设施与可行性竞争

> 由于倾向于使用传统而不是明文规定的法律,因此没有人知道法律是何时通过的。法律具有的威慑力是令人惊讶的。
>
> ——伯纳德·曼德维尔

在法经济学范式中,与 x 效率相对立的最优资源配置效率只有在产权被有效界定,即具备排他性、完备性和传递性的条件下才能实现。产权的这些性质是资源再配置获得帕累托效率的必要条件。反托拉斯法应当广泛地,实际上也正在努力实现资源配置的最优效率。然而,要实现帕累托效率和提高福利水平的目标,必须得到交易双方无异议的一致同意(McNutt,2002)。换言之,如果没有排他性、完备性和传递性的产权,市场交换进而交易各方一致同意的市场均衡价格(和产出)就不可能实现。上述观点在对规制和反托拉斯进行评估的现实世界里产生了一定的影响,在现实世界里,法律补偿作为合理的检验而非产权形式出现。

我们继承以赛亚·柏林(Berlin,1958)在积极自由和消极自由方面的开创性研究作为哲学基础,以便从法律补偿和自由的角度发展一个重要的经济学推理。柏林指出:社会主义者所认可的一种自由的定义是他所说的积极自由,然而自由论者却声称这种自由实际上是消极自由。自由的概念是指不受约束地享有就业、尊重等权利。消极自由是不受束缚的自由。积极自由等同于自由论者所宣称的权力。但是,正如柏林指出的那样,积极自由这个迷惑性的短语具有一些有趣的结果(Kizer,1976)。其中之一是:既然积极自由与我们通常理解的自由没有关系,那么被赋予积极自由的人也会被逼迫去做与其自身意愿相违背的事情,因为别人认为这是好的。在很多方面,这一点描述了规制经济学的特性,它要求现存的公用事业开放市场、引入竞争。

引 言

当积极自由和消极自由的概念应用于规制领域时,它们非常适合作为传统法经济学方法中关于效率的变量。积极自由被解释为要求政府(或公共机构,例如规制部门)提供一种服务的权利。消极自由指不被政府(或公共机构)干涉的权利。我们的前提是:规制的目的是保护权利而不是利益。这里的规制是指由立法机构授权用以管理市场的一系列法律或条例。权利与利益是有区别的(McGee,1994)。尽管在街对面的超市不开业符合一个小杂货店的最大利益,但它无权利阻止超市开业,因为如果那样做将剥夺超市所有者行使他的财产与契约的权利。

我们关注的领域主要是竞争政策与反垄断分析。在欧洲法律中,权利、法律补救措施和程序的概念被捆绑在一起,纳入更为广泛的程序规则范畴。权利的概念指的是一个法律地位,它可以被一个法律认可的个体拥有,可以在法院庭审进程中依据一项或一项以上的法律补救措施对他人强制执行(Van Gerven,2000)。伴随着10个新成员国在2004年加入欧盟及欧洲竞争政策的新变化,有必要在共同体内部制定统一的适用于被告和原告的新竞争法。这可能出现一个有趣的挑战,因为每一成员国的规制与竞争管理机构以及国家法院从各自国家的角度对侵权(例如,滥用市场支配地位)的裁定都将面临欧共体法律的冲击。

表5.1提供的分类很有用。规制的经典分析方法是:潜在的进入者拥有积极的自由,它要求政府对在位者(和消费者)强制实施市场进入的规制。在位者可能会排斥潜在进入者的进入,这将导致一段诉讼的开始。由于滥用市场支配地位,一项针对市场力量和地理市场大小的调查将在全国范围内展开。对市场力量的调查并不意味着对市场本身的定义;具有讽刺意义的是:市场的定义仅仅是市场力量调查的一个工具(艾瑞达(Areeda),1983)。既然新进入企业在交付方面未必有责任给市场规制者一个时间上的承诺,那么一旦新企业进入市场,它可能转变到在位者的立场并行使

表5.1 自由的类型

	在位者	潜在的进入者
积极自由	公正的补偿 (第6章)	被规制的进入 寻租 支出 权利与法律补救措施
消极自由	禁止无规制的进入 寻租 支出 诉讼	有效进入价格 (第6章) 规制机构

其消极自由。这是错误的,新进入者应当有责任去履行竞争义务并发表一个竞争性影响的声明。否则,在位者的权利和参与市场的自由可能受到限制。

在规制者中存在一个明显的倾向——他们不惜牺牲对在位者消极自由的保护来强调进入者的积极自由。随着欧洲的扩张,规制下的法律补救措施以及真正的竞争法通常应当被认为同时包括在位者和进入者的自由。例如,一个竞争性影响的声明(第7章)应当被认为还包含一些合同法中具体履行(合同义务)的法律补救措施。进入者事前的寻租支出必须被排除在所有的沉没成本之外。沉没成本在退出后不能被弥补。潜在进入者的风险溢价更高(Viscusi et al. ,1995),这与它们的行为能力而非它们的高进入成本(由于风险溢价)相关联。如果进入者事后不能保证在一个时间期限内提供更低的价格、更优质的产品和服务,尤其与在位者相比,那么规制者理应在事前制定一个能调和两种自由的有效进入价格。在探讨有效价格之前,让我们先回到规制经济学的一个核心问题上来:市场的定义。

地理市场

SSNIP[①](价格的显著、持续微量上升)测试(参阅第7章和第11章)是一个现在被欧洲竞争政策(如同在美国一样)用来定义产品市场的基本概念。然而,当运用SSNIP测试来定义一个地理市场时,也应考虑到与进口和运输成本相关的信息,以便估计市场弹

---

① SSNIP是small but significant and non-transitory increase in price的缩写,意为幅度不大(其幅度在5%—10%区间),但长期性的相对价格的上涨。——译者

性和进行相关性检验。例如,埃尔津加与霍伽特(Elzinga and Hogarty,1937)的运输费用检验可以被方便地引用。该检验已经被运用到欧洲竞争政策当中:在雀巢-毕雷案(1992)(参阅第11章)中,欧共体委员会裁定的相关地理市场是法国,在该地理市场内,"新实体的力量必须被评估";而在曼内斯曼/瓦卢瑞克/伊尔瓦案(1994)中,当事人运用该测试界定的无缝不锈钢管的地理市场则比西欧还大。

因而,对贸易流的分析可以提供不同区域竞争者之间竞争性限制方面的有用信息,从而可以帮助决定相关地理市场的范围。那些可以被证明有相当多的消费者消费非本地竞争者的产品的市场,可能意味着没有进入壁垒。对实情调查员而言,以相对于涉及的产品价值的运输费用作为竞争性限制的指示性衡量标准将是明智的。如果一个地区不能通过埃尔津加-霍伽特检验,则候选市场应当以区域间的贸易流大小而非地理接近程度为基础进行评估。

贸易流的证据能够支持 X 作为一个地理市场的论点。检验的标准包括两部分:如果产量减去出口占消费的比例达到 90% 以上,可以通过衡量进口情况的 LIFO[①] 指标;如果产量减去出口占消费[②]的比例低于 90%,不能通过 LOFI[③] 指标(Bishop and Walker,1999)。一个高的 LIFO 值表明在 X 市场中对一种产品的需求主要由本地产品满足。通过检验的 LIFO 指标说明,这与 X 是一个独立的地理市场的观点是一致的。检验标准中的 LOFI 指标反映

[①] LIFO 是 Little In From Outside Test 的缩写。——译者
[②] 原文似乎有误,正确的表述应当是:如果产量减去出口占产量的比例低于 90%,不能通过 LOFI 指标。——译者
[③] LOFI 是 Little Out From Inside Test 的缩写。——译者

市场卖方的情况。一个高 LOFI 值表明这个地区仅有少量的出口，大部分的本地产品在本地市场出售。这与 X 是一个独立的相关市场的观点也是一致的。两个指标都是说：如果比例低于设定的阈值，这两种情形都不能构成一个独立的地理市场。阈值的范围一般被设定在 0.7 到 0.9 区间。

阈值的选择将取决于某种程度的判断。在曼内斯曼/瓦卢瑞克/伊尔瓦案中，欧盟委员会在重审该判例时裁定，只有在 LIFO 或者 LOFI 指标不能达标的前提下，市场才应当扩大到包括西欧在内。当 LOFI 指标不能达标而 LIFO 指标却达标时，正确的反应是去分析为什么 LIFO 指标达标了。LIFO 指标达标可能是少量进口（零进口）所导致的。进口量极小可能是由于进入 X 市场的高运输成本。对贸易流的运输成本的分析可能支持这样的假设：地理市场可以被定义为 X 市场。欧盟委员会推翻了当事人的观点，因为西欧仅有相对很少的进口，所以它应当被视为一个独立的市场。这与最初的埃尔津加-霍伽特检验标准是相矛盾的，因为欧盟委员会规定，只要 LIFO 和 LOFI 指标中的一个不达标，地理市场就应当被扩大。但从竞争政策的有效性出发，全面而清晰的视角应既要考虑到法律补救与权利之间的平衡，又要考虑到具备经济理性的在位者与进入者以及规制者的解释能力。我们将在第 12 章中回到竞争政策的有效性这个主题。

自由与补救措施

在竞争评估中，传统上并不重视产权，而是认为租金、利润和价格比产权更为重要。法经济学的分析将支持这样的推论：任何在规制框架内所提出的政策变化或任何禁止合并的决定必须保证产权被清晰地界定。进一步而言,规制政策的变化必须同时认可在位者与进入者的自由,并确保有一个以进入前的接入价格定义的有效进入,这个价格不仅反映在位者由于新进入者进入市场后导致其市场份额的减少所增加的可回收成本,同时也反映新进入者的机会成本(放弃的利润)。由于产权有助于确保市场交易是自愿的,因此可以证明以上两个条件是相互关联的。

如果在位者是一个拥有超额利润的古典垄断企业,一种功利主义的规制政策将主张规制,因为以市场势力和垄断利润来衡量的无规制的成本太高。继而,在实践中,规制者不得不平衡在位者与进入者或原告与被告的利益。这种方法将企业权利转移到公众利益的实现上。新企业便利的进入虽然会对在位企业造成损害,但可能符合公众的利益。无论这种损害有多大,都不会赋予在位者权利去阻止或妨碍其他企业的进入,虽然这样去做可能符合它们的利益。公共选择派学者将这种寻求阻止或妨碍其他企业进入的行为命名为"寻租"(McNutt,2002;Tullock,1989)。

因而,规制者在制定政策时应当意识到这种规制限制了在位者的权利。在评估进入条件时,可能存在一个现有的规制壁垒,例如,法律规定或者要求大量初始沉没成本投资以建立一个零售经销网络或建造和发展基础设施,以在最低限度的生产经验和技术知识下提供高水平的通信传送能力。从地理市场的角度看,这些投资对于产品市场是专用的,例如,由于现有规定或许可的限制,提供全国传送能力或者铺设营销网络的行为可能受到限制。

在此背景下,一个进入价格既不应该被在位者诠释为履行法定义务的一个替代,也不应该被进入者诠释为对延迟进入进行公正补偿的一项措施。然而,如果一个进入价格被这样诠释,这将不符合双方中任何一方的真实利益,双方的自由和权利业已被侵犯。由于垄断租金与市场势力相关,经济租金或李嘉图租金不仅来自于自然禀赋,如肥沃的农地或天资聪慧或漂亮,也来自于在位者的消极自由。在这种环境下,将会出现规制的失灵。因为企业只有在进入后才发现当初对产权和自由对企业进入的影响大小的判断有误,就市场势力而言,产权和自由才是延缓侵蚀在位者市场势力的真正原因,也是首要的内在进入壁垒。

经常有观点声称,体现在所谓的自然垄断中的规模经济能证明公有制是合理的。这种观点是针对公用事业提出来的。例如,拉丰、雷和梯若尔(Laffont, Rey and Tirole, 1998)已经证明,建立在电信业是自然垄断的假设基础之上的理论模型不再反映现实。在更早一点的争论中,德姆塞茨(Demsetz, 1968)发现规模经济的论点存在逻辑上的缺陷。他质疑:如果平均成本真的下降从而要求只能有一家企业,为什么这家企业应当是公有制企业呢?原则上,政府可以通过竞争叫价将这家企业的所有权(生产和供给的权利)授予报价最低者(McAfee and McMillan, 1988),例如,将提供乡村邮递服务的权利授予投递成本最低者。德姆塞茨(1968)构建了一个模型,在该模型中仅有一家企业是有效率的,虽然这是理想的结果,但却是"一个极端的规模经济例子"(Schmalensee, 2004),比如,在一个岛屿上或一个封闭经济中提供电力。

如此还不足以表明可能存在规模经济,例如,必须要解释在这种视角下为什么没有出现招标的安排。缺少招标程序的原因可能是成本太高(法经济学的观点)或这种方法实际上被抛弃了。也就是说,平均成本下降的观点尽管在理论上具有吸引力,但事实上它可能不是一个应该考虑的问题,对公有制的争论可能与完全不同的其他原因相联系。这些原因可能包括普适性的服务义务、昂贵的进入计划、法律程序所产生的进入壁垒或产权转让的争议。这些观点贯穿于本书的不同章节之中。

可行性竞争的定义

本章只要在表 5.1 的基础上概括出一种定义有效进入的可行的新方法就足够了。很多公用事业如通信、自来水、煤气和电力企业的历史背景是它们与立法权同时存在。立法权最初设立了一个进入全国市场的法律壁垒。我们也考虑这样的观点:"部分"自然垄断的概念可能更适合规制的目的。一个成员国政府,或欧盟委员会,抑或一个国家规制机构是进入前政策的发起者这一假设,既提供了重构一个被规制市场的法律基础,又建立了明晰的产权。重要的是法经济学学者能够确定一套标准来评价(1)有效进入的条件和(2)相关产品市场和地理市场上的可行性竞争。

贯穿于本章及全书中的可行性竞争,其特征包括:(1)合理的进入机会;(2)能转化为短暂的垄断地位的产品差异;(3)与竞争对手相匹配的价格,并以此为手段通过竞争获得生产效益的收益。在特征(1)的条件下,企业的数量是由建立在赢利能力基础上的进入决策所决定的。如果规模经济是不重要的,在特征(2)的条件下,通过降低预期利润,沉没成本可以阻止进入。在可行性竞争的条件下评估进入条件,重点应放在有效进入上(Clark,1940)。没有进入机会,期望出现可行的(有效)竞争是毫无意义的;没有有效进入的条件,将不会存在任何可识别的过程使得在位者和进入者确定一个竞争可行的行业。

案例 5.1　规制者世界的可行性竞争

可行性竞争的这些特征可以转换成一种实用的通则,以使规制者判定那些相互关联的协议是否包括与法律规定相反的条款。通则是建立在竞争或规制机构的标准惯例、法律解释以及一系列的经济学原理的基础之上。这些易于应用的经济学原理来自于最初的规制经济学文献,即(1)任何价格的差异和折扣都建立在成本差异的基础上;(2)普适性服务的契约价格应当反映以竞争方式提供服务所发生的成本;(3)对价格和成本的评估应当基于企业现有的条件,并考虑其技术和适当的商业行为;(4)价格不应如此之高,以至于它们能交叉补贴那些处于竞争中的活动。

后进入者在进入被规制的环境后,规制者可以围绕这四条原理塑造一个竞争性环境,以维持市场的激烈竞争状态。与竞争对手价格相匹配的问题将在第 9 章和第 11 章予以讨论。

案例 5.2　竞争评估中的可行性竞争

在过渡期间,假定价格在 P^* 之上,对其他企业来说具有进入该行业的吸引力;那么,这些企业接受此价格并进入该行业,进入者与在位者价格的匹配将促使价格降到 P^* 或以下,这就是竞争,且是有效的竞争。出现这种状况的原因在于:传统的效率意味着资源在不同行业的生产者间的最佳配置、产品在消费者间的最优分配、生产最合适的产品、用最经济的方法进行生产。这个概念是建立成本最小化基础之上的。在本章中,我们在可

> 行性竞争条件下以有效进入的定价来界定效率。换言之,在价格 P* 之上,竞争既不是有限的也不是受约束的。即便在位者的垄断租金因向规制者寻租而消耗殆尽,如果没有企业赚取到经济利润,贝恩(Bain)对进入壁垒的诠释将不会找到一个壁垒。因而就不存在进入的反托拉斯壁垒。

支配地位

尽管在某些自由化市场中,可能存在滥用支配地位和缺乏竞争的问题,然而,在另外一些市场上,由于竞争的导入方式以及对在位者所从事的基础设施行业的依赖程度,竞争的缺乏未必是问题。一般就电信业而言,那些滥用市场支配地位和缺乏有效竞争的市场表明:它们趋向于要么提供面向终端用户的自由化服务,要么提供向终端用户提供这些服务所需设施的使用权,抑或同时提供这两种服务。在此背景下,如果国家垄断企业拒绝向竞争对手提供互联业务,它就可能有滥用市场支配地位的嫌疑。企业拒绝向终端客户提供使用权在传统上与竞争法相冲突,竞争法禁止任何直接或间接强加于市场的不公平销售价格以及其他不公平的交易条件,禁止对面向消费者的产量、市场或技术进步的限制。

国有垄断企业常常认为其在市场上处于支配地位是由于本国的历史及其提供公共服务和普适性服务(公共产品)的责任。欧共体法院已经裁定:如果一个法定的垄断企业在大部分的共同市场上持续受益的话,此企业可被视为拥有支配地位([参见 *Hofner and Elser*(1991) 和 *ERT*(1991)])。然而,在现行的欧盟法规下[参见米其林公司与欧共体委员会案诉讼案(*Michelin*

BV v. Commission)(1983)],这得到了很好的解决。任何在产品或服务市场处于支配地位的企业都有一种特殊的责任,即其行为不能削弱共同市场上的公平竞争(参见案例5.4)。

但是,在自由化条件下的地区经济发展周期中,一种普适性服务的提供将不可避免地包括一个竞争性参与者。实际上,在纳税人或新进入者所纳税收的资助下,由从前的垄断者继续提供一种普适性服务可能是相当正常的。换言之,在这样的环境下,即一个企业处于市场支配地位或者其市场地位非常独特,能显著地影响一个或更多下游或关联市场的竞争,那么提供普适性服务的义务是特别具有挑战性的。而这正是电信自由化议题的核心。

例如,欧盟竞争法第82条(简要地说)涵盖了一个处于支配地位企业的所有行为,比如在其支配的市场或关联市场上阻碍现有的竞争或竞争程度的提高,这种情形就削弱了市场上的竞争。因而,占市场支配地位的企业实施其特殊责任的实际范围必须根据每一案例的特定环境来设定,以反映其竞争被削弱的情形。事实上,考虑到历史上在自由化初期和向完全竞争市场转变的时期对竞争的弱化是不可避免的,根据第82条的内涵,对拥有特殊权利和专营权的支配企业的责任的规定是相当严格的。

消极自由与完全竞争

在完全竞争市场上,每一个企业都拥有消极自由。不存在政府或规制者。尽管一个在位者企业在被规制的市场上拥有消极自由,但在一个新的规制框架下,对积极自由的倡导开辟了权利相互冲突的可能性。例如,当规制者声称潜在的进入者拥有进入该行业的权利时，这样的声明必然暗含着在位企业有义务为其他企业的进入提供便利。但是要给进入企业附加一个义务，即在进入该行业后必须与在位企业进行竞争。这种义务可通过进入企业的进入计划来证实，这包括对产品降价的议程、新产品的提供以及服务质量的提高。而对在位企业的损害应该通过进入的承诺来平衡。

允许企业追求它们声称的权利有明显的社会价值。这对规章制度的维护及其目标的实现是至关重要的。在规制世界里，法律规定的经济目标只有在那些所声称的实质性权利被规制者或法院强制执行时才能实现。被规制企业保护其产权权利的大部分社会价值，不是通过事后的诉讼所产生的，而是通过事前对规制者将执行规章制度的预期所产生的。如果规制者不能执行规章制度（例如，在电信业规制中不能强加给市场一个价格上限或一个相互接入的基准价格）并保护进入企业的积极自由，这立刻就会成为促成规制失灵的核心问题。

对法经济学学者来说，一个关键的问题是：当在位者自愿同意潜在的进入者进入之前，他应当索要什么样的价格？由斯达克和斯普尔伯(Sidak and Spulber,1997)最初用另一种表述方式所提出的问题是：在位者放弃他的资产（由垄断许可和伴随的产权以及消极自由所构成的资产）的全部成本是多大？在阿尔钦的产权理论中，在位者将索要资产的机会成本，即放弃机会的最高价值。然而，在扭曲的自由化前的市场里或进入前的市场里，机会成本不应当等同于资产的市场价值。这种方法(McNutt,1998)将引发道德风险，并可能导致建立一个由政府建立、纳税人负担的财富补偿基金。另一种方法是界定有效进入的限制性因素。

进入条件

有效进入将在本章的后面部分根据进入新体制前的有效进入价格来定义，价格的上限被界定为仅略高于贝恩-莫迪利安尼(Bain-Modigliani)限制价格，价格的下限收敛于拉姆齐(Ramsey)价格。由于产品间的可替代性趋于无穷大，拉姆齐价格将收敛于长期边际成本LMC。对进入者而言，当且仅当进入后其在追加成本(和服务性产品生产)之上的毛利超过进入该行业的机会成本时，进入才是有利可图的。后者可能还包括延迟进入或拖延进入的成本。假定竞争市场上的价格总是包括对这些机会成本的补偿，那么我们能证明进入的机会成本指的是在位者放弃的所有潜在收益。然而，在一个进入确实被在位者或规章程序延迟了的(许可的)被规制的市场上，有效的进入价格必须反映进入者的机会成本。

但是，如果在没有第三方参与的情况下，潜在进入者与在位者直接商谈一个进入计划会怎样呢？在日益复杂的商业环境下，从做出进入决定的一般进入者的机会成本(寻求法律赔偿的时间和努力)来看，这么做可能是合理的；同样，就做出阻止进入决定的在位者的机会成本(时间和努力，尤其在规制机构不大可能明显地出错的情况下)来说，这么做可能也是合理的。有效的契约将使双方的机会成本最小化。既然进入壁垒与产权的安排同时存在，任何政府强加于市场的并且成为公共政策或工业部门准则的法律禁止，都应当根据有效契约进行评估。

这种评估能够按照诸如表5.1中积极自由和消极自由的类型来进行评估。这种对自由的分类有助于理解进入者和在位者之间在有效契约或寻租支出方面的行为。为什么？有证据显示，在位者拥有资源并有权有效率地运用这些资源,即便是效率达到排斥进入者这样的程度。然而,进入者拥有进入市场的同等权利。因此,国家竞争和规制机构的当务之急应当是试图去平衡进入者的积极自由和在位者的消极自由。进入者的积极自由指的是其有权要求获得来自竞争管理机构(应公众的需求而成立的机构)的服务。

在反托拉斯学者当中,在进入壁垒的定义和规模经济是否构成进入壁垒问题上存在很大的争议。一篇非常好的关于进入壁垒的文献综述已经发表在美国经济协会2004年版的会议论文集上。当评估进入条件时,更多传统新古典的关于进入壁垒的观点,譬如贝恩早期相关的研究,如今在规制机构中应当是真正地过时了。贝恩(Bain,1956)将进入壁垒定义为能导致在位者赚取超额利润而没有引发其他企业进入的所有情况。

依照卡尔顿(Carlton,2004)的观点,贝恩最初的分析所存在的问题在于其分析是基于这样的认识:规模经济、大量的资本需求和产品差异等进入壁垒决定企业的数量,企业的数量反过来决定一个产业的竞争程度,进而决定每个企业的回报率。这受到萨顿(Sutton,1991,1998)原创性论文的挑战。萨顿的结论是:高度集中(较少的企业数量)远非缺乏竞争的指示器,反而能真正并准确地揭示出竞争。

在可行性竞争的条件下评估进入条件,重点应当放在有效进入上。让我在这里解释其中的缘由。即便垄断利润因寻租而消失殆尽,如果没有企业获得经济利润,那么贝恩对进入壁垒的诠释也将不会找到任何一个壁垒。以贝恩的进入壁垒视角进行研究的另一种方法在斯蒂格勒(Stigler,1968a)和德姆赛茨(Demsetz,1968)的论文中得到拓展。斯蒂格勒将进入壁垒定义为在位者拥有的成本领先优势。这也是卡尔顿和佩罗夫(Carlton and Perloff,2000)

长期进入壁垒定义的基础。然而,德姆赛茨证明:只要进入者和在位者在同等的基础上争夺客户,没有理由期望获胜者能赚取超过竞争性盈利的超额利润。他的研究奠定了可竞争性理论的部分基础(Baumol et al.,1982)。在可竞争性理论中,无成本的进入和退出将所有企业置于同一地位。

有效契约:德姆赛茨假说

进入壁垒是指对在位者、潜在进入企业及消费者之间达成有效契约的所有障碍,这一观点对法经济学学者尤其重要,它是对德姆赛茨(Demsetz,1973,1982)观点的拓展。有效结构的假说声称:市场集中不是一个随机事件,而是产业中一些企业拥有优势效率的结果。在生产中拥有李嘉图比较优势的企业变得越来越大,占据了很大的市场份额,其结果是产业变得更为集中,这些企业赚到经济租金或李嘉图租金。如果也出现了合谋,那么相互合谋的企业将获得垄断租金。

如果任何被提议的许可制度的变化或由第三方规制者强加的任何新的进入条件导致在位者仅能赚取正常利润,那么,它总会遭到在位者的反对。任何缓解这种(寻租)对立的企图都将可能引发相关的补偿。对在位者的补偿没有效率的原因——由于市场上的道德风险问题,补偿规则通常是无效率的。如果要对在位者进行补偿,他就有动机去高估投资。确保进入市场的固定(沉没)成本更低可能是优先选择,这便于自由进出。

另外,有一个没有补偿的经济案例[海姆彭斯丹等人诉部长案(*Hempenstall et al. v. The Minister*)(1992)]——是建立在爱尔兰法律推理的基础之上:"产权源于法律创立(颁布或授权)的许可证,它受法律规定的条件及法律可能改变这些条件的隐含条件的约束。法律所引发的变化可能增加(如1978年的规定,通过限制出租车牌照发行的数量和允许其转让,增加了出租车牌照的价值)或减少这些产权的价值……但是一项通过改变拥有许可证的条件来减少其商业价值的法律修正不能被视为对产权的侵犯——这是隐含条件的结果,而隐含条件是许可证产权的一个内在组成部分。"(斜体是本书作者加上去的)

托宾的 q 比率

托宾(Tobin,1969)将 q 比率定义为企业的华尔街(资本市场)市价与其资产的重置成本之比。人们期望这样一个比率等于1。假定因某些原因 q 比率远大于1,这意味着相对在位者所拥有资产的实际获得成本,证券市场高估了其价值,从而出现套利机会。如果 q 值远大于1,预期在位者将增加投资。这种增加投资的行为大概要一直持续到市场对其资产的估价与实际获得成本相等。在此点上,q 值将再次等于1。

用托宾的 q 比率取代传统的会计利润标准作为企业租金的衡量标准,斯迈洛克等人(Smirlock et al.,1984)发现:其结果与有效结构假设是一致的,即拥有大量市场份额的企业赚取不能归因于集中的租金。q 比率最初被发展用于在宏观经济层面预测投资周期(Tobin,1969)。伴随新企业的出现,q 比率面临的真正挑战是其评估知识产权和良好的商业关系等新无形资产的能力。如果这些无形资产的价值在分母中被忽略了,q 比率将被高估。如果有些无形资产(如知识产权)将增加垄断租金,那么有必要重估 q 比率,以便证明其对反托拉斯经济学的用途。

例如，根据观测标准，因垄断而产生的无效率和扭曲可能被（错误地）描述为（现存的）价格高于竞争价格（较少的消费者剩余）或预期较高的价格。托宾的 q 比率对价格有不同的解释，比如，由于资本投资的缺乏。规制者总要面对我们称之为"佩尔茨曼困境"的问题。在这个问题中，佩尔茨曼（Peltzman，1977）的结论是：最终，规制者必须要权衡相对于拆分大公司而带来的效率损失，消除垄断租金所带来的收益有多大。

案例 5.3　佩尔茨曼困境

佩尔茨曼困境是由在位者和进入者的竞争自由共同导致的。积极自由是一项进入者或原告企业要求获得政府（或公共代理机构）服务的权利。实际上，大多数积极自由是昂贵的，主要是寻求再分配并可能影响企业的行为动机。寻求法律补偿而不是从事积极进取的竞争可能变成一项有效的商业战略。产权是由民法和刑法强加的消极自由，它要求权力分配机制来对权利加以保护和实施。依此类推，对侵权行为的解决必然要对产权重新配置，从而引起对租金的保护，而对租金的保护本身可能变成一种由竞争法强加的消极自由（例如，如果有先例的话）。

如果通过规制进入所实施的强制性再分配被认为比一项有效率的契约执行起来更为昂贵，那么规制机构的决定将导致市场的无效率。这是对竞争原则与规制政策的极大讽刺，因为规制机构的目标是最大程度地遵守法律，最小程度地违法，从而最大限度地保护产权；这样的目标是有效率的，前提是租金消失——并假定立法者、律师、政治家和官员全都本着良好的信仰行事并且是称职的。

再论产权

因此,有效定价机制的产权方法将既包括在位者的立场又包括进入者的立场。就特定的公用事业而言,其定价机制是分类计价。被规制的分类计价能扩展到一系列网络构成要素,包括界面、网络功能、交换服务、维护、客户信息和开票与订货系统。斯达克和斯普尔伯(Sidak and Spulber,1997)已经证明强制的分类计价易于产生无效率。因而,有效进入必须要比较竞争性地接入(比如说)当地交易设施的收益与无效率的成本。这里存在一个危险——在位者面对竞争的服务分类计价顶多只是"提高价格和增加顾客的不方便"。

竞争论者以公平和竞争的潜在收益为由主张开放的企业进入。这存在一个如下的租金再分配效应:当开放进入能使进入者以低于成本的价格获得网络服务时,开放进入条款将导致租金从被规制的在位者的投资商和顾客转移到进入者的投资商和顾客。斯达克和斯普尔伯(Sidak and Spulber,1997)已经证明这种转移不能被视为公平而加以保护,因为这种分配是武断的,且依赖于顾客从在位者转向新进入者的能力。更重要的是,他们认为"政府规制包括对公共产品权利的调整"。

如果代理人能无成本地进行讨价还价,那么科斯定理认为效率就能独自决定其战略选择。如果代理人能有效地执行和坚持他们的商业策略,那么经济行为的结果将是有效率的。如果政府必须通过规制机构进行干预,只有采取针对市场(比如,无线电频谱、在位者的网络、铁路上的高压电力网或永存性公路)份额的权利与自由的调整,经济行为的结果才是有效率的。着眼于市场进入(Harbord and Hoehn,1994)的新战略竞争模型告诉我们,真正对进入决定重要的是进入之后竞争的本质。而企业进入之后竞争的一个关键驱动力是有效的进入价格。这不是一个新观点,它与鲍莫尔等人(Baumol et al.,1982)有效成分定价的观点是一脉相承的。

在韦瑞森与崔科诉讼案(*Verizon v. Trinko*)中,美国最高法院驳回了这样的主张,即根据1996年的电信法,在位者(当地的电信运营商)违反了与其竞争对手共享其网络的法定义务。这是最高法院认定假定的垄断者是依法行事的极少数判例中的一个,这个裁定似乎支持了一个推论:垄断和垄断行为是自由市场的组成部分,在这样的市场中,不应该进行任何尝试性的"纠错"。

案例 5.4 韦瑞森通信公司诉柯蒂斯·崔科律师事务所案(1996)

柯蒂斯·崔科律师起诉韦瑞森通信公司(它的当地电信运营商),控告韦瑞森通信公司没有按照1996年电信法的要求与美国电话电报公司分享其网络。崔科代表本地所有的美国电话电报公司的用户提出诉讼申请,并在美国通信委员会和纽约州对韦瑞森公司的行为进行调查之后进行了上诉,要求韦瑞森公司对其没有按照1996年电信法与美国电话电报公司分享其网络而支付罚款。

裁决的概要

最高法院驳回了崔科的主张,指出1996年的电信法包括了维持反托拉斯法适用性的特定法律条文,这意味着在传统的竞争标准下的分析是必不可少的。因而,从前的地区电话垄断商

（例如韦瑞森）与它们下游的竞争者交易的义务没有被1996年的电信法所改变，而是在反托拉斯法中被保留了，并且在反托拉斯法中企业的义务是有限的。法院对是否存在这项义务表示怀疑，尤其在垄断企业与已存在的竞争者之间没有预先建立的交易的情况下。

法院的裁决取决于韦瑞森公司拒绝交易的辩解是否会违反《谢尔曼法》第2条的规定，该规定认为企业具有垄断市场的能力和"故意获取或维持这种能力"都是违法的，这种垄断能力的获得或维持有别于作为出众的产品、敏锐的商业反应或特殊历史事件的结果而对企业带来的增长和发展[见美国与格林奈尔公司诉讼案(*United States v. Grinnell Corp*)(1966)]。

法院强调垄断本身不是非法的，单边行动的企业，包括垄断者，通常都可以自由决定和选择他们愿意与谁交易，并且不存在与竞争者分享其资产的法律要求。然而，法院警告说，一个垄断企业拒绝与竞争对手交易的权利不是无限制的，因为阿斯彭滑雪公司与阿斯彭海兰滑雪公司诉讼案(*Aspen Skiing Co. v. Aspen Highlands Skiing Corp*)(1985)的裁决结果在《谢尔曼法》第2条义务的"外边界"仍然是适用的。反竞争预谋证据的重要性是很明显的。法院断定"关键设施"原则不适用于本案例（事实上，需强调的是该原则在最高法院从来没有被承认过），因为1996年的电信法要求韦瑞森在无歧视基础上对其他运营商提供互联服务，这就排除了任何无法得到这些服务的声明。

最高法院坚持认为：韦瑞森公司没有违反原来的竞争标准，但是同时"传统的反托拉斯原则（不能）证明把现在的案例添加到现存的少数例外之中是合理的,这些例外主张没有义务去帮助竞争者"。根据推理,1996年的电信法建立了一个广泛的监管框架,它减少了严重的反托拉斯损害的可能,而且在这样的市场上,阻止和纠正反竞争的损害应当成为规制者而非法院的责任。

崔科案例的判决对其他案件的启示

在美国,崔科案例的判决影响是深远的,它不但在一定程度上扩大了欧盟与美国法律之间的分歧,还进一步推动美国法律背离了一般的规制方法。法院判定:应当通过反托拉斯法的强制执行来获得竞争的少量附加收益,而不是通过法律规制,规制的目的只是阻止和纠正反竞争的损害。崔科案例的判决同时还对"关键设施"原则的合法性提出质疑,然而,该原则似乎在欧盟和其他管辖区域仍然是适用的。

崔科案例的判决结果可能导致基于垄断企业单方面拒绝与竞争者合作因而违反《谢尔曼法》第2条的诉讼更难获胜。在《谢尔曼法》第2条的规定下,义务的"垄断杠杆"理论同样被最高法院推翻。尽管这个案件起因于《1996年美国电信法》下当地电信垄断运营商的义务,但它对一般的垄断或市场支配地位有很大的意义。强迫具有市场支配地位的企业给予声称处于劣势的竞争者以帮助和安慰的情况可能在实质上被限制了。崔科案例的判决增加了在位者消极自由的价值。

关键设施原则

"关键设施"这一术语被运用于这样的情形:企业寻求进入诸

如港口、机场、当地通信线路、输电网、邮政服务的信件投递车或铁路线的轨道和车站等基础设施市场。欧共体法律一直将"关键设施"定义为：一个对竞争者而言在实践中难以逾越的进入壁垒。因为有许多里程碑式的案例——占有关键设施的企业被发现滥用它们的支配地位(Jones and Sufrin, 2001)，于是在欧盟竞争法第 82 条规定下，"关键设施"原则引起各界的广泛关注。

"关键设施"原则假定：竞争者必须获得这些资源才能去竞争，从而才能出现市场的有效竞争。在位者通过拒绝竞争者进入"关键设施"领域这一方法，能够将价格提高到最低平均成本之上、获取超额利润而不至于吸引实际上的或潜在的竞争者进入该市场。排斥原则或关键设施原则表明：关键设施的拥有者也可能有动力去垄断其市场的互补环节或下游环节。该原则在美国终点站铁路协会与美国诉讼案 (*Terminal Railroad Association v. US*) (1912) 中第一次被论及。在该案例中，一些铁路组成了一个合资公司，该公司拥有一座跨越密西西比河的位置重要的大桥和圣路易斯的所有引桥及终点站，同时该公司排斥非成员的竞争者。最高法院裁定这种行为违反了《谢尔曼法》。

当欧盟委员会在 1992 年的西林克公司与 B&I 公司荷利赫德诉讼案 (Sealink/B&T Holyhead) 中第一次运用了关键设施原则这一术语后，关键设施原则才在欧共体第一次为人所知，但在一些早期案例中也存在这样的法律推理的成分 (Jones and Sufrin, 2001)。在 1992 年的法律推理中，欧共体委员会裁定：关键设施的拥有者（西林克是威尔士荷利赫德港口的拥有者）本身也使用这些设施，他不可能通过改变自己的议程来对同样也使用这些关键设施的竞争者的服务构成损害，从而把竞争劣势强加于竞争者。在布朗纳(奥斯卡)股份有限公司与媒体印刷公司诉讼案 *Bronner(Oscar)GmbH & Co. v. Mediaprint* 中,欧共体法院裁定:运用竞争者的报纸外卖业务不是必不可少的,因为还有其他分发日报的工具。支持发行人一方的判决则声明:"事实上,拥有支配地位的企业不应强迫自己通过协助竞争企业来资助其竞争。"简言之,关键意味着必不可少,而不仅仅只是好的。其推理类似于卷入诉讼双方各自的自由(参阅案例5.4,以了解美国关于义务的观点)。

上述案例的要点是一个企业控制了一项关键性的投入要素,而该要素对竞争者在下游市场的竞争来说是必需的。尽管基础设施通常被视为"设施",案例法已经证明这可能也是一项供应一种原材料的义务。例如,在商用溶剂公司与欧共体委员会诉讼案(Commercial Solrents v. Commission)(1974)中已经确定:在一种现有的市场支配地位下,企业有义务向希望购买其产品的企业供应产品。在哈根公司与欧共体委员会诉讼案(*Hugin v. Commission*)(1979)中,欧共体委员会裁定:现金收款机的供应商拒绝向一家从事这种机器维修的英国公司提供其备用的零部件,这就构成了滥用市场支配地位。因而,即便是一家拥有很小市场份额的计算机制造商,如果没有可行的替代品,它也可能在零部件、服务甚至是软件方面处于市场支配地位。其他一些著名案例涉及知识产权控制,建议读者去查阅琼斯和萨弗林的著作(Jones and Sufrin,2001)。

关键设施原则的演进

从20世纪80年代初起,欧共体委员会制定了一项政策,支持那些在20世纪大多数时间被视为是自然垄断部门的去垄断化和自由化。这些自然垄断部门的在位者有行使消极自由的预期。他们被认为不适合市场机制,通常处于政府控制之下并为政府所有。从政治的角度看,在诸如电信、能源市场和交通等领域引入竞争是可取的,这将进而创建一个跨欧盟区域的共同市场。然而,除非竞争者已经进入由支配企业所有和管理的重要基础设施市场,例如通信电线和电缆、输电线、油气管道、港口、机场和铁路线,否则,竞争的出现将是缓慢的。在这样的案例中,企业实施的积极自由表明:在基础设施的控制中,积极自由本身引发了一个瓶颈问题,以致竞争被认为是不可能的。在这样的市场上,一个企业或一个企业联合体通过拒绝其他企业获得一项重要且不可被复制的设施来阻止其他企业出现在该市场上(Faull and Nikpay,1999)。

欧盟委员会认为控制一项瓶颈设施的企业处于一个"超支配"地位,这意味着相对于仅仅是"支配企业"所担负的义务,它们要承担更大的责任。当通过定义"关键"的性质来决定其内涵时,欧盟委员会认为"关键性"包含两点。第一,其他企业不可能复制这些主要设施。换句话说,必须没有"真实的或潜在的替代品"或以任何合理的方式被轻易复制。例如,因为物理上的不可能,在某个地方没有其他深海港可用来提供渡船服务,或者由于环境和规划的限制,在希思罗(Heathrow)机场或盖特威克(Gatwick)机场附近建立一个竞争性机场不具备可行性。第二,竞争者进入该市场的重要性。值得指出的是:如果一项关键设施的拥有者有拒绝竞争对手进入的客观理由的话,则它将不构成滥用支配地位。例如,可能存在容量限制,从而不可能允许竞争对手进入(如港口设施)。

规制的任务

在很多成员国,瓶颈问题已经通过建立特殊的规制制度得以解决,该制度根据合理的非歧视条款授予关键设施的使用权。而在一些竞争法体系中,有一些明确的规定要求特定领域的企业遵循布朗纳案的规定,向竞争者提供关键设施的使用权。在电信业,通常认为系统互联是形成竞争的关键。为了这个目的,互联的价格必须符合一系列条件,例如诱导有效利用网络;鼓励所有者去投资同时将成本最小化;形成进入该基础设施和服务的有效企业数量;以合理的规制成本实现上述目标。

整体进入价格的选择如同这些价格的相对结构一样需要慎重考虑。如果系统互联价格设定得太高就会产生进入壁垒,导致在位者的垄断地位得以延续。反过来,太低的互联价格可能使无效率的企业进入市场,诱使在位者阻止其他企业获得其关键设施,并阻碍在位者维修和更新其网络。这种过低的进入价格还有劝阻新进入者建造自己设施的效果。简言之,关键设施的所有者必须对其他企业的进入索取合理、非歧视的费用。

国家竞争管理机构过度应用关键设施原则也应当引起重视。要求处于支配地位的企业同意竞争者进入其设施是竞争当局施加的重大干预,而过度应用关键设施原则产生的不利影响将不仅仅局限于损害在位者的消极自由。第三方搭便车的可能性将阻止在位者首先进行投资。这在那些基础设施由私营企业(相对于由公共资金资助的企业而言)所建立且没有被政府授予垄断权利的领域尤为明显(例如,在普适性服务义务的情况下)。

在电信业(Laffont and Tirole,1993),有两个因素使规制者设定互联价格变得困难。第一,规制者通常缺乏有关在位者和进入者的成本结构、需求函数和竞争强度的详细信息。第二,在大多数国家,互联政策所带来的高额利益引发了由在位者、进入者以及政治干预所带来的激烈的游说活动。这在英国电信市场自由化进程中和邮递网络(例如散装邮件)进入条件的决定过程中表现得十分明显。

关键设施与小岛的例子

如同对任何滥用市场支配地位的调查一样,有必要在一个关键设施的案例中定义关联市场。特别是在下游市场将不可避免地影响上游市场关键设施的定义的情形下。关键设施原则同样被应用到不那么明显具有"物理"性的设施。譬如,拒绝其他企业进入计算机在线预订系统或跨行信用转账系统将是违法的。同一基本原理也可应用到拒绝进入邮政网络上。譬如,一个小岛的主管部门传统上有许多在小岛的其他地方难以轻易复制的关键设施。这些关键设施包括摆渡港口、机场、在位者的通信电线和电缆,以及输电线路。在这样的例子中,如果某一部门的在位者中的任何一个被政府授予了特权,那么这与竞争法可能更为相关。

在电信方面,作为一种有用的方法来提高当地市场的竞争程度,规制者的政策是规制进入。这包括通过改变运营规则来改变市场内的竞争进程。因为电信是一个网络产业,在位企业通常是垂直一体化分布的,以此来占有和经营网络。新进入者除了从他们的主要竞争者那里购买大量的服务之外别无选择。在拒绝或延迟其他企业进入其关键设施能使在位者规避价格或市场份额的规制,而在位者的基础设施有足够的空间与要求分享其设施的进入者共享时,有效进入将证实支持其他企业进入的证据的真实性。规制者应设法推动企业的互联进程和互联安排,并同时预防在位者滥用其市场力量。

而在电力市场引入竞争的范围可能稍有不同。即便本土的输电线路可以被解释为一项关键设施,但是在实践中,在位者可能从岛外寻找供给,从而减少了当地的发电量。伴随着岛外电力批发市场上竞争的出现,在位者将向大量的电力供应商抛出合约让他们投标。然而,尽管如此,在缺乏竞争性能源来源(如天然气)的情况下,有人可能认为:岛上的电力市场可能太小(比如,最高140兆瓦特),以致构成了自然垄断。较小的市场规模意味着引入第二个竞争性的输电连接器是不经济的,这主要是缘于发电设备、输电电缆和配送网络的高额成本。

理论上,岛外的发电者和岛上的消费者就电力供应到他们的房屋一事订立契约是可能的。这样的电力供应需要付给在位者酬劳,因为电力供应商通过中继电线时使用了在位者在岛上的输电设施、配送网络以及连接网络与终端客户的电线。如果自然垄断论是一个合理的观点的话,在竞争法下,规制者的主要工具将包括价格控制、服务水平协议和效率评估。虽然也有一定的例外,但煤气行业所具有的相似的性质在小岛的电力市场上也有所反映。

举例来说,在电力配送(主网)环节可能存在自然垄断,但是在电力供应环节这是不可能的;而在蓄电方面,如果蓄电设施被指定为一项关键设施的话,那么蓄电设施需要增加一倍或者是允许其他企业的进入。但是在一些行业中,当地下装置的成本较高时,其配送环节可能存在自然垄断,同时也存在竞争替代,如核电与稍逊一筹的石油。然而,事实上,由于岛上的煤气基础设施一般非常陈旧,这给新的配送者提供了投资机会去更新供应网络。最后,至于自来水产业,规模经济的论据和市场是一个岛的事实,可证明这类行业就是自然垄断行业。

欧盟的"关键设施"典型案例

这部分借鉴琼斯和萨弗林(Jones and Sufrin, 2001)、维斯(Whish, 2003)、科可拉(Korah, 1994, 2004)的研究成果,给出一个欧盟关键设施的典型案例的概要。

案例5.5　西林克公司与B&I公司荷利赫德诉讼案[①]

在西林克公司与B&I公司荷利赫德诉讼案(1992)中,欧盟委员会受理了这一桩针对西林克公司的控告。西林克公司拥有和经营着一个港口——位于北威尔士的荷利赫德港,除此之外,还提供该港往来爱尔兰的渡轮服务。一个经营渡轮业务的竞争者——B&I公司声称:西林克公司安排的航行时刻表在很大程度上阻碍了B&I公司提供的渡轮服务,并给其乘客带来了不变。欧盟委员会判决:这是一个证据确凿的滥用市场支配地位的案例,西林克公司必须改变其时刻表以避免对B&I公司造成损害。

在商用溶剂公司与欧共体委员会诉讼案(1974)中已经确定:在一种现存的市场支配地位下,企业有义务向愿意购买其产品的企业供应产品。

[①] 西林克公司为荷利赫德港口的拥有者与港务管理者,同时经营使用该港的渡轮业务,B&I公司为同一渡轮业务的唯一竞争者,该公司的码头位于荷利赫德港的出口处。——译者

案例 5.6　商用溶剂公司与欧共体委员会诉讼案

　　商用溶剂公司生产一种治疗肺结核的药所需的原材料。它直接或通过其子公司将原材料出售给包括佐娅公司在内的顾客。佐娅公司发现了一种替代原材料,结果这种原材料枯竭了。商业溶剂公司随后依其申述的那样,通知了它所有的原材料顾客,不再向诸如佐娅这类的公司出售原材料。最后,商用溶剂公司决定停止出售化学制品,向下游市场进行纵向整合,自己生产药品。在查明这些滥用市场支配地位行为的过程中,欧共体法院运用明确的术语来强调当时的形势——处于市场支配地位的企业通过向下游的纵向整合进入了另一个市场。本质上,欧共体法院运用了干涉主义的政策来塑造理想的市场机构,而不是仅仅保护消费者/竞争者的利益。通过利用其市场支配地位,商用溶剂公司能确保获得肺结核药品的大部分市场,而不用面对正常生产企业所面对的竞争。欧共体法院的基本理论是,终端市场的竞争者越多,消费者的境遇就会越好。商用溶剂公司可能比小公司更有效率,所以像佐娅这样的公司无论如何将会退出市场。

案例 5.7　联合商标公司与欧共体委员会诉讼案

　　在联合商标公司与欧共体委员会诉讼案(1978)的判决中,欧共体法院裁定:美国布兰兹公司在欧洲香蕉市场拥有实质性的市场势力,且在相关市场(配送、催熟)上从事排他性的活动。在这个案例中,销售商正在销售竞争者的产品从而忽略了处于市场支配地位企业的产品销售的论证,不是停止对该销售商供应产品的一个合理解释。欧共体法院在其推理中强调:一个处于市场支配地位的企业"不得拒绝供应遵守商业常规的长期客户的未超出一般商业习惯的订单"。

143 在联合商标公司案中,判决接着声明:即便是一个处于支配地位的企业,如果其商业利益受到侵犯,它也有权保护自己的商业利益。这有一个消极自由的暗示。然而,这种自我保护行动应当是合理和适当的,且不能作为一个理由被用来加强其市场支配地位和滥用市场支配地位。在给定的情形下,如果拒绝供应是滥用市场支配地位,从判决来看美国布兰兹公司可以采取什么样的行动是不清晰的。在契约的约束下,处于市场支配地位的企业供应其产品的时间长度也是不确定的。假定消费者没有商业谈判的能力,要求唯一的销售商来销售其产品也会构成滥用市场支配地位吗?必须存在一个临界点,这个临界点包括合理的非滥用市场支配地位的条件,当违反这些条件时将允许企业拒绝供应(Whish, 2003)。由于很难构建关于拒绝供应而达到滥用市场支配地位的全面的通用原则,作为一种替代方案,对发生拒绝供应的特定市场和环境的评估是必需的。

案例 5.8 布朗纳(奥斯卡)股份有限公司与媒体印刷公司诉讼案

在布朗纳(奥斯卡)股份有限公司与媒体印刷公司诉讼案(1998)中,布朗纳是一份报纸——《奥地利标准日报》的出版商,他希望进入比其大得多的竞争对手——媒体印刷公司的高度发达的直接到户的发行网络系统。布朗纳控告媒体印刷公司拒绝共享其发行网络违反了第82条的奥地利等价条款(Austrian equivalent)。欧盟法院裁定:媒体印刷公司的直接到户的发行服务不是必不可少的,因为有其他的日报分销方式,例如通过商店、报刊亭和邮局,没有任何技术的、法律的或经济的障碍阻止其他出版商建立他们自己的发行体系。法院认定媒体印刷公司的行为不构成滥用市场支配地位。

案例5.9 哈根公司与欧共体委员会诉讼案

在哈根公司与欧盟委员会诉讼案中,欧共体法院裁定:存在一个单纯针对哈根现金收款机的零部件独立市场。尽管哈根公司在现金收款机市场没有支配地位,但事实上,由于它的现金收款机的零部件与其他市场的零部件之间不能相互替代,它在其现金收款机的服务方面处于垄断地位(Whish, 2003; Korah, 1994, 2004)。结果,在维修和服务市场上竞争者要依赖哈根公司供应零部件。尽管竞争者能使用从被拆除的机器上获得的零部件修理其他品牌的现金收款机,然而法院裁定:哈根公司通过控制自己产品的零部件的能力而不必考虑竞争性的供给来源所表现出来的对自己产品市场的独占,构成了滥用市场支配地位罪。哈根公司不仅剥夺了市场上大多数独立的保养和维修人员的工作机会,而且将减少消费者的选择并使他们承担非竞争定价的风险。

在电视节目预告/马吉尔公司案(*Television Listings/Magill*)(1991)中,地方电视台拒绝向马吉尔公司提供电视节目单,这就阻止了该公司进入下游市场,即将所有频道的节目进行汇总后,出版专门的电视节目预告(Jones and Sufrin,2001)。

> **案例 5.10 电视节目预告/马吉尔公司案**
>
> 在马吉尔案中,电视公司运用其节目单的知识产权来阻止马吉尔公司出版一周电视节目预告。受欧共体法院支持的欧共体委员会通过细分市场,发现电视公司处于其节目预告的市场垄断地位,用这种方式保护其知识产权无疑构成了对市场支配地位的滥用。这个裁决背后的逻辑暗示:在一定的环境中,拒绝他人使用唯一的中间信息就是滥用市场地位。
>
> 举例来说,这可被这样的案例证明:一个软件开发商拒绝第三方在生产产品时使用与其产品生产有关的中间信息或采用相同的生产方式。

对于欧盟竞争法的第 82 条与知识产权之间的相互影响来说,马吉尔案意义重大。授予一项知识产权的原则之一是:在特定的市场上提供合法的垄断,以认同特定商品的生产所需要的技能、创造性努力与资源。然而,如果知识产权本身的使用被控告滥用了市场支配地位,尤其是巩固了其市场支配地位的话,问题就出现了。

从以上这些案例中可以提炼出很多关于进入关键设施的重要观点。第一,设施的所有者至少在欧共体市场的大部分处于市场支配地位;第二,对于支配企业的竞争者而言,进入市场存在难以逾越的壁垒,且/或不能进入关键设施的竞争者将遭遇严重的竞争障碍;第三,拒绝其他企业获得一项关键设施对下游或相邻市场上的竞争可产生显著的影响;第四,关键设施所有者将对其他企业使用该设施索取费用,所有者向其子公司索取的使用价格将不低于其向竞争者索取的价格。

有效进入的方法论

在竞争法的应用方面,对规制者来说,重要的是应当建造真正的关键设施,以便保护创新者免受搭便车的侵犯。正如布朗纳案表明的那样,对竞争者来说建造自己的基础设施不仅仅是不方便的,而且也必定是在客观上不可能的或不经济的。尽管在短期看来这可能是开发新市场的预先竞争,但如果这导致了对消极自由业已被限制的在位者的革新和投资的阻碍,从长期来看这可能也是反竞争的。

在讨论内在冲击对相关产品市场可能的竞争影响时,重点应当放在冲击发生前和发生后的市场基本结构上。这样一个内生冲击的发生可能伴随着侵犯自由或采用新的规章制度或法律变更——每一种伴随情况对市场结构的影响均被市场内在地最优评估了。在任何竞争评估中,一个被公认为具有市场支配地位的在位企业,将影响到有关这种市场冲击对竞争的影响的争论。评估的重点将放在市场集中程度和所谓的滥用市场支配地位上。为了阐述这些具体问题,我们打算开拓一个相反的观点,通过引入一种衡量有效进入的方法来评估市场上受规制的在位企业的市场地位。

为了将法经济学重新聚焦在进入限制的争论上,推导出一个进入函数可能是有帮助的。在位企业可把损失强加于进入者,从而将社会成本外生化。而受规制的在位企业并非总是遵守规制义务。思考如下的进入函数：

$$E(q) = q^{2m}$$

式中，$q=[Q-q^*]$，Q 是总需求，q^* 是在位者的产出。指数 2m 使整个函数是凹函数。

进入函数的具体形式和它的凹形突出了对企业进入的限制性。如果进入被阻止，E(q)转化为实际的市场份额。原因在于在位者将产量增加到 q^*，q 趋向于 0 且 E(0)=0。函数 E=E(q)描绘出每一个进入者的最优排他性产出水平。生产的技术和规模经济使排他性产出变得更易于提供——这可以被解释为排他性资源价格的下降。这暗示着投资在排他性产出上的每一英镑都将获得高额回报，且生产函数向上移动。均衡结果是小部分的中小企业进入了该市场，并且进入企业的数量和规模比进入受阻前的企业少或小。

即便需求并未扩大，一个未预料到的技术变化可能使在位者企业拥有大量的剩余生产能力。或者如兰蒂斯和波斯纳（Landes and Posner,1981）论述的那样：需求的下降将使得企业拥有剩余生产能力。无论导致产能过剩问题的原因是什么，我们假设：在位者与一个进入者势均力敌，该进入者拥有生产另外 x 个百分比的产能而边际成本没有明显上升。在这个例子中，进入者多余的产能将限制在位者将价格提高到边际成本之上。规制政策可证实：在位者的剩余生产能力使得其采用掠夺性定价策略将新进入者挤出市场的威胁变得更加可信。

混合双头垄断和分配效率

另一方面，即便是没有掠夺性定价的威胁，新进入者也不能找到一个拥有剩余产能且具有吸引力的行业来进入。E(q)函数将支持这个结论：q 趋于 0 且 E(0)＝0。直观来说，我们有两个结论：(1)在位者具有保留产能或剩余产能，这是对新进入者的一个威胁；(2)具有产能过剩性质的市场意味着没有进入吸引力。两个结论结合起来可能意味着规制者在规制一个混合双头垄断市场，在这个市场上，两个企业同时决定是否进入市场以及是否告知对方，并最终通过一个古诺-纳什(Cournot-Nash)双头垄断博弈来选择双方满意的(无规制)产出。

有趣的是，在标准的垄断模型中(Tirole，1988)，一个混合双头可能真正导致分配效率的改善。企业的行动和反应被定义为"一个协作的进程"，在这个进程中，每一个参与者履行自己在市场上的义务，每一项工作都更富有效率。这一见解的依据在于，市场力量的增长伴随着一个分配效率的增长。因而，如果市场垄断者为阻止进入已经使用了真正的资源，竞争分析的问题是解释如何将这些资源要素的机会成本计入传统上以几何图形表示的寻租的社会成本。该成本被麦克纳特(McNutt，1993)估算为哈伯格(Harberger)三角形面积与塔洛克(Tullock)长方形面积的和。

继 x 无效率理论在 1970 年代淡出主流理论之后，寻租理论与 x 无效率相继在 1980 年代与 1990 年代经历了类似的遭遇，从而在一个局部均衡模型中，关于垄断成本的精确几何面积的鉴定出现了空白。目前许多学者尝试来弥补局部均衡模型中的直观观点。然而，正如德姆塞茨(Demsetz，1968)曾经指出的那样，用会计利润来代替经济利润仍有很多不清晰的地方——特别是当在位者的垄断利润被资本化进公司资产的会计价值之中，尤其是被资本化进专利、商标以及产权投资的沉没成本的会计价值之中时。

在位者可能允许潜在进入者在规制框架下进入边缘市场。举例来说，在邮政规制中，新进入者仅仅进入双方协商的邮件重量之上的领域。实质上，在位者已经允许进入者在许可的整段时间内进入市场。这将暗示着进入者对那部分市场的估价要远大于在位者。波斯纳效率的一个基本经济原则是：资产应分配给那些对其估价最高的人。在位企业对那部分市场的持续侵蚀和新企业的进入就使全体潜在进入者产生了这样的印象和预期——在位者是这部分市场上的产权所有者。

作为一个有利于市场进入的渐进过程，规制的任务是保护合法的预期和利益免遭初始在位者的阻挠或阻碍。例如，在电信业中，网络间的自由竞争直到最近仍然是个很遥远的期望。企业间互联的规制文献已经主要进入这样一个领域：控制着一项瓶颈或主要设施的垄断经营者被要求与在互补市场上竞争的进入者互联。在向竞争转变的过程中，因在位者不愿意在互惠的基础上以一个合理的价格让进入者使用其网络，进入由此被阻。然而，企业的互联要求竞争者间的合作，并就其模式（尤其是价格）达成一致意见。

仁慈规制者的价格

在拉丰-梯若尔（Laffont and Tirole，1993）的标准模型里，社会最优的接入或进入费用位于进入的边际成本之下。然而，这个结论成立的前提是不存在联合成本和共同成本，因为这些成本需要通过标高接入或进入价格来弥补。例如，如果在位者因其市场势力而增加的利润被对进入者进入费用的补贴所抵消，这个结论将不再成立。这个补贴可以采用对接入进行价格折扣的形式。如

第5章 自由、关键设施与可行性竞争

果我们从一个更高的接入或进入价格会抬高（当个体接入价格上涨时，$p^* \approx p_1$ 上涨会出现非跳跃式上涨）消费者面对的最终价格这个前提出发，接着我们该问：一个仁慈的规制者将设定什么样的接入或进入价格？如果规制者设定的接入或进入价格高到足以产生严格的正利润会怎么样？

应用于图5.1的标准垄断定价公式是：

$$[p_m - LMC]/p_m = 1/\eta$$

其中，η 代表市场弹性，p_m 代表更高的垄断价格或进入前价格，在图5.1中 $p_m = p_2$。

如果一个在位者（例如）因履行价格上限①，不能索取 $p^* \approx p_1$ 的价格而导致其他企业的进入，在一个可行性竞争均衡中，对进入者而言的有效进入价格是什么？基于竞争市场中的市场价格总是包括对机会成本的补偿这一假定，接入或进入的机会成本可能不得不补贴在位者放弃的所有潜在收益。这就与鲍莫尔（Baumol）的有效成分定价规则一样。然而，在一个被规制的市场，如果在进入的法律壁垒的行政性拆除进程中，进入被推迟，那么一个有效入价格将不得不反映进入者的机会成本。

如果我们运用拉丰-梯若尔（Laffont and Tirole，1987，1993）的假定——在位者的接入边际成本必须是接入的所有额外费用产生的原因（譬如，一个电信业的在位者可能对拨打网外电话提供价格折扣），那么可能存在唯一一个对称的、具有下限的以 $p_1 = p^*$ 表示的均衡。下限的推导见附录5.1。

---

① 此处似应为"价格下限"。——译者

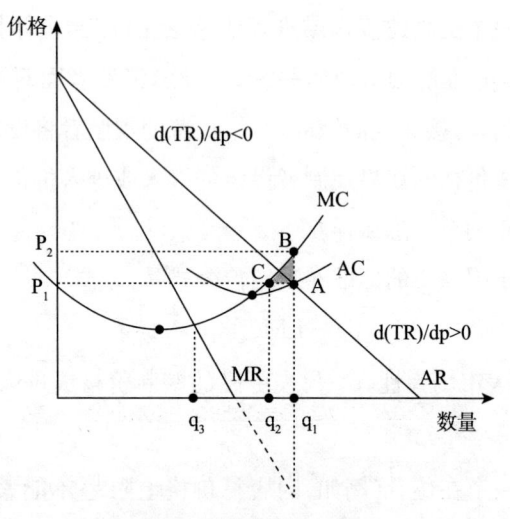

图 5.1 可行竞争的均衡

有效进入价格

考虑图 5.1。在构建图 5.1 时，假定垄断接入或进入费用超过了接入的边际成本，那么它将随固定成本的下降而下降，但随可替代程度的上升而上升。如果一个公用事业在位者的均衡位于盈亏平衡点的邻域里，那么图 5.1 中的 A 点就是其长期平均成本等于平均收益的点，即 LAC＝AR。长期平均成本曲线与平均收益曲线的交点应当在长期平均成本最低点的右端。在这个交点上，盈亏平衡价格 p_1 将（可观测地）低于产出的长期边际成本。然而，在 q_1 产量范围内，在 $p_1＝p^*＝$LMC 的价格水平上，总收益（可观测地）在 p^* 点大于总成本，即 TR＞TC。

附录 5.1 中的参数 d 是 $[p^*－p_1]$ 的度量单位，其中，p^* 代表真实的竞争价格且包括对在位者机会成本的补偿，而 p_1 包括对进入者机会成本的补偿。只有当在位者的市场规模与进入者的市场规模不对称较明显时，才能存在一个市场均衡。对在位者来说，在均衡点(q_1, p^*)，TR＞TC 的假定在均衡点的一个局部圆域里成立。因而，TR＞TC 可以被改写为 $q_1 \cdot p_1$＞$h.(q_1)$，其中 $h.(q_1)$ 代表成本函数。

像附录 5.1 中描述的那样，这里有两个价格 p^* 和 p_1。考虑价格被进入者和在位者充分地仿效（通常在一个马尔科夫（Markovian）互动学习过程中）变成一个相同价格的情形。在进入者搭便车的情况下，如果在位者采用的战略是在价格 p_1 的一个局部邻域中索取 p^*，则双方都进入一个价格学习模型中。在长期，其真正的价格均衡是：

$$LMC = p^*, 其中 p^* = p_1 > LAC\{1 - 1/\ln[q_1]\}$$

换句话说，图 5.1 中的 p_1 是进入者的有效价格下限。譬如，在位者以弥补进入者新产品的数量或生产更多现有产品的边际成本作为交换代价，其盈亏平衡点位于 q_1 是可能的。如图 5.1 所示，一个对称的均衡价格 $p_1 \approx p^*$ 随竞争对手产品的可替代性程度的上升而下降，并收敛于类似图 5.2 中 p_c 这样的真正竞争价格。当替代性趋于无穷大时，拉姆齐价格将收敛于长期边际成本 LMC，均衡价格将收敛于拉姆齐价格。拉姆齐进入价格将比进入的边际成本稍低，但独立于可替代程度。例如，在有一个电信提供商的情况下，拉姆齐价格可能随连接、广告及维修的固定成本的上涨而上升，但仍旧独立于可替代程度。

福利损失

由于均衡价格 $p_1 \approx p^*$ 随竞争对手产品的可替代性程度的上

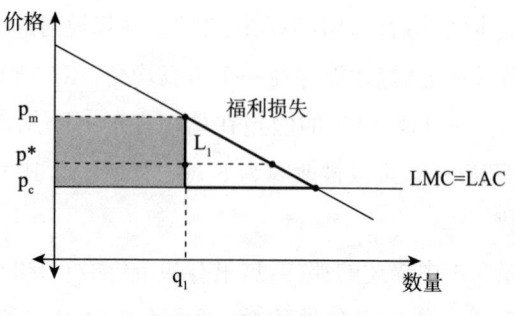

图 5.2　有效进入价格

升而下降,福利损失三角在图 5.2 中可被定义为 L_1。伴随着替代程度的上升,均衡价格 $p_1 \approx p^*$ 收敛于 p_c。在任何市场,尤其是电信市场上,被规制机构评估的关键要素是游离于在位者的市场之外的企业进入垄断市场的潜力,且进入垄断市场所导致的追加成本小于独立于垄断市场的成本。此外,在总体上更为广阔的(地理)市场中的其他相关市场上,当潜在竞争者有能力增加产量时,还存在容量上的限制。

因竞争者拥有多余产能或新进入者在此时能(潜在地)增加产出,这将产生来自相关市场内竞争的综合影响。这种影响不仅在软件/IT/电信市场和 e 通信市场的演变中尤为显著,而且在那些因电缆共享而有利于提供两种服务(例如,电流与管道中的纤维光缆或铁路沿线的电缆线路)的市场上也变得日益明显。在这些市场中,技术进步和产品的迅速开发已经超越了传统的市场边界。

在上述这些市场上,存在两种可能的均衡。第一种是边际成本为零的确定性市场,这已在互联网领域的产品和服务的提供中被确认。这将在第 9 章予以论述。第二种可供考虑且更多地在公用事业规制者考虑范围内的是这样一种可能性:如果存在一些外部利益,或一个被补贴的产品与其他产品具有很强的互补性,那么价格低于 LMC=p* 将一定增加社会福利(Mohring,1970)。这两种均衡传统上被竞争评估的假定排除了。此外,图 5.2 中虚线下阴影部分长方形的面积可以被计算出来。

竞争性定价的缺位

更多对定价低于 LMC 的传统解释假定:价格低于长期边际成本是无效率的,因为这将把消费者在其他用途中评价更高(至少等于边际成本)的产业资源吸引过来。此外,被规制企业因一种产品的定价低于其边际成本而遭受经济损失,又要求其他产品的价格远高于其边际成本,从而引致更大的福利损失。在方程式中有一个专门的术语 $\{1-1/\ln[q_1]\}$:

$$p^* = p_1 > LAC\{1-1/\ln[q_1]\}$$

这个术语可以被解释为竞争性定价缺位程度的度量尺度。这是由于在 q_1 点的短期约束或规制者的扭曲定价。不准确的成本曲线将导致一定程度的竞争性定价缺位,而真正的非价格竞争将侵蚀利润。人们观测到的可能是一条价格的路径,这就转到最初的潜在竞争(可行性竞争)概念的核心。这一概念通常被归功于克拉克(Clark,1902),随后被他的儿子克拉克(Clark,1940)所定义,并在可竞争理论(Baumol et al.,1982)的核心部分被很好地证实:"让所有生产商联合起来将价格提高到超出某一限制范围将遇到这样的困难:即将出现的新工厂将使价格*回落*;对还没有真正进入的新工厂的担忧通常就足以阻止价格上涨到不合理的高度。未建立的工厂已经是市场的一种力量,因为在一定的条件下,它肯定会被建立。这种确定性的效应促使价格下跌。"(斜体是本书作者加上去的)

如果存在进入壁垒,在规定市场最高价格之前,规制者需要确定这些进入壁垒是否是短期约束或技术的必然伴随物(竞争的一个副产品),是否是一项深思熟虑的限制竞争战略的结果。稍后,在第10章和第11章,我们将这个价格"回落"的观点扩展进价格演化的时间路径中。也有一种可能就是在位者实际上对进入也很感兴趣。如果真是这样,规制者不应假定在位者对这部分市场的估价小于潜在进入者。因而,规制者不应回避对市场的广义定义,并弃用从静态市场框架中计算出来的数据。如果能提供产品替代性的强有力论据,一个广义的市场定义可以降低建立在市场份额数据上的集中程度。因此,需要强调的一个中心议题就是相关市场的可替代程度。在所有的评估中,第一个应当被直接使用的是功能可替代性的标准(功能可替代性检验)。例如,从加油站销售的观点看,柴油和汽油是不具有功能可替代性的。SSNIP检验的稳健性将在第11章予以回顾。

自由与规制者的义务

在规制框架内,在位者——原告意识到他有权挑战规制者的决策。潜在的进入和一个新的、规制的虚拟市场带给在位者的不确定性是不公平的。真正的问题不是对更多竞争企业的规制进入与在位者的消极自由相对立,而是在位者遭遇的不公平与进入者的积极自由相对立。在位者之间并不完全相同,任何两个在位者对不公平程度的估计将有所不同。

垄断程度较高的市场上的在位者比垄断程度相对较低的在位者有更强的风险意识。两种类型的在位者之间的风险意识差距越大,规制者的行动成本就越高。在潜在市场损失的风险评估方面,日益增大的差距将对有效进入价格产生影响。譬如,直观上,如果通过一个价格上限,价格规制的结果是过度补偿了由于在边缘市场上的市场份额损失所带来的剩余损害,一个垄断在位者不可能去挑战规制者的决策。

如果规制者假定在位者们的区别仅仅在于以市场份额损失衡量的预期损失,而且假设垄断在位者们的境遇更好,那么为规制者提供不公平程度信息的激励分析就有一个分类均衡结构。因而,如果在位者是完全不同的类型,那么在潜在市场损失的风险评估方面,日益增大的差距可能导致一个较低效率的进入价格。在一个分类均衡结构中,规制政策的含义是规制者趋向采用"n 重定价"体系或者被具备极大潜在损失的在位者所俘获。在"n 重定价"体系下,在位者可以从一个连续价格集中选择一个或一组价格。在规制者设置的价格表或价格体系下,这些被选择的价格是有效的。在许多不同的司法领域里,这是公用事业规制的本质。

同样,在确保市场上的可行性竞争方面,规制者应避免将进入价格设置为诸如在位者的盈亏平衡点,盈亏平衡点意味着在位者的预期收入(包括通过授权进入而得到的产权销售收入)将等于资本成本。作为替代,规制者应将在位者的机会成本定义为产权的市场价格与在位者的追加成本(获得规制许可证的成本)之间的差额。这个差额将相当于对在位者在授权进入方面遭受的所有被认知的不公平进行补偿的一个度量。如果这个数量等于从自愿交易体系下推导出来的数量,它就是一个希克斯补偿。在自愿交易条件下,在位者在自愿出售他的资产与接受新的准入规制制度之间是中立的,这可能会减少他的资产价值。

自由、权利与应尽的义务

对进入壁垒的规制,传统的方法通常始于对在位者与进入者的辨别,继而集中在观察结果上——只有在位者才有机会采取影响未来进入的行为。政策的举措包括废除现有市场上公用事业垄断的安排。这样的举措是否要求对不存在道德风险问题的市场上的在位者进行一个适度的公正补偿(McGee,1998),将在第6章中进行讨论。

在对拒绝或排斥其他企业进入的产权解释中,在位者有权处置其拥有的资源这一事实也应当被认可。进一步说,在位者将其他企业逐出市场的垄断程度也应当被认可。当主要的潜在竞争来自于市场外时,必须要指出:在一个像电信这样的动态市场(动态市场表现出早些时候描述的可行性竞争的特性,另外,它还将呈现出不稳定的市场份额和短暂的垄断特性)上,潜在竞争可以出现在市场内部。进入的法律壁垒可以轻易地阻挠竞争结果的实现。

在位者早期的投资可以作为成本较高的信号来阻止进入者。这可能反映了在位者产权的机会成本。法律环境通常决定了进入一个市场的特性。如果环境有利于进入威慑和诱导退出的行为之间的对称,这种情况就会发生。在这样的环境中,法律本身能够影响市场均衡的结构,结果可能引致寻租行为。

竞争的类型

在一个市场体系中,最主要的在位者企业之间是否合作和履行相互间达成的具有约束力的承诺(也可能是法律不允许的承诺),依赖于市场体系中的企业行为准则。伊斯特布鲁克(Easterbrook, 1984)和斯达克(Sidak, 2001)已经暗示：那些被视为反垄断的政策仅仅是一种逼迫企业行为更短视的尝试。尤其是，规制政策不一定关注竞争类型，而是依赖于市场结构。在第 9 章和第 11 章有关于这一问题的论述。在那里，我们假定存在一个企业行为的布尔(Boolean)网络——简单来说，就是一种规则，当且仅当只有两个企业行动时，用来规制每一个企业的行动（例如，关于价格的行动）。如果其他两个企业做出决策，那么企业 A 也会做出决策，但每一个企业在每一个决策点能决定是否采取行动。在很多方面，这是攻击性的竞争。

在市场上盛行的竞争类型作为限制要素的情况下，有效进入可以被最佳地理解。它的特点在于有效进入价格。有效进入价格是一个长期均衡的进入价格。有必要强调的是企业主权。当且仅当只有两个企业行动时，存在一个对价格起作用的企业行为的布尔网络。

在第 11 章，我们引入一种竞争类型（抢夺性竞争），在这种竞争类型中可能存在完全相等的市场分割，从而在竞争者之间产生完全相同的竞争影响。第二种竞争类型（斗争性竞争）趋向于具备更为稳定的市场体系的特征，在这种市场体系中，市场份额的获得要求持续的斗争。最后，有一种竞争类型（竞赛性竞争）因市场非均等地分割而不同于其他竞争类型。市场的非均等分割是因为一些企业满足于它们的市场份额，而另一些企业成为兼并或收购的目标。

竞赛性竞争是作为一种机制被分析和提出的，只要企业数目不变，这种机制将趋于维持现有的市场集中程度。竞赛性竞争和抢夺性竞争的一个主要特征是：在这两种竞争中，当所有的竞争企业都有足够的市场份额时，没有企业在集中程度的临界值之下退出。在这个类似于产业组织理论中的"集中的临界水平"的临界值之上,企业退出行为在完全抢夺性竞争条件下骤然增加,但在完全竞赛性竞争条件下却是逐步增加。我们认为:在正常的市场条件下,几乎所有的竞争都发生在理想化的竞赛性竞争与抢夺性竞争的两个极端之间。纯粹的竞赛性竞争极其少见;当单独的企业为市场份额竞争时,斗争性竞争将变得更激烈并且平均市场份额将变小,那么企业间通常会相互妥协,达成一致。

竞争的风险

传统的反托拉斯理论认为市场集中导致企业之间的共谋。然而,对反托拉斯从业者来说,如果我们承认竞争和集中是非对立的,有关集中和集体支配的争论将变得令人不安并且可能站不住脚。为什么会这样?走出在位者-进入者的逻辑,我们可以看到,争论可能导致这样的结论:在一个市场体系中,竞争能促成共谋。萨顿(Sutton,1991,1998)证明了竞争与集中不是对立的。然而,至少在理论上可以阐明竞争带来垄断结果的可能性。

斯蒂格勒已证实企业寻求卡特尔(垄断行业的组织);从卡特尔中获取的收益包括一条较小弹性的需求曲线和一个较低的进入比例。现代企业寻求共谋是理性的且可能具备经济上的理由,因而没有任何法律可以抑制这种欲望。对此的解释可以追溯到斯拉法(Sraffa,1926),他指出:如果来自卡特尔的预期租金超过长期竞争的收益,企业将避免竞争。这要求我们将关注的重点放在市场的竞争类型上,关注抢夺性竞争、斗争性竞争和竞赛性竞争,而不是关注市场结构本身。

现在回顾一下美国反托拉斯领域在20世纪80年代关于平行

定价的争论中所发生的一切。争论围绕着"额外要素"标准和"易于共谋的市场"标准展开。然而,这场争论却创造了一个真空地带。在这个真空地带之中,默契共谋能够逃脱《谢尔曼法》第1条的制裁。这可能无意间促成了这样一种情形:市场分享协议可能伪装成默契共谋。欧盟竞争领域发生的一个类似的争论起因于欧共体法院在南非范科公司与英国伦何公司诉讼案(Gencor/Lonhro)中对集体共谋的解释。我们稍后将在第10章讨论这个问题。

在那时的美国反托拉斯领域,平行定价违反《谢尔曼法》第1条的规定。在该条的规定下,法院把注意力集中在可证实企业间共谋的证据上。在这种情况下,法院的证据就涉及企业间蓄意的平行定价行为。然而,反托拉斯的困难在于判定平行定价行为是否足以达成共谋协议。反托拉斯学者在这一点上意见是不一致的:一派学者认为蓄意的平行定价行为是构成共谋的必要条件而非充分条件,而波斯纳派系的学者则认为蓄意的平行定价行为是构成共谋的充分必要条件。

20世纪90年代后期,在欧盟层次的有关集体支配的争论中,多数观点认为:如果竞争企业心照不宣地用实际的合作替代竞争风险,就可以得出共谋的推论。很明显,所有的争论都需要回到对市场上盛行的竞争类型的理解上来。必须更多地关注将企业描述为在一个关于企业间相互关联的行为的不断演进的布尔网络中相互作用的主体。与完全竞争市场结构中的个体理性行为导致长期均衡一样,市场体系的布尔行为将演化成一个有约束的协议——表现为伴随着价格收敛到一条时间路径上的市场共享战略。后者可被案件调查员误解为呈现出价格的默契共谋或平行共谋。在市场体系中,企业最好被解释为一个完整的市场制度网络。如本书

竞争的存在

尽管只有市场份额信息是欧盟早期的电信规制制度的核心，但现在，规制机构必须拓宽它们对垄断程度的调查，通过参考若干可能与市场势力评估有关的因素，例如，市场份额变化的信息、价格变化的信息、赢利能力或价格与成本之间的关系，来确定在这个程度上竞争是有效的。在新规制框架下，必须运用与竞争法下同样的方法来定义市场和评估显著的市场势力。"考虑到*在合理期限中的预期或可预见的发展*，横跨欧盟的国家规制权威们"应当决定市场是否是*可预期的*竞争市场，进而决定缺少一些有效竞争是否是可以忍受的"。(DiMauro and Inotai, 2004, 斜体是本书作者加上去的) 在新规制框架下，隐含地提到了一个市场进化过程的时间安排，同时可能暗示了一个克拉克 (Clark, 1940) 可行性竞争条件的基准。这预示着欧盟规制的美好未来。调查的方向应当集中在竞争的存在上，而不是集中在证明竞争缺乏的因素上。然而，在政策制定者和立法机构承认价格竞争被创新和（知识）产权的竞争所代替、承认他们不能预料未来市场的发展之前，规制权威们将继续相信他们应当时不时地规制企业在竞争和创新方面的努力。

附录 5.1

当存在 p^* 和 p_1 两个价格时，考虑价格被进入者和在位者充分地仿效——通常在一个马尔科夫互动学习过程中——变成一个

第5章 自由、关键设施与可行性竞争

不变价格的情形。在进入者搭便车的情况下,市场在位者采用的战略是在价格 p_1 的一个局部邻域中索取 p^*。

仁慈的规制者假定:如果市场在位者处于图 5.1 中 (q_1, p^*) 均衡点,TR>TC 的假定在均衡点的一个局部圆域内成立。这可被简单地改写为 $q_1 p_1 > h(q_1)$,其中 $h(q_1)$ 代表成本函数 AC。我们继续将 TR>TC 假定扩展为如下形式:

$$q_1 p_1 > h(q_1)$$

在 $p_1 \approx p^*$ 的价格水平,如果条件 $(p_1 + d) = LMC = h'(q_1)$ 成立,我们可以像如下的表述那样,用 $(h'(q_1) - d)$ 替换 p_1。将 p^* 和 p_1 看作是在某一邻域的价格束,以使 p^* 略大于 p_1 且等于 LMC。在位者的价格处于 p^* 的水平,将对潜在进入者产生激励:

$$q_1[h'(q^*) - d] > h(q_1) ①$$
$$h'(q_1) - d > h(q_1)/q_1。$$

如果我们继续对 q_1 求导:

$$h''(q_1) > \{q_1 h'(q_1) - h(q_1)\}/[q_1]^2$$
$$h''(q_1) > h'(q_1)/q_1 - h(q_1)/[q_1]^2$$
$$q_h''(q_1) > h'(q_1) - h(q_1)/q_1。$$

把等式 $p_1 q_1 = h(q_1)$ ② 改写为 $h(q_1)/q_1 = p_1$,并代入方程:

$$q_1 h''(q_1) > p_1 + d - p_1$$
$$q_1 h''(q_1) > d$$
$$h''(q_1) > d/q_1$$
$$\int h''(q_1) dq_1 > d \int 1/q_1 dq_1$$
$$h'(q_1) > d ln[q_1]。$$

---

① 正确的表述似乎应该是 $q_1[h'(q_1) - d] > h(q_1)$。——译者
② 此处的恒等代换与前面的表述有冲突的嫌疑,这一点关系到本证明是否成立。——译者

在长期均衡点,有 LMC=p^*;在条件 TR>TC 成立的市场结构中,有 LMC>$d\ln[q_1]$。因为 LMC=p^*,我们可以将方程式改写成如下形式:

在 $(p_1+d)=$LMC 处,$\begin{cases} p^* > d\ln[q_1] \\ p^*/\ln[q_1] > d \end{cases}$

在 $p^*=$LMC 处,$\begin{cases} p_1 > \text{LMC} - p^*/\ln[q_1] \\ p^*/\ln[q_1] > \text{LMC} - p_1 \end{cases}$。

$p_1 > \text{LMC}\{1-1/\text{in}[q_1]\}$,用 LAC 作为 LMC 的替代衡量工具,我们可进一步推出一个有效进入价格:

$$p_1 > \text{LAC}\{1-1/\ln[q_1]\}。$$

第6章 非负性与义务

> 语言与普通思考方式的矛盾之所以让人费解,就是因为我们要用语言与别人交流。
>
> ——D. T. 铃木

本章我们考察以价格和数量组合(p,q)表达的市场均衡的性质:我们批判性地评价价格的含义,并继续简要地讨论早在第5章就概述过的市场进入问题。法律的一个角色是确保个体,尤其是市场上的那些企业,有采取符合集体利益之行动的私人激励。例如,当判断进入条件时,采用一个真实资源的所有权标准是有益的,该标准鼓励市场上的投资并防止打了就跑式的进入。还有一点很重要,就是要认识到价格争论经常演变为市场上租金分配的争夺。上述两种观点都关注个体作为自由交易市场上的参与者的义务。这就出现了有趣的问题:义务很可能延伸为集体行动问题。所有权成本能阻止一些市场均衡中不诚实的进入。可以证明的是,这将产生一个进入的道德风险问题。

引 言

当两个理性的、利己的个体在市场上通过讨价还价订立契约或从商店购买一件物品达成交换协议时,他们就已经创造了一个符合社会集体利益的市场结果。在经济学中,用产品出清时的价格和参与者的数量来描述市场。但是,市场也可以被描述为在某一时点上无解,在该时点上价格 $p=0$。换言之,非负性($p\geqslant 0$)是市场均衡的一个重要经济学条件。消费者可能不得不购买一件物品,竞争者可能不得不与竞争对手的价格相匹配,市场在位者可能不得不为进入提供便利。这些结果均影响个体对市场的判断,对市场的判断反过来又影响其下一步的行动。

非负条件是市场结果的关键决定因素。由于结果影响对市场的判断,非负性是没有言明但却强加于市场个体的法律义务的组成部分。那么,举例来说,如果价格不能提供非竞争行为的信息,在没有明显的有关进入的法律限制的情况下,诸如新进入者或规制者这样的第三方又如何能推断出在位者拥有垄断产权?相关文献中有一个解答:一个必要但非充分条件是观察到企业缺乏创新。任何企业规模、集中比率、定价策略或利润的信息都不能解释这个问题。任何分配规模进而任何集中比率都可能产生于企业家的才能和机会的分布状态。

同样,在发生创新或预期发生创新的地方,定价行为可以用很多种方式予以解释(Posner, 1976; Fisher, 1979)。着眼于价格只能在静态分析中给出明确的解释。我们早些时候在第2章和第5章中的讨论提供了第二个解答。任何对壁垒功效的判断必须承认进入暗含的产权均衡配置。当判断进入的法律壁垒的重要性时,采用一个真实资源的所有权标准是有益的,该标准鼓励市场上的投资并防止打了就跑的进入。任何对法律壁垒的判断必须承认进入暗含的产权均衡配置。如果帕累托标准(包括所有权和明晰的财产权)被应用于市场和发行(比如)新的市场准入许可证或出租车经营牌照,那么在拟议的政策变化中将出现对市场上的在位者进行公共补偿的相关问题。个人在不可复制的市场(如出租车市场)所获得的经验与在任何其他市场上所获得的经验是不同的。然而,在任何财富补偿基金建立之前,应当更加详细地分析这样一个前提,即由新法规引进的无补偿的让予可能是有害的,这超出了本章的研究范围。

义务与竞争性行为

本书前面的几章关注了一个契约经济环境下的个体们在单独或集体追寻均衡结果时强加于自身的责任或义务。在经济模型中,单独的企业和消费者寻求均衡价格。市场价格决定作为买方的消费者和作为卖方的企业之间的交易。这是供给与需求分析——现代反托拉斯分析的基石。因而,均衡分析旨在通过在数学模型中描述一个经济体系并分析相应的方程中得到的解的特性来发现经济规律。(p,q)类型的解提供了一个遵守经济规律的理由。换言之,如果价格过高,一个理性的利己消费者可能不再购买该产品或服务,他们可能退出市场。然而,他们不能偷窃产品却免于制裁。

哈特(Hart,1961b)特别指出:一些法律没有制裁措施。在私法中,他指向诸如契约这样的授权制度。契约允许个体为其他个体创建义务。如果消费者有收入或财富来支付价格,产品就可以卖给他。当在后记中提出一个境遇最差的消费者所遭受的损害的新标准时,我们将再次谈到这一点。在第3章我们讨论了埃奇沃思-鲍利盒状图并得到了一个帕累托结果。帕累托结果被定义为：没有一个契约方的境遇在离开均衡点后能够变得更好。均衡位置是通过讨价还价和订立契约达到的。从阿罗-德布鲁（Arrow-Debreu）方程中得到的（p,q）解具有均衡的性质。而每一个单独的企业和消费者以及每一个单独的企业和规制者，均是一个策略与信号博弈中的局中人。

策略与信号

但是如何使一个策略与信号博弈适合法经济学范式，尤其是适合一个哈特-科恩豪泽（Hart-Kornhauser）类型的环境？在这种环境里，法律规定是通过义务制裁理论的棱镜来审视的。个体要遵守法律以免遭受制裁。在一个哈特-科恩豪泽类型的环境中，没能遵守法律将导致个体行动的无效而不是法律制裁。在位者不应当破坏市场上进入者有利可图的进入计划。例如，在竞争法下，任何试图这样做的结果是被判罚犯有滥用市场支配地位罪——这一判罚使在位者最初的阻止进入的决定失效的罪行。这样，遵守法律将符合个体的自身利益。但是，经济学同样为符合自身利益的动机提供了依据。因此，遵守法律的理由是基于利益的审慎考虑而非基于道德的考虑，特别是考虑到特定的法律制裁时。

进入壁垒可以从公共选择和产权两个视角来考虑。进入壁垒的设置与所有其他特殊利益集团的形成几乎一样。特殊利益集团试图直接或间接地通过政府为集团成员获取净收益、保护权利和自由。在这样的情形中，进入壁垒本身给在位企业提供了一个公共产品。规制者总是假定：公共产品包括联合协调定价和产品的服务，以及动态环境下的投资与研究决策的联合协调服务。但是，进入壁垒也可以被视为向市场上出现的外部性提供设立、获取和执行产权这样的公共产品,因而允许在位企业将外部性内部化。这对社会是有益的。

当然,后一种主张使主流的批评变得乏力——这种批评认为占支配地位企业的行为是建立在把市场卡特尔化的动机之上。在这样的背景下,我们试图来理解在这种市场环境中对法律的遵守。当单个的消费者购买一件产品时,所支付的价格反映了投资在这件产品上的产权的内在价值。如果另一个体偷窃了这件产品,作为一种惩罚,该个体将被处以罚金或被判入狱。制裁的程度依赖于产权的内在价值。既然在讨价还价和契约的签订过程中双方都要尊重产权,那么理性的个体最好被描述为策略与信息博弈中的局中人,市场上的每个局中人都试图实现一个互利的(p,q)结果。

在新古典经济学中,标准的信号是由需求函数提供的来自市场的超额需求或超额供给。前者因更多的购买者追逐更少的产品,推动价格上涨,而超额供给则导致价格滑落。最终契约双方到达一个均衡价格。然而,在市场之外,通过法律或法律体系,一系列的均衡可以被实现或真正地得以维持。关于这一点可以查阅第3章和第4章中关于产权与自由的内容。在被理解为公司的企业组织内部,公司与管理者作为市场上的参与者,其角色是可以互换的。s型公司就是将企业的所有权与义务结合起来的一种尝试。

传统在位者的反应

新古典企业属于科斯的契约世界,它建立在交易的微观经济学原理而非对契约的直接陈述之上。如果管理者是有限理性的,那么其行为将受到限制,因为在信息非对称以及不完全的情况下,股东将代理成本引入到管理中,此时对契约的陈述将成为问题。在第2章,通过强调工人与管理者之间的代理类型关系,我们给出了s型公司内部组织的很多结构。我们仅仅关注一个问题:增加工作的努力程度。然而,一个正的最优工作努力水平的存在依赖于全体工人与管理者最大化联合努力的义务和责任。

工人-管理者组合通过选择他们的联合努力水平可以影响价值增值。进入的威胁能对工人-管理者组合创造的价值增值产生一个正的影响和一个负的影响。产生负影响的理由之一是:工人-管理者组合以不同的工作努力程度应对不同的进入威胁。管理者可能把落后于他们业已察觉到的新进入的竞争者的可能风险纳入考虑范围。他们可能选择把重点放在减少进入风险上,并把精力放在与进入者的进入博弈中。在进入博弈中,第一个局中人传统上是在位者,它是已经在市场上存在的、可能是在一个成熟产品市场或一个最近获得市场份额的新的创新市场上地位稳固的企业。当管理者考虑到这个落后的风险,意识到进入者会超越自己时,首先的战略反应是阻止或延迟进入者的进入。在位者与进入者之间的经典博弈为理解很多反托拉斯案例提供了基础。然而,最初的反应不可能是反竞争行为的征兆,而只不过是一种缺少战略想象的行为。

在某一水平上,那些小企业与处于支配地位的在位者共存暗示着进入之路尚未堵塞。这样,必须解释清楚这些小企业为何不扩大产量,新进入者为何会闯入市场,支配企业的管理者为何不考虑扩张和进入的威胁。鲍莫尔(Baumol)和其他一些学者在20世纪80年代提出的可竞争市场假设认为:进入威胁约束了在位者。受到挑战的新古典的假定暗示着:基于报复反应或掠夺威胁的考虑，市场上的在位者们将彼此视为"安全港"。零和假定意味着市场在位者们的市场份额将在市场交易中被重新分配。而在位者们只有在市场份额得以巩固的条件下，才能通过安全港策略确保安全。

这就存在被解释为共谋行为的危险。这种解释本质上曲解了交易的经济学原理，即一些企业的支配地位的获得可能是由于获得一项专利发明，或者是由于进入或扩张的零威胁，也可能是由于在合适的时间碰巧拥有合适的管理者，这个管理者执行了一些其他人不能或不敢的想法和战略。正是管理者与机会的这种结合，使它们能够击败竞争者，进而获得市场势力。

租金的再分配

但是，这里同样存在一个相关的问题，这个问题谢林（Schelling,1960）已经在理性行为的情况下间接提到了。在位企业可能在一个市场上存在很长时间。在一个以价格战或市场份额战为特征的市场上幸存的在位者，我们将其定义为"现存的"企业。对新进入者而言，这些"现存的"企业为何以及如何仍然存留在市场上可能同样变成了关键问题。现存的在位者可能阻止进入。现存的在位者的成功可能归功于成本领先、固有的成本结构，或者是代理成本或 x 无效率的最小化，或者是良好的企业管理者或一笔大的战争基金。无论是什么原因导致现存的在位者的出现，结果都是它赢得了声誉。尤其是在市场的历史演变进程中，是这个在位者首先发起价格战或市场份额战的情况下。如果新进入者将声誉看作是一种进入在位者的市场后获取市场份额的可行威胁，现存的在位者的声誉可以对一个新进入者起到威慑作用。

在一个交换经济的环境里,竞争对手为市场份额而相互竞争,这也是传统经济学中完全竞争模型的本质。正是通过竞争,一些局中人演化为市场上最大的局中人并获得垄断地位。这假定那些臭名昭著的、不合法的行为和"坏的"结果如同在一个(p,q)空间衡量的那样,具有$p_m > p_c$且$q_m < q_c$的特征。这是全世界现代反托拉斯政策和竞争政策的理论基点。尽管历史可能支持禁止特定的垄断,但存在这样一种危险的可能性:在没有一套真实的"好的"标准的情况下,所有的垄断者在反托拉斯评估中总是被无情地认定为"坏的"局中人。

反托拉斯法

问题的分析随后偏离了交易的微观经济学原理,转到以局中人之间的契约问题的简单表述为基础的分析。通过运用诸如"协议""一致行动"或"共谋"等词语,这种方法不经意间载入了现代竞争法的语言之中。这些词语有消极的含义,允许反托拉斯分析沿着一条消极的路线前行。正如稍后将讨论的那样,两个在位者企业组成一个俱乐部,它们利用契约捕获并内部化所有可能来自它们之间相依性的外部性。这些相依性可能来自为产品或服务创造的额外价值,以及这些产品或服务带来的额外需求;当产业成本来自于研发的相依性时,这些相依性也可能来自成本的削减。当不存在规模报酬不变时,产业的规模是内生的。对涉及的两个企业来说,这将是价值最大化过程;如果收入相对于成本是增加的话,这同时还是利润最大化过程。纯粹的竞争企业在一个完全的零利润竞争均衡中不能创造净价值,它们的成本与收入是一样的。

因此,竞争企业没有超过机会成本(清算)价值的净市场价值。

两个企业也可以对"公地悲剧"这一特殊形式提供一个制度上的补救措施。在某些方面，没有进入自然壁垒的市场就像是开放的公地。市场同时也是自然资源，在一定的情形下消费者可能枯竭，例如，坏医生吓走了好病人。进一步地，总社会剩余可能被过度竞争所耗尽。例如一个成本递增的行业，其长期竞争均衡发生在价格等于长期平均成本 LAC 处而不是长期边际成本 LMC 处，而后者是社会最优的。总社会剩余可能甚至都不能被竞争企业所实现。例如在成本递减的行业，当价格等于长期边际成本 LMC 时，价格接受企业会如图 1.1 所论证的那样遭受损失。这样，完全竞争可能耗尽某一行业的经济租金。

俱乐部企业

在这种情况下，公开竞争类似于开放的公地。公地悲剧源于一个行业的相依性：正在进入的企业降低了所有企业的价值。这个悲剧的解决包括建立可转移的产权制度。通过成立一个俱乐部，两个企业建立、获得并捍卫了凌驾于市场结构本身之上的产权。换言之，规制者应当意识到：通过预防毁灭租金式的竞争——就像在自然资源中导入产权以预防过度收益和过度投资一样，一个俱乐部式的反应为任何两个随机的在位企业提供了一个公地悲剧的解决方案。通过限制竞争，俱乐部企业同样避免了企业进入和退出一个行业时引发的额外成本。这些成本很少被规制者或支持现代反托拉斯的完全竞争模型的辩护者所考虑(Copes, 1985)。

在第 9 章我们将讨论对可望而不可即的竞争价格的研究。因为竞争价格只有通过各方订立协议或契约才能获得，竞争法可能荒谬地充当了实现竞争结果的障碍。在这样的环境下，反托拉斯分析是有限的——它被归入租金的再分配分析。在一个拥有竞争对手和竞争（非递增）价格的古典市场上，对在位者而言，至少在市场份额得以巩固之前，将在位竞争对手视为内生的竞争对手（在这个意义上，它们的行为是不可预见的）是一个好的战略。在一个市场份额得以巩固的市场上，价格战或市场份额战则是例外。这可能存在边际收益，但是在稳定市场上的局中人可能已经耗尽了获得路径，变得厌倦战争或仅仅关注有机增长。

关注有机增长的局中人更像是市场中的成本领导者。不考虑它们的规模或市场影响，这些局中人在市场上不应当遭受惩罚或制裁。例如，寡占市场上的合作假定市场博弈的结果中存在一个"乱序"规则。比方说，如果一个在位者在其他在位者没有防备的情况下，推出一个新产品或展开新的广告攻势，那么可能触发市场上所有局中人的反应。市场体系下局中人的战略反应与行动（抢夺、竞争或斗争）而非市场结构本身，是理解建立在交易原理基础之上的市场变迁发展史的关键。但是，反托拉斯分析过度侧重结构和契约，并且令人遗憾地远离了市场交易原则和市场交易体系。

公正的补偿

进入壁垒与产权的安排共存。因此，在一项法律限制强加于市场并变成公共政策之前，必须先有产权的分类方法。在位者拥有资源甚至有权将这些资源运用到对进入者的排斥上。进入者拥有进入市场的同等权利。因此，德姆塞茨（Demsetz，1964，1982）认为：一个在 $t=t_1$ 时刻限制进入或真正地延迟了进入的特许要求就是进入壁垒，即便在 $t_2>t_1$ 时刻，在竞争价格下，进入的许可是所有企业都可以得到的。换言之，如果许可证的数量少于没有特

第6章 非负性与义务

许要求条件下经营的所有者（商店／经营者）数量，或者获得许可证代价很高，那么必须获得许可证的要求本身自然而然地成为进入的壁垒。如果许可证必须以市场价格从特定的当局手中购买，垄断利润将被消耗殆尽。正如第5章讨论的那样，如果索取一个有效进入价格，与进入条件联系在一起的福利损失可以用图5.2中的 L_1 来衡量。然而，传统的进入壁垒的贝恩（Bain）命题不能在市场上找到一个刚才描述的进入壁垒。

法经济学的视角为反托拉斯从业者提出了一个有趣的问题：当产权被包括进来时，我们对进入壁垒的理解中是否存在一个贝恩-德姆塞茨悖论的暗示？肯定的回答意味着对进入的分析要求考虑竞争的本质、进入之后的市场均衡与进入的本质，以及共同的进入条件。通过丧失其在资产或产权上的特定投资，市场在位者所获得的租金的价值将伴随着进入而贬值。这可能产生这样一个情况：进入者的风险厌恶能够使进入变得困难且能荒谬地使在位者维持高额利润而不引发其他企业的进入。当具有理性预期的消费者倾向于不购买新进入者的产品或服务时，这接近于法雷尔的新进入的道德风险壁垒（Farrell，1987）。

分析一般情况下的进入壁垒与特殊情况下的法律壁垒的关键是思考在位者和进入者通过履行和捍卫它们的自由的寻租支出带来的影响，这里的自由指的是第5章中概述的自由。对进入者而言，这种寻租支出将只是加剧了其真实成本的绝对劣势。讨论进入的本质是要在有寻租支出的情形下讨论竞争与市场均衡。同样地，在贝恩的绝对成本优势时，重要的是给在位者和进入者增加的相关机会成本。例如，一个在位者可能耗尽资源，获得一项具有垄断利润的专利或俘获规制者。一个进入者可能获得一项创新项目的先发优势。此种情形下,每种行为下的权利和自由都是有成本代价的。

因此,任何进入条件本身对市场绩效而言都是重要的。特别地,如果市场提供的消费者剩余少于可能的消费者剩余,一个进入者可以通过给消费者提供一个较低的价格而获取正利润。在很多市场中,当消费者"体验"产品或服务时,消费者的选择就展现了一种潮流。在出租车市场,当顾客们到处走动并体验不同的出租车服务时,蒂伯特(Tiebout)的"用脚投票"的假设就很适合描述消费者在市场中的选择(McNutt and Kenny, 1998a)。法雷尔(Farrell, 1987)已经证明:在一个体验产品行业,一个能够通过提供比在位者更优惠的交易条件来获取正利润的进入者,可能通过用低质量的产品欺骗消费者来获取更高的利润。

道德风险

当然,如果消费者具有理性预期,他们将不愿意从新进入者那里购买产品。对消费者而言,如果消费者从新进入者手中购买产品所获得的消费者剩余小于真实的转换成本,那么转换成本就可能阻碍他们购买新进入者的产品。真实的转换成本包括产品到达购买者住所的成本(运输成本)外加所购买的产品质量(道德风险)。结果,销售者在体验商品质量选择上的道德风险可能导致进入的壁垒。法雷尔接着证明,如果发生打了就跑的进入,这类进入的威胁不可能约束在位者的定价策略。进一步地,如果进入的法律壁垒作为一种提供诚实的服务和质量的机制呈现,否则将不会有诚实的服务和质量,那么,为这种诚实发放许可证将给社会带来额外的奖励,而消费者剩余越小(越大),对不诚实进入的诱惑(道

第6章 非负性与义务

德风险问题)就越小(越大)。

但是,在市场上存在道德风险的地方,补偿不是有效的。建议读者参阅斯达克和斯普尔伯(Sidak and Spulber,1997)所撰写的一篇极好的关于美国司法背景下的公正补偿的文献。在政策变化前评估打包资产价值的减少量,有助于消除来自于打包资产价格波动的任何扰动。然而,考虑到在政策变化后对打包资产(打包的权利与自由)的最终影响,政府与在位者的说客均可能被隐藏进一个罗尔斯式的无知面纱之中。如果市场低估了打包资产的价值,一个有效补偿价值允许在位者去承担风险,而如果市场高估了其价值,则由政府去承担风险。

在调查过程中,通过承认政策的变化包括对公共产品权利的调整,补偿的明显目的是确保被要求支付政策变化的机会成本的进入者有效地运用这些资产(将坚持最低卫生与安全标准、遵守最低工资法规和顺应消费者需求提供服务)。一个产权的争议包括一系列权利,而解决方案不可避免地包括一个不情愿的权利转移的妥协(McNutt, 2002);如果妥协能带来帕累托改进,则社会福利将增加。

总体上,政策变化将遵从帕累托标准,在没有个体的境遇变坏的同时提高了一些个体的境遇,这种政策的变化就改进了社会福利。各方可能都同意政策变化必须遵从帕累托改进标准。然而,必要的是,与政策变化相联系的损失被确认为真实的机会成本以避免道德风险:如果潜在的输家知道他们肯定会受到补偿,政策变化将诱使在位者产生道德风险。而如果财产的所有者知道他们来自政策变化的损失将不能得到补偿,潜在的输家将运用他们真实的资源去抵制帕累托改进政策。潜在的赢家可能选择同样的做法去支持政策改变。结果,垄断利润被消耗掉而社会剩余却没有变化。

瓦尔拉非负价格

如同历史上被经济学家所理解的那样,在这一结合点来重新分析市场的基本原理是有益的。假设有 n 种产品和一个超额供给函数 $f(p) > 0$,如果价格 $p \in S^n$ 给定,让 $f(p)$ 满足两个条件:(1)$p \to f(p)$ 是一个闭映射;(2)瓦尔拉法则成立,即如果 $q \in f(p)$,则对于所有的 $p \in S^n$,内积 $(p,q) \geqslant 0$。超额供给函数 $f(p)$ 包括一篮子非负数量的产品。这个结果的出现是因为条件(1)和条件(2)。因此,在一些价格水平 p^* 上,$p^* \in S^n$,可以得到一个均衡。简言之,当我们正确地理解了半序 $\geqslant$ 意味着什么后,可轻易地证明收敛的基本特性:如果 $p_1 \geqslant 0$ 且 $p_2 \geqslant p_3$,则 $p_1 p_2 \geqslant p_1 p_3$。次序关系提供了一个基于规则定价的有益解释。

掠夺性定价

在一个静态环境中,小企业可以从拥有市场势力的大企业的定价中获益。古典意义上的垄断者蓄意减少产量以保持价格(p_m)高于竞争价格(p_c),从而,小企业可以索取市场上业已建立的高于竞争价格的价格 $p_m > p_c$,并从中获益。然而,市场上时常抱怨的是:大企业有意在一段时间内将价格降到成本之下,直到将小企业驱逐出市场为止。作为掠夺性定价初步的证据,对蓄意降低价格的强调已经在反托拉斯领域内广为普及并被掠夺性定价的阿里达-特纳规则制度化。

第6章 非负性与义务

阿里达-特纳基本规则提供了一个错误理解对半序价格的反托拉斯分析的典型例子。在他们的原创论文中,阿里达和特纳(Areeda and Turner,1975)的命题出发点是:企业在边际成本等于边际收益的那一点最大化其利润,且只要价格在边际成本之上,每一额外的产出仍然是有利可图的。阿里达-特纳规则得出的结论是:边际成本是对掠夺性定价的合适检验标准,但由于边际成本难以衡量,基于"合理预期的平均可变成本"成为最佳的代替检验标准:

$$p < SAVC = SMC。$$

在20世纪70年代和80年代,大多数关于规则的争论集中在掠夺性定价的成本方法上。莫金(Merkin,1987)对这场争论进行了很好的总结。本章的观点仅仅认为价格半序是一个要素。这在欧共体委员会对AKSO化学公司与调查委员会诉讼案(*AKSO Chemie BV v. Commission*)(1991)的审议中体现得十分清晰。考虑如下的情形:如果价格水平 p_4 被作为掠夺性价格控告,并提交到全国竞争管理机构或法院,那么根据阿里达-特纳规则,必须找到证据来显示确实 $p_4 < SAVC$。然而,在一个竞争性交易市场中,存在第二个价格 p_5 的正的可能性,该价格满足 $p_5 < p_4$。这将导致这样的推论:因为 $p_5 < p_4 < SAVC$,p_5 可以被认为是掠夺价格,或者在 p_4 邻域内的价格将被认为是掠夺价格。

布尔逻辑与掠夺性定价

应用于经济学与法学中的基本逻辑和数学的关系是比较。巴斯摩尔(Passmore,1966)以逻辑与数学中典型的证明方法来定义这种比较,这种方法包括"跳过中间项"。例如,通过跳过B,实情调查者可以从 A 等于 B 且 B 等于 C 得出 A 等于 C。这样的跳跃并不总是可能的这一起码的事实(因为,打个比方,A 喜欢 B 且 B 喜欢 C,这并不总是能推出 A 喜欢 C)应当有助于实情调查者明白这些关系不是实情调查者制造的事实。根据规则,如果 $p_4 <$ SAVC,则 p_4 是掠夺价格,同时,如果 $p_5 < p_4$,按照价格的次序关系,那么只有通过跳过 $p_4 <$ SAVC 才有 $p_5 <$ SAVC。但是,p_5 未必是一个掠夺价格。

让我们将 $p_5 < p_4 <$ SAVC 与 $p_5 <$ SAVC 的命题转变为如下的一个布尔代数逻辑:命题 X:如果 $p_5 < p_4$,命题 Y:则 $p_5 <$ SAVC。当 X 与 Y 均为真时,对所有满足 $x \in X$ 与 $y \in Y$ 的 x 和 y,$x(1-y)=0$ 可以被解释为"不可能存在 X 为真而 Y 为假的情形"。这为实情调查者提供了一个逻辑推论:p_5 是一个掠夺价格。然而,如果我们将 $p_5 < p_4$ 解释为一个特定时期内成立的命题,则实情调查者应当将 $x(1-y)=0$ 解读为"在这个特定时期内,不可能存在 X 为真而 Y 为假"。这是对 p_5 是掠夺价格的这一结论的限定。

这同样将一个时间关系引进支持价格次序关系的代数之中。但是布尔(Boole,1847)的逻辑结构也有其批判者。威廉·斯坦利·杰文斯(W. S. Jevons,1869)尤其不同意布尔逻辑,他认为布尔的数学逻辑给出的是"无法解释的或模棱两可的结论",它缺少运算。杰文斯还认为:"真实的推论是类似的替代,它建立在这样的原理之上:在所有的关系中,第一件事情支持第二件事情,那么在同一关系中,第一件事情将支持第二件事情的类似物或等价物。"这类似于支持现代反托拉斯分析的原理:如果垄断价格(p_m)高于竞争价格(p_c),且竞争价格(p_c)等于长期边际成本(LMC),则

p_m>LMC。这大部分是杰文斯的逻辑,该逻辑渗透进了20世纪早期的教科书中,推出了新古典学派的思想,并进而构成了现代价格理论的基础。讽刺的是,今天我们所有的计算机运用的都是布尔逻辑体系——用包含数以千计微电子开关的微芯片排列成合乎逻辑的"门电路",该"门电路"能产生可预见且可靠的结论。

非负价格(定义为$p \geqslant 0$且$p \neq 0$)存在于一个交换经济之中,在这个交换经济中,$p \neq 0$暗示至少有一个价格为正且在那个价格下存在交换行为。但是同样允许$p=0$。换言之,竞争便于攻击性定价(价格向下收敛于一个竞争价格)和价格折扣,以至于在某一个时点上,任何一对价格(p_5,p_4)可以与原告市场上唯一的售价同时存在。当一个企业降低它的价格时,它将卖掉大量的产品。这就是攻击性定价。

低于成本定价

企业索取的价格是否低于其生产额外产量的成本是一个不同的经济问题。这里要提及的是巴里赖特股份有限公司与美国国际电话电信公司诉讼案(*Barry Wright Corp v. ITT Grinnell Corp*)(1983)中法官布雷耶的定价方法。这个方法旨在判定是否高于竞争价格的定价完全源于"客观的经济条件"。在$t=t_0$时刻,价格低于成本是传统反托拉斯检验的首要假设。该检验用来预测明天在$t=t_1$时刻,高于正常价格的价格是否将相继发生。低于成本定价作为掠夺性定价的一个必要条件在欧盟和美国反托拉斯领域被普遍认可。促销定价属于例外情况。

但是低于成本定价不能单独用于显示价格在未来将上涨至一个高于竞争价格的水平,因为它可能反映的是为在一个市场上存在而付出的必要牺牲或产品已经过时。在定价的这个角度的讨论中,法官肯尼迪在布鲁克集团有限公司诉布朗和廉姆森烟草股份有限公司案(1993)中引入了一个"补偿"标准,它检验在 $t=t_n$ 时刻高于竞争价格的价格是否可以存在,并且存在的时间长到足以使被告值得做出低于成本定价的决定。没有补偿,掠夺性定价仅仅在市场上产生较低的总价格水平,消费者的福利被最大化。

作为反托拉斯法官,在履行他们的司法义务时,尤其在一种经济学家根本不同意将法律义务建立在短期成本规则之上的情况下,可能宁愿不运用经济规律而获得和理解在某一个时点上的市场条件、习俗与惯例。让法院或竞争管理机构去论证 p_5 和 p_4 作为掠夺价格是等效的将是困难的。当被告企业调整价格以适应市场条件的变化时,其制订的价格可能是在某一个时点上正朝着一个竞争价格逼近。原告举证的责任应当是证明因被告的定价行为所引发的损害。法官可能倾向于一个"不合理价格"的标准并裁定在一对价格(p_5, p_4)中,p_5 是市场 t_1 时刻的一个不合理的低价。也就是说,当 $t \geq 0$ 时,p_5 不能一直被维持下去。因此,具体问题具体分析的方法是任何掠夺性定价评估的首选方法。

n 重定价

考虑到所有的价格都是正的,现代反托拉斯分析将价格限制为 $p>0$。价格的非负性是经济现象中不应当被忽略的一个重要性质。它不仅仅是市场一般均衡分析方程组的一个约束条件,同时还给予了这些方程一种独特的结构特性,把它们同其他学科(如工程学)中讨论的方程区分开来。一般均衡模型中的需求函数和供给函数都是根据 $p \geq 0$ 来定义的。价格在模型中固然重要,但是，在每一方在 n 重价格中选择一个价格的情形下，它们的比率在所有的交换中更为重要。这本质上决定了经济学分析所理解的价格体系。

一个所谓的掠夺性定价的可能性取决于被告-掠夺者如何小心翼翼地设定价格，以及在一个竞争性市场中该价格水平会对原告造成多大的损害。法学学者长期以来假定：如果被告-掠夺者对掠夺事件中原告的损害负有责任的话，它们对定价将更加谨慎。法官史蒂文斯在其对布鲁克集团公司案的异议中用反竞争性的意图来预测反竞争影响的可能性。美国反托拉斯领域内特定意图的方法传统上主要关注企业获取超正常价格的决心，这依据的是如下事实：进入阻挠总是主观上故意为之的。然而，仅凭这一观测结果并不能告诉我们如何制定竞争法。法院必须获悉真实的竞争价格和所谓的被告人-掠夺者的意图，同时法院必须在强制执行法律之前，对价格的调整与非负性条件有一定的理解。

通过利用价格信号，各方在价格的调整中彼此相互影响。一个在位者与一个进入者，或者两个在位者，会面临传统的合作问题。这就会产生冲突。在一个两人的博弈中，当每一个局中人在给定另一方采用的战略的情况下不能通过改变自己的战略而变得更好时，这一对战略将构成一个纳什均衡。纳什均衡是这样一对战略：每一战略都是对另一方的最佳反应。为验证一个战略组合是否构成了一个纳什均衡，让我们将第一个局中人的战略命名为 X^*，将第二个局中人的战略命名为 Y^*。一个纯战略均衡是这样一个纳什均衡：在这当中，均衡战略肯定被采纳，或者说其被采纳的可能性等于1。当纳什均衡仅仅包括肯定被采纳的战略时，我们得到一个纯战略均衡。在均衡中，与一个纯战略均衡相对应的是一个混合战略均衡。在混合战略均衡中,每一局中人采用的战略随机分布在大量的纯战略中。

现在,法院需要搞清楚的是:给定第二个局中人将采用战略Y^*,第一个局中人是否可以通过采用X^*以外的战略而严格地变得更好。类似地,法院需要了解:给定第一个局中人将采用战略X^*,第二个局中人是否可以通过采用Y^*以外的战略而严格地变得更好。如果第一个局中人没有比X^*更好的战略来应对第二个局中人的战略Y^*,同时第二个局中人没有比Y^*更好的战略来应对第一个局中人的战略X^*,那么战略组合(X^*,Y^*)是这一博弈的纳什均衡。以价格的半序重新解读这一概念,这里X^*是一个被告企业的降价战略,而Y^*是一个进入者呈原告对低价的应对。那么价格组合(X^*,Y^*)就构成攻击性定价。

价格变动的解释:无名氏定理

如果一个局中人在价格的调整中以相同的概率随机决定改变价格或不改变价格,这就出现了混合战略的例子。在掠夺性定价博弈中,这个特殊的混合战略未必是一个纳什均衡的组成部分。例如,国家竞争管理机构或法院需要查明其他企业对这一战略的反应。其他企业将计算从每一改变价格的纯战略和不改变价格的纯战略中获得的预期报酬。国家竞争管理机构或法院必须理解:如果管理者选择一个不能最大化企业报酬的战略,他们的行动是否是非理性的。另一种表述是:国家竞争管理机构或法院必须权衡在位企业的管理者是否乐于提前行动,以便使进入者确信他们是富有攻击性的而不是理性的。

反托拉斯制度逐渐弃用关于个体理性的假定。同时,它们还

第6章 非负性与义务

使我们对依赖完全基于新古典范式的分析产生怀疑。这将在稍后的章节予以讨论。要满足这里的讨论需要,真正的竞争价格应当被解释为市场上的一个共同的价格标准。那么,市场的目的就是使企业之间相互协调一致。市场上是否存在超额供给并不重要,唯一重要的是市场要求所有的企业达到一个长期竞争价格。不过,企业间有不同的协调方式,至于哪一种协调方式被选择,在反托拉斯分析中是有区别的。然而,允许企业就产品和价格达成协议滋生了从事限制竞争的活动的可能。

但是,需要清晰地区别反竞争性(定价)行为与价格向一个长期竞争价格的变动。例如,一个企业被视为掠夺或共谋的行为可能仅仅是大企业对竞争的反应。博弈论中的无名氏定理清楚地阐明了区别两种情况的方法。借助这种方法,企业可以获取似乎是共谋的结果而不必公然从事共谋活动或真正地在一起讨论采取什么行动。无名氏定理表明"作为(完美子博弈)非合作均衡"的共谋结果是如何获得的(Friedman, 1979)。然而,在一个常规的非合作均衡导致合作行为方面,已经有人指出,无名氏定理使公然共谋与默契合谋之间的区别变得模糊不清。从蓄意共谋的立场看,这使得反托拉斯调查变得相当棘手。此外,这使得局中人开始考虑部分共谋。在部分共谋中,局中人如同弗里德曼等人(Friedman et al., 1995)论证的那样仅仅在某些选择(价格)上相互勾结,而在其他选择(位置或市场)上并不勾结。这同样导致无意识的合作或本章稍后讨论的偶然一致的价格标准。

价格操纵或平行价格变动仅仅是第三方可以明确观测的,可能不存在协调。罚金和判决充当了一种威慑力量。例如,罚金和判决将改变来自一个共谋战略的报酬,并且,由于这种预期报酬的改变,局中人将采取的战略可能会完全改变。因此,无论一项法律规定适用与否,它都会导致企业战略的变化,即便该法律规定重视的是从未采取的行动的后果(Baird et al.,1994)。法律规定可能影响企业是否采纳公共标准,以及它们采纳的标准是否是对每一个人都更有利的标准。荒谬的是,反托拉斯机构的价格管制也许划定了市场中向长期竞争价格移动的界限。

作为性别战的卡特尔

含有这一问题的2×2博弈被称为性别战(见表6.1)。它之所以被称为性别战是因为这个故事通常讲的是一对具有不同偏好的夫妇希望与对方一起度过一个美好的夜晚。双方都宁愿选择与对方一起参加自己并不喜欢的活动,而不愿选择独自一人参加自己偏好的活动。但是,双方的第一选择将是与自己的爱人一起参加其喜欢的活动。然而,一方不能够与另一方沟通,在这种情况下,每一方必须猜测另一方将做什么。

在诸如上述这样的合作博弈中,两个局中人都想协调他们的行为,但每个局中人均想得到一个不同的结果。起草一项能在这样的情形下产生合作的法律规定,不仅需要评估一个结果是否有效,还要权衡竞争的利害关系。

表6.1 性别战

		拳击	歌剧
局中人1	拳击	8,4	3,3
	歌剧	2,2	4,8

在这个博弈中,纳什均衡是双方一起去看拳击、双方一起去看

歌剧或每一方在拳击和歌剧间随机选择。毫不惊奇的是,经济学家将卡特尔视为不稳定、无存活力的机制,除非它获得政府明面上或暗地里的支持。这个判断通常是建立在以下两个自然行为条件之上的:(1)任何(以及每一个)卡特尔成员都具有欺骗卡特尔协议的动机;(2)如果存在超额的卡特尔利润,新企业具有进入该行业的动机(Carlton and Perloff, 2000)。尽管历史上有很多关于不稳定、无存活力的卡特尔集团的例子,但仍然存在相对稳定,并且与其他的组织类似市场的方式相比存活了相当长时间的卡特尔——即便大量明显的欺骗卡特尔协议的行为经常发生且/或有其他企业的自由进入。如果经济学家对卡特尔自然死亡真的有信心,反卡特尔立法的需要就不明显了。我们将在稍后的第10章和第11章回到这个议题。

交易分析

反托拉斯分析根本上混淆了交易的微观经济学原理与契约问题的简单表述。表6.2举例说明了反托拉斯调查与分析的四种不同情形。今天,它们可能处于左下角的位置,过度强调反托拉斯之争的解释,将其解释为租金在战略局中人之间的再分配。

现代反托拉斯分析主要关注租金的再分配,但这不是经济学分析的基石。尽管有些人可能不同意,但竞争法的确不是利润(租金)再分配纠纷的仲裁人。不幸的是,国家竞争管理机构可能被拖进了买卖双方的纠纷之中。国家竞争管理机构既不是事实上的租金争议的仲裁人,也不是利润率的仲裁人。

作为反托拉斯控告的、有案可查的典型争议未必与雇主与雇员之间的工资纠纷有什么区别。竞争问题在工资纠纷中不值得一提。租金再分配不应当在竞争政策的范围之内。竞争法关注的是标准、对竞争的损害,以及当企业在非竞争水平设定价格时引发的损害。尽管我们倾向于仅仅按照消费者接受的较低价格来考虑问题,然而,真正的竞争拥有较低价格的预期。一个普遍的看法是:如果竞争政策与竞争法能真正带来更多的竞争,它们将服务于消费者进而服务于一般大众的利益。这看起来似乎是可行的,但是,当消费者仅能利用市场所提供的产品和服务时,一些评论者,尤其是伯克(Bork,1978),已经指出:有利于竞争的消费者论据代表着一种错误的判断。

表6.2 交易原理

	市场结构	市场体系
	$p>0$	$p\geqslant 0$
交易原理(市场)	真实的竞争价格	战略
契约形式(商业战略)	租金的再分配	信号

竞争或生产者的力量可能拥有同等的影响(McNutt, 1994)。在美国大萧条时期,当很多产业在危机中挣扎时,法院允许一个卡特尔协议来帮助一群煤炭企业获取比别的产业更大的利润。在阿巴拉契亚煤炭有限公司与美国诉讼案(*Appalachian Coal Inc. v. United States*)(1933)中,法院似乎为了实现生产者福利的目标而偏离了消费者福利的目标。阿巴拉契亚煤炭公司承认大萧条的冲击;这是一个勇敢的判决,它试图解决是否要像重视消费者福祉那样重视生产者福祉的问题。这个问题导致了生产者福祉和消费者福祉之间的对立,这种对立贯穿于反托拉斯历史并持续至今天。

真实的竞争价格

在本书的稍后部分,我们提出:什么是真实的竞争价格水平?对消费者而言,一件产品的真实竞争价格是 22 便士还是 1.23 英镑?我们不能简单断言。然而,如果我们改变说法并发问:对一件产品而言,1.05 英镑是一个太高的价格吗?答案毫无疑问将是肯定的。但是,判定 1.05 英镑太高的标准是什么?标准是一个未知的真实竞争价格。真实的竞争价格必须(至少在理论上)是更低的价格(在这个例子中,低于 1.05 英镑)。考虑到竞争不过是一个假设以及承认在现实中存在一个"非不合理"价格的标准,这类观点有点循环论证的味道,而且可能受到质疑。

竞争不过是一个假设的命题将在第 9 章予以讨论。经济学与其说是被其观点主张从其中衍生的那些过程的不可观察性所困扰,如完全竞争、竞争性价格,倒不如说是被认为这些过程根本就不存在的评论所困扰。在应用"非不合理"价格的标准时,我们必须牢记消费者在其选择方面是独立自主的,并且,如果他们更喜欢一个不同的价格而不是出售中的价格,他们可以选择到其他地方购买。然而,企业作为一种投入的供应商,必须与它们的供应链上的供应商进行议价。而价格纠纷通常逐渐演化为市场上租金再分配的争夺。

价格的偶然一致性标准

在过渡期间的任何一起价格操纵案例的辩护中,坚持价格不变的单一事实(如原告暗示的那样)未必能达成一个维持价格的协议。因此,值得怀疑的是:法院是否认为坚持价格不变可以单独地、令人信服地证实存在一项维持价格不变的协议。在行业内可能存在"偶然一致的价格"。一个偶然一致的价格标准是渐进地趋近于一个协议的竞争价格,因而其必然结果是并非所有平行定价行为的案例都可以得出同样的推论——平行定价产生于企业独立的商业判断之外的其他事情。从事默契合谋的各方其行事方式与加入一个明确的卡特尔组织的企业完全不同。从事默契合谋企业的管理者甚至可能不知道他们在做什么;他们未必认识到其定价行为有助于支撑一个反竞争均衡。

竞争法和竞争政策的目的是使消费者福利水平最大化,而消费者福利水平的最大化只有在一个价格空间里的零售层面上通过较低的竞争价格才能获得。在很多竞争议题中,面对众多的产品与服务市场,消费者仍然不知道竞争所许诺的真实价格究竟是什么。如果我们从这样的前提出发:市场是典型的契约,在其中,有能力"做交易"和谈判,以及按照讨价还价机制形成的价格进行交易是惯例;那么,讨价还价机制的存在反映了交易的本质以及讨价还价机制难以被他人轻易监控的事实,使得所谓的价格操纵案变得难以被查明。

两个局中人之间解决价格协调争端的一致意见犹如在一纸操纵价格协议的薄冰上滑行。但是,为了市场的集体利益,这样的一纸协议确实是可以被视为"合乎情理"的吧?至少这是向正确的方向迈出了一步。否则,制定一项定价的法律规定的理由最终不是基于企业进行价格协调的能力的欠缺,而是基于国家机构和法院对此没有能力做得更多。只要反托拉斯从业者贬低非负性($p \geq 0$)作为市场均衡条件的重要性,这种有分歧的结果就将继续存在。

在(p,q)空间里,定价问题的本质被这样的经济事实进一步

第6章 非负性与义务

复杂化，即被告企业不仅在降低产品价格的条件下可以销售大量的产品，而且可能索价不超过生产额外一单位产品的成本。竞争法确实从未有意保护任何人使其逃避公平竞争，也就是说，较低的价格是建立在高效率基础之上的。一个高效率的被告企业有义务最大化消费者剩余，也就是说，以较低的价格将垄断利润转移给消费者。当然，如果这些高效率企业意欲超越它们的效率标准并将价格降低到企业特定成本之下，这将违背公平效率标准。即使是在许多幸存的企业已经被逐出市场、市场上只剩一家被告企业的情况下，这也违背公平效率标准。违背公平效率标准之后的价格与竞争伤害无关，因为伤害是在违背公平效率标准期间发生的。在竞争市场失灵、市场势力出现以及消费者支付的价格被提高到高于竞争水平之前，单个的竞争者是可以牺牲的。

第7章 规制信号、标签与可置信威胁

> 任何路只是一种路,那里没有侮辱,对自己或对他人,放下它,如果这是你的心告诉你的。
>
> ——卡洛斯·卡斯坦尼达

在本章,我们重点关注作为第三方或实情调查者的规制者或国家竞争管理机构,并讨论其行为、决策以及基调乃是向企业与个体发出的信号。信息从规制机构被传递至被规制企业。结合前面所讨论的威胁,我们设置了一些参数以利于法经济学应用于反托拉斯活动之中。我们的前提是,反托拉斯执法是理解企业行为中的合理性。有效执法即发出信号和可信威胁。在第1章,我们已经证明个体完全可以扩展自己的偏好域,并假定个体如同附加成本模型本质上所阐述的那样具有遵守义务的偏好。那么,规制者能够信任主导企业会放弃(比如说)掠夺性定价战略吗?或者说,主导企业的所有者有义务去遵守法定竞争吗?

引 言

在发达经济中,处在竞争管理机构密切观测之下的产业通常可以被描述为"寡头结构"产业(Tirole, 1988; Phlips, 1995),从这一前提出发来进行分析是很重要的。其寡头垄断地位与产业中企业的特定行为一样,与他们参与竞争的经济体的演化亦关联密切。在厂商间成本存在实质差异且不断波动的当今商业世界里,产能过剩是普遍现象,产品和生产技术的创新也是竞争的现实,这就让人难以理解厂商单独扩大产量直到实现竞争性报酬水平的过程。

我们所指的过程是一种(完全)竞争,它代表了一种静态均衡。可竞争性市场与第5章所定义的克拉克(Clark, 1940)的可行性竞争是开放的,足以包含非静态均衡。可竞争性关注进入条件。遗憾的是,竞争政策的实践者们常常将"竞争"和"可竞争性"概念交替使用。克拉克可行性竞争的初始概念长期徘徊于历史书籍中,这实在是一个悲剧。按照通常理解,竞争实际上就是一个向长期竞争价格收敛的过程。尽管这在很多市场中无法实现,但仅凭这长期(可持续的)竞争市场条件的理念就足以对反竞争行为进行仲裁。此处的观点意在向(解释)垄断效果的法律环境转换,根据产业组织理论,垄断是"坏的",并且在位者具有保持垄断地位的动机。

竞争趋向于消灭租金。因而,相对进入者不得不成为一个双头垄断者而言,在位者可能拥有更强的动机去保持其垄断地位。一旦动态而非静态的效率能够解释历史上众多在位者通过创新、新产品与新流程而兴起时,我们对竞争过程的理解就不再模糊了。值得注意的是,随着欧洲产业(商业)发展进程呈现出寡头状况,可能有越来越多的人支持某些法经济学者所提出的观点——价格协调手段在寡头结构产业中是必要的(甚至可以说是不可避免的)。经济理论使我们相信,价格协调旨在减少与相互依赖有关的不确定性,从而降低彼此进行破坏性价格竞争的可能性。

如果坚信该观点,立法者可能不得不接受由阿瓦利特和兰德(Averitt and Lande,1997)所表述的观点:"在一个完美、无摩擦的世界里,企业依然限定价格。这将导致对竞争法的技术破坏,甚至会被处以刑事制裁。但是,这不可能严重损害消费者福利,因为企业间的完全信息允许其迅速进入价格限定市场并抢夺超竞争利润。竞争将拉动价格迅速下降直至其仅略高于完全竞争价格水平。"无论理论家持有何种观点,竞争管理机构都将继续关注:用以避免价格战的(价格限定)机制也能够被人为操纵以将价格(和利润)提高到显著高于竞争水平之上,而不惜牺牲消费者利益。一些违法行为,尤其是卡特尔价格限定,在任何层面上都是对社会有害的;其最优比例为零。

经济学中,基本假设为个体是理性的。比如,在法经济学中,相对转移观点而言,净成本观点想当然地认为:"法律规则应以一种能够平衡错误判罚与错误认可成本的方式去制定。"(D. Friedman,2000)在波斯纳的世界里,我们可以期望法律规则如此制定,因为我们期望法官关注效率(法律规则对蛋糕大小的影响)与分配(对谁获取蛋糕多大部分的影响)。能够得出同样结论的一个非常不同的"寻租"观点认为,无效率规则产生诉讼,并且诉讼最终导致规则改变。如果一项法律阻止人们从事符合其共同利益的事情,这些受影响的人要么将努力改变法律,要么将绕开法律。在第3章有关圆形邻域的讨论中,我们已经提及上述观点。

规制者的环境

关键是,规制者必须理解在寡占市场结构中,单个厂商如何平衡自身与共同利益。在之前有关俱乐部企业以及消极与积极自由的讨论中,我们曾谈及该问题。颁布何种类型的竞争法,以及如何解释与执行法律,最终取决于何种行为符合立法者、法官及国家竞争管理机构的理性利益。当竞争的匮乏向经济施加成本时,设计最优的反托拉斯法乃是一项充满分析技巧、创新与复杂性的实验。更多的还是取决于国家竞争管理机构仅仅是监测机构还是作为执行机构而提供法律支持。关于后者,视执法为国家竞争管理机构与潜在的违法者之间的博弈(这里有规则、程序、制裁、民事和刑事诉讼的威胁)是有益的。

任何公共政策争论将不可避免地集中在国家竞争管理机构所强调的经济议题上:引入正确的法律补救措施、消除进入壁垒与禁止任何程度的过度运用市场势力。当争论围绕法律程序与天然公正、程序公平与公正展开时,法律议题更可能处于主导地位。然而,经济议题与法律议题都是一个追求在各种优先处理的事情与国家竞争管理机构的绩效标准之间实现有效平衡的、广泛的最优化的组成部分。从政府分配公共资金给国家竞争管理机构的观点出发,国家竞争管理机构的效率应当用一些"内部的"效率指标来衡量(针对罚金、控告数量、通告数量等每一种标准)。然而,在主要由市场力量所控制的经济中,国家竞争管理机构对有效及充满弹性的经济的出现同样具有积极作用。

制裁与罚金

一项新的竞争政策框架常常会带来服从与威慑手段。作为组织，新创建的竞争管理机构应当具备接受控告的功能并有权去进行调查。例如，一个希望进入某一特定市场的新进入者可以向竞争管理机构提出控告，也可以个别地提起诉讼，以获得有效法律救济。如果竞争管理机构想要逼迫一家企业或公司废除或撤销一项反竞争协议，它应当有权选择是采取民事诉讼（包括获得法院禁令）还是允许私人行动。在一定的管辖权内，如果竞争管理机构想要继续进行刑事诉讼（其结果是一名企业负责人被投入监狱和/或被处以巨额罚金），它将不得不和公诉机构密切合作，将案件交由法官和陪审团审理。

匹配罚金

为了有效地处置众多的违法行为，罚金一定不能太少，而且任何不公平的影响——（比如）对小企业的打击更为严厉——都应当被避免。罚金不应当给违法者留下高额的垄断利润。我们的经济目标是所设定的罚金、处罚、定罪的概率高到足以诱使经济体系中的企业选择最优行为与最优结构。因此，如果执法更加彻底，最优罚金可能较低。而对一些小企业的违法行为来说，罚金可能显得相对过高，难以接受。法庭在定罪期间应当考虑与指标相挂钩的罚金。作为一种选择，匹配罚金可以被引入。这种罚金将罚金数额与违法行为所导致的损害程度或企业的偿付能力相匹配，或者同时与损害程度和偿付能力相匹配。这种罚金数额可能是垄断利润的一部分，也可能是企业的全部利润。与指标挂钩的罚金或匹配罚金可能遭到受理罚金上诉的法庭的反对,上诉法庭将听取上诉企业提出的削减罚金数额的声辩理由。

仅仅是罚金和制裁的存在就足以构成充分威慑,但公平地说,只有当第一个企业负责人被判处刑事犯罪并投入监狱或被处以罚金时,它们才能构成真正的威慑。个体及一项交易的各方将关注法庭强制实行的可能制裁。相关文献(Whish,2003;Korah,2004)中对制裁的讨论业已包括民法途径和刑法途径的区别。例如,刑法途径被作为"更严厉制裁"的一种简略表达而加以运用。在某些方面,这样的简略表达是符合逻辑的。但是,在存在有效执行机构的情况下,这种不准确的表述掩盖了潜在的重要区别。在处置个体而非公司时,除非与犯罪相联系的污名被隐含地作为制裁的一部分,否则,入狱与罚金的区别可能比民事责任与刑事责任的区别更有意义。如果是这样,污名是否使刑事判决外加少量的罚金比高额的民事罚金更为严厉?答案取决于犯罪情节吗?还是存在一种观念,认为有罪判决本质上比任何可能的民事制裁更为严厉?

私人诉讼对垄断势力施加了重大影响。一个受到不公正对待的人应当能够在可行法律下寻求法律救济。在单个市民起诉的成本可能太高或企业不能继续起诉它们唯一的供应商的情形下,国家机构的介入更为有效。对一些拥有额外资源的企业来说,民事诉讼可能是可取的。这并不削弱公共机构提起诉讼的重要性;没有执行机构会想要阻碍私人诉讼。

美国的经验是,私人诉讼比机构诉讼着手得更早、提出诉讼申请的时间更快、提起的诉讼更加有力。在一些地方,私人诉讼通过提出新的主张并引发一个重大裁决而"制定了法律"。然而,通常情况下,私人诉讼要么证据不足,要么不能成功地起诉处于领导地位的主导企业，弱小的原告仍旧被主导企业的高级律师所漠视。拥有控告受理功能和执法权力的国家机构提供了一条路径来动员遭受少量个人损失的弱小的原告。

掷币游戏

规制者与被规制者、国家竞争管理机构与所有可能的违法企业之间的博弈，让人想起这样一种博弈：其中唯一的纳什均衡解是博弈双方均采用混合战略。这种类型的博弈中最典型的是掷币博弈。

每一局中人的策略是选择正面或反面。如果双方都选择正面或都选择反面，第一个局中人赢得双方的硬币。如果一方选择正面而另一方选择反面，则第二个局中人赢得双方的硬币。这是一个没有纯战略纳什均衡解的博弈。给定任何纯战略组合，局中人总是可以改变战略而获得更好的支付。唯一的纳什均衡解是双方均采用混合战略。掷币博弈是一个典型的零和博弈。在这个博弈中，任何一个局中人的所得都是以另一局中人的损失为代价。这种类型的博弈大多数可以天然地应用于法律执行问题（Baird et al.,1994）。在价格操纵的情形下，理性的管理者具备强有力的激励去避免以一种可以预见的方式行事。在实施反托拉斯法的情形下，采用任何一种肯定的战略可能是愚蠢的。因此，价格操纵博弈的结果有充分的理由是一个混合战略均衡。

表 7.1 掷币博弈

		正面	反面
局中人 1	正面	1,−1	−1,1
	反面	−1,1	1,−1

合理性

合理性并不意味着一个价格操纵者在决定操纵某一产品价格之前详细地汇集了成本和收益的信息。但是,比如说,如果存在被逮住的较高风险并伴随惩罚的增加被清楚地告知给价格操纵者,那么这个价格操纵者很有可能终止价格操纵行为。但时间是多长?提高证据的标准降低了将无辜的被告判定有罪的概率,但提高了将有罪的被告宣告无罪的概率。实际上,美国及相似司法体系下的法律对刑事案件要求较高的证据标准——排除合理怀疑。但对民事案件仅仅要求一个较低的标准——优势证据。为什么?

如同 D. 弗里德曼(D. Friedman,2000)坚持的那样,如果答案不能简单地归结为我们对刑事判决更加小心谨慎是因为惩罚更大,那么,必须有一个根据经济上的权衡而得出的答案。当被告被宣判有罪时,向原告支付现金是对失去资产惩罚的一个不同的权衡选择。现金支付仅仅是一个零和转移(被告的损失是原告的所得),被告没有净成本。在刑事案件里,惩罚是净成本而不是零和转移,所以对施加于刑事案件的惩罚更为小心谨慎是有意义的。因此,处理竞争问题的法律规定应当根据其建立的激励体系和企业响应这些激励而改变它们行为的结果来予以评判。

合规与个人责任

合规计划要想有效必须被设计得适合于相关企业的特定需要。在欧盟内部,如果合规计划被设计用来确保遵守国家法律,那么,它对欧盟竞争法也应当是同样有效的。这意味着遵守合规计划除了可以避免出现违反国家法律的结果之外,还可以避免遭受欧盟调查的风险、避免原告向欧盟控告的风险、避免被欧盟处以罚款的风险。将导致欧盟调查(尤其是如果调查将导致发现违法行为)的不良名声和在法庭上进行辩护的可能费用都是确保法律得以遵守的强有力激励。

显然,有效的合规计划对企业是十分有益的。在欧盟委员会或国家竞争管理机构进行的没有预兆的"突击调查"期间,管理者做出稍后被证明是虚假的声明肯定不符合企业的利益。律师将建议管理者最好说"我不知道,这不是我负责的范围",而不是做出稍后看上去是试图误导调查者的声明。国家合规计划应当强调个人义务的这个组成部分。很有可能,在一些企业高级管理者看来是重大的改变是通过修正案变为现行法律的。比如,有可能出现个人民事责任,并在司法管辖权内第一次出现刑事犯罪。

但是,在追究刑事责任时,如果雇员的行为可以归咎于他们的企业,则可能出现道德风险问题。雇员可能暗示企业的刑事责任和刑事犯罪是经企业的个别管理者批准或同意的,以至于企业的行为可能给它们的管理者造成承担刑事责任的风险,除非管理者能够驳斥这个假定。个人承担责任的可能性对职员培训程序和雇佣合同有明显的暗示。法律措辞可能很好地暗示了所有的雇员有合作的义务,而管理者必须确保他们意识到这一义务。

保密性与揭秘者

一个有效的竞争管理机构将依赖第三方向其披露保密信息,不管第三方是通过直接的方式或控告信的方式,还是在竞争管理机构对特定市场进行调查期间。无论如何,竞争法的执行对"揭秘者"的过度依赖与日俱增。竞争管理机构必须评估所揭秘信息的有效性,同时采取适当措施保护信息披露、共享信息的运用以及原告或揭秘者的身份。

如果竞争机构提起一件刑事诉讼案件,那么,可能存在向被控告方披露所有可能证明被告无罪的材料的义务。尽管存在一个符合公众利益的有力观点——保护揭秘者身份,但这并不能绝对保证竞争管理机构不能够被要求披露揭秘者的身份。如果竞争管理机构提起一件民事诉讼案件,被告可以不受约束地询问竞争管理机构起诉文件的内容,而竞争管理机构是否有义务披露揭秘者的身份则再次成为每一个法官根据个案来解决的问题。

被披露的信息类型之间可能必须有区别。比如,这可能是"调查保密"信息,就是说,保密仅仅是因为该信息是在调查过程中获得的。在单独的庭外调解案件中,法庭需要考虑如何在强调保护机密信息的同时,就解决信息共享问题的法律建议最大限度地达成一致意见。我们不得不在不同类型的信息间保持平衡,尤其是信息具有成为商业机密的价值,从而产生"商业保密"信息。任何由国家机构提起的民事诉讼案件中,唯一可能被允许秘密审理的部分是保护"机密的生产过程"。

通常,有效的执法不得不在保密的基础之上进行。例如,关于来自揭秘者的信息的使用,国家机构可以在进行一项与刑事执法行动相关的调查时运用该信息。而在为任何其他目的使用该信息之前,国家机构可能通知被调查的一方并给予其反对使用该信息的机会。如果被调查的一方提出异议,就需要所有的各方协商达成一致意见。譬如,当机构认为有必要时,可能会给被调查方机会——要求对被提供的信息保守秘密,但是如果在公开诉讼中有必要作为证据的话,该信息可能被披露出来。

调查的权力应当使国家机构在做出保证的条件下获得文件和文档;信息的第三方来源是新的佐证;来自第三方的关键信息、竞争者间的任何反竞争协议或交流的证据,对一项调查可能是至关重要的。当较低一级的法庭根据案件的性质或客观情况,或者为了公正的缘故,认为秘密审理有必要时,任何由国家机构提起的刑事诉讼案件中唯一可以秘密审理的部分将在较低一级的法庭预审。但是,法庭未必希望将真正诚信的媒体代表排除在外。

作为信号的竞争主张

一个国家的竞争管理机构必须在规制改革和私有化中扮演一个积极的角色,并为公众所知晓。它应当有资格成为众多规制部门的成员,在这些部门里运用它的调查和执法权力以及成员资格,积极地参与各竞争领域政策的制定和执行。执行机构同样可以使竞争主张变得更为有效。当反竞争性的限制直接来源于政府的行为时,主张竞争可能是唯一可以消除反竞争性限制的方式。

一个显著的制度因素是独立的程度。来自于政府部门的独立地位可能是一个优势,也可能是一个劣势。作为一个公正的执法机构,独立性对任何竞争管理机构的地位而言是必不可少的。另一方面,处于政府部门之外的位置可能将竞争管理机构与重要的改革决策过程隔离开来。但是,制度上的独立程度似乎不是决定性的。经合组织的研究已经表明:包括意大利和韩国的竞争管理机构以及美国的联邦报业委员会在内的一些制度上最独立的机构,承担着规制的工作,而在相似情形下的另外一些竞争管理机构,如日本的公平贸易委员会,则并不承担规制任务。

在德国，联邦卡特尔局与经济部的竞争政策官员保持紧密的联系。联邦卡特尔局通过认真考虑被公关努力所支持的即将实施的主要竞争主张来强调它的独立性。然而，经合组织在20世纪90年代所发表的一份文件表明：一些竞争管理机构避免卷入政策制定过程，因为这将削弱它们在执法中的独立性。在这些案例中，制定普通竞争政策和主张的责任与执法权相分离，被分配给政府的其他部门。

192

被规制企业

在很多发达经济中，小企业的经济时代正在被少量横跨商业与工业领域的大企业所取代，这在欧洲尤其明显。欧洲人对（大）规模、效率（作为反托拉斯的理由）及合作（作为欧洲企业在全球市场上生存的必要条件）的争论可能逐渐演变成值得注目的、更为重要和决定性的国家（竞争政策）议题。竞争当局可能不得不将注意力更多地集中在对市场结果的评估上，即非合作均衡的共谋或非共谋的特征。换言之，企业行为不能够再被理解为源于斯蒂格勒-贝恩理论，而是应当被视作源于更为复杂的战略相互作用。一个因其他人进入而严重受损的被规制企业有动机去俘获规制机构和诱导规制机构去阻止或延缓新企业的进入。

坦率地说，竞争当局将不得不继续欢迎为市场而竞争的新经济。例如，无论它们的市场份额是多大，创新企业试图引入新产品的特点是广告和亏损，并伴随着较低的引入价格。如果是一个竞争企业所为，这可能构成有意掠夺。实际上，引入新产品和服务既符合消费者的长期利益，又是竞争企业争夺新市场份额的一个挑战。老掉牙的效率（作为反托拉斯的理由）已经成为欧盟委员会和国家竞争管理机构优先考虑的事情。我们将在本书的后记中评论这方面的最新进展。然而,是否存在一个反对企业行为的符合消费者长期利益的合理的反托拉斯呢？也许现在是时候通过该问题来接受企业行为的长期观点了。

在正在崛起的新欧洲,将这一点纳入正确的竞争政策,一些严肃而意义深远的政策问题必然会受到成员国的质疑:小成员国需要一项国家性企业合并政策吗？小成员国需要一项具有(没有)事先通知制度的国家性企业合并政策吗？国家性企业合并政策的问题不是本章讨论的话题。然而,当我们提及横向协议时,一个类别的方法可以运用,外加一个对小成员国的较大规模的门槛和进入检验。在任何竞争评估中,贸易规模必须要包含进去吗？我们接受损害竞争者的标准不足以决定一项行为是否是反竞争的吗？如果是这样,我们采用什么样的福利衡量标准来界定(对竞争的)损害？当评估合并时,合适的福利衡量标准对竞争有害吗？

竞争的含义

在随后的几章,我们将批判地评论竞争的含义:竞争存在的目的是什么？在一定程度上,竞争是在市场上寻求长期竞争价格。在新古典理论中,经济学家所定义的广为人知的"市场"是由单独的个体组成,这些个体的最大化行为受等价交换准则的支配。在企业理论中,企业在市场上扮演一个关键的角色,为消费者提供产品。于是,在一个市场上,逐渐形成了一组消费者和一组企业。而竞争法假定消费者和企业的利益相互背离。这强化了支持竞争的消费者观点。留给我们的市场概念是:市场无疑是对消费者有害的。因此,必须通过规制来对市场进行规范、调整和控制。

另一种观点简单说就是,随着市场的演进,企业和消费者的利益趋于一致。市场的演进不仅体现在产品空间,还体现在地理空间。在与社会和政治因素交织在一起的地理市场上,企业之间的关系、消费者之间的关系,以及企业与消费者之间的关系变得日益复杂。就产品而言,消费者和企业有不同的观点(比如,对产品和服务的市场价格),并存在信息的不对称(比如,企业拥有技术或产品质量的知识)。法经济学者将假定:在市场上,信息的不对称产生了投机主义行为的可能。然而,作为购买者,消费者是订立契约的一方,他们能够在一定程度上预见到投机主义。作为理性人,他们趋向于改进和采用能最小化代理成本、交易成本或契约成本的行为。

但是还存在第三个特征:经验和技能在作为消费者的工人和企业之间是不可转移的。第 2 章中所介绍的 p 型企业和 s 型企业都将调整它们各自的生产行为,以便降低成本。在生产、获得原材料、新产品的研发或创新过程中可能存在重要的规模经济;本土企业向国外扩张,从国外获取投入品;消费者并非忠诚于本土企业;企业获取实际的利润,而消费者获取无形的剩余;作为竞争对手,企业在市场演进的过程中演进,与本土的和国外的竞争者竞争。在这种市场观点下,企业希望在市场上具有竞争力的内在驱动力不应当被解释为厌恶最大化消费者剩余,而是应当被视为经济自由的典型。

比如,在 1990 年代末欧盟委员会关于纵向约束的讨论中,提及了把经济自由与公平的概念联系起来。而在 1990 年代早期,在欧盟的政策中就确立了竞争力和竞争的联系。在 1997 年《纵向约束绿皮书》的第 II 章第 70 段,欧盟委员会承认,正在进行中的企业合并和重组过程"为针对纵向约束的分析增加了又一个维度",在日益全球化、竞争日益激烈的全球市场中,为"提高竞争力提供了基础"。从这些话语中,我们可以看出,从上世纪末的欧盟委员会的角度来看,欧洲公司的国际竞争力与企业环境有着错综复杂的联系,这个企业环境的特点就是从最严格意义上的竞争力和公平贸易角度来理解的公平竞争。然而,毫无疑问,欧洲企业环境的竞争性是不完美的,其特点是快速的产品开发、新产品技术、市场联盟、市场共享策略和纵向安排。

熊彼特竞争过程

在欧洲,商业环境具有熊彼特"创造性破坏"的时代特征。创新产生优势,优势赢得垄断利润,垄断利润反过来刺激新的创新、产生新的优势。然而,垄断利润是在市场结构演进即纵向约束出现的过程中实现的。纵向安排的出现是现代企业发展的典范。纵向协议日益被商业和俱乐部企业视为进入产品市场的优选供应链模式,被专门设计用来在维持市场有效竞争的同时提高配送效率。现代企业在其中运营的新竞争性市场与 20 世纪 60 年代的竞争性市场在两方面有根本的差别,即竞争对手管理行为(它影响相互的品牌竞争)的战略性质和配送领域的结构性变革。例如,随着成员国向更加开放和单一的一体化竞争性市场的接近,在成员国中出现了配送的高度集中化趋势。

可以说,这些特征让人想起克拉克的可行竞争的特征,因为产品差异化、剩余产能和创新收益(熊彼特效率)全部被用于表现竞争的匮乏而非竞争的存在。尽管进入壁垒、行动的独立性、价格领导力和竞争企业的数量全部被反托拉斯分析公正地接受,然而,产品差异化、产能过剩和创新收益却不能像进入壁垒等一样被公正地接受。如果产品差异化、产能过剩和创新收益(这些全部是与完全竞争相对立的)是合意的话,以完全竞争作为标准显然是不合适的,标准理应是可行竞争。

竞争管理当局可能不得不通过动态地解释企业行为来重新评估它们衡量企业行为的方法,可能不得不承认企业能在价格之外的方面展开竞争,比如创新、产品多样性、产品质量和俱乐部企业。争论已经出现了。例如,在互联网上出现的非价格竞争作为竞争的一个方面,同价格竞争一样是惨烈的。购买者可以去其他数字经销商的网站去查询价格,供应商同样可以。在这种价格竞争下,供应商发现他们正在顾客服务、配送、电子商务网站的设计与提供等方面展开竞争。这里仅指出互联网市场的特征——尤其是低进入壁垒、无国界和零边际成本——应当变成新动态竞争的标志就足够了。令人感兴趣的是:如果边际成本不变,企业合并总是将提高价格。然而,现代企业所面对的是负斜率的需求曲线和递减的产业成本。

讽刺的是,在大经济体由于国内小企业的退出导致国家寡占企业的腐朽(从而达到国际竞争力被削弱的程度)的同时,小经济体中尽管存在垄断,国内小企业却继续保持增长势头。应当从公共垄断企业的经营活动中剔除"服务的社会因素",并用有效地提供服务及以与成本和需求条件相匹配的价格出售服务的一般经济目标取而代之。为了实现有效的反托拉斯目的,需要解决公共垄断企业的社会活动与商业活动的问题。

伴随着欧盟寻求 21 世纪国际竞争力的努力,国家竞争管理机构将不得不对付即将在成员国各自的经济中不可避免地浮现出的(私人)跨国界的垄断。除了一系列的暂时垄断之外,竞争与进步借以同步发生的熊彼特竞争过程(Schumpeter,1947)在很多方面与现代反托拉斯都是相关的。每一时期的每一市场可能被一个企业控制,这个主导企业提高价格,赚取垄断利润。垄断利润吸引了其他企业,这些企业当中的一个很快发明出一个出众的产品并取代第一个主导企业。接着,新主导企业有机会设置垄断价格,引起通常说的价格扭曲和垄断负担。然而,该主导企业同样将被新进入者取代。这个"创造性破坏"的循环持续不断,借此,创新产生优势,优势获得垄断利润,垄断利润进一步刺激新的创新和新的优势。

从国家竞争管理机构的视角看,它不得不相信:创新的进程足够快,以致随着市场势力的产生和消失,技术进步产生的收益远远超过分配不当所引起的所有成本。为了使熊彼特过程能增加福利,国家竞争管理机构必须要监督产品市场的进入壁垒是低的。别忘了,新古典制度下的有效竞争是一个调整过程,它涉及的是一些拥有显著市场份额的大企业而非一大群小企业。在竞争与垄断这两个概念之间有很多的共同点。新古典理论家假定在众多的企业之间存在一个有效的均衡,而熊彼特看到的是一个包括一系列垄断的不平坦的创造性进程。从内在的逻辑上看,他们两派都是正确的。

新 SIEC 并购标准

2003 年 11 月,欧洲理事会就《欧共体合并条例》(ECMR)中用于并购调查的新的主要标准达成一致意见。欧盟委员会这个欧盟的竞争规制者现在提出的问题是:是否"并购——尤其是作为支配地位确立或强化的结果——将严重妨碍共同市场或相当大部分的共同市场上的有效竞争"。作为众所周知的有趣严重妨碍有效竞争作为(SIEC)标准,它引发了许多有趣的经济问题。SIEC标准意欲取代现在的市场支配地位标准;而在现行标准下,如果企业集中"创造或强化了一个市场支配地位,其结果是共同市场或相当大部分的共同市场上的有效竞争将受到严重妨碍",那么,欧盟委员会就被要求禁止或消除集中。这看上去似乎并没有什么新的东西:两个标准在决定性的影响方面是等价的。

我们来对此做出解释。SIEC标准有三个组成部分,其中两个是相当易懂的,可以用作为向企业传递信号的确定性程度来解释。第一,"严重"显然指的是存在一种微量的允许标准,使得那些对有效竞争而言是微不足道的或不重要的阻碍,不能被用来证明禁止并购交易是正当的。第二,"妨碍"的意思是,尽管未必有必要去证明并购将使得有效竞争从市场上消失,但如果有效竞争被减少了,并购交易将可能被禁止。第三,同时也是最复杂的部分是"有效竞争"的含义是什么。在我们能够用法律认可的确定性说这实际上应当是克拉克的可行竞争之前,这将是欧盟委员会依据过去经济发展情形分析的决策问题。

在2002年的英国企业法中,英国已经早于欧盟采用了"竞争实质性减少"(SLC)标准。作为一个语义学的问题,人们可能指出:"严重"已经取代了"实质性","妨碍"已经取代了"减少"。而从计量经济学的角度看,这两个可观测的标准是等价的。尽管SIEC标准通过形容词"有效"将竞争限制为有效竞争,但是,在两种标准下,竞争都是被解释为一个对抗的过程。如果坚信:在一般意义上,伴随着支配企业的出现,有效竞争将远离市场,那么,SIEC标准趋同于市场支配地位标准。而另一方面,如果坚信并购将使竞争者处于劣势并损害消费者,那么,我们将在克拉克的可行竞争的本质上达成一致。关注的重点应当放在市场竞争的存在而非竞争的匮乏上。这是市场支配地位检验的本质所在——确定竞争要素的存在而非对竞争含义的抽象价值进行争论。后一种观点将在随后的两章中予以批判性的论述。

竞争政策的方向

一般而言,未来竞争政策的方向将主要关注:在一个不断扩张的地理市场上,竞争政策是否加强了国内的竞争。与支持放松美国反托拉斯立法的思想遥相呼应,伯尔曼(Boarman,1993)对反托拉斯加强了国内竞争的假设提出质疑。引起人们特别关注和焦虑的,不仅是《克莱顿法案》的反兼并条款具有降低经济效率的内在可能,而且还包括《谢尔曼法》中被设计用来为达到某些国际目标而禁止美国企业某些集体行动的规定,显然有益于外国企业。

从欧盟竞争政策的观点出发,欧盟现在呈现出的是:一个改革后的并购特别工作组、布鲁塞尔及各个国家中的大幅度的分权化和大量增加的有效执法机构。在英国和爱尔兰这两个国家,违法可能是刑事犯罪。然而,在宏观经济层面,欧盟仍旧必须敏锐地意识到欧洲竞争政策对国际竞争力的作用。事实上,二者之间的关系已经作为欧盟政策被确定下来,如同麦克纳特(McNutt,2001b)引用班格曼专员在一次演讲中提到的那样,"欧共体产业政策的主要目标是增加欧洲企业的*国际竞争力*。国际竞争力的获得……毫无疑问建立在共同体现存的经济力量基础之上……这包括严格的标准和熟练工人。然而,更重要的是适合竞争的商业环境，以便在欧洲企业之间存在公平的竞争"（斜体是本书作者加上去的）。

欧洲企业的国际竞争力与商业环境联系在一起，而商业环境日益呈现出如下的特征：产品的迅速更新、新产品技术、市场联盟和市场分享战略。欧盟委员会应当就国际竞争力的精确构成和对新成员国应用竞争政策所产生的可能结果的检验达成一致意见。

例如，不能排除任何相对较小的欧盟国家针对外国企业的行为而运用竞争政策来保护自身利益。如果针对国内垄断势力的主要保护措施是进口，那么，竞争政策的有效性就取决于贸易保护主义政策。尽管穆勒（Mueller，1991）和波特（Porter，1990）证明国内竞争（对抗）对获取国际竞争力而言是必不可少的，竞争政策的制定者们却坚持认为：一个经济体中外国企业的数量越大，贸易政策就越有效。竞争政策的制定者务必要记住：国外竞争不是国内竞争的完美替代。

如果有效竞争是某些产品市场上的标准，那就不需要竞争政策了。然而，如同科曼纳（Comanor，1990）所暗示的那样，如果在一些经济中，垄断的成分比其他成分更为常见，那么，国家间的政策行为应当有所区分。对欧盟中的很多小国家而言，现在必须找到一个审慎的平衡，以便允许自然垄断企业为获得规模经济和提高效率而寻求联合，同时使自然垄断企业仍然在国内市场上处于支配地位。理论上，需要提醒的一点是：实行价格歧视的垄断者通常比完全竞争企业能使福利水平提高得更多。

欧洲一体化的目标：公平竞争

巧合的是，十个新成员国的加入导入了一个更大的版图——

欧盟竞争政策在新欧洲更广泛的政治含义上表明了一个政治上的欧洲政府的发展。在欧洲，公用（事业）垄断正在被私营（事业）垄断所取代，而这种调整正在建立一个横跨欧洲的寡占市场结构。从竞争政策的角度看，这或许将涉及地理市场的定义。这个政治要素将影响到国家当局如何不可避免地在新倡议下行使职责。在宏观经济层面，欧盟委员会将不得不继续就大规模和支配地位问题，以及支配地位的源泉（比如专利保护）问题给予指导。

案例7.1　拜耳-阿德莱特与平行贸易

在边界延伸的意义上，宏观经济学的考虑是至关重要的。2004年，欧洲法院支持了一审法庭对拜耳-阿德莱特与欧盟委员会诉讼案（*Bayer-Adalat v. Commission*）(2004)的裁决。裁决确认存在这样的商业环境——一个非主导企业可以单方面决定限制对其客户的供应，即便这种措施将妨碍相关产品的平行进口。尽管拜耳的法国和西班牙批发商为了从事进入英国市场的平行贸易，希望增加他们可获得的产品数量，然而拜耳却希望减少供给。欧洲法院裁定：尽管拜耳减少供给的目的是限制平行贸易，然而，拜耳单方面行动的性质意味着在它与客户之间不存在"意愿一致"，因此不存在共谋协议。由于不存在共谋协议，欧盟竞争法第81条第1款的规定就不适用于本案。

竞争政策是充分建立在质疑大规模原则的基础之上的，尽管在当局强制实施市场份额临界值（高于[①]此临界值的行为被认为

[①] 原文是"低于此临界值"，疑有误，应为"高于此临界值"。——译者

是反竞争的)的地方,以市场份额衡量的规模是不变的。但是成员国之间的企业规模和国家规模的区别很大。例如,在衡量市场势力时,英国市场上 X 产品的 10% 的市场份额无疑不能和爱尔兰市场上的 10% 的市场份额相比。国家竞争管理机构将寻求用经济学的方法协调所有的规模差别,尤其是现在,分权化要求国家的决策在共同体内具备广泛的影响。尽管美国竞争政策的根源是反企业(反托拉斯),然而,可以证明的是,欧盟竞争政策的根源是欧洲一体化(支持消费者)。

欧洲一体化的目标是极为重要的:在竞争案例的评价中,竞争政策的"欧化"必然提升经济效率目标的地位。在 1997 年的《纵向约束绿皮书》的第 1 章 40—43 段,欧盟委员会提及了效率。在其中,欧盟委员会既承认传统配送渠道处于衰退中,也承认(虽然没有明确认可)在供应链中,尽管美国的生产商与零售商之间的合作已经处于高级阶段,但欧盟的生产商与零售商之间的合作依然处于初级阶段。在《绿皮书》中,欧盟委员会认为(第 50 段):"当这种合作对竞争不构成任何程度的威胁时,改进竞争规则的目标之一必然是*避免阻碍合作*。"(斜体是本书作者加上去的)

知识产权与平行贸易

权利穷竭原则防止了知识产权的所有者在第一次将产品投放到市场后,继续行使该项知识产权。这样,知识产权的所有者就不能行使权利阻止那件产品转售。大量的贸易国家倡议实施国际(全球)权利穷竭原则,该原则将具有阻止知识产权的所有者行使其权利去阻止产品在世界任何地方转售的作用,而不用理会产品在什么地方被第一次投放到市场。一个关键的问题是国际权利穷竭原则；这里存在这样的危险，即欧盟的方法似乎直接与赞同国际权利穷竭原则的美国方法相冲突。

> **案例 7.2 拜耳-阿德莱特与知识产权**
>
> 纯粹的经济学议题与消费者福利的增加有关：当同一产品在不同市场上存在价差时，贸易商有动机从价格较低的市场上进口商品，以便在价格较高的市场上销售。这是平行进口的典型，也被称为"灰色市场"。套利将减少这种价差，而（国际）价差体系的衰弱将提高消费者福利水平。
>
> 然而，纯粹的法律议题是关于知识产权的穷竭：权利的拥有者能运用他们的知识产权去阻止销往海外的产品通过进口进入自己的市场吗？在斯尔霍伊特公司与哈特拉乌瑟公司诉讼案（*Silhouette v. Hartlauer*）(1996)中，欧洲法院的裁定支持了斯尔霍伊特公司的主张，而美国最高法院的裁决则驳回了该公司的主张。在一个美国的版权案例中——宝利金贸易公司与兰扎国际研究公司诉讼案（*Quality King Distributors v. L'Anza Research International*）(1996)，法庭支持版权的购买者在不经版权所有者许可的情况下转售由版权所有者或经其授权制造的复制品，无论购买者是在哪里获得该复制品。
>
> 但是，这里存在除经济学和法学外的第三个视角。如果事实上是政府干预决定价格，国际权利穷竭原则将对权利的持有人（尤其在药物领域）构成毁灭性的打击。然而，由于存在一系列贯穿欧盟的 FICI 类型的协议控制了药品的价格，所以，和英国几乎一样，药品案例都是可以特别处理的。

第7章 规制信号、标签与可置信威胁

如同标准价格歧视模型下企业被迫以统一价格销售产品将导致产出下降一样,在一个完全向全球商标穷竭原则转化的进程中,创新企业可能会从低价市场上撤出。当然,这个推理是建立在一个垄断模型而非更加现实的(和策略性的)寡占市场的基础之上的。尽管如此,这并不妨碍这些市场上的平行进口(如果他们这样做有利可图的话)。显然,商标持有人消灭赝品的动机不会减少(他们可能仅仅是不得不投入更多的资源来从事这项活动),但这可能增加他们的成本。然而,在一个商标持有人能合法地与分销商和商店签订复杂纵向协议的世界里,这些议题在不存在被动销售的可能性下就可以得到解决。平行贸易商而非消费者将从中获益的观点,暗含着将向全球商标穷竭原则的转化视为一个零和博弈。显然,在发生平行贸易的地方,消费者一定希望从正常的供应商转向平行贸易供应商(因为价格低)。

然而,一个基本的经济学原理是:消费随价格的下降而上升。所以,总体上看,向全球权利穷竭制度的转变预期将增加蛋糕的规模,而不仅仅是改变蛋糕的分配比例。同时,制造商将向那些不采纳国际权利穷竭原则的国家和生产成本低于欧洲的地方转移。事实上,大多数灰色市场产品是由基本上执行国际权利穷竭原则的东南亚地区生产的(想必完全是建立在生产成本的优势基础之上)。欧盟应当支持国际权利穷竭原则。

拜耳-阿德莱特的判决是对促进跨境平行贸易的一个打击。有关经济学原理的应用应当达成一致意见,且越早越好,尤其是在欧盟委员会正建议国家竞争管理机构和法庭将竞争法第81条第1款和第3款结合运用而不是单个运用的情况下。

法经济学学者关注的一个焦点是法律应当是适度可实施的和

可预知的。追随拜耳-阿德莱特案例的判决存在这样的风险:案件调查者现在可能会付出加倍的努力来发现有关平行贸易限制的"意愿一致"的证据。这样一种发现的风险比知识产权的国际权利穷竭原则给作为知识产权所有者的被告所带来的风险要大得多。

竞争性影响声明

理性的企业会评估市场上的竞争风险,估计未来的市场条件。通常在位企业是大型企业,竞争管理机构关注的是企业是否违反了竞争法(义务条款),而不是在企业违反竞争法的情况下,该怎么处理企业(赔偿条款)——那是法庭的特权。大型企业,尤其是可竞争市场上的公用事业或垄断者的一体化结构可以证明它们在服务质量、创新和生产率方面带来了一些好处。

如果是这样,考虑到其他的规制选择,竞争管理机构将被迫运用具体的计量经济学的研究,来比较消除范围经济的成本(伴随着在位者的地位不变)与消除交叉补贴动机和价格歧视动机的收益(事后的成果,不管如何监管)。为什么?竞争管理机构不得不这样做,因为被告企业的行为所产生的福利结果同样是重要的。例如,一个经典的悖论是:一个实行价格歧视的、占支配地位的垄断者,比起一群不能达到其 MES 生产水平的完全竞争企业,能使福利水平提高得更多。市场上的长期均衡只有在无效率的企业被少数仍然富有效率的大企业"吞并"的情况下才能得以维持。因而,我们再次重申,一些竞争者是可以借助竞争的市场力量而被淘汰掉的。

原告-进入者向竞争管理机构提供评论市场和竞争问题的竞争性影响声明应当是强制的。举证的责任应当由原告-进入者来承担，由其来量化无进入的成本。在某些产品市场上，如果可行竞争是标准的话，则竞争管理机构没有必要进行干预。而在很多市场上，即使竞争管理机构存在，也总是存在竞争。譬如，PC的价格已经滑落了。然而，如果事实如同实情调查者所观察到的那样，一些经济中的垄断成分比在其他经济中更为常见，那么竞争（贸易）政策的影响应当在不同的国家间有所区别。对众多的发展中国家而言，在自然垄断企业仍然在国内处于市场支配地位的情况下，必须建立一种审慎的平衡，允许像公用事业这样的自然垄断企业寻求结盟来获得规模经济和提高效率。竞争管理机构反对的不是市场支配地位本身，而是滥用这种市场支配地位。

在很多情况下，由于生产者剩余可能被寻租者所捕获，所以利润是非正的。而寻租者才是竞争政策的真实收益人。当存在不同的消费者类型并且服务这些不同类型的消费者的成本不同时，任何公认和既定的法律解释方法所引起的伤害，可能仅仅是源于判定真实价格歧视的困难。在这样的情形下，同等的处理必然意味着歧视，而区别处理则不会。针对各个企业设定价格单的限制性措施将禁止很多合理的商业协议。

必须同时避免法律自身的模棱两可、冗长，避免会产生不正当结果、侵犯合理的分配惯例和鼓励反竞争行为的无知执法。在价格结构混乱和没有建立起市场价格的地方，当价格竞争包括零星的、非系统的价格歧视时，竞争管理机构迫切的任务是避免通过抨击有活力的价格竞争来过度保护竞争者。令人怀疑的是，假如这样一种情形被作为一个牺牲竞争者的掠夺行为案例提出来，是否还会发生这种谴责。

诉讼案件选择

无论是从起诉案件的数量上,还是从一旦小企业对大企业的案件被提起诉讼后所给予的处理上,竞争管理机构都应当确保执行政策在一般情况下不以小企业为牺牲品。例如,控告更可能是来自于小企业对另外一些小企业这一事实,使得主要依赖公众控告的诉讼案件选择方法是有偏颇的。纵向关系应当在考虑到特定实践的潜在动机而非外在表现的情况下,在一个一般环境下进行分析。纵向合并、排他性交易和产品差异化常常是有效率的。有效率在这里是从以剩余和租金消耗衡量的分配效率角度说的。立法的作用是将这些实践引入到那些本不可能发生这些实践的市场环境中。比如,关于价格歧视,一个可供选择的方法是将举证的责任落在原告的身上,由其去证明价格差异不是基于合理的成本。

每一个国家的竞争管理机构在确保竞争政策有效执行的好处不减少的同时,将不得不在采取扩张性的禁令与促进富有侵略性但有效率的经济活动之间、在放松规制的程度与竞争之间找到一个审慎的平衡。但是,就其本质而言,执行是国家竞争管理机构关于未来调查的"朦胧"意图,任何计划中的"黎明突袭"将总是保持秘密状态——否则只会事与愿违。因为,给定可能被强制实行的处罚,企业就有巨大的激励去小心行事,以确保自己不违反竞争法。

国家竞争管理机构可以自愿从事研究、检举案件和进行罚款。尽管受到欧盟合理化调整的影响,欧盟企业仍处于一个新的商业历史时期——具有更为有效执行竞争政策的潜力。补充额外的职员和更多的资源、被证明是主动发动黎明突袭、进行案件检举,这些都是新机构向欧盟企业界传递的意欲主动执行竞争政策的重要信号。很有可能的是：好的辩护律师将被集合起来去证明被告的行为是无过失的；在下一个十年中，伴随着新成员国的加入，我们会发现很多好律师。因此，合规可能与非侵扰性的竞争政策错综复杂地联系在一起，这种竞争政策提供法律的确定性而非禁止集体行动本身。换言之，必须树立的一个观点是：对效率和合作的敌意与政治联合的目标及国家的经济目标——高效率的企业越多，对经济增长的贡献越大——是相背离的。

"收益"与标记

欧盟委员会的现代化与分权化的开端已经在欧盟内部引发了根本性的政策变化。政策变化必须确保产权、积极自由与消极自由被清晰地界定，确保存在有效的进入。这两个条件可以被证明是相互关联的，因为产权有助于确保市场交换是自愿的。作为一个例子，考虑电信或邮政规制中的接入定价，或进入一个独占市场。如果政策的改变所提供的接入价格低于有效进入价格，那么，这种改变将产生在位者产权未得到补偿的"收益"(taking)。比如，如果在位者的利润与其承诺的投资数量不成比例地减少，这种未得到补偿的"收益"就将上升。有兴趣的读者请参阅杜奎森灯具公司诉巴拉什案(1978)。

如果所有权被界定为允许在位者根据自身意愿来支配资源的使用，那么，所有权成本（根据产品质量和消费者剩余来衡量）将不得不由进入者承担，而且，如果所有权成本是令人望而却步的，就将阻止均衡条件下不诚实的进入。规制者和国家竞争管理机构必须承认市场上存在合理的、正的交易成本。除了给进入者带来的所有权成本之外,正是竞争管理机构的存在给在位者带来了评估其发出的信号的额外成本和谈判的额外成本。在位者不得不投入时间和精力来了解经济体系是如何运作的,在竞争管理机构和法律存在的情况下又是如何利用"标记"进行运作的。有关进入性质的"标记"、市场定义、寡占合作和攻击性定价方面的分歧是企业与各自的竞争管理机构之间博弈的主要驱动力。如同我们在第6章讨论掠夺性定价时所间接提到的那样,清晰的商业目标可能被误解为标记。因此,紧迫的是:通过指导和判例,竞争管理机构的行为信号能促进市场进程,为即将实现的进程创造便利条件。

切不可将"在位者"的标记与在位者在市场上支配资源使用的行为混为一谈。同样地,务必要仔细审察一个标记"市场"以确保它反映现代企业战略已经变为多目标的事实。激烈的全球化竞争已经意味着新的创新源泉。尽管网络和企业间战略联盟的数量"正在快速增长——尤其是在信息技术、生物技术和新材料产业",产品生命周期却已经"显著地缩短"(Glader,2001)。竞争最好被理解为一个过程,一个影响研发过程的较短产品生命周期的蜘蛛网,而研发过程是领先于最强竞争对手所必不可少的。

作为标记,绝大多数市场日益具备存在少量供应商和寡占的性质。在这些市场上,产品差异化将总是确保存在少量的企业。认为作为顾客的消费者通常是在数以百计的竞争者中选择他们的供应商是不现实的。在具有竞争性质的市场上,异质产品间的交易成本将非常高(Von Weizsacker,1991)。在一个具有产品同质性的完全竞争的模型中,每一事件都将导致纯粹的价格竞争。然而,在真实的不对称市场上,交易成本很高。不对称导致价格明显高于边际成本。

如果被标记为"垄断企业"的企业其定价可以不考虑竞争,那么,它为什么要将收入的很大比例投入到研发之中?这是因为管理者将较高的产品性能视为最终竞争力的仲裁者?还是因为这样一种情况——有活力的竞争不必然是完全由价格决定的?如果垄断因其市场势力而是坏的,那么对租金的分析将对鉴别市场势力事实上是潜在的麻烦还是仅仅是创新的结果是有益的。创新活动多的地方,实情调查者应当假定垄断势力并不存在(Pleatsikas and Teece,2001),从而放弃将企业标记为一个"垄断者"。这将有助于将焦点集中在市场上竞争的存在上,从而,传统的克拉克的可行竞争理念中的产品差异化、过剩的或保留的产能、创新的回报可以被用于显示竞争的存在而非竞争的缺乏。而传统上,实情调查者运用产品差异化、过剩的或保留的产能、创新的回报来证明缺乏竞争。

第8章 竞争的伤害与公共政策

> 导我出非有,以至于至真;
> 导我出黑暗,以至于光明;
> 导我出死亡,以至于永生。
> ——《婆哩诃陀-阿兰若迦奥义书》

在法律界,出现了一种解除监管、引入竞争法和针对特殊部门进行监管的趋势。我们在之前的第5章中讨论过这种趋势,但那是在没有考虑到相关的特殊公司的自由特权的前提下展开的分析。像电信、邮政服务、运输以及自来水行业越发受制于某种程度的管制。但是没有哪个国家实施一种自由的、不受管制的竞争系统。新的立法伴随着以监管和国家性竞争管理机构为形式的机构响应。现在许多市场表现出的特征是需要一种进入监管。换言之,监管批准已经在很多方面限制着厂商对服务于一个市场的权利的争夺。

在这一章中我们探讨在这一背景下很可能出现的公共政策问题。特别地,我们将焦点集中于从结构参数角度考察的反托拉斯经济学,而这种结构参数是由对新古典经济模型的严格解释演化而来的。市场中存在着在位者(如果只有一个在位者的话,那么其为垄断者)和进入者(潜在的和重新进入的),并且存在着进入壁垄。在国家性的竞争法中被珍视的公共政策,是为了限制公司内部的整合或者是限制导致公司垄断力的公司间合谋的风险而被设计出来的,而这种市场垄断力会扭曲资源分配并且最终伤害消费者,正是因为这种竞争厂商间交易的性质,导致了他们之间的协调过程是悄悄进行的。

引言:TCE

结构-行为-表现模型,又被称为 SCP 框架,被深入地应用于传统的反托拉斯分析中,并且它代表着将法经济学应用于反托拉斯理论的一种领先的范式。厂商的数目是模型中的一个关键驱动因素。厂商的数目可能从满足完全竞争市场的许多厂商变为寡头垄断(少数几个厂商)或者变为仅有一个厂商作为垄断者。厂商的数目影响市场结构。厂商数目的研究方法,也会引发对兼并政策需求的传统公共政策问题。公共政策与结构相关联,这反映在兼并法及其法律应用的形式上面。这些因素再加上需求和成本,共同决定了行业结构的基础条件。它们反映了在行业结构可能随时间推移而演化的背景下的游戏规则。

替代 SCP 研究方法的是交易成本经济学(TCE)方法,这种方法最初是综合了阿尔钦、德阿莱斯(DeAlessi)、德姆塞茨以及威廉姆森的研究成果。这几位学者的研究将焦点集中于合同(而不是厂商或行业)作为分析单位。这种方法已经获得了广泛的认可,并从 20 世纪 70 年代起在美国的反托拉斯法律中影响较深。分析的基本提示是这样的:尽管厂商经常从事一些表面上看不公正的对市场力量进行控制的行为,但是因为存在着巨额的固定成本(在市场中不可转作他用的对资产的投资），这种行为可能从效率角度来看是正确的。因此，这一模型大体上排除掉了公司的策略性行为，并趋向于以更加包容的眼光来审视如兼并和捆绑合同的活动。

作为一种范式，从严格的实证检验角度来看，TCE 方法和其理论仍处于发展初期。尽管这一方法目前成立，但对于在行业层面进行风险分析来说，这种方法只能提供极少的指导。SCP 框架尤其依赖于市场结构的概念以及厂商从属于哪一行业。市场结构是厂商行为的关键性决定因素，而这又反过来决定着厂商的赢利能力和履行其财务责任的能力。市场结构限定了在特定市场中一个厂商所面对的竞争程度。决定市场结构的基础条件是产品需求和生产成本。在风险分析的背景下，认识到这样的事实是重要的：需求不仅仅受与宏观经济相关联的经济周期性要素的影响，同时还受特定公司要素的影响，这体现在公司对一些经济现实的敏感程度：包括厂商对其自身的定价、价格的竞争优势、互补性产品和行业等。这些因素反过来又与弹性的概念相关联。

在事实上，尽管弹性规范着一个厂商的定价行为，但是并没有方法能够预先决定寡占市场在何处转变为一种竞争性结构。这种区分是带有主观性的（Scherer, 1980）。"少数"厂商的领导层是否将彼此视为竞争对手，他们是否感到进入的威胁，这完全是主观的。被北欧的经济学家所认定的时间影响的重要性，超出了市场和公司正在更快速地行动这一事实。事实上有一种更加有趣的力量在起作用。作为连续值的商业时间不仅仅在加速，而且它正在使市场以及在其中竞争的公司不断分裂。例如，在近期对丹麦电力市场的定义的详细描述中，商业时间已经被丹麦的竞争管理机构予以确认。对 SCP 框架过度依赖的欧盟委员会却还未对此进行考虑。

反托拉斯与被监管厂商

对于"解除监管-公共利益"理论存在着两种主流的观点。其中一种认为,解除监管可以通过考察净经济福利的变化(增加)的形式来予以分析;另一种观点,即公共选择理论,认为生产者、监管者与消费者会尽力将其所在组的真实收入或者经济租金最大化。涉及政府干预的经济学理论已经在对自然垄断的讨论中被提到,同时它也在如下讨论中被提到:在某一行业内仅存在一家企业是否有效率,哪怕仅仅是减少重复的固定成本。然而,在这样一个市场结构中,当面临着行业中向下倾斜的需求曲线时,厂商所处的地位可以使其利润最大化。

在传统经济学中,当厂商作为一个自然垄断者的时候,对公共所有权存在着激烈的关于效率的争论。在一个自然垄断中,假定随着产量的扩大,生产的长期平均成本(LMC)曲线下降。处于可识别的经济的有效操作规模,即最小有效规模(MES)之中,LMC曲线在平均成本之下。但是根据边际成本规则,价格将会定在总收入小于总成本之处。为了使得厂商有效地运作,消费者不得不进行一次性支付。在私人所有权的情况下,进入市场的第一个厂商会对竞争对手的进入加以阻碍,原因是成本会随着销售额的增加而下降,而这种情况在规模报酬不变的情况下是不会发生的。

以利润最大化为目标的垄断者会将产量设定在 q_m,而将价格设定在 p_m。由于这会导致高于"有效率的"完全竞争的价格,因此会引发政府或监管者是否应该介入并控制市场的争论。理想情况下,这个行业会在p=LMC处运营并获得补贴以维持这种运营。然而,为政府干预提供支持的市场失效理论正受到政府失灵理论的挑战。在公共利益方面,客观公正地发挥作用的理性政府概念与其说是一种现实,不如说是一种理想。政府失灵的出现,是因为如下的问题:要追求公共利益必须要有足够的激励,并且要获取足够的信息,来决定公共利益是什么。新出现的一种相反观点认为:市场会提供这些问题的解决方案。市场可以被利用以产生激励,而且其在利用信息方面也是有效率的。然而,市场被官僚主义所替代而受忽视,但是问题却依然存在。公共所有企业时期,就是公共部门未能充分解决这些问题的一个时期。

例如,在英国,国有化并没能建立起一套确保效率的框架。企业管理行为缺少明确的目标,没有有效率的会计系统对定价行为进行恰当管理,并且投资项目通常是以技术标准而非经济标准加以衡量。其结果就是一种无效率。在20世纪70年代,曾经存在着公共部门不断失灵的争论。在那时,人们感觉有必要寻找另外一种解决办法,而此时一种方法确实出现了。在20世纪80年代,焦点集中于几家国有企业返回私人部门。人们认为这体现了市场自由化、市场的准则和可以实现更大程度的竞争的福利服务。据称,放松管制的私有化进程,会提供成本最小化的更大的动机,激励更有效率的管理监督并刺激更大的雇员努力程度。

私有化分析的核心是效率的概念,特别是最优的分配效率和技术效率。然而,这样一个问题可能被提出来:市场规则的力量有多么有效呢?为了以价格的形式来进行竞争,私有部门的厂商被认为有更大的动机去降低其成本而提高其技术效率。股东在私有化进程中扮演重要角色,这是由于股东的力量起到了监督管理层的作用。私有化的矛盾在于它可能通过减小股东的力量来恶化私有厂商的表现,并促进效率降低的条件。情况也有可能是:在存在着许多刚刚私有化的厂商的情况下,他们仍旧像一个垄断者一样进行经营,并且消费者不具有选择不接受某个厂商产品或服务的机会。因此,对于效率来讲,重要的不是所有权,而是在最终产品市场存在的竞争程度(Vickers and Yarrow,1989)。

解除市场监管造就了新景象,将抑制企业家士气的官僚主义影响驱除了。但是,正如一些公共事业领域中的情况那样,我们看到的景象可能是:在没有政府的限制下,消费者被一个垄断供应商压榨。尤斯科和斯库曼莱斯(Joskow and Schmalensee,1993)解释道,在解除监管过程中的核心问题是:政府作用的降低是否应伴随着由市场力量取代政府监管,来作为可接受的行业表现的保证者。在法经济学领域,监管被广义地分为三大类:对进出市场的限制、与所供应产品的质量相关的限制和生成一种定价公式。对进出市场的限制经常采取执照安排的形式。这又有两种形式:对新的供应商进入市场的禁止和对现有供应商的禁止,因此,现有供应商被要求必须满足对产品的所有合理需求。其基本论点是:没有垄断经营权,现有的供应商将不能准备好服务于整个市场。

当政府觉得消费者不可能被充分告知所购买商品的属性时,与产品质量相关的限制通常会被采纳。市场失灵是指信息市场的失效,这会导致逆向选择。有效的解决方法是设计出一种合同菜单,通过消费的不同选择体现出消费者的个人特征。在质量的范畴内,因为所有商品将会拥有相同的最低结果质量,最低标准会被使用。对供应质量的管理试图保持一个共同的均衡标准(Kreps,

1990)。

价格管制通常采取设定产品的最高或最低价格的形式。这是通过设定一家厂商应该获得的资本回报公式来完成的。在垄断型或寡头垄断型企业中,由于价格被哄抬或者对收益率的调节导致无效率价格($p \neq LMC$)的出现,亦即产生市场失灵。公共服务的无效率与支持解除管制的要求的增加是随着完全可竞争市场这一概念的出现而一同出现的。一个不可竞争市场是这样的一个市场:当存在着均衡与进入自由时,进入者并不会出现,此时现有的垄断者将价格设定在平均成本处,并且不能获得超出正常利润的收益。

竞争的法律壁垒

假定厂商数目与非竞争性行为之间存在着正相关关系的原因是极少数厂商间合谋。由于其协调成本较低,于是更加可能出现,(Posner,1976)。在马克汉姆(Markham,1951)对合谋行为的最初描述中,关键因素是较少数目的卖家与产品不具有弹性。但是在马克汉姆对寡头的见解中,管理层必须对风险具有相同的态度,必须被相似地驱动并且以完全一致的方式来考虑如何组织其生产——否则,他们各自的成本函数不会相同。进入的可能性根据存在进入壁垒的假定被武断地排除了。但是进入厂商的管理层可能并未假定进入壁垒的存在,因此零进入也许仅反映出在某一时点没有进入的计划。

在第6章和第7章中我们讨论了竞争的含义。现代的监管和竞争管理机构有必要重温德姆塞茨(Demsetz,1968)模型,并抱有一种对竞争含义进行恰当恢复的精神。换言之,竞争是应用于实际商业活动中的市场结构的经济学。在20世纪80年代,鲍莫尔等人(Baumol et al.,1982)引入了可竞争市场理论,并且与德姆塞茨模型类似,他们辩称竞争并不仅仅是由市场结构所决定的,并且规模经济并不排除竞争性定价的可能性。在1968年德姆塞茨那篇开创性的文章中,他称高集中度与垄断的关系是基于对竞争这一概念的不正确理解。高集中度可能因规模经济而产生。跟市场程度相比较,如果经济体足够大的话,一个自然垄断的局面就可能出现。并且,由一家而不是两家或者更多厂商为市场生产,以成本来考量的话,这可能是更加有效率的。

在德姆塞茨的世界中,相比于在有着许多厂商的市场中进行竞争,对服务于市场的权利进行竞争所获得的效率可能是相同或几乎相似的。如果争夺市场服务权的厂商足够多,并且选择机制通过恰当的方式被建立起来的话,竞标的获胜者将会是最能有效地满足消费者需求的厂商。向市场中引入竞争时,德姆塞茨强调竞标与签约的重要作用,他提供了一种法经济学研究方法,在其分析中,制度设计是至关重要的。通过建立新的监管和竞争管理机构,政府通过正式和非正式的市场竞争规则引入制度框架。结果是,如果想要在特定的市场中引入更多的竞争,那么这种竞争必须在很大程度上具有竞相争取服务市场权的特点。

在正确的制度框架中(North,1991;Williamson,1993),对市场进入权的争夺能够产生与传统的新古典竞争相同的结果,后者是指市场中存在着许多生产者,并不存在进入壁垒。德姆塞茨的分析与可竞争市场理论不同,这是由于他并没有将潜在的竞争作为效率的必要条件。相反地,在德姆塞茨的模型中,竞争性结果的关键性驱动因素是生产前对市场进入权的争夺。监管与竞争管理机构隐含地建立起一种市场竞争的法律壁垒,而它们的(负面)行为能够很方便地在 SCP 模型中找到经济依据。

监管和竞争的信条,基本上是从 SCP 模型中对于"坏的"垄断者与高集中度的判定演化而来的,在这些信条中,监管系统及其法律武器被假设为可以充分保证市场竞争。我们会在第 9、10 和 11 章中表明这一假设是多么地荒谬。而我们的结论则是通过检验欧洲法院对三起兼并案的相反裁决的后果得出来的——这些裁决后来被欧盟委员会竞争理事会(DGIV)禁止了。根据竞争管理机构进行调查的行为程序,相反的意见将我们带到事件的核心。这就是第 1 章中的法律影响($\delta y/\delta w$)。如果你能回忆起来的话,法律结构、法律与法律机构($\delta y/\delta w$)会帮助确认在博弈中参与方实际上会选择众多均衡中的哪一个。对于特定的兼并行为和第三方进行控诉的类型来说,市场竞争的影响是具有特殊性的,法律的作用就是可以通过创造这样一种局面来分散准租金,即使得一个厂商遭受的损失在价值上等于该厂商在这个市场中期望获得的利润减去它在其他市场中应当获得的合理利润后得到的差值。

由于准租金可以分配,所以其价值极其重要。因此,例如一个竞争管理机构的有效性不仅取决于特定的准租金对特定的兼并和厂商的价值,还取决于失去它们的威胁的价值。准租金的价值会是对法律效果的近似衡量。但是存在着一个两难选择。机构不仅承担着管理竞争的直接责任,同时还承担着影响实际的和潜在的竞争者的动机机制的间接责任,动机机制使得竞争厂商在某一时点上在特定市场中处于竞争状态。法律机制并不能代替市场机制。在这个由被告厂商和机构组成的制度世界中,对经济活动与进程的协调并非一帆风顺。正如在第7章中所言,对信息投资和设计合规程序的需要创造出了一种威廉姆森(Williamson,1996b)式的"准厂商-准市场"的安排,这种安排能够在众多竞争厂商之间替代市场竞争。相互的作用正产生在威廉姆森(Williamson,1996b)提出的"管制的世界"中。而其中的问题是,如何决定竞争的效率和"准厂商-准市场"的安排的合理性。

公共政策权衡

因此,在任何公共政策的讨论中,对可能的权衡(trade-offs)进行严谨的评估是有用的,这种权衡是由监管和竞争管理机构引起的,并且可能导致负面市场行为的出现。对于公共政策存在着权衡:一个行业中一些厂商可以获得较低的单位成本,而其代价就是通过减少竞争而产生较高的消费者价格。对于这样一种权衡,公共政策应采取什么态度呢?例如,在一个兼并案例中,法经济学的视角会产生至少两种选择:(1)假定在行业中存在最小有效规模(MES)之下、会随着行业中存在的兼并而消失的厂商,允许这种兼并,并意识到兼并后的垄断力量会提高消费者价格,同时减少厂商的单位成本并提高利润;(2)阻碍并禁止这种兼并,在这种情况下竞争会使价格降低,但是由于不能实现规模经济,单位成本会变得更高。

在高级丙烷案例中(1999—2002)评估讨论了一个加拿大的总福利评估测试,如果规模经济被显示确实存在的话,尽管兼并具有反竞争性的影响,但是测试仍旧会允许兼并。在那个案例中,"最好"的公共政策上的决定,可以使得对消费者和生产者的总福利效应最大。并且在其中存在着如第 7 章中所描述的监督博弈的信号规则方面的重要内容,即公共政策是选择规模经济效率类型的观点还是选择以竞争性价格衡量的市场竞争。

案例 8.1　高级丙烷案

尽管加拿大的丙烷零售商组成了一个联合厂商并成为获得市场份额 70% 的地方性垄断者或近似垄断者——这里所指的垄断是以高的进入壁垒为特征的(Duhamel and Townley, 2003),但是他们成功地在竞争法庭上进行了关于效率的辩护。

尽管竞争委员的观点是应该应用一种平衡权重方法(BWA),但法庭仍然采用一种全部剩余标准(TSS)来评估当事人的效率声明。在上诉过程中,联邦上诉法院接受了委员会的建议并且法庭对 BWA 给予了有条件的支持。如果兼并厂商的股东所获得的收益超过了消费者损失,TSS 将得以通过,因为这样可以假定获利者可以补偿损失者。但是,补偿仅是假定的,并且如果没有支付补偿,兼并会导致胜利者和失败者同时出现(见图 3.4),TSS 标准是更加准确的一种卡尔多-希克斯补偿标准。

如图 8.3 所示的消费者剩余标准(CSS)将焦点集中于从兼并中所获得的成本节约,由几何区域($P_c BDAC_m$)代表,同时关注几何区域($P_m ABP_c$)所代表的垄断力量。如果兼并价格从 P_c 升至 P_m,那么它将不满足价格标准(PS)。三角形 ABC 是哈伯格(Harberger)福利净损失。依据 TSS 标准,消费者损失的消费

第8章 竞争的伤害与公共政策

者剩余为$(P_m ABP_c) + ABC$。如果厂商获利超过消费者损失,即$(P_c BDAC_m) > ABC$,那么兼并就满足了 TSS。然而,TSS 引起了分配问题,并且它不能对获利与损失问题给予满意的答复。例如股东与消费者以及工人与股东之间并不一定是相互排斥的。BWA 方法是对社会福利函数的一阶近似,通过计算受益与损失的比率来考虑公平问题。并且如果该比率大于 1,那么 TSS 得以满足(Townley,2002)。价格标准(PS)将显示出一种负面现象,即 P_m 比 P_c 高,并且在兼并后的环境中价格会继续提高。然而,在 BWA 中监管者和被告厂商不得不展示出一种正面的现象:损失者的损失是否比获利者的获利少呢?如果是这样的话,允许兼并发生。一旦公平和分配问题开始出现,由于全部剩余标准(TSS)是将获利者和损失者对称地加以对待,于是 TSS 就变得不再可靠。

监管者、竞争管理机构与法庭必须避免犯第 I 类错误(允许一种福利下降的兼并)并应用分析的严谨性来同样地避免犯第 II 类错误(使福利不增加的兼并)。目标可能是将第 I 类和第 II 类错误中的总社会期望成本最小化。如果是这样话,这一目标的关键驱动力是图 8.3 中的三角形面积的计算,而这不仅取决于弹性,还与未被观察到的 α 项有关。在试图将效率尺度融入大幅降低竞争的法律测试中时,对 ABC 面积的理解至关重要。α 项经常被"价格-成本"差额粗略测量所代表。然而,实情调查者有义务在其掌握了剩余的尺度之后,再根据价格和产量水平对信息的边际价值进行大小排序。

卡恩的短期

在20世纪早期,理查德·卡恩对马歇尔的"短期"概念的历史与发展进行了探究,追踪那些联合决定一个产业内产品价格的因素。他强调这样一个简单的事实:固定资本的周期比生产最终产品的周期长得多。一些产品可能仅有一年的生产周期。因此任何厂商都有着可变化的生产过程的特征,而事实上生产过程正是通过我们今天所理解的创新或技术进步或侵略性竞争而迅速地发生变化。一个行业中的短周期是指这样一个时期,即在其中全部的或几乎全部的固定厂房或机构都假定维持不变的时期。需要对现代经济中惯常的假说——相对于竞争来说,市场是完美的——做一番微小的修正。比如,两家厂商合并以逃避行业中的短周期。又如,如果卖家数目很少的话,我们会得到不完全竞争。

德姆塞茨的差异效率假说预测:具有高市场份额的厂商将趋于拥有较高的"价格-成本"差和利润。这种关系暗示着行业利润与行业集中度呈正相关。根据这一假说,没有人会愿意去分解高度集中的行业或者禁止兼并,因为这样做是对企业做强做大的一种惩罚,是对它们从事我们合意的事情——以更低的成本提供更好的产品——的一种威慑。卡恩(Kahn,1989)曾提出这样的警示:"正是受到弥补损失时可用资源的数量的影响,企业才会制定出招致损失的政策。"他援引了更有效率的煤矿比效率较低的煤矿先倒闭的趋势:"更有效率的煤矿是新煤矿,而且新煤矿有相对较少的储备,因此它们比老矿更认真地使用这些储备。"马歇尔(Marshall,1920)也强调,在个别成本递减的条件下,在防止厂商无限扩张的过程中,市场的不完美性发挥了重要的作用。并且,他

第8章 竞争的伤害与公共政策

不断提及这样的事实——垄断与自由竞争"以不易察觉的程度彼此渐变为对方"。

为效率辩护的反托拉斯的福利衡量

如果我们从 $p_m > p_c$ 着手,并使用图 8.3,那么三角形 ABC 的面积则是对垄断成本的衡量。三角形几何面积应采用"底的一半乘以垂直高度"的方法来计算,转化为算术式为:

$$\frac{1}{2} dp/dq$$

垄断价格 $p_m = \alpha \cdot dp$,dp 是对 A 和 B 之间连续价格的测度,我们将价格弹性 η 定义为 dp/p 除以 dq/q

$$\eta = dp/p / dq/q$$

$$q \cdot \eta / dq = dp/p$$

$$1/dq = dp/p \cdot q \cdot \eta$$

$$dq = p \cdot q \cdot \eta / dp \text{ 并且 } p_m = \alpha \cdot dp$$

$$dp = \alpha \cdot q \cdot \eta$$

$$\frac{1}{2} dp/dq = \frac{1}{2} \alpha \cdot p_m \cdot \alpha \cdot \eta$$

$$(ABC) = \frac{1}{2} \alpha^2 \cdot p_m \cdot q_m \cdot \eta$$

直觉上结果可以描述如下:如果我们将垄断价格视为连续统,$p_m \in (A, B)$,就像 $p_m = \alpha \cdot dp$,而 dp 是长度 AB,即用来衡量垄断价格与竞争型价格的差距,那么对垄断的福利损失的测度并不仅仅是垄断价格水平 p_m 的决定因素,而且是价格弹性 η、垄断产出水平 $q_m = Q_0$ 以及 α 项的决定因素。如果 α 趋于 0,(ABC)趋于 0,我们会得到在图 8.3 中 C 点的竞争性结果(p_c, q_c)。

对于监管者或者竞争管理机构而言，α项是观察不到的。在考虑了α项之后，dp即垂直距离(AB)所测度的价格偏差就无法更正了。相反地，对于厂商而言，唯一的偏差来自于估计价格寿命时出现的错误，这由η值来决定，任何偏差都是小的并且必须有界。因为对于任何价格，$p_m \in (A, B)$，(ABC)的几何面积由η值来决定，所以价格的边界是向竞争市场价格收敛。伴随q_m下降，价格快速收敛。因此，在时间中的一点，$t \geq 0$，实情调查者了解到市场价格，他会用参数α^2粗略地计算福利的损失量(ABC)，而后再估算兼并分析中的剩余面积。因此效率不应再是第Ⅰ类和第Ⅱ类错误之间的零和博弈的主题。只要兼并行为确然地向消费者提供了好处，而这种好处恰是不通过兼并就无法获取的话，监管者和法院应该自由地考虑兼并中产生的效率收益。应当要求进行兼并的厂商证明兼并行为至少是竞争中性的，当然最好证明是促进竞争的。2004年欧盟的兼并方针就提供了这样的机会，该方针同时将这种效率分析作为兼并研究的核心，而并非仅仅作为厂商辩护的分析。我们将在本书的后面内容中继续讨论这一问题。

规模经济

为了进行有关规模经济的讨论，图8.1为我们阐释了规模经济作为进入壁垒的这种思想观念。用H衡量贝恩进入壁垒的高度，其粗略的衡量是垂直距离(PC)。

在古典的贝恩-斯蒂格勒有关进入壁垒的推理中，进入壁垒的高度应该与这种进入被预期能够"减小兼并厂商实施垄断力量的企图"之程度负相关(Schmalensee, 2004)。最小有效规模(MES)在Q_0点处。等于MES的产出增加量将使市场价格降至AC，这

第 8 章 竞争的伤害与公共政策

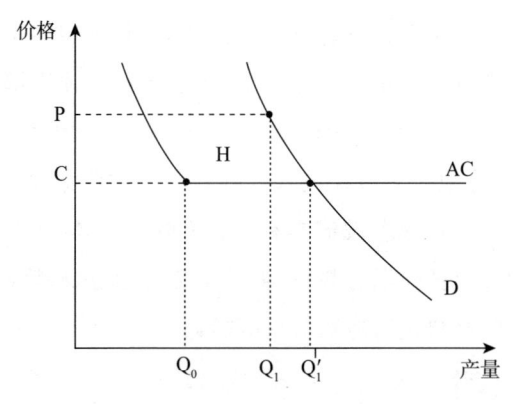

图 8.1 进入壁垒的高度

是由于行业总产出在进入后将趋向于 Q_1'，在这一产量上需求曲线 D 与 AC 曲线相交，这会分散所有的行业利润。由于在位者与进入者会意识到进入后的行业状态是不赢利的，因此为了抑制进入威胁，在位者会将价格定在低于 P 处。这种经济学推理在评估横向兼并中是关键驱动力。例如，美国的司法部和联邦交易委员会在其 1997 年出版的《横向兼并指南》中发问："进入行为是否如此容易以致市场参与者不能够在赢利条件下使得价格升至兼并前的水平"（第 24—26 页）。

即使 AC 曲线并不像图 8.1 中那样陡峭地下降，这种分析在本质上也不会改变。可以看到，只要在 MES 以下，进入可能是盈利的，进入壁垒的高度在这些情况下可能较低。应用同样的规则，那就是进入后的价格必须足以补偿就进入者的规模而言通行的单位成本。因此，当产量处在 MES 的 Q_0 产量之下时，如图 8.1，单位成本曲线 AC 较陡峭地下降，因此，在 MES 规模之下的进入是不赢利的。

如图 8.2 所示，在市场产出为 Q_0 时，一个"辩护方-在位者"型厂商将产品定价于 P 的价格水平上，高于单位成本曲线 AC，并且仍旧受到进入的保护。在确定条件下，贝恩的规模经济会成为现实，而这又部分地成为潜在进入者的威慑。这些条件与进入行业的不可收回的成本或沉没成本有关。而这些成本一旦发生，便永远不能收回。反托拉斯分析中的关键，是潜在进入者对市场中竞争不断减弱的趋势进行应对缓解的能力。

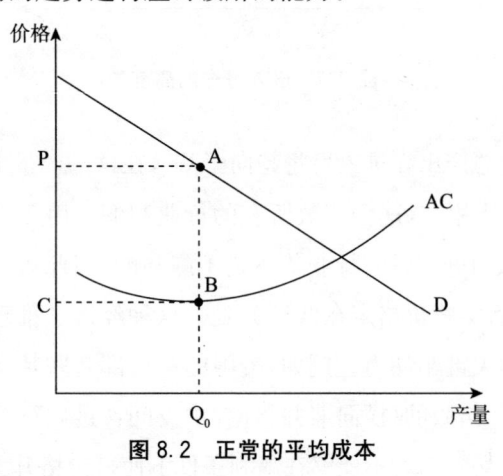

图 8.2 正常的平均成本

规模经济与竞争

再次考虑图 8.1。假设在市场中拥有垄断权的现有厂商决定为了威慑进入者而放弃垄断利润。基于这样一种假设——潜在进入者会意识到他进入后的利润为负，因此在这个时间会停留在市场之外——垄断者会生产高于 Q_1 的产量并将以低于垄断价格 P 的水平出售。如讨论过的，假设潜在进入者并未被进入后的不利局面所威慑并决定进入。如果进入是长期有利可图的话，许多厂商,特别是大的生产多元化的厂商,能够支付进入的高成本。一个很好的例子是微软进入互联网浏览器市场。如果市场进入者未被震慑,进入后产业的新的产量会超过 Q_1'。在位者会作何反应呢?

在位者可以通过生产出小于 Q_1' 的联合产量,充分地缩减产出以适应进入者。在位者有没有动机这样做呢?有,但是仅在进入前的生产的大部分成本没有沉没的条件下。换言之,在位者会缩减产量,但是仅当这样做会大幅降低其成本的时候。否则,如果大部分成本不可收回,那么他绝对没有兴趣来适应一个进入者。既然其他成本无法通过缩减产量的方法来避免,当产品价格足以补偿产品的可变成本的时候,在位者会继续尽可能地大量生产。因此,在这种情况下,进入后的价格会被压抑。

图 8.3 进一步地说明了竞争与规模经济间的冲突。根据垄断在一个部门中建立后所能获得的 MES,假定成本在 Q_0 产量处达到最小,对产品索要的价格是 P_m。相应地,如果通过公共干预的

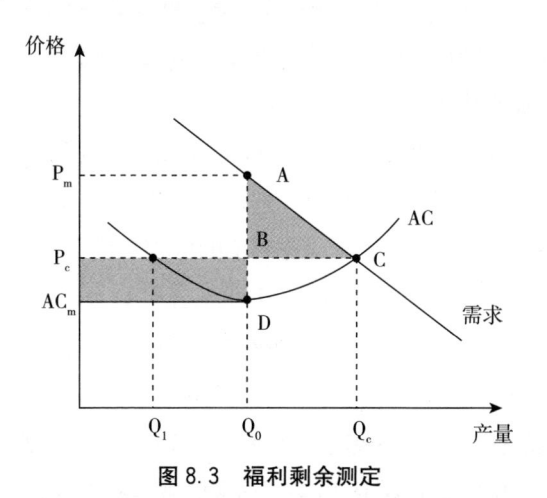

图 8.3 福利剩余测定

手段阻止这样一种垄断的形成,那么行业将由众多较小的竞争性厂商组成,每个厂商生产 Q_1 产量,并会索要竞争性价格 P_c。此时厂商没有实现任何经济利润。在垄断下全行业的产出为 Q_0,而在竞争情况下为 Q_c。了解这些情况的潜在进入者会选择不进入,并因此建立起进入壁垒的可信性。

威廉姆森补偿

20 世纪 60 年代,在美国的反垄断界,随着最高法院批准了由政府做出的更大胆的尝试以扩大反托拉斯法的覆盖范围,经济学家之间的分歧开始产生(Mueller,1992)。在联邦贸易委员会与宝洁等公司诉讼案(*Federal Trade Commission v. Procter&Gamble Co. et al.*)(1967)中,大法官道格拉斯摒弃了"对非法进行辩护的可能的经济学",作为对此的回应,威廉姆森(Williamson,1968)倡导一种对兼并的福利权衡的方法。法院要权衡兼并的反竞争性效果和其效率收益,而不是仅仅将注意力集中于兼并的反竞争性结果。威廉姆森认为,在一些情况下,来自兼并的适度的成本减少,一定会超过任何伴随而来的垄断力量的增加。

考虑图 8.3。当价格固定在 P_m 水平上且厂商生产 Q_0 时,消费者剩余等于阴影三角形的面积,而净生产者剩余等于阴影的矩形面积 P_cBDAC_m。在垄断下合并剩余的面积是线 P_mA 以上的面积加上矩形面积 P_mADAC_m,竞争条件下合并剩余的面积就是 P_cC 以上的面积。因此从竞争走向垄断在总剩余上的获利或损失是两个阴影面积,三角形 ABC 与矩形 P_cBDAC_m 的差。

这两块面积的大小取决于如下因素:由于规模经济($P_c - AC_m$)所获得的单位成本的减少;由垄断导致的被定义为($P_m - P_c$)的价格

第8章 竞争的伤害与公共政策

增加;在 A 点与 C 点间行业需求曲线的斜率,这取决于在那个区域需求的价格弹性,以及 AC 与需求曲线的交点 C 点。存在着成本较小与价格提高的百分比相互抵消的可能性,这会使得总剩余不变。于是,相对于集中化市场结构引起的价格增长,规模经济带来的好处(反映在较低的单位成本上)并不一定很大,因此这样的市场结构与更具有竞争性但成本效率不高的结构比起来,并不一定更可取。

因此,合并剩余或总的剩余就是这两块面积之和。基于下述假设,提高这种总剩余的公共政策是值得采用的:生产者与消费者之间的剩余分配并不重要,或者从更现实的角度讲,为了获得理想的剩余分配,总是可以使用征税的办法。

兼并政策

接下来,理所当然的推论是,像兼并政策这样的结构性反托拉斯政策应当给予规模经济的实现以优先权和基本的信任。不过,从公共政策角度来看,存在着许多需要满足的重要条件。例如,一次兼并可能会提高行业的价格而并未使未加入兼并的厂商降低成本。在这种情况下,合并剩余的检测标准并不利于规模经济。相似地,由于兼并产生的垄断力量可能通过消除竞争性压力而包含了 x 无效率。这在那些受到关税和/或贸易壁垒保护的行业中尤为如此。

最后,规模经济可以不通过兼并,而是通过"短期"内市场需求的增加来自然地实现。基于这些限制,多数经济学家的共识是,结构政策的控制不应该由于规模而阻止对无效率行为的消灭。但是当部门中无效率的源泉不再是规模经济时又会发生什么呢? 在这种情况下,在部门内具有最大程度的竞争可能最符合公众利益。

这可以通过了解该部门有效规模厂商的最大数目来获知。但是如果进入受到限制或者由法律的影响来控制进入，厂商数目如何能使监管或竞争管理机构放心呢？

隐含在为促进竞争而设计出的竞争政策背后的基本原则强调：当供应商数目众多且在完全信息下进行运营时，价格趋向等于长期边际成本。这一规则实际上是在说，监管者会实施政策来阻止违背价格等于长期边际成本这一规则的行为。讽刺的是，在许多受管制的行业中，价格是由监管者设定的。回过头看一看我们在第1章中讨论监管负担时的图1.1。另一个反常的例子是尚未受管制的网络行业。美国的邮政服务业也是一个很好的例子。

因此，有效规模厂商的数目如何能使管理机构放心呢？答案涉及监管"捕捉"理论的核心。由监管的经济理论所引起的问题（Peltzman, 1976）是多样的。这一理论有许多暗示，其最重要的预测是在监管过程中小的、高度结构化的组织只会是净赢家。数量较小的组织趋向于面对较小的交易成本。典型地，买家的数目要小于卖家的数目。因此该理论预言更多的监管将以消费者为代价而使生产者收益。

之后的争论（Peltzman, 1989）暗示租金很可能遍布在几个竞争组织中，包括政治上有影响力的消费者。监管者会在消费者与生产者之间分配租金，从而使政治支持得到最大化，而且租金很可能也落入消费者手中。在消费者间的租金耗散会通过价格来证明它自己，而这又反映出消费者间边际成本的差异。佩茨尔曼（Peltzman, 1989）预测存在着这样一种趋势：高成本的消费者会获得一个较低的价格-边际成本比率，而这构成了从低成本向高成本消费者的跨类型的补贴。

可竞争性

图 8.4 说明了一个完全可竞争的市场。需求曲线 D_1 是当行业由一个自然垄断者构成时的需求。在最小平均成本达到 q_{MES} 之前,需求在平均成本曲线的 $q_1 p^*$ 处得到满足。这是自然垄断的一个充分条件。该图显示了运用平均成本定价法可能出现的两种情况,其中尽管厂商是一个垄断者,但它依然按平均成本定价。只要价格 p^* 得以保持,就不存在外部的挑战。然而当价格高于 p^* 时,垄断利润就会出现,进入就会发生。只要在位厂商将价格维持在 p^*,就不存在有利可图的进入机会,并且所描述的均衡是可持续的。

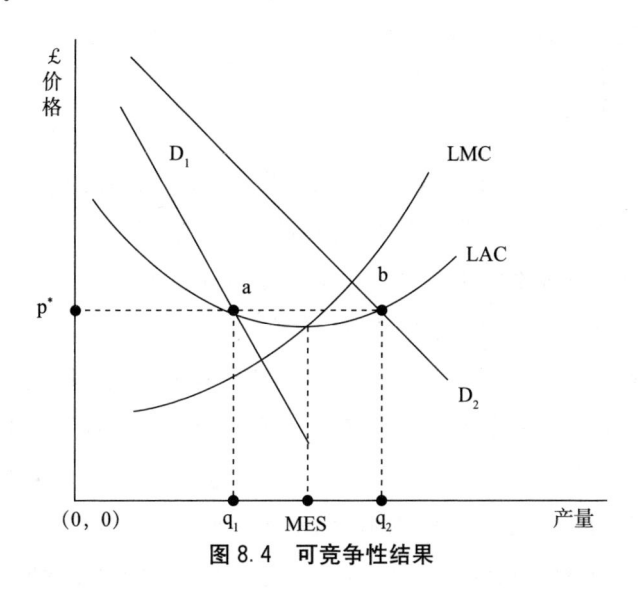

图 8.4 可竞争性结果

然而,如果需求曲线移至 D_2,$q_2 p^*$ 是一个可行的均衡,但它不是可维持的。任何能够进入并获得从 q_1 到 q_2 的市场服务权的进入者都能得到超额利润。这时价格会低于 p^*，但是在平均成本以上。那么，任何不可维持的均衡点的存在暗示着存在某种程度的进入壁垒，而这种进入壁垒其实正在保持着此时的均衡。据称任何显示出可维持的均衡的市场都是完全可竞争的：一个完全可竞争市场是这样的一个市场——当进入是可能的时候，唯一可行的均衡在价格等于平均成本处取得。在这样的市场上，可以通过消除阻碍厂商的管制，以一个相对低的风险鼓励进入和退出的行为。可竞争性这一引人注目的观点是一种可维持的行业均衡观点。垄断者可能很容易受到一家进入厂商的影响。新厂商可能会以较低的价格寻求获得一个稳定的市场，或者在多产品垄断的情况下，对于所有商品，进入者可能会以一个的垄断者来说盈亏平衡价格的价格来供应商品。

次可加性

鲍莫尔等(Baumol et al.，1982)做出了两个厂商的争论，一个在位的垄断者与一个进入者：进入者的产量达到 q^*，此时两厂商的长期平均成本曲线相交，行业是一个自然垄断，并且在每一个产出水平上垄断者的成本低于进入者的成本。等于 q_{MES} 的产量是可维持的，在 q_{MES} 附近的产出要么由于平均成本定价提供了可赢利的定价机会而变得不可维持，要么存在自然的双寡头。由于可维持的垄断产出的范围比次可加的产出范围要小，一种可维持的自然垄断是不太可能出现的。但是如果平均成本曲线在 q_{MES} 处变得平坦(例如，在图 8.1 中)，结果则是可维持的自然垄断，那就是说，平均成本定价威慑了所有产出范围内的进入，而这些产品是次可加的。这就是说垄断在社会层面上是有效率的。

如果拥有某种成本函数的厂商"比将同样产出分配给拥有相同成本函数的两个或更多厂商具有更低的成本"的话,则次可加性是存在的(Sidak,2001)。对单个厂商来说,作为一种综合产品来生产两种产品比由这个厂商分别生产两种产品或者是由多个厂商进行生产更加有效率。这样的效率被认为是范围经济。尽管自然垄断意味着范围经济,但范围经济并不一定是自然垄断。大多数多产品厂商从联合生产中获得范围经济;对企业来说,产品的多元化供给是主要的动机。范围经济的取得,并不意味着那些公司(相比于由两个或更多厂商来生产)能够以更低的价格来服务于整个市场(Sidak and Spulber,1997)。

可竞争性定价

通常拥有范围经济的垄断者会提供一系列产品并且存在着成本降低的预期。而此时,生产这些产品的联合成本并不超过生产同样产量但分开生产每种产品的生产成本之和。在一个可维持的均衡中,拉姆齐定价是价格等于平均成本的定价。每个厂商产品的价格被提高到边际成本之上,并与需求弹性成反比。我们知道,一个垄断者在非弹性市场上提价而在弹性市场上趋向于降价。当试图找到最低价格时也可应用相似的方法——在这一价格下,会出现对厂商地位不构成挑战的盈亏平衡点。价格会通过加价得到提高,该加价等于"1/需求弹性"。

并不是所有的盈亏平衡的价格配对都是可维持的。即使价格配对满足等式,市场上仍将存在着一个 p_1 的价格,在这一价格下,单个生产者会生产 q_1,获得正的利润并削弱垄断者。生产两种产品的垄断者对第二种产品索要进入威慑价格,会降低其与单一品种产品进入者相竞争的能力。因此,可能不存在可维持的价格配对。然而,当可维持的价格配对确实存在时,可能存在着一个可竞争的市场。在这个均衡中,情况可能是这样的:在每个市场中,都是威慑进入者的拉姆齐价格被选中。因为拉姆齐定价提供了相对帕累托效率来说次优的福利最大化价格,这一均衡有着非常合意的效率特点。

完全可竞争性

有这样三个条件,在这三个条件下次优的福利最大化的价格会被选择并且市场是完全可竞争的:第一,存在着进入行业的自由,也就是说潜在进入者与在位者并非面对不同的进入成本。第二,行业中存在着无成本退出,可以理解为一个公司自身不用付出附加成本而退出市场,也就是说,与生产相联系的固定成本既不是沉没成本,又非不可收回。第三,在在位者能够改变其现存的价格结构之前,进入者能够提供产品供给或者与在位者的顾客签订合同。自由的退出极为重要,因为对于"打完就跑"的厂商来说,必须存在自由的空间,以保证进入的风险是很低的。鲍莫尔等(Baumol et al., 1982)声称一个完全可竞争的市场必须没有沉没成本,那就是说,成本应该很容易地流动或转移至另一个市场。一个厂商的资产对市场来说越特殊,引起沉没成本的可能性就越大,随着时间的流逝该市场就越显现出不可竞争性。

完全可竞争模型可以与有关进入壁垒的论断结合起来。规模经济、绝对成本优势与产品多元化使垄断者能够超出平均成本来定价。这条推理思路对于传统的新古典经济学依然适用,新古典的观点是垄断厂商在无法持续的均衡中获得超额利润。垄断者能够把价格降低至平均成本的水平而使得对进入者不再有吸引力的方式来建立进入威慑。在完全可竞争模型中,一般的假设是,为了持久地对进入形成威慑,垄断者持续地将价格定在平均成本的水平上。因此,就其自身来说,规模收益递增不再是进入壁垒。例如,规模收益递增可能包含有政府设立的作为监管控制手段的法律壁垒。在进入自由并且不存在管制的条件下,尽管有规模收益递增,模型仍然期待一个完全可竞争市场进行有效运作。可以论证的是,除非生产的固定成本是沉没的,否则拉姆齐定价将会得以实行。

多产品企业和规模经济

如果将焦点集中于一个垄断在位者,该在位者的辩护中有一个核心的经济概念就是规模经济。如果两个厂商合并,我们必须对规模经济进行评估。因此,在一个有效的进入市场的制度下,在任何代表辩护方-垄断厂商利益的辩护中,将厂商描述为生产多产品的厂商都是明智且谨慎的表现。因此,在相关市场中对厂商地位进行任何考察的时候,都必须考察:作为多产品厂商,厂商是否能满足整个市场对其产品的需求,并且,和服务于同一市场的更小的厂商或新进入厂商加总起来相比,该厂商是否更具效率。如果这是事实的话,这个厂商能够被定义为"自然垄断",但不一定在每个案例中都必须使用这个定义。

由于在现实世界中,规模收益是一个除了与产出率还与其他许多变量有关的多维的概念(Rowley,1973),在书本上的经济学中的规模收益的概念比在反托拉斯案例中的实际研究的需求简单得多。监管者要了解：厂商会认为平均成本可能是关于生产周期数量的函数。成本用图 5.1 中包含的简单结构来描述。换言之，监管者应当将图 5.1 解释为在某一时间点上的市场结构。生产的时间维度会在后面的第 10 章中得以处理，但是如同科技与创新一样，它将对规模经济有着深刻的影响。

按照汉纳克(Hanoch,1975)的说法，规模经济(SE)通过比率 $[1-LMC/LAC]$ 来定义。在这里规模经济是正的，即 $SE>0$。规模经济在支撑着生产规模的生产函数内复杂地联系着。于是，例如在 $t \geqslant 0$ 时存在着一些规模经济曲线，并且事实发现者在其间的选择取决于反托拉斯的本质或在 $t \geqslant 0$ 时的监管调查。如果事实发现者发现在受调查的市场中没有任何公司的运行存在巨大的逆经济因素，那么，如果这些经济体在本质上是多产品的，则具有较高 SE 值(即较大规模经济)的厂商会有很大的动机进行兼并(Tremblay and Tremblay,1988)。

在文献中，梯若尔(Tirole,1988)与其他学者称，只有在其他市场结构都会导致负利润的条件下，一个厂商才可能被认为是一个自然垄断者。比如，这包含由新监管指令或新法律所引发的一个新的市场结构。鲍莫尔(Baumol,1977)提出了替代传统自然垄断观点的另一种解释。他的观点更能够影响竞争管理机构对已经在公共事业中形成控制地位的垄断厂商的理解。然而，对于要保护或扩大其控制地位的垄断厂商来说，这样做可能是过分的慷慨了。这种情况可能出现，因为即便当更富效率的市场结构可能存在时，其他观点也将厂商视为自然垄断者——有效率的市场结构包括私人厂商对市场进出的决定、对价格以及资本投资额的决定。

x 无效率

我们可以观察到真实的和潜在的竞争的多种方式,这在文献中被称为多边竞争(MLR)(Jamison,1999)。在这种可进化背景下,就需要对价格的可持续性进行思考。这是一个严峻的问题。确实,在任何一个竞争评估中,产品的价格是不可维持的,也就是说,价格确实能够将对手引入到行业中来。换言之,我们可以想象这种情况:一个潜在进入者(比如说)会在一个兼并后的环境或者在一个实施了立法的环境中生产在位厂商的任意部分的产品。这对于任何进入厂商来说,都使其容易实施"打完就跑"的策略,同时也会促成一种歧视性的需求反应。

本章的观点建议,应在这样的背景——相关产品市场的竞争周期和在时间路径上趋同的价格——去分析市场中的在位者。换言之,对市场中暂时垄断地位的承认必须由竞争管理机构做出——历史上,这一暂时垄断地位在欧盟经济体中出现过,欧盟经济体做出了一些偏离电信自由化的举动,其目的是使(国内的)公共事业垄断者适应调整过程。在宽松的进入条件和监管性的进入条件下,属于社会净福利的增加更加易于识别,而且那是根据长期竞争的结果计算得到的。然而,紧要的不仅仅是把延迟进入的机会成本包括进去,而且还应该包括新进入的成本。这是因为当新进入者力图使自己的供应链适应其竞争性产品和服务的生产和配送时,他们通常不能满足市场需求,并且还要经受着 x 无效率。产品或服务的定价必须有竞争力,这就是竞争的本质以及在一个监管框架下新进入条件的基本原理。

这些成本共同代表着 x 无效率,表明缺失了新进入者所承诺提供的低成本的产品和服务或者表明监管者对新进入者调整成本的估计过高。对 x 无效率进行观察,可以发现它与准租金有相同的测度方式(McNutt,1993)。因此,在一个部分均衡中的 x 无效率是可测量的,这是应用于监管和竞争案例中的经济学分析的根基。如果代表着对 x 无效率进行测度的面积,大于普遍应用于反托拉斯经济分析中的福利三角形的面积的话,新厂商的进入不一定是帕累托改进。因此,对市场竞争的损害可能没有被降到最低,但是对竞争者们的损害可能确实存在,特别是对最初的在位垄断者的损害。

多边竞争

为了将这种方法综合到对有效率进入的监管性评估的实践中,就需要提及有关可竞争市场的争论。在竞争框架下可以得到如下结论:在定义一个自然垄断者时,次可加成本的概念是至关重要的。夏克(Sharkey,1982)认为,如果满足市场需求的所有生产都存在着次可加成本,那么这个厂商就是一个自然垄断者。次可加成本是一个包括规模经济与联合生产概念的一般性术语。尽管成本在特定产出水平上表现为次可加的(当存在一个单一产品时,如果随着产量的增加平均成本会持续下降,一个厂商的生产函数就是严格次可加的),它们对于其他产量来说可能并不是次可加的。

可能会出现这样一个局面:基于可证明的歧视性商业行为,在位者会提供两种市场(或一个市场的两个细分市场)。比如显示出不同需求弹性的市场,或者要求更多的产品生产以满足第一个市场,而依据公认的行业标准为另一个市场只进行少量的生产。因此,在较大型的市场结构中,在某一产出水平处存在次可加成本(通常叫作局部次可加性),可能并不能作为判断自然垄断的充分条件。依据鲍莫尔的原始标准,若要判定一个地方性厂商是自然垄断的,其成本(如果对每一个产量次可加性都成立的话,成本是严格地、全部地表现了次可加性)必须是在达到市场需求下,严格地、全部地表现出次可加性。

次可加成本

除了对成本和赢利性需要关注,进行监管性评估应该考虑在位者是否在一个多产品市场运营。在多产品生产的情况下,联合生产和规模经济对于成本的次可加性都是必需的。事实上存在着许多种联合生产经济模式,但它们并非都有充分的可能性在一个厂商成本结构中创造次可加性。范围经济加上规模经济都是不充分的。范围经济由投入成本引起,一旦投入成本生产了一种产品,那么其他产品的生产也都可以自由地获取这种投入。

鲍莫尔等人(Baumol et al.,1982)进一步阐述,范围经济能从产品生产中拥有的规模经济的投入中获得。例如,随着需求的增加,(小的)产品种类的单位成本可能会下降。如果行业的终端客户的需求增加,并且较大的商业性客户(对依标准衡量的每个不同产品种类来说)被认为是分离的市场的话,这些降低的单位成本会导致对不同类型产品联合生产的经济模式。从这里,我们可以总结说,在这样的分析框架中,在位者的成本具有次可加性。

自然的"部分"垄断

许多在位厂商,特别是在像电信、煤气以及电力——还有国有的航空、广播以及电视和运输业这样的公共事业中，它们的历史背景是当初它们与当地授权法律的共存。而正是这些授权法律，对当地的地理性市场的进入行为创造了法律壁垒。在这种情况下我们称在位厂商作为一个自然垄断者而出现，它借助法律获得了来自政府的排他性许可。然而，在处理公共事业时，对监管分析的目的来说，一个自然的"部分"垄断的概念可能是更加恰当的：尽管有法律的认可，在位者是否仅是去满足对它自己的一些商品的市场需求；在位者是否在其他竞争性地理市场（比如说欧洲和/或美国）进行运营。

然而，情况可能是受质疑的在位厂商不是一个自然垄断者。如果在位者的成本是次可加的，一个自然的"部分"垄断的概念可能更加恰当。对一个自然的"部分"垄断的强调允许我们将焦点置于多边竞争与进入上，而不用依靠可以成为精细审查对象的成本结构。由于进入条件在一个市场的竞争程度的评估中发挥决定性的重要作用，所以应该仔细地考察在位厂商在其相关市场中是否已经充分利用了潜在的规模经济。如果结论是他尚未用尽其潜在规模经济的话，那么任何限制其增长的企图都会伴随着效率的损失。换言之，如果一个国家性竞争管理机构禁止了潜在的兼并，并且正在进行兼并的厂商在收购目标厂商的过程中进行得并不顺利的话，那么结局会是：希望兼并的厂商会建立一个新工厂或者扩大现有生产能力以满足需求，或者目标厂商会继续无效率地进行生产。

在监管和竞争的经济案例分析中，对相关市场的正确描述是，一个受制于真实的和潜在的竞争压力与威胁的市场，而压力和威胁都来自市场中的各种厂商和不断出现的（功能上可替换的）产品。多边竞争包含了联合生产经济,特别是来自(所谓的)垄断市场以外的厂商联合生产。如果新产品将出现,成为垄断厂商产品的替代品的话,这会增加新的全球性厂商出现的可能性,而它正是作为在位垄断者的潜在竞争者出现的。

在一个不相关的产品市场 X 中的大公司,能够生产市场 Y 中的在位者的产品,尽管这一讨论已经超出了本书的范围,我们依然愿意提及这一有趣的进展。换言之,随着公司变大、在范围和地域上更加多样化和全球化,某种全球性产品的垄断市场结构将影响其他产品的生产成本,而这可能会加速在多边市场框架中的联合生产经济。多边框架可以在公共事业部门中见到:例如,电信和电力公司分享着生产经济;再如,在与在位者的竞争中,两个不相关的厂商为生产某种产品而进行融合。拥有水下电缆的电力公司也能够提供一种电信服务。这改变了争论的平衡点,使其从判定对竞争者的损害这一标准转至判定对竞争的损害的标准。并且,这种改变还要求建立一个具有一定程度的有效进入的可行性竞争模板。

声誉及管理行为

在任何厂商的案例中,总是存在着克服沉没成本的问题。例如,在铁路放松管制的案例中,铁路系统在公共的或私人的所有权中保持着垄断,正是凭此才使得问题得以解决。独立的公司能将部分线路出租出去以进行服务,而这又会与新的受到监管的厂商竞争。对租用公司索要的价格会受制于价格上限,这很可能与使用 RPI-x 公式为电信或电力进行的定价相似。这确保了进入者不会引致大额的固定沉没成本,因为如果他们想迅速地退出市场,可以通过不续签进入合同,或者在二级市场上再次卖掉租约,从而迅速地退出市场。那么监管者就能够解释任何在劳动和配送系统中的生产效率的提高、价格与服务选择的创新和多样性的增加、为应对提高的成本而进行的价格调整,也包括交叉补贴的终结,这些都集中代表了一种在市场结构和赢利性方面富有成效的、动态的、在分配上更有效率的转变(Bailey and Baumol,1984)。

法经济学提出了一种不同的监管模型和行业为什么受监管的模型。垄断利润被认为是寻租的结果。人们认为,只要有可能,管理层总是会参与寻租行为。一个很好的例子就是,经济管制这种形式本身带有一种政治性偏好。在一个竞争性行业中,获取所有垄断租金的厂商就会成为受管制的垄断者。于是,厂商就会产生一种投入资源以减少管制进而确保垄断地位的动机。厂商试图获得全部的垄断者经济租金的寻租行为会就导致福利损失(McNutt,1993)。一种由限制进入的管制授予的垄断权可能比传统经济模型带来更多的耗费。

然而,管制一旦被建立,不但难以消除,而且监管者还缺乏兴趣去解除管制(McCormick et al., 1984)。这是由于成本是沉没的,一旦解除管制,福利损失可以恢复,但是花费于寻租上的钱可能无法收回。因此,实施监管的成本比预期的要大,而去除监管的收益比预期的要小。产业组织理论最新的发展趋势是放宽这些支持新古典理论的基本假设,新古典理论认为必须实施政府监管,进而防止偏离了"价格等于长期平均成本"原则的行为。由厂商管理层所实施的策略可以获得并巩固市场份额,通过竞争产品的差异化可以开发市场,对此有了认识和理解后,不完全竞争的作用才得以重新被树立起来(Nelson,1974)。先前我们间接地提到,厂商之所以愿意通过限定价格、产生进入威慑的方式与新进入者竞争,声誉正是这种意愿的根源。

这种因为不确定性而变得有效的声誉,对于进入者是重要的壁垒。但它同样也是退出的壁垒:考虑到创造和维持声誉的必要性,厂商不愿意放弃不赢利的市场,特别是在面对竞争的时候。退出壁垒是阻碍资源从衰落行业和/或不赢利厂商转移至生产率更高的用途的因素。退出壁垒可能是结构性的,比如由于特殊科技特点和市场结构造成的;也可能是人为的,比如可能来自管理层的进入威慑策略。然而,法经济学学者一般不会把对退出壁垒的研究视作对进入壁垒研究的副产品。

管理层的无差异曲线

管理层可能尚未做好准备面对一系列退出问题:解雇员工、向其他地方转移中等管理层和放弃对忠实客户和关键老客户的服务。可能存在着从整个厂商出发的行为目标,例如最大化市场份额或威慑进入。于是我们可以认为管理层的行为具有无差异关系。高级管理层的目标是独特的。他们同样掌握着可能是针对某一行业或生产线的技术。管理层独立于股东控制的程度越高,这些障碍就越重要。因此,即便高级管理层的技能(以及竞争厂商的技能)容易转移至其他厂商,管理行为也可能成为退出壁垒的根源。退出可被解释为管理的失败,也表明竞争管理机构中高级管理层的能力低下。

然而,新的焦点集中于现代厂商内部的治理结构。威廉姆森(Williamson,1991)特别引入了"混合形式"来涵盖应与国家性监管和竞争管理机构相关联的一些安排,诸如许可经营、在有限的联合项目上合作的厂商体系以及受监管限制的厂商间的合同协议。TCE方法的潜在假设是:厂商内和厂商间的不同组织形式在效率和对竞争的反应方面表现不同。威廉姆森(Williamson,1975,1996b)建议,竞争管理机构应该积极地推行有利于不同的组织结构或形式之间进行竞争的措施,使公司内部维持着某种弹性以应对竞争。具有公共政策职能的国家性竞争管理机构的一个难题就在于要认定这些形式和基础协议是反竞争的或准卡特尔类型的协议。

告密

离开了SCP模型的"舒适地带"之后,国家性竞争管理机构将不得不更多地依赖管理层的行为以及他们内心遵守竞争法的道德感。法律和道德的目的都是对行为进行引导。如果管理层不遵守法律规则的话,那么竞争法将通过制裁的威胁达到这一目的。在研究法律规则和道德在规制行为方面哪个更有效时,沙维尔(Shavell,2002)指出,法律不仅通过法律制裁直接作用于行为,而且有着道德理念的改良和加强道德制裁的附属作用。在竞争法的特殊情况下,这可以通过企业采用竞争合规手册来做到。

已有太多的著作论述过利用厂商的能力对其代理机构的行为施加影响,例如奥莱恩(Ulen,1997)把实施功能从竞争管理机构到厂商的转移称为有效率的改变,因为厂商一般拥有很强的能力去影响其代理机构的行为。重要的是,厂商能够通过其内在文化确实地影响其代理人对法律的道德义务。告密法律的传播已经在厂商内部引入了内部的道德制裁:参加一个卡特尔安排的厂商内

第8章 竞争的伤害与公共政策

的个人,作为厂商雇员,会对自身行为感到内疚。但是这应谨慎为之。尽管这种法律可能减少实施成本并增加获得定罪的可能性,但是,通过引入道德风险问题,它也稀释了在寻求长期竞争价格过程中作为行为疏导的竞争法的效率。如果论点是厂商在正常情况下从其代理人完成的反竞争性行为中获益的话,那么,厂商就很可能会有鼓励反竞争行为的动机,并且如果厂商的代理人预测在工资和晋升方面会有足够回报的话,他们可能愿意冒此风险。

作为道德的补充成本的机构,其花费要由社会承担,这种承担是否值得,同时公费的机构会产生花销——告密法律进一步地对这些提出了质疑。新古典经济学将重点置于竞争市场中厂商的外部作用。在厂商中存在着工人间复杂的相互作用,而这决定了内部规则和工人间的关系。在 SCP 模型中这样的内部作用被忽视了。现实中它们不应被忽视——它们产生了最终产品以及组织(即厂商)的附加价值。这种附加价值决定了工资和利润,并最终决定了厂商的生产率和厂商在其中运营的经济的竞争性。沙维尔(Shavell,2002)指出:从法经济学角度,特别是从工具经济学角度对法律与道德的最佳领域进行的分析似乎并没有展开。

如果说告密法律在厂商和国家性竞争管理机构间创造了一种新制度治理结构的话,对于作为执行工具的告密行为本身,可能是时候对其做一番成本收益分析了。在其中存在着一种社会成本——包括对无辜的家庭成员的负面影响、证人保护项目的管理成本以及因为囚禁个人带来的生产性雇佣损失。在声称告密法律是增加福利的并符合公众利益之前,应该先从道德风险的消除(即收益)中抵扣这种社会成本。

我们认为告密行为是正当的,是因为它威慑了有害的反竞争行为，还是基于这样的理由：一个了解到有人做错事的人（本身并未做错事）应该揭露做错事的人以使其遭受与其错误行为成正比的惩罚？惩罚的报应性观点与一种更加实用主义的惩罚观点（该观点寻求用趋同于竞争水平的价格来实现一种最佳的威慑结果）为了得到竞争法律师和从业者的支持而相互竞争，而在这个过程中法律一直是沉默的。如果由反竞争性行为带来的垄断利润比社会成本大，理智的厂商会坚持垄断而不牺牲利润。但是如果从告密中所获得的福利收益显著地小于社会成本，理智的竞争管理机构会不再利用告密者吗？这将是以这样一个重要问题来衡量的对公共政策的最终检验——法律是有效的吗？如果存在着对告密者对价格的观察的过度依赖，那么这一问题将在对兼并或者卡特尔的分析中产生特殊的反响。告密者的价格集很可能不同于事实发现者观察到的价格，或者事实发现者可能会简单地依赖告密者的价格并将其视为具有代表性的价格。在这种情况下，价格不能被准确地测度。企业的边界确实存在问题。在由告密者的证据引发的反托拉斯调查中，可能存在着将价格相关性作为一种理论构建的治理问题。时间将会告诉我们，问题的关键所在是否与作为证人的告密者的可信度关系较小，而与反托拉斯调查中的价格——一个不知是否有价值的概念——有较大的关系。

第9章 非市场经济学

在本章,我们会提供一种"非市场经济学"的分析模板,我们从法经济学范式、非合作博弈理论以及公共选择学派中汲取了不同的理论特征(McNutt,2002)。总体而言,上述不同理论分支均阐释了非市场经济学。非市场经济学的边界是基于经济学作为理性选择、策略反应科学这一广义概念而不是基于经济学仅限于对市场运行的研究和分析这一狭义理解而划定的。我们与他人的关键理论差异在于,我们认为竞争是一个过程,因此其只能予以描述而无法界定。该观点将会一直延伸到第10章和第11章。

据波斯纳(Posner,1993,P207)所称,贝克尔乃是"非市场经济学最伟大的实践者和倡导者"。他对婚姻、家庭、犯罪以及人力资本等法经济学诸多领域的研究均影响甚大。贝克尔正是由于其在上述领域所做出的具有启发性的贡献而被誉为非市场经济学的开拓者;非市场经济学主要研究婚姻、家庭、犯罪和人力资本等问题,这些问题在贝克尔之前并未被作为经济学问题给予明确的分析。

尽管我们使用与贝克尔学派相同的"非市场经济学"术语,并且赞同其主张——"经济学方法为我们理解一切人类行为提供了一个有用的统一的分析框架"(Becker,1976),但我们依然与之有所差异。举例说明,在房间里放一只青蛙,并令其从房间一端到达另一端,但这只青蛙必须遵守黄金法则——"每次仅跳所余距离的一半"。贝克尔学派将着重于分析青蛙到达目的地的能力和实力;而我们的非市场经济学方法则认为这只青蛙将永远无法到达目的地,因为所余的一半距离总是存在的。我们所强调的是时间和过程。理解规则运行的另一路径是分析其如何激励个体、如何协调相互间的行动以及如何分配最终产出或剩余。

引　言

对竞争及其缺乏的探寻是当今反托拉斯法存在与发展的主要动因。因此,非市场经济学方法运用于反托拉斯时的明确特征是,举例而言,在无法参照市场价格和数量的相关历史以及厂商间的策略的相互作用时,竞争评价参数不应被单独估计。对合谋与动态合作进行模型化的另一方法将在第11章给予阐述。可以肯定的是,国家竞争管理机构或法院在构建合谋模型时应将相关历史原因纳入竞争评价之中。

2004年5月1日,欧盟竞争法的实施方式出现了新的变化(见后记)。而其中最重要的变化或许就是,10个新成员国的加盟所导致的市场地理范围扩大。该变化将影响到对规模经济和竞争的评估,如本书第8章所述。在经过广泛讨论之后,重新修订的欧盟兼并控制条例(EMCR)开始生效,与之同时,新的严重妨碍有效竞争(SIEC test)标准(第7章曾有论及)被推出。而合同批准时必须通告国家竞争管理机构和欧盟委员会这一规定被废止,更为重要的是,国家竞争管理机构以及各国法院共同强制执行《欧共体条约》第81条全部内容已经成为现实,而这意味着上述两个机构可以在第 81 条第 3 款规定下运用豁免权。

假设的不可观察性

经济推理主张,应将竞争的战略重点放在福利增加上,也就是应该努力谋求消费者福利最大化。在位者与进入者的典型博弈中,针对解除公用事业规制所引发的争论以及意识形态问题所涉及的权利、自由、补偿和租金等问题是不言而喻的。经济学作为一门社会科学,受过程不可观察性的影响并非很深(诸如竞争、最优化和市场均衡等经济学主张均源自于这些过程),但认为这些过程根本就不存在的观点对经济学的负面影响很大。人类选择如此复杂,不加以简化是无法认识清楚的。

弗里德曼(Friedman,1953)首创的假设的现实无关性观点影响巨大。然而,其一方面认为从完全竞争假设出发进行市场预测是合理的,另一方面则在进行某些市场预测时假设该产业是垄断的。更具讽刺意味的是,竞争法课程所使用的几乎所有初阶经济学教科书的前言部分均有弗里德曼的无关性观点。而继弗里德曼(1953)之后的大约 50 年中,市场集中及大厂商具备显著的价格控制能力等新现象似乎与竞争理论并不相符。所有权与控制权分离也引发了人们对厂商行为的猜疑:它们是否追求利润最大化,并在现实竞争中始终遵循 $LMC=MR$?

需要铭记的是,如果竞争仅仅是一个假设,那么市场是否是竞争性的,已经超出了经济学作为一门社会科学所应有的研究视野。一个关键的假设是,市场行为的动机在于满足参与者的需要和利益。这一假设足以将多数决策留给市场,并据以界定市场"失灵"。诚如根据竞争环境来推断"好的"或者"正确的"是很自然的一样,按照弗里德曼的分析,根据市场势力被利用的环境来推断"不好的"或者"错误的"也是很自然的。因此,在该理论框架内,垄断是"不好的",而竞争是"好的",该框架不能决定长期竞争性价格,只有一点是确定的,即根据事实,竞争价格一般低于垄断价格。行为最优化、市场均衡以及稳定偏好等经典假设实质上是与贝克尔(Becker,1976,1993)对婚姻、家庭、犯罪和人力资本等诸多问题的经济分析保持一致的。

共同体标准

非市场经济学在现实中如何起作用呢?自2004年以来,兼并案件更多交由欧盟委员会来审理,而这似乎仅仅由于案件本身更易于符合欧盟兼并控制条例中的共同体标准。如以地理范围界定市场,则国家竞争管理机构在进行经济评估时将不得不特别小心谨慎。随着欧盟市场地理边界的不断拓宽,可以预见,也许会有更大的倾向去寻找较整个欧盟而言规模更小的市场。例如,也许存在一个连接"旧欧盟"和"新欧盟"或者仅仅包括欧盟核心国家的区域性市场。理解地理范围变化对于市场界定以及欧洲一体化政治目标的实现均非常关键。如以地理范围界定市场,则我们利用交叉价格弹性和自价格弹性等工具来评测替代程度时,将不得不充分考虑地理和时间因素。有关地理方面的讨论参见第5章。

至今,欧盟委员会对2001年通用电气和霍尼韦尔一案的裁定及其对这一欧洲历史上最大的兼并案予以否决的动机依然广受争议。

通用电气和霍尼韦尔案中富有争议的裁定,实际上应该置于欧盟所设定的长期目标背景下来思考,该目标谋求将各个成员国整合成为一个统一市场。为此,欧盟委员会多年来对包括购买者进行产品再售和独家经销承诺在内的纵向约束问题甚为关注,这些约束在欧洲厂商所参与的合同协议中经常被采纳。相关内容可见第 7 章中对拜耳-阿德莱特一案的分析。

案例 9.1　通用电气与霍尼韦尔公司合并案

欧盟委员会对该兼并进行竞争评估所考虑的核心因素为,通用电气在飞机采购、融资和租赁中的财务实力与纵向整合(见第 12 章)是否与霍尼韦尔公司在诸如喷气式发动机、航空电子设备和非航空产品等产品市场上的领导地位联合起来。由于喷气式发动机市场具有较高的进入和扩张壁垒,因此,在欧盟法律看来,通用电气在诸多航线中的在位者地位及其通过补贴进行纵向整合的能力,再加上消费者有限的对抗能力,使其能够"独立于其竞争者、顾客和最终消费者采取行动",并因此在大型商用喷气式发动机和大型支线喷气式发动机市场上具有支配地位。

实质性问题并非进入壁垒的高低,而是特定的市场情境(在其中,通用电气或其他大公司可能会抑制或扭曲竞争)以及使这些能够发生的排斥"机制"。芝加哥法经济学派也许会反驳说,任何对竞争的限制将取决于排斥是否为通用电气(作为相关市场上的主要竞争者)的可赢利策略。通用电气一案的推理对理解经济学的"机制"问题意义不大。但是,在 2001 年对空中旅游公司案的裁决中,欧盟委员会否决了"报复机制"的相关性,而这对于理解市场中的集体支配经济学而言非常关键。然而,欧盟初审法院在其判决中却认为报复机制必不可少。

边界的探寻

随着一揽子改革方案的启动,欧洲的竞争分析如今需要更多地借鉴公共选择、法经济学和博弈论等理论因素。总而言之,就本章目标来说,上述理论分支均阐释了非市场经济学。非市场经济学是基于对经济学的下述理解而确定研究范围的:经济学是一门理性选择和策略反应科学,而不是仅仅致力于对经济市场的研究与分析。对竞争法和非市场经济学的理解互为影响且充满挑战。

1897年,奥利弗·温德尔·霍姆斯(O. W. Holmes)写道:"对法律的理性研究而言,心智狭隘、刻板的法教条主义者可能是对现行法律知之甚多者,但未来的法律从业者则须为统计学家和经济学大师。"最近对空中旅游公司案(2001)及施耐德/罗格朗与欧盟委员会诉讼案(*Schneider/Lagrand v. Commission*)(2002)所做出的裁决,尤其是欧盟和美国对通用电气和霍尼韦尔案的不同态度,似乎表明这一大胆的预言已经成为现实。在施耐德/罗格朗与欧盟委员会诉讼案中,欧盟委员会因其裁定缺乏实质证据以及所依据的错误评估而备受指责。然而,在施耐德/罗格朗案中,欧盟初审法院否决的不仅仅只是一次兼并。在一份明确表述的判决中,法院否决了包括委员会和企业在内的任何一方依赖于一般性陈述、粗略分析或笼统类比的能力(McNutt,2003)。

回顾以往,人们很容易声称已经从1993年木浆公司与欧共体委员会诉讼案(*Wood Pulp v. Commission*)的裁决中吸取了教训,在该案中,欧洲法院采纳了大法官的推断,认为欧共体委员会未给出合谋成立的足够证据,特别是认为平行价格并不意味着合谋。然而,欧洲直至1992年才在雀巢-毕雷案(Nestle-Perrier)中首次

第9章 非市场经济学

运用集体市场支配概念,直至1998年的德国凯利-萨尔兹钾肥公司一案欧洲法院才肯定地回答了兼并控制条例应用于集体市场支配情形时的相关问题。在1992年的雀巢-毕雷案的裁决(见第11章)中,欧共体委员会首次尝试在兼并评议时使用集体市场支配概念,委员会似乎不再特别关注厂商间的行为和结构联系,而是倾向于寻找能够使厂商在兼并后更易于彼此协调的市场扩大特征。

在法国与欧盟委员会诉讼案(Frech Republic v. Commission)(1998)(德国凯利-萨尔兹钾肥公司案)中,欧洲法院肯定了欧盟委员会的观点,认为兼并控制条例第2条第3款规定完全适用于对形成寡头市场(本案中是双寡头垄断)的兼并的处理。法院将集体市场支配地位界定为如下情形:由于企业能够采取与市场相关的共同政策,并且能够在很大程度上独立于其竞争者、顾客以及消费者采取行动(第221段),因而使得相关市场上的有效竞争被其严重压制。法院能够做出企业间结构联系的判断,但是对于此种联系是否是导致寡头的必要条件却不甚清楚。这一问题在1999年范科公司案的裁决中得以澄清:为了确定集体市场支配地位,并不需要证实结构联系的存在。包括市场集中度、成本结构的相似性、市场透明度、产品同质性以及缺乏需求价格弹性等在内的其他因素则是重要的。企业如果不符合范科标准,但是符合该案中所描述的特征的话,那么就存在着违反第82条的极大可能。

但是,欧洲的经济推理也开始变得类似于美国反托拉斯中的"相互协调"原则,该原则包含着对公开卡特尔和合谋的假设。2002年6月,欧洲初审法院从根本上认为欧盟委员会在空中旅游公司案(见案例9.2和9.3)中遵照兼并控制条例对集体市场支配概念所给予的分析存在严重错误。在空中旅游公司案的裁决中,欧盟委员会对报复机制的明确摒弃与标准寡头理论关于默契合谋可持续性的论述相矛盾。更重要的是,它没有注意到初审法院在范科与欧盟委员会诉讼案(1999年)中对集体市场支配概念给予了明确支持。尽管欧盟委员会委员芒第(Monti)于2002年11月在布鲁塞尔宣布了一揽子改革方案,并且在当时进行了长时间的商议,但是,对一种条理清楚的经济分析方法——由欧盟委员会竞争总署来实施它,并将其作为欧洲反托拉斯学派的基础——的支持暂时失踪了,但并没有全盘皆输。

经济理论应用中所呈现的系列错误充分表明,我们在将严格的经济分析用于竞争评估时,需要超越新古典经济推理的边界。我们必须记得,美国反托拉斯的漫长历史提供了丰富案例,从而使得执法者能够追溯法院态度的变化。这也为美国反垄断提供了大量完整的市场分析,执法者据此即可审视市场环境中的不同特点及相关的商业行为。相较之下,欧洲的竞争政策还处在发展的萌芽阶段。

新的探讨

基于上述背景,本章的讨论试图对非市场经济学的边界及其与竞争和反托拉斯的相关性所引发的争论奠定分析基础。为促进讨论起见,非市场经济学的研究领域包括公共选择理论、法经济学以及动态寡头模型,而不包括较为传统的静态模型。本章讨论基于如下假设,即竞争是一个过程,为此其只可被描述而不可被界定(Dewey,1959)。因此,欧洲竞争政策的目标应当在于保护竞争被视为过程时所具备的某些特征。但是,除非对市场竞争类型及其特征进行经济成本分析,否则,将无法确定保护竞争被视为过程时所具备的特定特征的好处。如果该观点得到认同,那么非市场经济学将为此种成本核算贡献良多。

公共选择:"租金可能被浪费"

在此,我们事先假设欧洲商业环境如今能够被描述为是不完全竞争的。诸多市场均存在典型垄断因素且缺乏竞争。公共选择理论有助于对产品市场不完全性的评估:当产品市场被扭曲并且竞争性厂商能够攫取租金时,此种市场的不完全性确实存在。在缺乏竞争的情况下,企业可能呈现出 x 无效率。然而,如果此种无效率有助于攫取租金的话,企业将愿意忍受 x 无效率(Rotemberg,1991)。因此,有些租金可能被浪费,但这也有助于解释为何传统的利润测度没能揭示太多垄断行为。

法经济学:"市场失灵可能会出现"

新古典企业理论旨在理解价格导向而非管理导向的资源配置(Demsetz,1997)。p 型企业并未占据该理论的核心位置。此种理论是静态的:其核心模型假设企业具备完全知识因而不存在任何风险。在完全竞争这一核心模型中,管理没有任何实际影响。而这与法经济学方法所认为的典型的非市场 s 型企业大相径庭——该方法认为企业的本质在于多个机构间的管理协调(Newman,1998)。针对其竞争对手的未来行动,企业往往努力开展技术革新和进步,如果忽略了这一事实,市场失灵将更易出现。

管理增强了"看不见的手"。实际上,依循竞争法所采取的补偿措施可能并不适当。例如,对于存在严重进入壁垒并且卖方或买方足够大以致能够影响价格的市场,或许可以认为其实际上存在着市场失灵。艾威利特和兰德(Averitt and Lande,1997)对这些企业缘何变得如此之大产生了疑问。他们认为,正是不完全信息和交易成本导致了企业规模的扩大,而两者恰恰就是市场失灵。影响到事后资源配置的管理决策或者法律规制同时也改变了对当事者的事前激励,并进而影响到市场均衡。

博弈论:"产业历史是重要的"

在范科与欧盟委员会诉讼案的裁决中,欧洲初审法院支持使用博弈论的相关概念来进行竞争分析。无可否认,博弈论较为复杂精妙。但其含义则比较简明。欧洲产业并非静止不变,其无论增长还是衰退,均需使用明确的动态模型来予以分析。这也正是博弈论能够对竞争分析有着精妙贡献之所在。尤为重要的是,我们一定要努力遵循由克雷普斯和斯彭斯(Kreps and Spence,1984)最先证实的理论主张:产业历史对于行为和绩效而言是至关重要的。

博弈论的基本观点[这可以追溯到张伯伦(Chamberlin,1962)于20世纪20年代所做的贡献]是:寡头们认识到彼此间相互依存,为此它们不会再固守其行为对竞争对手毫无影响的信念去进行价格和产量选择。相反,它们认识到降价可能招致报复性竞争,所以它们有积极性在行动上保持更多合作。因而,企业无须制定明文契约即可获得合谋回报,该回报是可以在非合作博弈均衡中实现的。这就是利用博弈论来解释合谋的典型示例,也是现实世界中最悠久、最为人熟知的企业行为情形。

在对竞争和反托拉斯分析给予理论支撑的新古典经济理论

中，当垄断势力被用来保持价格处于长期边际成本之上时，资源配置便是无效的。完全竞争被视为灵丹妙药。许多反托拉斯的律师和经济学家似乎如库普曼斯(Koopmans, 1957)所说的那样：在充满不确定性的经济世界中，对作为资源配置工具的竞争市场的效率"过分信仰"。由此看来，没有市场中的历史价格和数量作为参照，相关参数不能被单独估计(Phlips, 1995)。例如，超级博弈理论便为寡头垄断中历史依赖的模型化提供了一个动态路径(Friedman, 1979)。

创新报酬

欧洲企业在其中展开竞争的经济市场如今可以被描述为动态的，该市场具有创新、研发、快速产品开发、新生产技术、市场联盟、市场分享策略和纵向安排等特征。正如本书后面所论述的，纵向安排越来越被企业视为进入产品市场的供应链模式，该模式旨在在保持有效竞争的同时增强其销售效率。与20世纪60年代的市场相比，现代企业在新世纪中所处的新的竞争市场在下述两方面存在根本差异：一方面是竞争对手管理行为的策略性，这影响到品牌间的竞争；另一方面是企业销售行为的结构性变化，例如，随着更加开放、更具有竞争性的单一欧洲市场的形成，其成员国内部的销售集中趋势越来越显著。

在第5章我们已介绍了克拉克(Clark, 1940)的有效竞争理论。有效竞争具有三个明确特征，即产品差异、产能过剩和创新报酬，而这些特征在当今尤为突出。最后一个特征和熊彼特效率颇为相似。鲍莫尔(Baumol, 2002)已经证实，创新作为基本的竞争武器，乃是市场变化的主要动力。上述三个特征中的任何一个均有悖于新古典完全(静态)竞争分析范式,它们完全能够被用来表明市场中竞争的缺乏而非竞争的存在。创新报酬尤其要求欧盟竞争总署在通用电气和霍尼韦尔案的推定中必须将研发或者处于开发阶段但尚未成型的产品考虑进去。潜在竞争理论仅仅考虑到现有产品市场中可能的新进入者的影响,而没有调整市场概念以将创新报酬纳入其中。第10章图10.2中的面积 A_2 就是此种创新报酬的大致测度。

在欧洲竞争分析中,如将非市场经济推理纳入其中,将能够为评估企业行为对价格的可能影响提供一个富有洞见的可靠分析框架。作为反托拉斯标准,新古典完全竞争范式或许是陈旧的。当企业为数甚少且进入困难时,假定卡特尔能够抬高价格是合理的。然而,经济福利的改进同时还依赖于技术进步。但不幸的是,在此情形下,如未结成卡特尔协议,产品的有效组织和生产将是不可能的。实际上,下述观点已被证实(McNutt,2003):从长期来看,如果 $A_2 > A_1$(见图10.2),创新给社会所带来的收益将大大超过竞争价格所带来的影响。对于创新的相关论题,经济学界至今尚未达成一致看法。然而,竞争政策的任务就是发展出一个分析框架,该框架既不会压制合意的创新,也不会允许市场势力削弱技术进步(Jorde and Teece,1992)。而探寻这一分析框架的主要动力就在于竞争企业间策略关系的正规化。

超级博弈方法

早期文献,特别是加斯金斯(Gaskins,1971)和杰克明(Jacquemin,1972),已经考虑到经济市场中的企业以特定的外生方式对竞争对手行为做出反应的动态问题。然而,他们的模型并未将企业针对竞争对手行为所做出的反应内生化。而正是此内生化为现代反托拉斯的新分析框架提供了博弈理论支撑,在该框架内,产品和服务市场由于受到历史影响而不再是完全静态的。超级博弈方法的问题在于企业间容易产生默契合谋。超级博弈存在诸多均衡,因此,我们要保持足够的警惕:超级博弈模型可能过于抽象,以致无法对现实世界中的寡头行为做出准确预见。解决该问题的一个可能选择是将相关历史原因直接纳入模型之中。

一直以来,探究反托拉斯问题的典型方法就是考察价格,并在其他条件不变的情况下孤立地参照价格这一个变量对竞争予以分析。但是,如果所考察的变量是生产能力或创新,就要确定在产品市场上企业的利润究竟如何依赖于资本存量水平或者研发支出。该方法通常假设资本存量或者预算支出的获取方式对当前市场环境是没有影响的。反托拉斯问题,也就是静态环境中产出的决定问题,就这样被回避了,仅仅将其包含在某个特定的利润函数之中。本书的观点是,在非常复杂的市场环境中,企业借助直接影响利润和支出的变量将自身行为参数化,从而简化了其决策问题。这些变量可能包括用于创新的研发支出,同时企业间的竞争可能是围绕质量、数量、成本削减以及新产品、新流程开发等方面而绝非价格所展开的。

互联网市场:LMC=0

在现代经济学边界已经拓展的情况下,竞争管理当局如不对蕴含于其分析和评价之中的企业行为分析方法做出重新评价的话,就实在太不明智了。更重要的是,在动态情形下解释企业行为能够让它们认识到企业可以在除了价格以外的创新、产品差异和产品质量等其他方面展开竞争。例如,当价格竞争过于残酷时,非价格竞争作为一个竞争方面就出现在了互联网上。买者和卖者均可以浏览其他数码经销商的网站来对比价格。除了价格竞争,供应商发现自己还需要在顾客服务、商品投递以及电子商务网站的设计和描述上展开竞争。互联网极大地降低了交易成本,使得资源的共享而非独占成为一种准则。互联网市场的许多特点,特别是低进入壁垒、无国界、零边际成本,成为新的竞争动态的标志,在此种竞争动态中,竞争分析是基于反托拉斯经济学不仅仅限于经济市场的研究分析这一理解做出的。除了市场之外,还包括时间、信息、历史和管理行为。这里要重申一下本书前面的观点,即如果边际成本保持不变,兼并本身就能提高价格。然而,现代企业所面对的却是斜率为负的需求曲线和递减的产业成本。在这些情况下,特别是长期边际成本为零,即 LMC=0 时,价格的变动方向是无关紧要的。

案例 9.2　空中旅游公司案

空中旅游公司案起因于英国最大的两家旅行社的合并,该合并谋求对英国国内短途套餐旅行业务实现纵向整合。市场份额划分为:汤姆森公司(Thomson)占 27%,空中旅游公司占 21%,托马斯·库克公司(Thomas Cook)占 20%,第一选择旅游公司(First Choice)占 11%。其余厂商的市场份额低于 5%。

欧盟委员会发现,空中旅游公司与第一选择旅游公司两家旅行社一旦合并将使市场呈现主导性寡头垄断局面,三家主要供应商将限制产能(例如,减少所提供的度假产品种类)以紧缩市场供应从而提高价格和利润。因此,欧盟委员会于 1999 年 9

月制止了这起合并。空中旅游公司就该裁决向欧洲法院提起上诉，法院遵循欧盟兼并规制条例首次推翻了欧盟委员会的裁决。空中旅游公司拟以公开竞价方式购买第一选择旅游公司的全部股份。因拟进行的兼并已经涉及共同体层面，欧盟委员会对该兼并是否与共同市场相容进行了评估。欧盟委员会首先致力于相关市场的界定。其认为，就航空服务来说，相关产品市场是向旅行社提供的短途旅行包机业务，相关地理市场是英国和爱尔兰。合并后的公司将占英国短途套餐旅游市场的34%，其最大的两个强硬竞争对手托马斯·库克公司和汤姆森公司将分别占有20%和30%。

在评估拟进行的合并对竞争的影响后，欧盟委员会总结认为合并将导致集体支配地位，而这将严重压制有效竞争。在裁决其与共同市场非兼容时，欧盟委员会认为，空中旅游公司和第一选择旅游公司一旦合并，新实体与其他两家公司将共同形成集体市场支配局面。因此，兼并将致使竞争者从四个减少到三个，但所存留的三家纵向一体化公司占据了超过80%的市场份额。而其他公司的市场份额不到1%。

空中旅游公司案对其他案件的意义

对空中旅游公司案的裁决使之成为2004年以前欧盟兼并控制条例中具有决定性意义的一个案例。该裁决确认了欧盟委员会可以在没有企业居支配地位的寡头市场上选择去阻止市场集中。

经济学家原则上并不反对欧盟委员会对没有企业居支配地位的兼并案件的分析实践。但是，这些兼并如果严重削弱竞争，则应被严格评估。在 1999 年空中旅游公司案的裁决中,市场条件并未构成集体支配地位。实际上,在做出该裁决前,欧盟委员会对集体支配地位的分析是基于市场中合谋合作的存在而做出的,如在 1999 年对范科案的裁决一样,委员会坚持认为有关集体支配案件的评估问题就是市场中合谋合作产生的可能性。

但是,在空中旅游公司案的裁决中,欧盟委员会放弃了这种分析方法,并认为对集体支配的界定不只涉及合谋合作。委员会根据企业能否采取减少市场竞争的独立行动这一事实来推定集体支配地位是否成立。在做出该裁决后,欧盟委员会使得集体支配标准变得更加模糊,其整个分析方法的可行性也因此受到质疑。于是,空中旅游公司对欧盟委员会的裁决提出上诉,欧洲初审法院受理了此案。

案例 9.3　欧洲初审法院对空中旅游公司与欧盟委员会诉讼案的审理

欧洲初审法院提醒我们,集体支配地位概念不仅要放在准备兼并及其竞争影响很快可见的短期阶段来考虑,而且要考虑长期时段以检验此种反竞争行为能否持续下去;这其实相当于对维斯(Whish,2003)和科拉(Korah,2004)的观点的摘要。欧洲初审法院的判决是重要的,因为它澄清了集体支配的相关法律。它重新明确了集体支配理论,同时澄清了欧盟委员会为证实集体支配的存在所需确定的三个要素。

首先,每家寡头必须清楚其他厂商的行动以监督其是否采用了共同政策。市场必须具备足够的透明度,方能使所有寡头足够准确且及时地发现其他寡头的市场行为的演化方式:这是

> 对集体支配的检测。其次,主导性公司需要能够处罚并制止其他厂商背离共同政策,以保证合谋合作的可持续性。主导性寡头的每一成员必须认识到,力图增加其市场份额的行为必将招致对手同样行为的报复。
>
> 最后,欧盟委员会必须确定现存或潜在竞争对手以及消费者的反应将不会危及共同政策的效果。欧洲法院认为,欧盟委员会未能证明三家主要旅游公司在发生合并后"必将存在终止相互间竞争的动机"。法院驳回了欧盟委员会的另一结论,即认为合并将使厂商之间"更易于解读和采纳对方的商业策略"。另外,委员会"未能清楚地核实或证明"合并后的旅行社将如何实施"共同政策"。最后,欧盟委员会"低估了"竞争者对"任何试图限制产量"的行为的反应能力,它们既可以增加供给,也可以迅速进入相关市场。

欧洲初审法院对空中旅游公司案的审理对其他案件的影响

欧盟委员会和欧洲初审法院均认同集体市场支配概念,但后者澄清了集体市场支配标准所应具备的三个关键要素,即公开、阻止以及顾客与竞争者的反应。由于欧盟委员会未能提供具有说服力的足够证据,欧洲初审法院推翻了其裁决。为此,欧盟委员会被告知其必须采用一种更为严格的分析方法来证明其裁决。欧洲初审法院不满于欧盟委员会的法律和经济分析,同时,该裁决也引发了欧洲初审法院在兼并控制过程中究竟应该处于何种地位的争论。

在1998年,欧洲初审法院受理了德国凯利-萨尔兹钾肥公司案,这也是初审法院首次审查欧盟委员会对寡头垄断的分析。在分析对欧盟委员会裁决的上诉时,欧洲初审法院只注重事实。该案也可以被视为是对事实的上诉。空中旅游公司案的裁决因其澄清了集体市场支配标准而有益于兼并控制过程。然而,该裁决也被广泛解释为敲给欧盟委员会的警钟,促使其在以后的判例法中逐步提高透明度和严格性。

非市场经济学

法经济学和公共选择理论的发展推动了非市场经济学在欧洲竞争分析中的应用。非市场经济学是以经济学是理性选择科学而不仅仅是经济市场的研究分析这一概念为基础的。例如,作为分析范式的新古典模型可以得到丰富,以至于相对进入者必须创造双头垄断而言,在位者有更多的激励保持其垄断地位。但是这种影响不足以解释新古典范式中的垄断结果。

在静态价格竞争中,成本相对较低的大企业很容易把对手挤出市场。而在动态价格竞争(或者是数量竞争)中,垄断结果并非一成不变,这是由于存在不完全信息或者是在位者不具有进入者所享有的技术,因此,在位者不能提前复制其策略。但是,如果开始时就假设所有企业在初始情况下均占有均等的市场份额,那么均衡并非必定存在。市场体系可以处在很多不确定的均衡的边缘,以期一些小的事件影响整个市场体系,并最终走向一个企业占支配地位的结果。一旦具有这种趋势,市场体系将会推动新产生的成本和价格优势产生出更大的成本和价格优势(Ellig, 2001

年)。竞争总署在其推理中对非市场经济学理论成分的采纳,把为新的分析框架增添充满活力的超级博弈方法作为其评估工具,该分析框架在欧洲竞争政策新的改革中受到重视。此种组合方式可以被用来检验超级博弈方法用于经济市场分析时是否具有鲁棒性。

竞争危害及其对错

例如,市场需求函数受到不可观测的随机波动的影响。由于此种波动,企业无法确定其不可预测的不利结果是否源自于竞争对手的"欺骗"。如在新古典情形中一样,企业无法观察彼此的行为,而只能据市场行为推断得知。因此,无用信息降低了企业合谋的可能。在无用信息较少的情况下,企业通常拥有其竞争对手价格的完备信息。从竞争管理机构的角度来看,无用信息较少所引发的问题在于价格战相应地不是较为频繁。

如果竞争管理机构借助成本(竞争危害)和收益(消费者和生产者剩余)而不是对与错这样的"抽象"概念来评估市场行为,那将为商业活动创设一个更易预见的法律环境。这将为国家竞争管理机构在实施一种有效率的(在法律是有效率的这一意义上)和合规的竞争政策时对寡头问题进行全面的经验研究提供理论基础。遵守竞争政策与否,取决于不遵守的预期成本用定罪概率加权之后是否大于投诉收益。当定罪概率大到要对违反者予以罚款,而不遵守竞争政策的预期收益(利润、租金)超过对违反者来说的定罪成本时,不遵守竞争政策将成为竞争各方的主导策略。

法经济学作为一般性理论并非生来就具有意识形态性,长期以来,反垄断法由于受到芝加哥学派鲜明的商业支持倾向的影响而在学术上大大发展。芝加哥学派的倡导者和追随者因其反管制倾向能够为商业活动提供一个更具预见性的法律环境而一如既往地受到高度肯定。新古典完全竞争范式普遍认为,竞争政策和法律如果确能导致竞争加剧,那么它们将有助于消费者和公众利益的实现与增进。这看似合理,但当消费者只能利用市场所提供的商品时,正如本书前面所讨论的,以消费者为论据赞成竞争仅能表明一个简单的计算错误。生产者势力应该以相同权重被考虑进去。相关文献可参考阿巴拉契亚煤炭公司与美国政府诉讼案(*Appalachian Coals Inc v.United States*)(1933),在该案中,法院似乎为了实现生产者福利目标而偏离了消费者福利目标。

竞争危害

尽管经济资源的有效利用正是反托拉斯和竞争政策的存在依据,但为了实现最优配置效率,作为反托拉斯和竞争分析基础的产权必须具备排他性、完全性和可流转性。按理说,在位者拥有资源,有权去有效利用这些资源,甚至可能为此去排斥进入者。然而,进入者具有进入市场的平等权利。非市场经济学认为,由公众资金所支持的竞争管理机构应该平衡进入者的积极自由和在位者的消极自由,进入者有权向该机构索取服务。实际上,多数积极自由都是代价高昂的,就其目的来说具有很大的再分配性,并可能影响到进入者的动机。因此,寻求合法补偿而不是卷入激烈竞争或许是一种有效的商业策略。

产权就是侵权法和刑法所赋予的消极自由,它需要一套产权保护和实施的权利分配机制。类似地,对产权的租金进行保护——此种租金是由对违反反托拉斯法的行为做出的裁决所重新分配的——这种保护本身也变成了一种由竞争法所施加的消极自由(例如,在有先例可循的情况下)。如果通过兼并或者消极的许可决议而对租金进行再分配的实施代价比讨价还价还要高昂,竞争管理机构的决议就会导致市场中的无效率。这将是竞争政策的原则所无法容忍的,因为竞争管理机构的目标就在于使对法律的服从最大化并把违法行为降到最低,从而最大限度地保护产权;假设立法者、律师、政治家和行政人员都全身心地行动,并且租金被驱散的话,这样的目标就是有效率的。

然而,权利、补偿和租金并不明确,这大概是由于在竞争政策和法律中对何种权利(如果存在的话)应被计为消极自由尚不清楚。在竞争管理机构的推理中,依然隐含着用以进行竞争政策分析的结构-行为-绩效(SCP)模型的思想传统。或许,权衡(trade-offs)没有以竞争法所规定的法定语言被充分确认、测度、量化和输入,从而相关权利无法得到评估。也可能,在一些司法权限中,实施进入者积极自由的预算成本并非一个不甚显著的因素,而对在位者消极自由的保护(用可反驳的推定维持垄断地位的权利)则被简单地认为有悖于竞争原则。除非采用剩余权衡的测度方法,否则,决议成本的问题是无法回答的。

非市场经济学为考察私人合同或者讨价还价能够被有效实施这一观点提供了一种方法。在新古典经济学中,价格是市场交易中能够保护产权的唯一机制。价格便利了交易并且是所有权的基础。在本书第5章我们就已主张,对进入障碍的传统的新古典看法,例如贝恩(Bain,1956)的早期工作,如今在竞争分析中确实已经过时。竞争政策的应用可能仅仅只能保证租金在市场中的在位者和被当作在位者对待的进入者之间进行再分配,而这样是相当危险的。

可被牺牲的竞争者

阅读科斯(Coase,1988)的著作(其研究侧重产权)容易使人相信,非市场经济学主张资产最终将由那些最能有效利用它们的竞争者获取;除非资产碰巧被分配给对其估价最高者,否则,它不能得到最大化使用,继而将导致资源无法得到有效利用。而对于资源的有效利用,竞争管理机构并不能提供任何保障。将此问题仅仅归结于经济活动出了差错或者违背了市场规律,这样的想法或许太简单了。对问题仅做出对错判断,只能致使租金和权利首先进行重新分配,而效率的实现则沦为次要目标。相反,借助成本收益来对问题予以分析则会重点关注成本收益的来源以及各种经济活动的长期影响,这对于管理活动而言意义重大。

假定经济活动被组织起来就是为了最大化收益成本之差,那么读者就会思考,成本收益分析方法能否使资源得到更有效的利用呢？例如,如果兼并能够被充分证明实现了价值最大化并且富有效率,那么它为何还要获得竞争管理机构的许可呢？如果某给定市场上存在 15 家厂商,并且其中一家富有野心的(较有势力的)厂商,它同时也是一个古诺-伯川德(Cournot-Bertrand)型竞争者,相信其中的 4 家厂商足以压低价格,那么消除其余 10 家势力微弱的竞争对手,无论多么反竞争,无论采取兼并还是掠夺手段,都不可能违反竞争法(Muller,1991)。我们需要这种"反托拉斯边缘政策"(Muller,1991)来强调竞争性与非竞争性产业结构之间的不同,并鼓励集中度在临界水平前的合意提高。

在竞争市场中,不重要且无效率的竞争公司、无效率的销售渠道本身就是一种资源耗费。在运用非市场经济学进行兼并分析时,竞争管理机构为了更好地预测兼并效果以及评估特定经济活动的影响,更有可能采用效率和财富最大化分析方法,并且会及时吸收产业组织理论和策略博弈理论的新进展(Shapiro,1997)。而反事实(counter-factual)观点认为,兼并结果有益于具有优势和更有效率的厂商,但有损于消费者。如果损害能够根据兼并后可能的价格上涨计算得出,那么所有竞争管理机构应该效仿美国联邦贸易委员会(US FTC),搁置传统的市场定义原则而采用计量研究来预测兼并对价格的实际影响[FTC 与史泰博公司诉讼案(*FTC v. Staples Inc*),1997]。当然,如果具有优势的厂商超出其效率标准并将价格降至特定公司的成本以下,即使市场中众多厂商存活下来而仅有一家厂商被淘汰,也将违反公平效率标准。

违反后的价格与竞争损害是毫无关系的。损害发生在违反阶段。个别竞争者可以被牺牲掉,直至这样一个临界点之前:竞争市场崩溃、市场势力出现以及消费者支付的价格高于竞争水平。然而,问题在于:收益转变成了较低的消费价格(实现消费者福利最大化)、更多出口或者生产过程中更低的投入价格吗?所承诺的实际竞争收益在经济体系中应该如何分配呢?谁真正从中受益呢?这些重要问题均是需要竞争管理机构在案件裁决或者违法推定时解释清楚的。无论如何测度,对收益实现的理解均会支持对垄断性公共事业予以拆分。

但是,人们可能会猜想,实行价格歧视的垄断厂商在理论上或许比完全竞争厂商更能增进福利。我们将在第 11 章对此展开论述。当存在更多竞争时,经济中将不可避免地产生出更多的寻租博弈,也就是说,无效率厂商将倾向于遵守竞争法,而有效率厂商则获得其试图固守的支配地位,并且,当潜在的违法厂商放弃兼并而把价格作为一种维持或扩大市场份额的策略时,价格博弈将频繁出现。厂商本身的此种活动和策略将导致更高的机会成本,即当单个厂商调整其策略以实现新的竞争均衡时,实际经济资源虽然能以竞争方式获取,但只有为数极少的几家主导厂商能存活下来。

布朗鞋业公司案的影响

私人部门历来是有效竞争模型的主要研究领域,市场竞争的好处主要依赖于满足一系列众所周知的条件(Scherer and Ross, 1990)。因此,竞争很少按照类型划分等级:由于假设竞争与垄断相互对立,所以在垄断状态下是无所谓竞争类型的,而这在国家竞争管理机构看来是可以接受的。此种分析方法显然已经过时,因为竞争收益实际上应该取决于市场中所发生的竞争类型。竞争法的宗旨——"法律保护竞争,而非竞争者"——早在1962年的布朗鞋业公司与美国诉讼案(*Brown Shoe v. US*)中就已经非常清楚;因此,竞争管理机构确保消费价格水平不致破坏竞争,是非常必要的。

如果完全竞争时价格已经最低,那么所有导致价格再降低的行为都将被认为是"错误的",但我们无法设想消费者会抱怨更低的价格水平或者抱怨关心通胀(竞争性)的宏观经济学家。价格如何生成应该是次要问题。如果规模较大、优势明显、效率更高的厂商努力节约成本,并使其价格更有竞争力,那么竞争将更为激烈,但竞争者数量却较少。此种竞争类型应该更受偏爱吗?竞争法从来没有试图保护某个企业远离公平竞争,公平竞争中低价格是建立在更高的效率之上的。而危险在于国家竞争管理机构和法院的决议恰恰反映了其保护竞争者(布朗鞋业公司案中的小的地方性企业)的有意识的(有时有所伪装的)努力。正如夏洛普(Salop, 2000)所证实的：在没有反竞争约束时通行的价格，才是分析市场影响和市场势力的竞争基准。但是危险还在于，人们总是试图将在位厂商的当前产品价格与静态的垄断价格联系在一起。总是存在这样一种可能：如果成本情况使得现行价格普遍低于静态的垄断价格，那么价格降低可能是毫无意义的。经济分析中，价格降低的百分比与产业价格弹性总是互为倒数。

然而，此种关系仅在边际成本下降或者不存在固定成本时才严格成立。该关系不属于卡恩分析中的短期情形。当存在固定成本并且边际成本下降时，实际竞争价格势必超过边际成本。第5章中，这一点被纳入对有效进入价格的产生的讨论。图5.2中的均衡价格 $LMC=p^*$ 不断地吸引所有相邻的价格路径。这种情形在现实世界的定价中并不稀奇，因为消费者对价格的印象很快就模糊了，所以好的定价策略往往是在开始时诱使消费者调整价格，使其在有效搜寻价格上做出微小变动以最终达成交易。因此，在任意时间 $t \in [0, T]$ 上，消费和需求均由时间和消费类型中的特定点 $P(t)$ 决定。价格演化函数 $P(t)$ 将在第11章的图11.1中予以描述。

如果法院或国家规制机构，举例而言，想要计算给定补偿所引发的价格下降程度，那么，在反托拉斯分析中，对 $P(t)$ 函数(假设对厂商或产业而言其存在的话)的理解是非常必要的。直观上看，将基准价格假设为没有进入威胁时的静态短期垄断价格，是不正确的。价格的正确变化是另外一个不同问题：存在两个学派的观点。可以说,对行为分析的目的而言,价格的正确变化是"当前价格与不存在反竞争行为时的普遍价格之间的差额";而在结构分析者看来,变化则是"不存在反竞争行为时的普遍价格与竞争价格之间的差额"(Shelanski and Sidak,2001)。大致而言,竞争价格水平是可以受理的一种价格水平。

第 10 章　法的范围

价格是商业决策的关键变量;定价及其行为,特别是掠夺性定价和卡特尔定价,是不可或缺的竞争和反托拉斯分析对象。价格水平与成本结构存在密切联系;新古典分析范式主要借助边际成本等于边际收益(MC=MR)这一关系来理解此种联系。而对该联系的深入理解,则需要依赖于长期平均成本(LAC)曲线最低点上的最小有效生产规模(MES)。隐含在新古典企业成本理论之中的,举例而言,是一族长期均衡最优条件。这些假设条件对于应对因继续强调反托拉斯经济分析而引发的挑战而言,足够坚实。

但是,反托拉斯法正在限定用于反托拉斯分析的经济学范式。反托拉斯经济学已然成为法学和经济学的混合物。作为更加令人着迷的研究领域之一,动机问题的分析范式已有所改变。对企业行为的界定也不再单单依照边际成本等于边际收益等利润最大化原则。甚至自 20 世纪 60 年代以来,用于反托拉斯分析的法经济学就已开始为诸如市场势力和纵向约束等一系列古典经济问题寻求更宽广的分析视角。随着时间的推移,法经济学的概念框架逐渐成熟,如今足以成功挑战基于新古典企业理论(产权和交易成本很显然被排除在外了)的反托拉斯规则。它是哈佛学派和芝加哥学派有关进入壁垒影响、合谋可行性以及卡特尔稳定性等问题的争论的核心(Boscheck,2002)。

引　言

此处,我们对法的范围问题的引入做一解释。法的范围是前面所讨论的传统的新古典范式在现代反托拉斯分析中的有效性问题的核心。本章旨在理解市场的不断变化并重新审视福利损失的测度。这些研究将会对贯穿全书的有关成本和规模经济的讨论做出补充,并为调查者提供一个工具箱以评估市场体系中企业的不断变化。在后续章节中,我们将在市场体系这一拓扑空间内严格审视企业的连续演化过程。第11章还介绍了新的竞争类型。它们代表了在重新界定古典经济学范式时,应对法律范围扩大所带来的挑战的最初反应。

本章的关键观点在于,竞争是一个过程,它只可描述而不能界定。如果不参照市场价格和数量的历史以及厂商策略的相互作用,则国家竞争管理机构用于竞争评估的相关参数均不应被单独估计。因此,有必要超越对竞争的传统定义——界定竞争的目的是说明竞争本身,我们不仅要从交换体系的结构上,而且要从竞争过程的策略上来理解竞争。我们必须要强调体系的不断变化,而不是市场中零和约束的市场结构。

私人部门历来是有效竞争模型的主要研究领域,市场竞争的好处主要依赖于满足一系列众所周知的条件(Scherer and Ross,1990)。竞争收益实际上取决于所发生的竞争类型。但具有讽刺意味的是,虽然在市场结构方法中竞争很少被按类型来划分等级,但在垄断情形下没有任何类型的竞争本身能够被国家竞争管理机构所接受。这主要是由于作为市场结构的竞争和垄断是对立的。以竞争管理机构的观点来看,竞争法的主要目的就是保护品牌间竞争以及消除掠夺性定价,以确保消费价格水平不致破坏这种竞争。如果完全竞争时价格已经最低,那么所有导致价格再降低的行为都将被认为是"错误的",但是我们难以设想消费者会抱怨更低的价格水平,或者抱怨具有宏观通胀(竞争性)目标的政府官员。

法的范围

产品市场已经发生变化;对许多产品市场而言,为确保产品在未来能够有效提供,价格契约必不可少。在这些已经变化的环境下,法院所考虑的纯粹法律问题可能是:一个涉嫌构成价格限定合同的计划或策略本身是否违法,或者是在给定环境变化或者产业初始特征的前提下,推理规则是否适用。在全国大学田径协会与俄克拉何马大学诉讼案(*National Collegiate Athletic Association v. University of Oklahoma*)(1984)中,法院裁定,在对竞争的横向约束十分必要的产业中,如果产品是可得的,那么推理规则适用。如遵循推理规则,那么(在一假定的案例中)需要法院裁定的问题即是:价格协商是增强还是削弱了竞争?并且在审议过程中,法院将会发现处理其他相关经济问题(尤其是产业结构变动或者其初始特征)相当重要,这些问题正是进行讨价还价和价格限定的动因。

了解某一具体商业侵权行为(例如价格约定)的相关法律,并不等同于清楚法的范围。在戈德法布夫妇与弗吉尼亚州律师协会诉讼案(*Goldfarb v. Virginia State Bar*)(1975)中,法院阐明了《谢尔曼法》的适用范围。该案争论的焦点在于,禁止价格限定的《谢尔曼法》是否适用于"博学职业"(the learned professions)的收费清单。最后法院一致认为,博学职业不在《谢尔曼法》禁止价格限定的豁免范围之内。在某一特定领域的司法审判中听取的卡特尔案例越多,就越有利于竞争法的实施。更多的欧洲司法先例似乎更为必要。在这期间,美国反托拉斯历史上的很多案例已经对欧盟法产生了很大影响。历史上,斯通大法官在美国与特伦顿陶瓷公司诉讼案(US v. Trenton Potteries)(1927)中否决了应用于价格限定裁决时的推理规则,而该举措在一定程度上是由于他不想让法院卷入相互对立的经济理论间的争论之中。在随后的主张中,特别是在美国与美孚石油诉讼案(1940)(见第11章)中,被告据法院以前做出的裁决为自己进行合理辩护。法院认为阿巴拉契亚煤炭公司诉美国一案并不适用于此种情形(见第6章)。

这有助于创造出伟大的两分法:竞争是"好的",而垄断、卡特尔和价格限定则是"坏的"——尽管我们对竞争价格所知甚少。但是,价格限定并不总是"坏的",对吧?正如可提出证据加以证明的那样,价格限定很有可能是由商业紧急事件或者产业环境促成的。竞争法及其政策致力于实现消费者福利最大化,而该目标只有依靠较低的零售竞争价格或者销售点的长期较低价格方能达成。在太多的竞争问题中,期望借竞争实现的真实价格在众多的产品和服务市场中总是远离消费者。在缺乏以非市场经济学为基础的相关理论的支撑时,往往存在一种危险:欧盟竞争法很有可能误解、误用和误诊价格下降机制并且会忽略现实中较低的真实价格的目的。请思考下述案例研究:

第 10 章 法的范围

> **案例 10.1 职业收费清单**
>
> 在爱尔兰律师协会 2000 年的公报中有一篇关于法律收费和成本的文章,其中有这么一段很有趣:"律师协会公布的收费清单只能是一种价格限定,它在州际商业贸易中是非法的,而且因其试图遏制竞争而在商业领域受到普遍反对。它在法律实践中的地位也不高。"但是,如果爱尔兰律师行业中或者爱尔兰城镇上的一个初级律师的收费低于既定范围,将会发生什么呢?谁将抱怨?为何要抱怨呢?在许多方面,如果消费者、厂商、农民、律师等能从交易中获取收益,也就是说,只要交易能带来正的净收益,他们都会自愿参加市场交易活动。然而,如果初级律师因其同行们收费较低而成为反竞争实践的牺牲品的话,就有充分的理由对所声称的违反竞争法案件进行强制执行。

我们如果承认经济活动的风险性,那么势必会认可供求的不可预测性。因此,在某些市场中就可能存在导致较高交易成本的市场失灵,而这些交易成本只有通过商定价格或收费清单方能降低。

> **案例 10.2 市场失灵与版权费**
>
> 粗略浏览一下爱尔兰竞争署 1999 年的第 569 号决议即可得知,针对版权费收取机构的情形,市场失灵已经在多大程度上被竞争署用来解释(特定产业的)横向价格限定。
>
> 在该裁决中,竞争署认为,给定市场的特定性质, 在没有中

介的情况下，使用者和创作者均面临显著的交易成本。换言之，版权费收取机构解决了市场失灵问题。贸易协会在对其收费清单或价格进行辩护时，将会考虑是否所有价格协议或价格机制均源于类似的市场失灵问题。

进一步的观点可能认为，制定协议是为了对抗居于支配地位的买者或卖者的市场势力。无论该观点是否会招致直接挑战，核心问题均在于其是否具有经济性优点。

随着反托拉斯经济学中新的分析方法（源于公共选择和法经济学运动）的出现，对价格限定的裁决本身将被重新审视。非市场经济学及其新的严格推理还有新的概念（从司法角度）被更加充分地接受，仅仅是一个时间问题。

在20世纪60年代的英国，一个牵扯到水泥制造商联合会的有趣案件曾两次在英国限制行为法院上得以成功辩护（Stevens and Yamey，1965）。

案例10.3 价格限定协议

水泥制造商联合会成功地使法院确信，其价格协议降低了行业风险和不确定性，其成员所获回报率也因此低于新的、扩张性行业。英国公平贸易委员会提请法院基于环境已经发生实质性改变这一条件重新审查该案，但被驳回。然而，价格协议于1987年被自动取消，并且定期的价格竞争最终形成几家大公司对水泥行业的支配局面。回顾以往，水泥行业可能也经历了一个竞争周期。

无论反托拉斯经济学家和律师持何种观点,竞争总署和国家竞争管理机构还是会继续关注下述问题:为避免价格战而设计的(价格约定)机制也能够被用来人为地去提高价格(和利润)以使其明显高于竞争水平,而不惜牺牲消费者利益。

市场的"合理"概念

在确定市场的合理概念的努力中,举例而言,竞争评价必须远离非常狭隘的市场概念偏见,而应该专注于市场进入、创新和竞争策略。考虑一下由哈默和钱皮(Hammer and Champy,1993)提供的马车制造商的例子:马车制造商认为自己是一家运输公司而汽车使其陷入困境,这种看法实际上很具误导性——"没有特殊理由去认为擅长建造木制四轮马车的公司一定也适于复杂的汽车制造世界。相反,马车公司应该以多样化方式进入相关产业,例如,开发木制品并协调供应网络,从而识别并充分发挥其在运作过程中所具备的优势"。在评估变化可能带给立法和行政环境的影响时,我们实在有必要在完善竞争原则(以及新的政策导向)时去问:我们有适合于新环境的市场概念吗?应该采用什么方法以确定价格滥用是否成立?在衡量消费者福利时如何去解释技术进步(与此同时依然保持投资动机)呢?

价格滥用问题在美国及纽约州诉微软公司(2000)一案中曾不经意地得到阐述。法官杰克逊写道,"为使企图垄断者承担相应的法律责任",原告通常必须证明存在被告成功获取垄断势力的可能危险。在评估特定意图时,争论经常演变成为相互竞争但又互补的市场势力识别方法间的冲突,并且当矛盾出现时,法官应该在给定数据和有效证据的前提下借助于最好的市场影响事前测试来作出判断(Odudo,2002)。另外,在任一市场影响的事前估计中,技术进步因素必须被考虑进去,否则被告实际上将对任何市场势力严格负责,不管市场需求和消费者期望如何。

没收被告所得

这对垄断净损失的计算而言尤为重要。例如,如果国家竞争管理机构清楚价格水平并对竞争价格水平做出假设,则净损失能够计算出来。罚金等于净损失值,罚金就能开出从而没收被告的所得。许多法经济学学者认为,除了纠正威慑不足,或者纠正补偿原告时法院可能犯的错误,惩罚性的民事损害赔偿并无其他任何效果。重点应该放在刑事制裁以及允许分析具有一定灵活性的规则之上。例如,任何"有错"假定在一系列行为(博弈理论上的)特征面前均应被驳回。在其他情形下,没收被告的所得能够表明,对惩罚性制裁的期待将会有助于提高效率。

对反托拉斯分析而言,市场环境(合同、行为及提议中的兼并发生其中)十分重要。在能否形成事后竞争的意义上,欧盟改革方案对市场概念的使用及福利损失的计算提出了新的挑战。可以予以证明的是,竞争法使有益于社会的产生外部性的活动最优化;而有些违法行为(例如,卡特尔价格限定)则无论如何都有损于社会;它们最好不要存在。为根除此类行为,有效的法律应该尽力没收被告的所得(仅仅是剥夺其收益),而对原告进行补偿的补救方法应仅仅归还其损失。如果被告认为自己的违法行为不会被发现、定罪,或者是会判罚较轻,那么他们将成为惯犯。对竞争市场中的理性厂商而言,因不能使用资产而导致的效用损失并不等同于其丧失的交易机会的价值。但实情调查者必须仔细区分排斥

(foreclosure)与排除(exclusion)之间的差异,而不是较高效率的结果和具有较高效率的企业的存在之间的差异。

市场体系

为使经济学弥补法的范围,将有关厂商行为的经济观点置于演化路径下予以考虑是有好处的。这并非全新的方法。例如,里克茨(Ricketts,1994)曾对厂商演化给出过出色的讨论。本章重点在于描述存在各种竞争的市场体系。所考察的市场竞争类型可参阅第11章。在某一时点上,实情调查者观察到的是竞争厂商的市场体系,而非任一特定企业的演化路径。此时,要注意到本书中我们对"市场体系"概念的使用并非完全有别于诸如支付体系、商务解决方案体系或沟通服务等网络系统经济学。然而,用以支撑本章分析方法的经济学在总体上是市场导向型的,并且,除非企业具有平均成本递减、创新率高、消费规模经济等特征,否则该经济学并不一定能够适用于对企业的分析。而只有具备了这些特征(这也是实情调查者应该调查的),市场方能真正符合本章中所说的市场体系的要求。

经济时间

因此,市场体系在经济时间和创新两个关键方面有别于市场结构。当考虑时间对市场的影响时,我们可以设想,市场正快速变化或者一些竞争厂商与更为积极进取的对手间正互相追赶。而时间的影响更大。时间将市场以及厂商分割开来(Williams,1999)。威廉姆斯的研究主要集中于时间对公司策略的影响上。重点是鼓励管理层,首先要按照经济时间来理解厂商的成长历史,其次要理解由快速变化的市场和竞争对手所带来的挑战。

威廉姆斯理论的核心是"行动-反应循环",在该循环中竞争对手们相互观察具有战略意义的行动并决定采取何种行动应对。从19世纪伯川德(Bertrand)和古诺(Cournot)的最早研究直到纳什(Nash,1950,1953),经济学家早就熟悉了行动和反应的基本原理。这是博弈论的核心论题。加斯金斯(Gaskins,1971)将时间因素明确引入其动态限价模型。在位厂商的市场势力(例如,控制价格的势力)具有时间依赖性,且短期比长期的依赖性要大。

创新

市场体系同样具备创新特征(Baumol,2002)。创新生成新的市场。时间和创新不仅共同决定了特定市场上竞争厂商的数量如何演化,而且区分了竞争与非竞争产业结构间的差异。例如,重申一下前面的观点,如果某给定市场上存在15家厂商,并且其中一家富有野心的(较有势力的)厂商同时也是一个古诺-伯川德型竞争者,相信其中的4家厂商足以压低价格,那么消除其余10家势力弱小的竞争对手,无论多么反竞争,无论采取兼并还是掠夺手段,都不可能违反竞争法。我们需要穆勒(Mueller,1991)所发现的此种反托拉斯边缘政策来区分竞争与非竞争产业结构间的差异。无效厂商及无效分销渠道在市场体系中是可以被牺牲掉的。

然而,在市场结构中,如果具有优势的厂商超出其效率标准,将价格降至公司特定成本以下,即使市场中众多厂商存活下来而仅有一家厂商被淘汰出局,也将违反公平效率标准。违反之后的价格与竞争损害是毫无关系的,损害发生在违反阶段。个别竞争者可以被牺牲掉,直至这样一个临界点之前:竞争市场崩溃、市场势力出现以及消费者支付的价格高于竞争水平。

市场体系:演化

在经济学中,进行生物类比有着较长的历史。马歇尔对经济组织的分析大多是以演化和"生存竞争"语言描述的。里克茨(Ricketts,1994)在其最著名的厂商生命周期理论中详细描述了生物类比方法,其中,他将厂商比作森林中的树木。尚为幼苗时,它就和较大的邻居争夺阳光和空气,很多难以成长而死去。后来,竞争较为成功的那些树木就长得很快,直至其掌控了周围环境。然而,它们对环境的掌控是有年限的,它们终会萎缩而被更为年轻、更具活力的树木所取代。自马歇尔时代以来,现代科学对遗传和生态的理解已有了很大发展,因此,生物类比法在如今看来相当不严谨。例如,在一个股份公司内,导致其必然衰退的遗传因素究竟存在何处呢?

彭罗斯(Penrose,1952)批评道:"生物类比法无论是对价格理论还是对厂商成长和发展理论均贡献甚小。"类比法更大程度上是描述性的,并不严谨。人们并非最大化者;他们只是希望存活下来,并且利润是由经济环境选择决定的。厂商为了能存活下来往往会模仿前面厂商的思路。彭罗斯认为,如果为提高生存质量而进行主动模仿这一观点能够得到认可的话,生物类比法就崩溃了。厂商不仅努力适应环境,而且会按自身意愿去改变环境。例如,通过政治压力或者惊人的创新,就可能改变环境。再如,熊彼特型厂商会积极创造必要条件以谋求未来发展。然而,无论与生物进化模型的正式关系如何,经济演化模型已由博尔丁(Boulding,1981)尤其是尼尔森和温特(Nelson and Winter,1982)发展出来。随着反托拉斯实践遭遇新市场以及在产品和服务市场的发展中创新所扮演的角色越来越重要,经济演化模型与当今现实尤为相关。

里克茨的厂商演化理论

尼尔森和温特方法的核心是假设在任一既定时间厂商均有一套决策法则和惯例。这些惯例可被视为组织的遗传物质。相对而言,利润水平较高的厂商正是由于掌握了获取利润的惯例和决策法则方才不断发展壮大。惯例和决策法则通过将利润与内部投资进而与增长率联系起来,模拟了演化变迁过程。而除了利用现有惯例之外,厂商也不断搜寻新的惯例或者调整已有惯例。在尼尔森和温特模型之中,搜寻概念就是"生物进化理论中变异概念的对应"。搜寻和选择决定了演化时间路径。

"搜寻"及企业家行为被认为与惯例绑定在一起,这是尼尔森和温特方法的有趣之处。尼尔森和温特认为,成功的惯例能引导厂商将成功扩展到其他可以复制的领域:"已在既定行动中获得成功的厂商更易于在相似领域获得新的成就。"钱德勒(Chandler,1992)非常支持这一观点,并认为正是这些经历和学习上的优势为很多大企业带来了发展,这些企业均是一战后化工、电力工程、汽车、电话和办公设备等领域的"最先行动者"。"此种发展较少是由降低交易成本、代理成本和其他信息成本的愿望所驱动,而是更多地源于更好地在生产、销售、交易以及现有产品和流程改造等方面利用协调且完备的惯例所创造的竞争优势这一愿望。"

成本结构

在钱德勒的世界中,厂商被视为一种信息利用手段,该信息不仅包括技术变化而且包括所累积的有关厂商资源的相关经验(这些经验被融入厂商惯例之中)。进一步说,厂商具备竞争优势,不仅仅靠对特定信息的获取,更要靠产生这种信息的能力。因此,企业家在企业中的作用是理解该概念的核心。然而,相较于在厂商内部确立其惯例而言,演化力量可以被视为具有更大范围的影响。于是,厂商与供应商、消费者以及劳动力之间的关系也受到很长一段时间内对义务、名誉、诚信、专长等方面不断变化的理解的影响(Ricketts,1994)。

厂商内部的主要关系是工人和雇主以及工人之间的关系(这在第 2 章已有所讨论)。此种关系对于产出决定而言是关键的,而产出决定又是理解传统新古典模型中长期平均成本(LAC)的关键。成本结构分析的关键可以借助 $AP=w/AVC$ 关系来理解,其中 AP 是新古典理论中的平均产量,AVC 是短期平均可变成本。平均可变成本正是阿里达和特纳(Areeda and Turner,1975)在其掠夺性定价公式中使用的分析工具。然而,该关系中的主要因素是变量"w",它通常被视为工资水平的代表性测度。

如果 w 被规范化($\sum w=1$),则作为几何图形的 AVC 和 AP 呈反向相关。这一重要的成本结构在图 10.1 中给予了描述,它可以用来发展成本结构的相关论点。该成本结构由 20 世纪 70 年代的斯威齐寡头模型衍化而来,其时,对支持 MES 及非增 AC 曲线的经验证据存在较多争议。如果在构建成本曲线时将厂商的保留生产能力考虑进去,则该曲线被证明是非增的,即 $AC=MC$。图

10.1 并未反映出传统的 U 形新古典成本结构,而是反映出成本结构计算中的规范因素 w。在第 11 章有关垄断定价的讨论中,我们将回到图 10.1 以支持我们的观点。

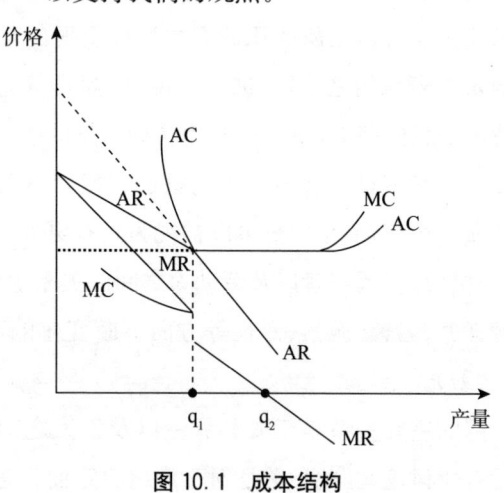

图 10.1　成本结构

掠夺性定价

对掠夺性定价的反托拉斯调查往往集中在低价以及对主导厂商为消除竞争对手优势而控制低价的控诉上面。而假设质量和售后服务未因低价而受损并且消费者因此从中受益的观点,是相当有趣的。例如,在市场体系中,厂商正在产品质量和售后服务方面展开竞争,并且正以全球性的视角来理解竞争。正如欧共体委员会在 AKSO 案(见第 6 章)中所述,评价掠夺性定价是很困难的。首先,主张掠夺性定价为主导厂商专有的假设也许根本就不成立。其次,真正具有决定意义的是去确定价格降到何种程度方为掠夺性的。如果支配地位被消除,那么就不会存在掠夺性定价。如果市场中存在第 6 章所示的三个低价,那么据以界定掠夺性价格的尺度将视最低价格为最不可持续的、掠夺性的。

换言之,因具备规模经济优势而能带给消费者较低价格的成本竞争型厂商必定要被指控为具有掠夺性降价意图并因之受到惩罚吗? 为了加深对这一观点的理解,阿里达-特纳规则(亦称平均可变成本规则)确定了一个价格基准,即低于 AVC 的价格为掠夺性定价。其主要根据之一在于,如果成本是全行业水平的,那么成本高于平均水平的厂商必定抱怨(任何)较低的价格,尽管事实上,原告可能比市场中的大多数厂商的成本效率都要低。在反托拉斯中确实存在对厂商效率的辩护,但是它往往和企图消除相邻对手优势的论点掺杂在一起。因真正的掠夺极少发生,博克(Bork,1978)认为法律应该设置严格标准以避免在根本不可能的地方去寻找或者发现掠夺性定价。在美国如今的反托拉斯诉讼中,原告必须证明被告定价低于对成本的某种测度,并证明弥补掠夺性定价期间所致损失是可能的[布鲁克集团公司与布朗和威廉姆森烟草公司诉讼案(Brooke Group Ltd v. Brown & Williamson Tobacco Crop),1993]。

正如前面所指出的,价格水平是竞争政策实施过程中的主要考虑因素。反托拉斯的历史背景塑造了垄断的不良形象,垄断价格往往被认为较高。一般的开场白是:垄断价格在理论上高于竞争价格,而竞争价格在理论上也低于垄断价格。反托拉斯的真正问题在于澄清价格为何不同,而非价格为何较高——这可能是由于厂商间蓄意限定价格,或者厂商努力降低成本增加利润率,也可能是由于大型垄断公用事业缺乏效率以致花费太多成本。

无论出于何种原因,市场参与者以一致方式进行价格限定的企图均是违法的。进行价格限定的合谋行为，而非价格水平本身，必须予以禁止。无论密谋进行价格操纵的贸易联盟存在与否，竞争问题都要去揭示价格限定协议的存在证据，而非收集有关价格水平本身的数据。何为适当价格？在充满价格差异的策略环境中其又为何？传统观点认为，当非价格行为同样能够证实违反竞争法的论点时，再将过多努力集中于价格之上可能是一种浪费。

熊彼特过程

商业世界可能显示出如图10.1所示的厂商特定的成本结构。成本结构不仅在厂商间存在本质差异，而且处于连续变化之中，此时，产能过剩是常有的事，厂商在产品和加工技术上的创新发展也是竞争现实中存在的。动态而非静态效率已然成为当今产业绩效的明确特征。如果脱离这一背景，将难以理解厂商独自扩大生产直至获得竞争收益的过程。

该过程就是（完全）竞争，但仅表明静态均衡。可竞争市场和克拉克（Clark，1940）的可行性竞争理论在包含非静态均衡方面则更具开放性。遗憾的是，"竞争"和"可竞争"在竞争决策中经常交替使用，而克拉克的概念也被局限于反托拉斯的历史书中。对于欧洲新的严重妨碍有效竞争标准是否是以克拉克的可行性条件为基础的，依然存在争议。因为它偏向于从理性选择的角度看待可能产生的竞争结果，非市场经济学观点更倾向于将熊彼特竞争过程包含进来，在该过程中，竞争与进步同时出现于一系列的暂时垄断（无论私人抑或公共垄断）之中。

新的创新和新的支配

熊彼特(Schumpeter,1947)认为,大的厂商规模是创新活动能够成功的必要条件。规模较大的厂商可以在生产和创新方面形成有效利用资源的规模经济。本章所采纳的竞争假设是大型厂商从其规模本身获取某些市场势力,其规模的净影响可由图10.2中的 A_1 来衡量。利润达到 b 时将吸引其他企业的加入,其中一家厂商(立即)创新出更具优势的产品并借此取代了第一家主导厂商。新的主导厂商有机会设定垄断价格 P_m,由此导致经常性的市场扭曲及垄断负担(A_1,如图10.2所示)。

然而,这家主导厂商也将被新的进入者推到一边。在不断发生的"创造性破坏"循环之中,创新给厂商带来市场支配地位,该市场支配地位为厂商赚得垄断利润,垄断利润又进一步刺激了新的创新和新的支配(由图10.2中的面积 A_2 表示)。在一定程度上,潜在进入者可能改进产品,潜在竞争可能促使企业考虑市场创新和新产品开发问题(McNutt,2003)。随后,新进入者使市场需求向右倾斜至 D^m。厂商规模造成的净效用可由 A_2 和 A_1 之间的差(A_2-A_1)表示;它也许很小,特别是当进入障碍仅为很小的结构因素时。

就长期结果而言,熊彼特过程与新古典范式所描述的竞争过程相似。熊彼特竞争过程能够被观察到(尤其是在电信、制药、专业服务市场及啤酒和烈酒市场上),竞争与进步共同发生于暂时垄断或者寡头垄断的序列之中。在任一时段,一家厂商均可能主导一个市场,无论是(商业化的)公共、私人或者双头垄断,它均有能力抬高价格获取垄断利润。

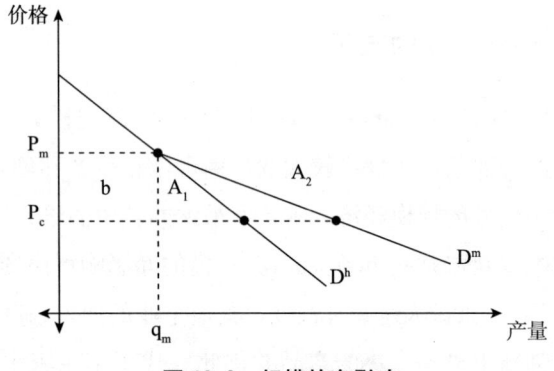

图 10.2　规模的净影响

当厂商创新、扩大产出并且应对其商业所特有的不确定性时，大多数产业经历了竞争循环。欧洲商业也不例外。它们现在面临着结构变化以及更为激烈的供应链竞争。现代商业重新调整以适应竞争是一个防御性和进攻性并存的问题，是对以往情形及未来发展预期所做出的反应；然而，产业还是要经历竞争循环。当欧盟成员国寻求国际竞争力并尝试通过立法而不是竞争程序来协调作为"可被牺牲的竞争对手"而被取消的公共事业时（它们对事后将会出现的竞争结构类型一无所知），国家竞争管理机构可能不得不应对各经济体中不可避免地将会出现的（私人）垄断或者是寡头垄断。

施蒂格勒(Stigler,1964)认为，企业努力谋求企业联盟；企业联盟能带来的收益包括缺乏弹性的需求曲线及较迟缓的进入率。对于竞争厂商而言，合谋是明智之举，任何法律都不能打消这种念头。该观点可追溯至斯拉法(Sraffa,1926)。如果企业联盟的预期租金超过长期竞争收益，厂商将尽力避免相互竞争。合作博弈是企业间合谋的典型表现。企业联盟的重点在于签订协议,以及存在可靠的机制来制止任何对协议价格的偏离行为。

案例 10.4　合谋与范科公司/伦何公司诉讼案

以下讲述一个传统故事。对范科一案所进行的裁决的主要贡献在于,它明确了合谋与集体支配之间的关系。合谋博弈中的关键不在于厂商间能够达成抬高价格的一致协议的确切机制,而在于保持该价格不变的可靠机制。必须排除合理怀疑地证明,该可靠机制是存在的;并且借助于该机制与相关惩罚策略,未来的低价威胁将使厂商遵守已经达成的高价协议,尽管其在短期内存在降价动机。要想成功协调相互关系,必须就协作的具体方式达成一致,使所有相关厂商均可获益,并且能够制止并惩罚对合谋价格的偏离行为,否则,对价格的偏离将破坏厂商间的合作。

如果价格合作行为较为普遍,那么国家竞争管理机构应该更为关注竞争类型以及市场中的厂商行为,而不是市场结构本身。欧盟的竞争政策并没有重点关注竞争类型,而是依赖于市场结构。因此,在阐述相关产品市场的可能影响时,应该特别注意潜在市场上的竞争类型、厂商间的有效协约以及是否存在对市场体系的冲击力量。对冲击市场体系的力量的分析在事前和事后都要进行。例如,引入新的管制规则、法律法规变化或者国家竞争管理机构的补救措施等,都可能引发此种冲击;对每个因素对市场结构的影响都内在地进行评估是最好的。

施蒂格勒与伯川德之谜

这是博弈论最有用之处。从20世纪70年代的一些案例中,我们能够发现美国法院试图正确理解竞争过程及其类型的早期迹象。

在20世纪70年代,美国反托拉斯当局接管了许多"大案"。潜在的被告名单包括一些主要的大型公司:IBM、富士施乐、美国电话电报公司、杜邦公司、家乐氏以及伊士曼柯达。其中一些案件在经过仔细的证据审查之后被撤销了,并且"没有案件被递交到最高法院"(Viscusi et al.,1995)。在美国上诉法院裁决的伯基照片与柯达诉讼案(*Berkey Photo v. Eastman Kodak*)(1995)中,伯基公司认为:"柯达应该事先向竞争对手公开其创新,以便彼此能够竞争。"考夫曼法官认为,柯达并无义务去提前披露有关创新的相关信息;他进而主张,正是市场中的可能性——它可以被归因于更优秀的业绩——提供了激励,而我们的竞争性经济的正常运行就依赖于这些激励。

理解有效进入问题,最好充分考虑到市场中普遍存在的竞争类型的各种参数。其特征可以用第5章所主张的有效进入价格的下确界(长期实际竞争价格的代表,即 $p^* = p_c$)以及厂商间的有效协约所确定的上确界来予以描述。换言之,有效进入价格将趋近进入的长期均衡价格。

在施蒂格勒(Stigler,1964)的初始模型中,厂商间在价格而非数量上相互竞争。然而,厂商无从观察对手价格,只能由自己的市场份额来进行推测。施蒂格勒所主张的"厂商偶尔违反合同并因之受到惩罚",要求私人信息必须存在。但是,要想模型化寡头垄断(在其中,私人信息相当重要)中的合谋,我们将不得不使用贝叶斯均衡方法。在价格竞争的情形下，我们可能会设想，举例而言，厂商在所有时间内均改变价格必定成本高昂，因此厂商将只会设定在某一时段内有效的价格。否则，我们将面临广为知晓的伯川德之谜：在共同行动中，同质厂商的价格将达到均衡并且等于不变边际成本，厂商将在竞争价格上进行销售并且只能赚得零利润。

实际竞争价格

在竞争原则内，依然存在价格的合理标准空间（McNutt and Doherty, 1992）。它可能为 p^*，并且逐渐趋近第 5 章所描述的 LMC 标准。换言之，竞争者不断寻求更低价格，但具讽刺意味的是，其目的在于保持竞争地位，也就是能够允许它们在保持利润率的同时还可以为最终使用者和消费者提供低于竞争对手的竞争价格。但何为实际竞争价格呢？

对于一般消费者而言，实情调查者必然要问：p_1 是产品 x 的价格，或者 p_2 是产品 y 的价格吗？我们不能简单下定论。然而，如果对该问题换种措辞再问：价格 p_3 相对产品 x 来说是不是太高了？那么先前模糊的问题就变得明确。但 p_3 达到什么标准就是"太高了"？所谓的标准就是未知的、真实的、（至少理论上）必须更低的竞争价格（在此例中，要低于 p_3）。这种争论具有循环性，并且很容易受到消费者的代言人的挑战，他们认为在现实世界中存在价格的"合理"标准。最终，通过应用价格的"合理"标准，这样一个事实得到认可：消费者有选择购买的权利，如果他们偏好比某企业提供的价格更低的价格的话，他们将到别处去购买。

如果卡特尔调查的焦点在于价格水平，那么无论其高低与否，竞争对手的价格水平一致已然排除合理怀疑，不能作为卡特尔成立的证据,因为完全竞争市场中的所有价格也是一致的。价格被固定、降低、维持或者建立在人为的非竞争水平上,并且对手之间缺乏竞争,是因为价格合谋或者协议吗？即使卡特尔的文件证据确实存在,裁定产品的竞争价格水平应该是(比如说)€x 而非€y,也会是一个大胆的举动。竞争管理机构或法院即使会指定价格水平,也是十分少见的。

在 20 世纪 60 年代,葛兰素史克公司被英国垄断管理委员会裁令降低"Valium"和"Librium"两种安定药的价格(Utton, 1995)。不过,对葛兰素史克公司的价格指导和其他类似的价格指导只是例外,不是通用规则。但是这次降价并没有转化为药品的竞争市场价格。与众多其他产品的情况一样,竞争价格——它是关于竞争的所有"优点"的晴雨表——一直是竞争法可望而不可即的目标。要证实违法的定价,除了合理的假设外,还要有足够的证据:定价对竞争的影响是不是无足轻重？低价是不是对竞争对手低价的回应？在某一时点上,价格 $P(t)$ 的方程是否适用于价格的偶尔一致(ASP)情形？这些问题将在下一章予以研讨。作为一个标准,ASP 影响了美国反托拉斯史上经典的"满足竞争"辩护。

市场势力与市场份额

在第 5 章和第 8 章,我们讨论了反托拉斯分析中对进入壁垒的处理。反托拉斯调查人员在测度市场势力时,通常将重点放在厂商规模上,而规模又按照市场份额来测度。具有讽刺意味的是,处理进入壁垒问题的反托拉斯理论根据来源于 20 世纪 50 年代阿

第 10 章 法的范围

德尔曼(Adelman,1959)与贝恩(Bain,1956)的争论,其中阿德尔曼认为厂商规模本身与市场势力毫不相干。但贝恩不同意此说法,并且引用较高的进入门槛来论证。例如,如果厂商在进入之前必须进行大规模融资,规模就足以形成资本壁垒。

本章中将不会详细阐述质疑在位者-进入者模型的相关论点,本章采用的观点是,大的厂商借助其规模获取市场势力,但规模的影响可能很小,当壁垒仅为一较小的结构因素时尤其如此。

标准的垄断定价公式,即勒纳指数,可表示为:

$$[p_m - LMC]/p_m = 1/\eta$$

式中,η 为市场弹性,p_m 表示较高的垄断价格或者进入前价格。该公式(指数)由经验分析得出并已成为价格分析的基础。如果在完全竞争均衡之中,$p_m = p_c = LMC$,则勒纳(Lerner,1934)指数趋近于零,且弹性趋于无穷大。但正如前面所论,如果价格处在演化路径上,则最优价格 $p^* = p_1$ 可能位于距 LAC 曲线 $\{1-1/\ln[q_1]\}$ 处。价格严格依赖于 q_1 点的产量水平。对现实世界中的厂商而言,它受到总收益必须大于总成本这一原则的约束,因此,价格必定根据产量 q_1 上的销售量最大化来进行选择。提供下述等式的目的仅仅在于说明数量结果是可行的,并非介绍有效的计算程序。等式 p^* 的意义在于,厂商犹如它自己是一家古诺型竞争者一样设定价格 p_1:

$$p^* = p_1 > LAC\{1 - 1/\ln[q_1]\}$$

换言之,厂商仅仅决定生产多少,而将价格留给市场去决定。如果来自消费者购买的需求数据能够反映厂商特定的价格范围,并且该数据对厂商形成了一种约束,则两家理性厂商将意识到它们不再能够自由地选择产出水平 q_1,并且任意一家都将面临无法赚得古诺正常利润的前景。价格将持续下降直至 $p^* = p_1$。

市场界定模板

市场势力、厂商价格对边际成本的比率以及勒纳指数，均是反托拉斯经济学的关键概念。兰德斯和波斯纳（Landes and Posner,1981）的影响深远的论文为市场势力的规制分析提供了一种我们称之为市场界定模板的工具，从而为反托拉斯实践者制定了议程。在市场界定模板中，对被告的市场份额、市场势力与市场供求弹性之间的关系有着严格评估。

该模板可界定如下：步骤一，界定一个市场；步骤二，计算市场份额；步骤三，推断市场势力。经济理论的运用也应该以现有法律文本和法学为背景。然而，尽管兰德斯和波斯纳批评道，"如果不能以能够反映出相关市场经济特征的方式计算市场份额，则法官在利用份额推断市场势力时应该十分谨慎"，但对市场势力的经济学和法学界定仍然有赖于市场份额。如果市场中存在进入壁垒又该怎样呢？

有关相互联系（interconnection）的规制文献为我们提供了可行性竞争的很好例证（依赖于热心规制者所支持的竞争类型）。如今理论已大大发展，认为控制瓶颈部门或者基础设施的主导厂商应与活跃在补充性领域的进入者互相联系。在竞争过渡过程中，在位者不情愿在互惠基础上为潜在进入者以合理价格进入该行业提供便利，从而妨碍了潜在进入者的进入。但是，相互联系则需要竞争者之间的合作，彼此之间必须就竞争类型及价格达成一致。

第 10 章 法的范围

新的挑战

从历史的角度看,小厂商的经济循环日益被横跨欧洲工商业的少数较大厂商所取代。而欧洲工商业充分展示了寡头垄断产业的特征。因此,欧洲关于(大的)规模、效率(作为反托拉斯辩词)以及合作(作为欧洲厂商在全球市场中存活的一种方式)的争论将演变为重要的、具有决定意义的国家性(竞争政策)问题。竞争管理机构将不得不更为关注对市场体系结果的评估,也就是对非合作均衡中或多或少的合谋或者非合谋性质的评估。换言之,厂商行为不再被认为产生于施蒂格勒-贝恩世界,而是产生于更为复杂的策略互动世界之中。

如果应用我们前面计算福利损失的方法,则举例而言,仅包括两家厂商或者十家厂商的市场结构(两者具有不同弹性)的对比分析,完全可以挑战支撑竞争政策的传统经济理论。依勒纳指数来测度,产业弹性为 0.5、仅包括十家厂商的市场结构可能比产业弹性为 1.5、仅包括两家厂商的市场结构更具垄断性。在经典不完全竞争模型中,产业弹性大小决定了厂商的利润水平。我们能够想象长期利润为零的寡占产业结构吗?

计算"短期"市场势力

尽管存在过于依赖产业结构的问题,但我们依然可以借助哈伯格三角 H 与产业弹性(η)并通过等式 $L=H/\eta$ 来计算市场势力。重要的是要认识到,该等式并不依赖于任何形式的公开合谋行为。相反,垄断势力源于古诺-纳什博弈及进入限制的外生性假设——根据卡宾(Cubbin,1988)的观点,这些条件能保证可被解释为"明显的合谋协议"的结果的出现。具有讽刺意味的是,垄断均衡本质上源于非合作古诺-纳什竞争中的最优反应。

案例10.5 固化的厂商

假设两家厂商独立于需求数据而自由选择产出水平,并且进一步假设它们把对方作为竞争对手而自由选择产量,则它们均能获取正常的古诺利润。现在假设其中一家厂商是内在固化的[如巴苏(Basu,1995)所定义],也就是说,厂商不能根据环境变化而调整并改变其行为,或者说它们受到卡恩(Kahn,1989)短期阶段的约束。结果,厂商仅能生产作为斯塔克尔伯格(Stackelberg)领导者的产量。换言之,该厂商首先做出选择,它清楚其他厂商不会单独选择产量,而是会追随其后做出反应。

因此,选择范围即为包括斯塔克尔伯格领导者产量的一个集合。看到该厂商如此固化,其他灵活的或者受到较少短期约束的厂商将做出理性反应并选择斯塔克尔伯格追随者的产量。巴苏(Basu,1995)总结认为,固化的厂商将最终获益,因为固化是一种外生承诺。运用卡恩短期阶段,我们会认为完全不受约束并且能就价格和产量做出最优选择的厂商,也就是说,使价格等于边际成本的厂商,将比循规蹈矩的厂商做得更差——短期内,厂商不能增加产出,即使这样做能够获益。所以内在规则很简单:在此时点上产出不发生变化。如此做的优势在于对手厂商将视该短期决策为既定事实,而不再做出改变。

因此,规制机构、法院及国家竞争管理机构所面临的挑战就是

第10章 法的范围

去准确理解厂商的短期行为规则而不是去说明其价格和产出决策。

在现代反托拉斯分析中,垄断价格(p_m)被计算为 $LMC/\{1-1/\varepsilon\}$,竞争价格(p_c)则依 LMC 曲线予以计算。价格下降的百分比等于 $1/\varepsilon$。该方法最初发源于卡莱茨基(Kalecki,1939)公式,继而发展为勒纳(Lerner,1939)等式$(p-MC)/p=1/\eta$,从而将价格和边际成本与产业需求弹性联系起来。施蒂格勒(Stigler,1964)的寡头理论也是植根于卡莱茨基-勒纳公式的变形$(p-MC)/p=f(HHI)/\eta$,式中,$f(HHI)$为以赫芬达尔指数 HHI 衡量、根据产业集中度计算得出的合谋影响指数(Krouse,1990)。价格超过边际成本越多,产业就被认为更易合谋。卡莱茨基与施蒂格勒观点的内在逻辑已在凯利-萨尔兹钾肥公司案及范科/伦何案中以法律语言得到确认和采纳。然而,该结果还有一个必然的推论(Shelanski and Sidak,2001)。仅当边际成本不断上升或者不存在固定成本时,该关系方能成立。当出现固定成本时,或者当边际成本不断下降时,"竞争价格"必定高于边际成本。

随着欧盟层面的新发展,欧盟委员会竞争总署和国家竞争管理机构运用非市场经济学作为其(反托拉斯辩护的)有效工具当为明智之举,并且与寡头相关的复杂问题也可望在未来几年得到评估。竞争法至关重要,因为其影响到厂商及其商业行为方式。但是,反托拉斯经济学的现有工具并不足以说明特定决策或规则的确切影响。尽管如此,我们并非完全不知所措,博弈论的标准工具(Gertner and Picker,1994)与非市场经济学的严格分析为我们理解厂商策略性行为的影响因素提供了一个良好开端。需要重申的是,对竞争法与非市场经济学的理解乃是一个相互影响、相互促进的交互过程。

古典反托拉斯

多数微观经济学教科书仍然信奉集中-合谋假说及静态(完全竞争)观点。这种情形亟须改变。竞争政策假设,价格限定与市场分享安排本质上并未使消费者受益而是引致福利损失,其损失大小可以用图 10.3 中的三角形 abc 来测度。自 20 世纪 90 年代以后,经济学就开始强调经济发展、创新和竞争,而竞争法维持竞争环境的最终目的却依然保持不变。

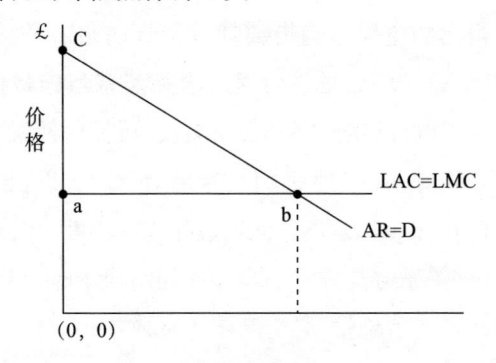

图 10.3　古典反托拉斯权衡

然而,经济学对何以构成竞争市场的界定正在经历根本变化。竞争过程日益被视为动态的而非静态的,由此,欧盟竞争法与美国反托拉斯对静态竞争市场结构的长期关注将不得不做出改变。在此环境下,竞争政策的地位也必须发生改变,以将具有策略联盟、联合与非价格竞争等特征的竞争过程考虑进来。换言之,由于竞争者之间存在策略性行为,当反托拉斯分析滞后于市场中竞争者之间的复杂行为时,问题极易出现。

第10章 法的范围

　　竞争政策应该主要关注与不完全竞争相关的市场失灵。特别是，在不完全竞争市场中，竞争者为了实现其共同利益往往存在损害消费者及社会整体利益的共谋动机。而竞争政策恰恰应该确保竞争者所采取的合作行为有利于社会整体利益而非厂商自身特定利益。另外，在市场无法承受太多竞争者的意义上，竞争政策也应确保垄断是自然存在的。然而，市场中诸多垄断势力的存在往往是因为在位者能够阻止进入者，而这并非出于全社会的利益。这种情况下，竞争政策应有助于确保（在可获得经济利润并且能够进入的条件下）不存在在位厂商排斥进入的任何行为。

　　如前所论，竞争法从未用以保护任何厂商免于公平竞争，这种公平竞争体现为高效率及其所引发的较低价格。市场体系方法不仅有助于深入理解较高的效率，而且有助于理解具有较高效率的厂商。该方法将有助于消解反托拉斯经济学家们关于市场份额能否作为市场势力指标的争论。例如，我们早先关于新的严重妨碍有效竞争标准的优点的讨论（见第7章）就表明国家反托拉斯机构正越来越多地接受"竞争减少"标准。

　　尽管市场体系方法强调市场势力计算，而对市场本身的关注下降，但如果调查者采用 β 作为衡量标准，则该方法仍然有所帮助。我们认为，β 可能接近于短期产量约束 $\{1-1/\ln[q_1]\}$。因此，如果特定行为或决策能够比要素 β 更能说明竞争减少的话，那么该行为应被视为是趋向于这样一种市场体系的行为：在其中，厂商表现出市场势力。或者，如果小于 β，则该市场体系可被视为竞争性的，厂商各自的行为不会存在较大的反托拉斯风险。市场体系方法将会把该种行为解释为厂商正为其长远发展而积极创造必要条件（创新）。

第11章 竞争类型:抢夺、斗争与竞赛

本章对竞争类型予以介绍,从而对上一章讨论的内容给出结论。在某些方面,我们的推理可被包含在反托拉斯的新制度经济学之内,其强调效率并视竞争为一个过程(DeAlessi,1983)。第10章已予以介绍的并且将在本章进行讨论的竞争类型方法,其实就是理解策略性管理行为的一种演化方法。竞争在组织形式选择、治理结构及厂商间契约关系中所扮演的角色,乃是制度方法的核心。如今,我们认为调查人员对市场体系的观察必须转移到新的竞争类型上去。

近年来,时间和创新的影响已大大促进现代厂商的组织变化。传统组织结构正陷入崩溃的危险之中。在空中旅游公司案(2001)的裁决中,欧洲法院详细陈述了在判定某特定竞争者是否会构成对竞争的阻碍时究竟应当考虑何种因素。尤其是,法院进一步强调,光是市场份额大小并不具有决定性,除此之外,还必须考虑整体竞争环境及其动态变化。法院的裁决绕开了早先由熊彼特(Schumpeter,1947)所提倡的关于竞争的观点,此观点认为,(大)厂商能够在生产和创新上形成规模经济,而该规模经济为市场竞争过程的成功运行提供了必需的充足可用资源。

第11章 竞争类型:抢夺、斗争与竞赛

引 言

现代厂商多从事多元经营,并且不断跨越国家地理边界而在规模上具有跨国性质。在商学院内,一个事实日益得到认同:新的全球性厂商正采用新的生产方法,以适应技术的飞快发展及消费者对商品和服务不断扩大的预期。未被制造业部门的经验所检验的新的生产方法的引入,可以被视为处理商品的一种新的商业方法。例如,修补就是一种策略过程,公司执行层借此重构商业方案,以应对不断变动的市场机会(Miscovich and Haider,2003)。在呈现上述特征的市场中,我们将竞争界定为一个动态过程。

反托拉斯的法经济学不仅对博弈规则而且对给定规则下的消费者、竞争者及厂商行为感兴趣。反托拉斯机构应该向厂商发出信号,例如,协议绝对不能限制或排斥动态竞争,也绝对不能妨碍任一厂商参与该动态过程。这也正是制度经济学运用于反托拉斯评估时的精髓所在。我们将在第12章有关纵向协议的讨论中将此推向深入。在本章我们则专注于竞争过程。经济学家将该过程理解为竞争厂商为争夺有限的零和资源(即市场份额)而彼此竞争。然而,着重市场结构分析的竞争和垄断模型从未充分解释可以观察到的消费者愿意为商品或服务多支付一点的现象。或许仍有很多影响消费者偏好的需求因素尚未给予解释。

调查者应视厂商为面对一系列价格的垄断竞争者,它们每年均对部分价格做出调整。该观点可被涵盖在分析反托拉斯法

的交易成本经济学之中去(Joskow,2001)。除了对竞争构成要素的不同观点,对于如何评估竞争价格(竞争力)缺乏一致的看法也不足为奇。例如,在新古典不完全竞争市场中,高效率意味着高成本,并且市场中每家厂商的成本均介于 0 和最大成本之间。在其他条件相同的情况下,理性厂商均偏好成本较低的结果(p,q),但就市场份额及其规模而言的回报就要受到反托拉斯法的规制。

然而,早在 50 年前,尼科尔森(Nicholson,1954)就已对在竞争者间分配资源的多种方式做了区分。其研究专注于生物领域,考察了不同物种间(例如绿头苍蝇和果蝇)的资源竞争。他认为,简单竞争模型对于两个或者更多竞争物种的共存有着严格要求。标准可能因系统中掠夺者的侵入而发生改变。例如,掠夺者(像海星)依相对丰裕程度在其猎物间(藤壶、贻贝)分配搜寻时间,能够大大提高其猎物与之共存的条件范围。

借用尼科尔森的类型学,并受哈塞尔(Hassell,1976)引导,作者在 1992 年都柏林经济学专题研讨会上提交了一篇论文,探讨了竞争仅为一个过程,其只可描述不能界定的观点。作者的基本观点可追溯至张伯伦(Chamberlin,1962)20 世纪 30 年代的研究,即厂商认识到彼此之间的相互依存,因此,它们不再根据"决策对其竞争对手的行为毫无影响"的假设来选择产出或价格。相反,它们认识到降价将招致报复,为此,它们有足够动机进行更多合作。更为重要的是,博弈论已然为产业行为及其绩效严格依赖于其历史这一事实提供了模型化工具。在专题讨论会结束几年之后,本章又为介绍抢夺、斗争与竞赛等市场体系中的竞争类型提供了一个机会。

价格-成本差额

在现代动态经济中,新企业一般具有不同于其竞争对手的优势。该优势可能源于较低的成本或较好的产品。在此类产业中,厂商将支配市场以致集中度较高,并且它们将能够使产品的定价远远高于成本,以致价格-成本差额和产业利润较高。尽管高集中度往往与高价格-成本差额被同时发现,但其并不必然导致高价格-成本差额(Stigler,1964)。

这一开场白为古诺解下 HHI 指数(赫芬达尔-赫希曼指数)与产业价格-成本差额之间的关系奠定了基础。德姆塞茨的不同效率假说认为,占有较高市场份额的厂商往往具有高的价格-成本差额及利润。该关系的意义在于,产业利润与集中度之间往往正相关。按照该假说,我们并不想打破高集中度产业——如此做将使优势企业受到惩罚,且将妨碍它们如我们所希望的那样以较低的成本提供较好的产品。

当厂商拥有不同的成本时,结果就会偏向市场份额和高 HHI 指数。贝克尔非市场经济学的拥护者们都会同意:困扰新古典经济学的,并不是如完全竞争、竞争价格等过程的不可观测性(新古典经济学的主张都源于这些过程),而是认为这些过程根本就不存在的那些实证观察。博弈论使得我们可以借助竞争模型中对均衡的解释来思考竞争过程。在厂商序贯决策的寡头垄断模型中,厂商能够采取策略性行动,也就是说,它们可以在博弈的早期阶段采取行动,以调整某些变量从而确立自身优势,而这些变量在后续博弈阶段则被竞争对手视为给定的(Bulow,1985)。

布尔框架

另外,我们也可认为:鉴于竞争过程在演化市场体系中的决定性作用,对竞争作为一个过程加以保护是必要的。该过程可被描述为厂商间的有效契约。换言之,在演化市场体系中对竞争的保护可以被视为对市场体系中租金的产权分配。而可以观察的分配机制可能与合谋看起来十分相似。然而,于调查者而言,美国与美孚石油公司诉讼案(1940)的影响显现出来,并且分配机制本质上意味着"为影响价格而无所不用其极的竞争者之间的*一致行为*"(斜体是本书作者加上去的)。调查者应该探究(p,q)是否是策略性结果,以及其在演化市场体系中是否稳定。换言之,(p,q)值能保持不变吗?并且,如果厂商根据该(p,q)选择其行动,价格和产量选择能够继续为其获取市场租金吗?在演化博弈环境下,有能力进行选择反而成为一种劣势(Maynard-Smith,1982)。而这对厂商而言就相当于没有选择。

界定布尔竞争网络

在经济学中运用演化方法并不是什么新鲜事(Alchian,1950)。回顾一下我们在第 6 章所讨论的布尔逻辑。经济学和逻辑学在 19 世纪后期的英国联系非常密切,其时,严格的算术证明正得到大力发展。例如,杰文斯(W. S. Jevons)、约翰·梅纳德·凯恩斯、弗兰克·拉姆齐(Frank Ramsey)均是为数学的严格逻辑所吸引的哲学-经济学家。至 20 世纪早期,卡塞尔(Cassel,1932)就已建立起瓦尔拉-卡塞尔体系,价格过程在其中具有内在一致性,而该一致性只能借由联立方程组来表示。该体系乃是20世纪50年代阿罗-德布鲁-麦肯齐(Arrow-Debreu-Mckenzie)一般均衡理论的先导,为现代微观经济分析奠定了基础(Weintraub,1979)。

我们的反托拉斯研究以存在厂商行为的布尔网络为前提。其直觉如下:厂商采取行动以分配市场体系租金,因为如不这样的话,商业行动就我们所知将不复存在,我们也将无从计算垄断负担或福利影响。简而言之,布尔网络为厂商行为规定了决策规则,在有 n 家厂商的市场中,当且仅当两家或更多厂商采取行动时,厂商方才行动(即定价、研发支出或创新)。例如,如果另外两家厂商做决策则厂商 A 做决策,但任意一家均能够在任一决策点上选择行动与否。

尽管这可以概括起来解释激烈竞争的精髓,但其中心思想实为:对演化市场中的任一厂商而言,其价格或产出行为可能已被外生限定。例如,任意一家厂商提供 n 个产品,并且对任一可行束 q 其要价为 $p(q)$。利润乃价格的严格函数。消费者选择其偏好束并支付价格以对厂商行为做出反应。厂商选择价格旨在最大化其利润,而利润为所得收入与供应需求商品的成本之间的差额。只有当消费者购买非负数量的产品时,厂商才承担供应成本。价格逐渐演变为边际成本(Wilson,1991),因为它被视为增量产品束相关价格的部分和。

ASP 标准与零和博弈

标准的合谋经济模型事先假设卡特尔的形成和维持不需花费成本。但是,卡特尔事实上产生成本,例如,监督欺骗者的成本。在一篇关于卡特尔租金的产权分配的经典文献中,约翰逊

(Johnsen,1991)认为,卡特尔福利最大化会转变为其租金总额与实施成本之间差额的贴现最大化。卡特尔越接近能最大化其租金总额的价格与产量(p,q),其成员从事欺骗的动机就越强。

运用合谋这一概念的关键在于将其与竞争性进攻行为区分开来。在所有涉嫌价格限定的案件辩护中,遵守价格这一事实并不足以令其达成彼此坚守的协议(McNutt,2000a)。因此,不容置疑,竞争法院不可能仅凭遵守价格这一事实而认为其价格行为具有一致性。市场中或许存在价格的偶然一致(ASP)情形。

思考一下图 11.1。其中,s 表示市场份额;而零和假设,如左半区域所示,意味着厂商 2 的市场份额(s_2)随厂商 1 的市场份额(s_1)增大而变小。借助市场份额损失,该图充分展示了具有进攻性竞争行为特征的真实竞争的经典情形。市场价格历史以函数$P_i(s_i)$来表示,该函数趋近较低边界 P=LMC(即存在两家相互影响厂商的市场中的长期竞争价格)。每家厂商所损失的市场份额以 Δ_w 来表示。

布尔网络规定了零和竞争规则 $\Delta_w x_i$ 如下:

$$\Delta_w x_i = x_i - w_i = \{(1,-1), i=1 \text{ 且} (-1,1), i=2\}$$

市场要么合谋要么竞争。但是,无论何种情形,厂商均理性、独立行动。然而,合谋需要某种形式的实施机制以维持图 11.1 中 f 点的协调均衡。一旦缺乏此种可信机制,f 点的价格可被视为市场历史中趋近长期竞争价格的一点。正是市场特征及价格历史使得市场更具合谋性,更缺乏竞争。ASP 价格标准渐进地逼近长期竞争价格。由此,我们可以认为,并非行为类似的所有情形均能导致同样的推理,即行为类似不是源于布尔网络中厂商独立进行商业判断,而是源于其他事物。

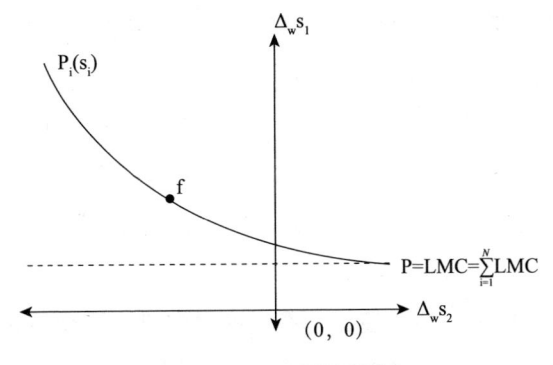

第11章　竞争类型:抢夺、斗争与竞赛

图 11.1　ASP 和零和博弈

价格协调

经济理论告诉我们,价格协调旨在减少相互依赖情形下的不确定性,并由此降低彼此间发生破坏性价格竞争的可能性。思考一下 n 人租金与利润博弈。参与人集,即厂商集合 $\{1,2,3,\ldots,n\}$ 以 N 表示,厂商联盟集合则表示为 2^N。该博弈为实值函数 $v:2^N \to R$,对任一厂商联盟 S 赋值为 $v(S)$,其中 $v(0)$ 为度量。$v(S)$ 可被解释为联盟 S 中的厂商通过合作所获取的报酬。该 n 人租金与利润博弈以 G_n 表示。于竞争政策分析而言,合作博弈理论的主要问题在于:一旦形成强大联盟,$v(N)$ 如何在其参与者之间进行分配。

解决该问题有诸多方案(Owen,1982),并且它们为研究竞争政策的经济学家与律师分别提供了新的分析工具和辩词:例如,在某些博弈中,任一参与者的收益份额与该厂商对强大联盟的边际贡献是成比例的。边际贡献可借助于沿图 11.1 中函数 $P_i(s_i)$ 的运动来获取。其在本质上类似于生物学概念"容载量",即给定数量资源(Δp)所能维持的最大厂商数 Δq。这与提供公共品的最佳俱乐部规模并无二致(McNutt,2002)。本章后面,我们将其作为竞赛型竞争等式中的参数 β 包含进来。直觉上看,并非所有厂商均能应对外部威胁,并且随着时间推移,仅有少数大厂商能够存活下来。重点应该放在数量上:生产多少产品?有多少家厂商?

商业中的完全信息使得一些厂商迅速进入不变价格市场,并抵消掉超竞争性(supra-competitive)利润。竞争将迅速拉低价格,使其仅仅略高于竞争水平(Averitt and Lande,1997)。当不同司法管辖权内的产业(商业)阶段均假设存在寡头垄断时,可能会有越来越多人赞同价格协调手段在寡占产业中是必需的。创新要求厂商之间结成复杂的契约和关系,以使技术进入经济市场。但不确定性很高。

短期阶段

进行新技术研发和商业化的不确定性尤为巨大。因此,创新厂商间需要取得更多协调,而这仅靠价格体系是不可能实现的(Jorde and Teece,1990)。如第10章所述,如果国家竞争管理机构能够理解厂商的短期阶段或者被厂商受到短期阶段的约束(或者因为厂商受到"有效时间"约束而降低了平均生产率,或者因其受到固定成本约束而面临非负成本或扩张问题)这一事实而说服,则厂商具备这样的优势:它清楚竞争管理机构将把其决策作为既成事实来对待,该决策不会因管理机构的行动而撤销。

抢夺、斗争与竞赛

假设市场中有 n 家厂商正在运营,但其中仅有 m(m＜n)家厂商可维持下去。这可能是,举例而言,技术和创新涉及固定生产成本的一种市场情形。选择就是为了让厂商不致遭受损失。弗登伯格和梯若尔(Fudenberg and Tirole,1986)检验了所余厂商是如何被选择的,以解释选择为何不是瞬时的,即为何存在厂商遭受损失却不离开市场的这么一个时段。他们发现难以证实稳定均衡结果。他们总结认为,厂商作为博弈参与者喜爱斗争的概率,严格为正但可能较小。

换言之,具有严格正的双头垄断利润的厂商从来不会退出市场——留在市场内是一种占优策略。生物学家也分析了此种情形。例如,动物也可能为捕食猎物而花时间或精力在一些看似无用的斗争之上(Maynard-Smith,1974)。厂商可能固守在市场中。因此,如果厂商 1 观察到厂商 2 在时间 t 时还留在市场内,就会推测厂商 2 具有正的双头垄断利润,据此厂商 1 不会退出市场。但是,如果厂商 1 具有负的双头垄断利润,它就会退出市场。

穆尔的"摩擦形式"

厂商数目的波动描述了竞争过程。在经济学历史的较早时期,即在马歇尔的《经济学原理》(Marshall,1920)成为斯拉法(Sraffa,1926)与霍特林(Hotelling,1929)争论的主题并为市场中不完全竞争的概念奠定理论基础之前,穆尔(Moore,1906)提供了一个重要的评论,而本章的关键讨论则受其影响。在《经济学季刊》中，穆尔质疑道："完全竞争假设下的命题的应用缺陷究竟为何？对该问题的回答近乎一致：竞争不完全只不过是*一种摩擦*，以流行的完全竞争体系的标准来看，其大多数情形下只不过是一个可以忽略的变量"。（斜体是本书作者加上去的）

在20世纪初，生物学和物理学的严谨对那些有志于发展经济学理论基础的经济学家而言是可以借鉴的。马歇尔在写作其《经济学原理》时就借用了物理学的严谨而非生态体系的数学模型。梅（May，1993）评论道：此类模型旨在为讨论较为宽泛的诸种现象提供一个概念框架。但是穆尔的问题只有在理解了厂商与市场演化的基础上方能予以回答。为尽力吻合穆尔摩擦理论的真正用意，我们将介绍改编自生物学中物种竞争模型的竞争类型（Hassell，1976）。

竞争类型

竞争类型之一为抢夺性竞争；在此竞争中，市场划分绝对均等，并由此使得竞争给竞争者们所带来的影响也是相同的。该种抢夺性可以通过厂商规模或数目的变化清楚地显示出来。竞争类型之二为斗争性竞争；在此竞争中，厂商必须保持抵御方能获得市场份额。在该种类型中市场体系更为稳定。斗争性竞争有可能是关于厂商的边际进入的，并且当厂商数目的增多不再是市场体系的优势时，这类竞争方才显现出来。竞争类型之三为竞赛性竞争；在此竞争中，市场划分不均，一些厂商满足于其现有份额，而其他厂商则成为其靶子。

举例而言，当单个厂商为其市场份额或地位而相互竞争之时，竞赛将会发生。只要厂商数目保持不变，竞赛性竞争就可被视为一种维持市场集中度水平的机制。竞赛与抢夺的一个基本特点是：只要市场份额能够充分满足所有厂商，那么在这两种类型的竞争中，即使市场集中度低于临界水平，厂商也不会退出市场。而当集中度处在临界水平之上时，在完全抢夺性竞争中，厂商的退出会急剧增加；在完全竞赛性竞争中，厂商的退出则是缓慢的。这是竞赛性竞争的要求（即把不变数量的厂商留在市场体系内）的必然结果。

正常市场条件下的所有竞争均在理想化的极端竞赛与抢夺之间变动，是可以想象得到的。纯粹竞赛是很少的；单个厂商为市场份额而相互竞争，因此当斗争性竞争更为激烈并且市场份额可能缩减时，厂商往往彼此相互妥协。因具备生产与创新上的规模优势，较大的厂商将会不断演化并最终存活下来。大的厂商规模为创新活动成功所必需。因具备规模经济优势，大型厂商能够为创新活动提供必需的足够资源。

该过程与熊彼特的"创造性破坏"循环并无二致，在该循环中旧的产业结构、产品、制造过程和组织形式均因创新而不断变动。熊彼特（Schumpeter,1934）的根本假设认为：经济增长发生在"创造性破坏"过程中，并且长期增长与创新之间有着错综复杂的联系。新产品的引入，或者现有产品质量的改进，新的技术方法或新的组织形式的引入，以及新市场的开放，均是市场体系的特征。

为理解市场体系与市场结构的差异，我们需要认识到，市场结构中的厂商不能内在地轻易应对外部威胁。如在目前现状下可以赢利，典型垄断的 P 型厂商进行改变的动机根本没有或者很小。在位厂商会试图阻止其他厂商的进入。典型垄断者和在位厂商都将遭受"逐项检查程序"（box-ticking exercise），在该程序中厂商行为被市场结构预先决定。这犹如市场结构创造了诺兰和克劳森(Nolan and Croson,1995)所说的"结构惯性"一样。相反,厂商在市场体系中不断演化,当其面对外来威胁时便在策略和组织上进行根本变革。举例而言,s型厂商就是面对外部威胁时其员工和管理层所做出的一种内在反应。

模型化竞赛性竞争

第5章中对进入函数及其凹性的详述充分彰显了对进入的限制性。当进入受阻时,$E(q)$就转化为实际市场份额。在市场体系中,所有厂商(潜在进入者与在位者)均有迅速发展的潜力,这可用系统等式表示为:

$$dn/dt = r \cdot n$$

因而,随时间 t 的推移,厂商数目 n 的变化率就是厂商数目与其内在的自然增长率 r 之积。这是在谢勒和罗斯(Scherer and Ross,1990)竞争条件下的最大瞬时增长率。为发现任一给定时点 t 上的厂商数目,积分可得:

$$n_t = n_0 e^{rt}$$

上式中 n_0 为时点 t_0 上的厂商数量,由此我们可以发现厂商数目随时间变化呈指数增长。然而,没有厂商能长期维持此种增长。资源竞争将变得愈加激烈并且净增长率(d_n/d_t)下降,而这可能是由于兼并或收购,或者一些厂商的退出,或者两者兼有。因此,市场体系可描述为:

$$dn/dt = r \cdot n\{(\beta-n)/\beta\}$$

式中 β 为市场体系在某一时点的"容载量",也就是给定数量的有限资源所能维持的最大厂商数。如果我们用厂商在 $t \geqslant 0$ 时的产

出水平表示有限资源的数量,则容载量可界定为:

$$CC = (厂商产出水平)^{-n} / \{n/n+1\}^n$$

重点在于 $t \geqslant 0$ 时的有效容载量。规模经济日益扩大这一事实未必能为 $t = t_0$ 时的调查者所了解。当厂商为获得效率而进行合并时厂商数量会下降。市场的有效容载量很大程度上决定了厂商间的合并能否导致市场支配,以及给定市场份额是否收敛为合谋结果。积分可得:

$$n_t = \beta / \{1 + q \cdot e^{-rt}\}$$

如图 11.2 所示,式中 q 为时间坐标上的拐点,该图改编自瓦雷等人(Varley et al., 1973)。厂商数量的增长呈 S 形。其开始时几乎是指数上升,但是随着厂商数量的增多,来自 $[(\beta - n)/\beta]$ 项的反馈越来越大,而该反馈代表了日益增长的竞争所带来的影响。在竞赛性竞争中快速发展的厂商更有可能进行横向并购,因为这使其更能利用额外资源。净增长率因此会不断下降,直至容载量达到 $n_t = \beta$,厂商数量不再发生变化时为止。市场体系也因此达到均衡($n^* = \beta$)。

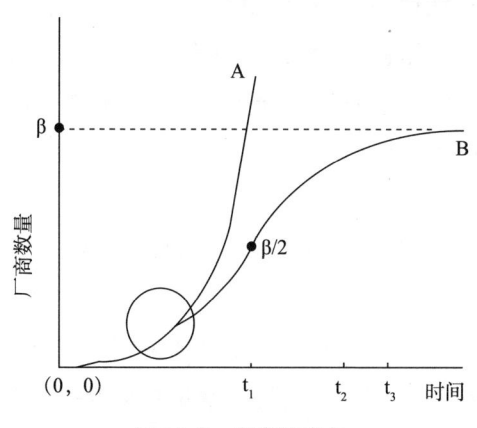

图 11.2 竞赛性竞争

该模型提供了一个稳定均衡,因为在外在威胁和干扰下厂商数量总是能够回到均衡之上。例如,在规模不经济下运营的衰退厂商更有可能去寻求出售或者退出市场;特姆布莱(Tremblay,1987)发现,如果经济在本质上是多工厂的,那么具有显著规模经济优势的厂商更有动力去进行兼并。在 $t \geqslant 0$ 时所观察到的正是竞赛性竞争的基本经济特征;最大厂商数量独立于初始的厂商密度。

路径 A 对路径 B

市场体系的基本条件及其容载量能够合理解释市场体系的演化。其试金石就在于调查者能否在演化市场体系内对市场进行界定。这更多地依赖于调查者在体系演化过程中的关键结合点(如图 11.2 的圆圈所示)有何发现。圆圈内的偏离点能够被市场体系内每家厂商的内在机制所改变。路径 A 是一种指数演化路径,它可能不具持续性——它代表了因进入而引发的激烈的进攻性竞争。例如,它可能刻画了古典经济学中原子状完全竞争的特征。然而,一旦存活下来的厂商占有了一定程度的市场份额,路径 B 就能够更好地描述与古典经济学的演化密切相关的市场演化过程,该过程起始于竞争市场,继而出现垄断厂商和上限至 β 的寡占结构。

市场结构与市场体系

此处的研究议程在于确定:市场体系方法是否适合于施马兰西(Schmalensee,1985)的"反古典修正主义者关于产业经济的观点",在其最简单的模型中,所有市场大体上都是竞争性的,规模经济被排除在外或者被忽略。关键假设认为,至少在某些产业内"存在卖者之间的持久效率差异"。而我们起初认为竞赛性竞争背后的直觉与伯川德-古诺模型并无二致。在竞赛性竞争中,产出和产能是厂商管理层最具策略的决策变量。其产出和产能如何对价格造成影响,为厂商管理层和竞争管理机构共同关注。

反托拉斯分析的传统观点认为,竞争与集中相互对立,对竞争类型的理解对于削弱此种理论具有关键贡献。我们为何不能期望一个仅有少数厂商的竞争结果呢?竞赛性竞争至少在理论上能够证明厂商数目的增长与日益激烈的竞争的影响之间具有正相关关系。当市场达到其容载量,即市场中不再具有可赢利的进入计划时,厂商数目的净增长率将开始下降。厂商数目不再变动。

市场结构不断发生变动,从较多厂商的竞争结构变动为为数甚少的几家厂商的寡占结构。但是,市场体系也在不断演化,并且调查者将会观察到这样一种类型的竞争,在该竞争中所有竞争者均有足够的市场份额,没有厂商退出市场。根据成本结构和最优厂商数目(容载量或最大俱乐部规模),在抢夺性竞争中,合谋行为存在,并且没有厂商处于竞争边缘;在斗争性竞争中,厂商可能处于竞争边缘;在竞赛性竞争中,如果局外人相信在给定卡特尔厂商利润的市值下,卡特尔厂商仅能赚得正常回报,那么将不存在稳定的卡特尔。

换言之,在稳定的竞赛性竞争的市场体系中,边缘性厂商可能发现加入卡特尔成本高昂,于是就转移或分散部分额外利润。这样要比处在竞争边缘上略好一点。卡特尔也能够确立市场体系之上的产权,但是不能据此就认为卡特尔利润能在厂商间得到平均分配。相较其跟随者,在位者或者卡特尔创建者可能会获得更多的卡特尔利润份额,即使所有厂商均具有相同的成本结构。

厂商规模

直觉上看,如果每家厂商的平均和边际卡特尔组织成本随卡特尔规模扩大而增加,那么由于抢夺性或者斗争性竞争,市场中可能存在动态稳定的最优卡特尔规模。然而,如果在斗争性竞争中卡特尔成员能共同减少生产成本(例如,尽早采用相同的技术标准),那么其成员的成本函数将比处于竞争边缘的厂商要低。所有厂商均面临相同的由竞争决定的价格,但如果卡特尔厂商成本较低,那么它们必然扩大产出,这就降低了市场价格,并且在斗争性竞争中,卡特尔厂商将获得更大的市场份额,而非卡特尔厂商的市场份额将变小。

最后,为确定市场份额,调查者将不得不阐释市场概念。选择之一就是参照第 10 章所介绍的市场份额模板。通过进行欧盟委员会和美国司法部所使用的更为直接的 SSNIP 测试(又称为假定垄断者测试),调查者将会重点关注供应商为应对价格变化从一种产品转换到另一种产品(例如,从柴油到汽油)的能力。尽管如此,纯粹竞争问题不再仅仅是集中度及其影响,还包括市场体系的容载量。

SSNIP 标准的稳健性

5%标准或 SSNIP 标准的稳健性依赖于供应方的可替代性,而该可替代性又依赖于能力约束、规模经济和联合生产。在规制尤其是竞争问题的评估中,无论参照哪个标准,都将有助于将对克拉克的可行性竞争的充分理解整合到经济分析之中去。同样有效的是，市场体系内的焦点也可能集中在β水平上，即一定时点上市场的"容载量"——给定数量的有限资源所能维持的最大厂商数目。

源于20世纪80年代美国司法部和联邦贸易委员会的兼并方针的SSNIP标准，将相关市场界定为"单一厂商进行小幅度（例如5%的幅度）提价仍有利可图的产品集合"。因此，调查者所进行的计量分析将不得不借助于现有的流行价格数据：这一点至关重要，因为在界定相关市场时，替代性只有在使得两种产品存在于同一市场的竞争价格上时方才存在，它并不存在于通行价格（如兼并分析中的情形）上。在其1998年关于市场界定的通知中，欧盟委员会强调指出，在涉及第82条的案件中，"通行价格水平可能已*实质上涨*这一事实必须被考虑进来"（斜体是本书作者加上去的），从而准予应用SSNIP标准。

但这也引发了与市场势力测度相关的一个问题：如果我们了解到通行价格已实质上涨，那么我们大概也知道竞争价格水平并由此计算出进行垄断定价的福利成本，从而获得市场势力的间接测度。如果厂商具有市场势力，那么它为何不进一步抬高价格呢？此处，调查者在以价格作为测度手段并且运用静态分析时就需要加倍小心了。借助价格已经过时，现今市场和新市场中的真实竞争已非经济学课本中用来解释为何麦农不能从基本食品项目中获取更多收益的静态竞争，而是本书前面所讲述的，并在关于创新的现代经济学文献中有所描述的熊彼特式动态竞争（Baumol，2002）。另外，调查者意识到布尔网络的存在并借此规定了零和竞争规则，在该规则下市场合谋或竞争取决于具体时点。调查者可以在演化厂商的市场体系内观察到竞赛性竞争。

在多数反垄断案例中,唯一难以确定的数量为在位者的市场份额、成本与价格,以及通常根据市场份额边界来定义的支配地位和显著市场势力(SMP)指标。兰德斯与波斯纳(Landes and Posner,1981)反对完全根据特定市场份额来界定市场势力,而主张"参照市场需求弹性与边缘性厂商供给弹性的质量标准来解释每一案例中的市场份额统计数据"。他们还认为,在市场需求弹性或者供给弹性高的时候与两个弹性中的一个或者两者都低的时候,由在位者的市场份额可以得出不同推论。

支持性论点,尤其是代表在位者利益的观点,将会整合所有证据用以证明市场如今(历史上也是)正在经历跨部门的联合。因此,我们现在所观察到的正是由抢夺性竞争到竞赛性竞争的市场体系演化过程。对在位者的主要争论在于,如果相关市场中新进入的厂商遭遇竞争对手,其对竞争的影响程度如何。市场体系实际上是这样的:通过不断联合,直至达到市场的最大容载量,潜在市场正是这样才变得相对集中的。确定市场能否被界定为动态的是很重要的。如果被界定为动态市场,测度集中度的传统方法就会过时。

在欧洲竞争评估中从不缺乏新的时髦词语。我们已有SSNIP标准和显著市场势力(SMP)的概念,显著市场势力作为电信规则的遗留,也叫作资产组合效应或市场影响力,其最先于欧盟委员会在健力士与大都会酒业公司合并案(*Guinness/Grand Metropolitan*)(1998)和可口可乐兼并混合饮料公司案(*Coca Cola/Amalgamated Beverages*)(1997)的推理中使用。由于新的时髦词语只有在静态框架下方能应用,它们对于提升经济分析质量依然困难重重。例如,静态分析基于高集中度这一标准而将较高的不变市场份额视为进行集体支配的证据。然而,高的不变市场份额可能表明市场中的厂商缺少活力,市场指向非对抗的寡头垄断,而这进一步表明市场中并不存在协同行为和合谋行为。调查者在动态分析中所能使用的标准包括托宾的 q 比率、熵、供给替代弹性以及监测博弈策略的博弈论标准。

欧共体委员会在 1992 年雀巢与毕雷合并一案的决议中明确表明:共同体兼并控制条例适用于寡头支配地位情形。按照该决议,欧共体委员会在应用兼并规制时很明显将考虑寡头垄断或集体支配地位的产生或加强。在其分析中,委员会考察了诸多因素,但主要集中于寡头进行合谋或者在兼并后避免内部竞争的可能性或难易程度这一问题上。

案例 11.1　欧共体委员会,雀巢与毕雷合并案

1992 年 2 月,雀巢公司公开竞购毕雷矿泉水公司 100% 的股份,而雀巢早就与 BSN 达成协议:如果雀巢获得对毕雷的控制权,雀巢将把富维克(Volvic)矿泉水卖给 BSN。这起兼并案因其营业额满足兼并规制条例第 1 条第 2 款的所有临界要求,而具有共同体层面的影响。雀巢是瑞士的一家大型国有企业,它在世界诸多营养品行业均相当活跃。毕雷只是一家相对较小的法国公司,其主要业务为瓶装水的生产和销售。

调查结果综述

拟议进行的兼并主要涉及瓶装的天然泉水(矿泉水)。雀巢和毕雷在矿泉水行业的瓶装业务主要集中在法国,而 BSN 为第三大供应商。欧共体委员会认为,相关产品市场就是瓶装矿泉水,而相关地理市场则为法国。

因此，对拟议进行的兼并的兼容性应以分割的法国瓶装水市场为基础来进行评估。欧共体委员会的评估所主要考虑的是不含气的水，而不是含气水，因为这一部分占据了整个瓶装水市场容量的84%左右。对拟议进行的兼并进行评估还必须考虑到雀巢和BSN公司之间的协议。其实施将对未来市场结构产生深远影响。

在其评估中，欧共体委员会分析了以下主要因素。由市场份额（以市值计算）可以看出，这三家全国性供应商总共占据了整个法国瓶装水市场的82.3%，而地方性供应商仅为17.7%。因此，这个市场已经高度集中。

在实施兼并以及将富维克售给BSN之后，雀巢和BSN均将拥有相当大的产能储备，因而能对需求增长做出有力回应。对毕雷的并购及其随后的拆分将大大增强雀巢和BSN的实力。

经济调查结果

即使没有此次兼并，这三家供应商也在一定程度上构成寡头垄断，价格竞争在彼此之间被严重削弱，市场透明度也因此相当高。雀巢意识到这三家全国性供应商的主要商品均具有相似的成本结构。因此，无论雀巢还是BSN均不具备较强的成本优势使其去与对方进行面对面的激烈竞争。

欧共体委员会认为，这三家主要供应商均没有能力去大大限制依然存在于市场之中的最后两家全国性供应商的实力。但是，相较于当地供应商，雀巢与BSN具有明显优势。在兼并发生之后，零售商与批发商的购买力并不足以对剩余两家供应商的市场势力形成足够制约。零售商的选择空间将缩小，而对两家主要供应商的依赖性则增加。

> 可以推知,一旦雀巢与毕雷合并(此后,富维克矿泉水公司也将被卖给 BSN),法国的瓶装水市场将呈现双头垄断格局,这将在很大程度上压制有效竞争并极有可能使消费者遭受巨大损失。然而,如果富维克矿泉水没有被出售,雀巢和毕雷拟议进行的合并将会形成由新企业主导的市场局面,它在很大程度上能够独立于其竞争者、顾客和最终消费者而单独采取行动。

承诺与有效竞争

从雀巢与毕雷合并一案的经济调查结果中,调查者可以推断认为,并无潜在的有效约束价格的竞争能够及时且显著地制约法国瓶装水市场中剩余的两家供应商的市场势力。可以论证的是,市场进入风险将因拟议中的兼并而增大,这是因为新进入者将不得不面对一家实力更强的厂商,并且毕雷的所有主打品牌也将因潜在进入者的并购而遭废弃。

欧共体委员会因此推断,无论富维克矿泉水出售与否,拟议进行的兼并均会形成市场支配局面,继而导致共同市场上的有效竞争被大大压制。为此,雀巢做出了某些承诺,以期弥补可能给竞争带来的任何负面影响。

雀巢同意出售两种商标名称以及向竞争对手提供足够的矿泉水以供其装瓶。雀巢还同意将并购自毕雷的所有资源和利益与自身运营分离开来,直至其向欧共体委员会批准的一家厂商完全出售所有瓶装水资产。在分开运营的这段时期内,雀巢同意不会对毕雷的商业运作做出任何结构性改变。

雀巢承认,其进行兼并的前提条件为:在其完全完成所有瓶装水资产的出售之前,不可将富维克售给 BSN。雀巢公司出售其上述产能及一个矿物质水和矿泉水的品牌组合,旨在创造有效竞争以对抗因合并及出售富维克给 BSN 而形成的双寡头支配格局。欧共体委员会认为,雀巢向有实力的买家出售其足够产能以及品牌组合,是可以接受的,并足以产生一家能与雀巢和 BSN 进行有效竞争的可靠竞争者,从而有利于阻止集体支配地位的形成。委员会对其承诺进行了评估,并由此裁定雀巢与毕雷的合并是与共同市场相容的。

雀巢与毕雷合并案对其他案件的意义

按照经济学理论,在给定成本条件下,完全竞争市场中追求利润最大化的厂商将在最低价格上生产出最优水平的产量,如此,资源方能得到有效配置。然而,追求利润最大化的垄断厂商却在较高价格上生产出较低产量,资源配置缺乏效率。因此,就竞争而言,垄断厂商比竞争厂商的效率要低。然而,经济理论对寡占市场的分析欠缺严谨,在该市场上少数生产者控制了商品供给。经济理论并未提供一个足够清晰的判断标准,以确定生产者数目究竟要小到何种程度方能认为市场为寡占的:三家,还是五家?

在反垄断领域有一种将寡头垄断描述为"在其中厂商少之又少的市场"的趋势,单个厂商对产出水平的决定将对市场价格产生一定影响,并且它们在产量或价格上的决定将引起竞争对手的反应。寡占应有别于完全竞争和垄断。其本身不应受到指责,因为它并未自动导致不合意的经济后果。在承诺下,寡头厂商既可以像垄断者一样行动,也可以像完全竞争者一样行动。

主要的考虑在于,竞争机构将如何限制寡占、如何辨别竞争性寡占与反竞争寡占,以及寡头在合并(集体支配)后进行合谋或避免内部竞争的可能性为多大。在雀巢和毕雷合并决议中,欧共体委员会将该考虑植根于几个主要经济因素的分析上,包括供应商的集中度、市场(价格和质量)透明度、其他供应商在合并后所保有的市场份额、需求弹性、市场成熟度、技术与市场的可竞争性(通过实际或潜在的竞争者)。总之,自从雀巢和毕雷案成为有关寡头支配的第一个判例,其决议即标志了欧盟兼并控制条例开始发生重要演化。

时间的相关性

如果调查者准备在一段时期内对一个市场体系进行观察,那么对其经济学工具箱而言,存在两个重要发现——价格保持不变,但厂商不断扩大产出。后者可以被解释为高效率厂商所采取的进攻性竞争行为,或者调查者可能推测:一旦市场体系受到干扰,厂商就迅速提高产量并降低价格,从而创造出过剩产能以形成对新进入者的内在威胁。调查者可能发现市场体系是促进竞争的;相应地,他也可能会发现市场体系是反竞争的。然而,国家竞争管理机构正是借助价格观察结果来决定厂商行为是增强还是削弱竞争的。雀巢与毕雷合并案使我们认识到对市场体系的判断还依赖于厂商在一段时间内的承诺及其行为。

反应与承诺

因此,通过向调查者提供一个建议来结束本章的讨论是有益的,那就是他们应该分清楚厂商的价格反应与承诺,前者是竞争性回应，而后者则是合谋的征兆。有许多模型将反应予以正式化（Tirole,1988）。当市场体系不断演化时，只有竞争对手的行为至少在短期内固定不变，厂商才会做出反应。否则，竞争对手将在此期间改变行动，厂商就无法做出任何回应。短期承诺是做出反应的关键（Fudenberg and Tirole,1986）。因此，国家竞争管理机构必须认识到，在价格竞争情形下，一直改变价格是有成本的，所以厂商会乐意选择一个在更长时间段内均有效的价格。调查者在 t_0 时观察到的价格就是一个长期有效的价格。

案例 11.2　劳尔德定价与套利

劳尔德（Lloyd,1980）提出了一个用于理解价格的有趣实验，但其显然从未付诸实施。用他的话说，该项目是一个在永久性的真实村庄里进行的受控实验，此村庄在一年中的大部分时间里均与外界孤立。该村庄仅有一家政府所有的商店。在初秋时分，商店会收到一大批货物，而随后来临的冬天使村庄孤立于商业交通之外。由于商店实行成本加成定价，所以所有商品价格在整个冬季均固定不变。在获得准许后，劳尔德及其团队试图通过控制或改变价格以确定消费者的反应，从而检验需求理论（Katzner,1988）。

随着实验的进行，这家垄断性商店演变为在两个市场上出售商品的简单垄断者：一个是冬季后的市场，一个是冬季前的市场。边际收益相等法则使调查者相信，既定产品的销售将使收益最大化。但这家垄断性商店仍然必须决定出售多少产品量以及如何定价。为理解歧视性垄断者的行为（它能够分割市场并索取不同价格），我们必须清楚简单垄断者的行为，

> 它也可以服务于不同市场，但由于存在套利行为，它无法实施价格歧视。
>
> 简单垄断者面临着对其产品的套利行为，意味着以两种不同价格出售产品的努力将因人们的低价购入、高价（低于垄断价格）售出的行为而受挫。因此，简单垄断者只能向所有消费者索要相同价格。在多商店的世界中，认为消费者会在上百家竞争对手中选择它自己（作为供应商）是不现实的。在同质品竞争中，交易成本实在太高。因此，仅有一家垄断性供应商也有益处。

价格歧视

完全信息市场与不完全（不对称）信息市场之间存在本质区别。在完全信息市场中，竞争者会不断降低价格直至其等于边际成本，但在不完全信息市场中，价格总是高于边际成本，与市场竞争与否毫不相干。

为什么呢？若价格等于边际成本，则厂商不会存在动机去生产高质量产品。品牌开发是有成本的。在劳尔德的实验中，需求曲线被假设为一般消费者的边际支付意愿曲线，它同时也是实施完全价格歧视的垄断者的边际收益曲线。调查者通过经济理论可知：单一垄断者通过横向加总两个市场上的单个需求曲线而获得总需求曲线，对该加总过程，我们可假设调查者像受过系统训练的经济学家一样熟悉。新的总需求曲线由两部分构成：一部分为冬季月份的需求；另一部分为冬季以外月份的需求。在冬季需求曲线与其他季节需求曲线相加时，总需求曲线将有一个拐点。在需求曲线的每一部分,均有不同的边际收益曲线与之相对应。然而,对应于总需求曲线上的拐点,其总产出水平将出现间断。

我们所观察到的在可套利的两个市场上同时出售产品的单一垄断者的行为,取决于边际成本曲线的位置。根据 $MC=MR$ 定价法则,MC 曲线可能通过连续曲线与两条 MR 曲线相交,从而为单一垄断者提供了两个局部最大化选择:(限制产量)仅在一个市场上(该市场上价格缺乏弹性)以较高价格出售有限数量的产品或者(同一价格)在两个市场上以较低价格出售较多产品。然而,在这两种选择下,调查者均会做出对垄断者不利的裁决,采取第二种选择可能被判价格限定,而第一种选择则似乎使其类似于典型垄断。

搭售

即使远离单一生产商,问题依然还是存在。在搭售案件中,例如,美国最高法院通常判其本身是违法的。尽管《克莱顿法案》第3条禁止搭售行为,但《谢尔曼法》第1条将其视为反竞争协议及第2条疑其实施市场垄断的观点依然备受质疑。

1984年的孟山都案的判决的确增加了原告打赢官司的证据负担。在健力士与大都会酒业公司(1998)合并一案的推理中,欧盟委员会引入了诸如"组合效应"等新的法律术语,但也由此产生一个问题:到底如何将其与美国法律所理解的搭售区分开来?经济理论并未主张搭售都是反竞争的;事实上,通过搭售而使垄断势力由一个市场延伸到另一个市场的观点是值得怀疑的(Whinston,1990)。

案例 11.3　搭售商品的价格

在1984年的杰弗逊教区医院与海德诉讼案(*Jefferson Parish Hospital v. Hyde*)的决议中,法院用合理原则来判断商品的搭售,这也使得人们认为法院可能对搭售行为更加宽容。而杰弗逊教区案的最显著特征,以及多数意见与补充意见的最大分歧在于,如何判定搭售是涉及两种商品还是仅有一种商品(Sidak, 2001)。在伊士曼柯达(1992)一案的决议中,法院推断认为,即使生产商在其产品销售中并无市场势力,为判断生产商是否非法捆绑其维修服务起见,专有维修服务也能够被视为一个相对独立的市场。

伊士曼柯达一案的症结在于柯达复印机的替换件及其维修服务市场是否相互独立。法院在早期的杰弗逊教区医院(1984)一案中就已认识到:并非所有拒绝分开出售两种产品的行为都是制约竞争的。然而,在伊士曼柯达一案中,多数派认为市场事实上是"不同的",并且驳回了柯达的诉求:"即使柯达公司在柯达复印机替换件市场上居于垄断地位,复印机制造商间的*品牌竞争*也会阻止柯达运用市场势力。"(Sidak,2001,斜体是本书作者加上去的)

然而,如果我们正在处理技术不断变化的动态市场,那么欲证明产品一体化行为违反了《谢尔曼法》第1条必须考虑其他因素。如前所论,在熊彼特意义上的市场中,竞争是存在的。并且,对消费者福利的测度,将不得不考虑产品质量及创新因素。针对规定零售价(RPM)的情况,美国法院正努力给对商品规定零售价行为定罪,并努力维持其在1919年高露洁案决议中所支持的限制性销售安排。

品牌间竞争的要点在于,如果厂商 X 能够提高价格,那么只有在 X 不必担心来自竞争对手 Y 的反应时,方能赢利。但如果 X 产品的所有经销商取消了品牌内竞争(通过施加最小 RPM),则厂商将因消费者能够转向 Y 的产品而不可能垄断整个市场。在伊士曼柯达案中,持异议的斯卡利亚大法官认为:对搭售产品设定较高价格将使厂商无从获利,并且在消费者对两种商品的需求成固定比例的情形下,无从设定最优价格进行搭售行为。如果消费者因售后服务而继续需求 X 的产品,尽管存在 RPM,它也可能会威胁到厂商 Y 的市场份额。

实证分析的必要性

通过经验和实验分析并考虑到各种可能性之后,格兰代尔与温斯顿(Crandall and Winston,2003)研究发现,反托拉斯政策应始终依赖于经验证据。劳尔德实证研究的寓意在于,如果单一垄断者能够分割市场 1 和市场 2,索取不同售价,并且在两个市场间转换销售直至 $MR1=MR2$,则单一垄断者能够销售更多产品,并获得更大利润。但对面临套利的单一垄断者而言,就不可能获取此种赢利机会。并且调查者应该注意到,当单一垄断者服务于两个市场时,$MC=MR$ 这一利润最大化条件将会同时出现在两个产量水平上。

价格歧视要求垄断者的产品不受市场套利的影响,并且需求弹性在市场间互不相同。调查者也应认识到,由于具有市场支配地位或享有特定的产品差异优势,对多产品厂商来说是超边际的产品线,对其他领域的厂商来说,可能是边际产品线。如杜威(Dewey,

1961)早在40多年前所猜想的一样,合并可能是由效益不佳的厂商向具有优势效率的厂商转移资产的一种有效率的方法。

反托拉斯传统认为,集中导致合谋;如果我们认可竞争(在实际中可以借助价格下降来观察到)与集中(体现为少数的较大厂商)并非相互对立的观点,则有关集中与集体支配相互影响的反托拉斯争论将变得不合时宜且不会持续很久,因为由此可以认为竞争导致了市场体系中的合谋行为。因此,欧洲竞争政策的目标应当是,在市场体系的现实世界中实现并保护可行性竞争,而非去实现反对单一垄断者的新古典经济学理论上的原子状完全竞争结果。市场体系中的厂商是否合作并遵守相互间的承诺,取决于企业行为的实施法则。最后,单一垄断者或演化厂商在 $t=t_1$ 时所索取的价格,应由对该产品的需求来决定。

竞争是一个过程。抢夺性、竞赛性以及斗争性竞争均遵循自然法则——所谓柯普法则(Cope's rule)的古老观点,即小厂商能够演变为大厂商,但反过来不成立。规模能使其免遭掠夺以及在市场份额的竞争中赢得胜利。公司需要时间来应对竞争压力,而其最佳反应必须考虑到随时间而来的市场条件变化。市场条件因全球化、技术更新速度、技术采纳与开发率以及创新(研发努力)竞争而发生变化。产品市场根据现存产品及其替代品来予以界定。然而,市场体系则按照知识产权以及新产品和流程来进行界定。变动中的市场条件最好被理解为体系:调查者既可以借助价格和数量来分析实际和潜在竞争,以评估竞争压力,同时也可以通过技术和创新来评估抢夺性、斗争性以及竞赛性竞争。在多数产业中,潜在和新出现的竞争往往构成对在位者的最大威胁。

第 12 章 竞争法的价值

> 信天翁和流浪儿,一连多日地漂游,不曾发出一丝声响,却都飞到我的前头。
>
> ——谢默斯·希尼

多年以前,当我在牛津大学耶稣学院的公共休息室中安静地阅读报纸时,一篇刊登在《华尔街日报》上的文章触动了我的心弦。文章是这样写的:"竞争过程的本质乃促使厂商变得更加富有效率,进而将此种高效率带来的好处传递给消费者。尽管垄断是不可避免的结果,但是通过实施反托拉斯法来阻碍基于效率的侵略性竞争,反而会使得该过程受到损害。"(1980 年 11 月 10 日)这篇文章的主旨在我研究生学习期间一直萦绕在我的脑海中,伴随着我去深入地严格证明数理微观经济学的一般均衡理论——这一旨在展示一个竞争性市场所具备的理想性质的理论。然而在事实上,反托拉斯经济学不得不承认,并非所有厂商行为都像完全竞争标准所衡量的那样"坏"。

垄断或市场势力仅仅是不合意价格效应存在的必要非充分条件。尽管并购降低了竞争程度,但并购后的价格依然可能下降。在位者可能通过新建工厂来显示其产出水平,以致进入者像古典的古诺双头垄断者一样行动。反托拉斯的问题在于,是否存在这样一个人工黑箱：它能够模仿垄断结果，却同时具备竞争的一些明确特征。当我们打开黑箱时，困难随之出现了。竞争管理机构或法院是否具备判断某特定自然状态是否为竞争性的专业能力？仅由于行为可能损害竞争而要求你去中止该行为，并不符合竞争管理机构的利益。上述困难意味着，竞争法尚不完备，原因在于当期望行为无法进行观测（道德风险）或命令不能有效执行（寻租和俘获）时，委托管理行为毫无意义。

引　言

竞争法很有可能被误用，除非进行执法的竞争管理机构或法庭提供了有用的指导方针和激励，否则对竞争法的使用就是缺乏效率的，它使得厌恶风险的厂商去承担本可避免的风险。指导方针已由许多国家的竞争管理机构所颁布。竞争和规制办公室一经成立，指导方针就是必须具备的。在第 8 章中，我们对告密者宪章——鼓励卡特尔协定中的参与厂商去欺骗其成员的章程——普遍深入的使用进行了评论。并且，许多被告厂商均与国家竞争管理机构进行了和解对话，但对话内容从未公开。

每一项进展均对行为造成直接影响，从而给市场带来道德风险问题。然而，和解对话或承诺则为竞争法的效力增添了另外一个维度。它们有可能将逆向选择引入竞争法实践中去。换言之，如果竞争管理机构宣布了一项特赦令，比如说，告密者或那些曾经结盟而后又终止结盟的被告厂商将被免予起诉，那么可以很有把握地说，该项特赦令将被违法厂商不同程度地所采用。厂商特定的反竞争行为只为厂商私人所知且无法观察，但它会转变为可观察的经济事实，如提高价格或降低产量。逆向选择只是道德风险的附加问题，按照此种观点，特赦令事实上将会改变被告厂商的无监控行为。如果做出承诺的被告厂商事实上正从事隐蔽的反竞争性行为，则问题就是道德风险，而非逆向选择。

经济事实

本章，我们首先浏览一下与纵向约束相关的经济事实，并基于下述假设展开进一步讨论：竞争性厂商视纵向关系为一种市场竞争模式。而后，我们将考察共同控制及豁免行为。我们的讨论均基于国家竞争管理机构的决策这一背景而展开——我们评估了竞争法实施过程中产生道德风险问题的潜在来源。被告厂商拥有特定的私人商业秘密。这些均是市场中的经济事实。基于此，竞争管理机构必须进一步认识到：这些被告厂商确实是在权衡一项行动是否于其有利。

一点儿心理学

在可观察行为和完全竞争—垄断模型之间，经常存在一个障碍。实情调查者在调查过程中面对无法用成本收益函数来简单描述的厂商或者不知市场份额却晓得产能的管理层时，可能是有限理性的。假设一家垄断厂商设定价格在 P^* 之上，如果实情调查者给予随机消费者等额差价补偿，该消费者会继续购买该产品吗？为何该消费者在收到等额差价补偿后会减少对该产品的需求，以及为何一些消费者愿意支付较高价格，尚都很不清

第12章 竞争法的价值

楚。事实调查者无法事先确定两种结果在经验分析中均是相当稳健的。

行为心理学家,举例而言,认为"环境影响行为是因为环境为历史经验(体现了人们如何理解目前任务的过程)提供了一种不可察觉的信号"(Damasio,1994;Davidson,2002)。例如,管理者意识到,纵向安排正日益被其同行视为一种进入产品市场的"供应链"模式。在法律和反托拉斯经济学的范畴内,存在这样一个假定:除非存在负面的横向效应,否则,"纵向安排就是正面的并能增加福利水平"。尽管纵向约束是竞争政策的一个重要领域,但由于诸多原因,反托拉斯当局在过去处理纵向约束问题时面临着很多困难。管理者应该也意识到了这些困难。

首先,纵向约束的确限制了另一方的自由,进而似乎显得限制或妨碍了竞争。但是,该约束是否确实限制了竞争,还是相反——它解决了搭便车和可能妨碍有效竞争的道德风险问题而促进了竞争,历来都是一个让法庭很难判断的问题。其次,因缺乏分析纵向约束问题的一致方法,经济学仍不能提供较好的帮助。部分争论仍然围绕在垄断力量和效率及知识产权上面。

有人主张,获自纵向约束的效率利得是对纵向一体化的部分替代,存在三种特定的反竞争约束,即捆绑、区域限制和 RPM。对蕴含于国家竞争管理机构的纵向约束分析方法下的理论范式的澄清,将会促进对有效竞争及竞争力所面临的可能威胁进行更好的法经济学分析;对厂商策略行为、容易进入的证据、策略性合作行为的不同解释,将会导致对执行尺度的不同观点。实情调查者仅能依靠可信的管理层行为来收集这些证据。

经济学的范围

为促进现代厂商获取国际竞争优势,欧洲不得不建立一套有效的竞争性销售体系及最小化司法不确定性的体制框架。然而,欧盟委员会和美国联邦贸易委员会,举例而言,都必须密切关注国内竞争政策在厂商获取国际竞争力方面所具有的贡献。在欧洲,新的市场秩序是随着新增成员国而不断演化的;该市场是非完全竞争的,它具有快速产品开发、新产品技术、市场联盟、市场共享策略及纵向安排等特点。传统销售渠道正在衰落,并且,尽管供应链内产品制造商和零售商之间的合作在美国已经非常发达,但在欧洲尚处于幼年期。

IT技术进步所引发的供应链变化,举例而言,对有关纵向约束的竞争法的应用在下述方面具有重要意义:如果零售仍是以国内市场为导向的,那么现代销售体系则能够强化对国内市场的分割。欧洲竞争管理机构逐渐意识到,销售方法已发生重大变化,因此需要对该变化做出立法回应。信息技术革命改变了销售的整体性质。当欧盟厂商试图获得国际竞争优势时,(私人)寡占将不可避免地出现于各个经济体中,国家竞争管理机构也将不可避免地与之进行抗争。我们应当对现有公共垄断厂商提供服务的社会因素暂缓评议,而是应当专注于其有效提供服务及以符合成本和需求条件的价格出售服务等商业目标上面。

为达到有效的反托拉斯目的,我们需要弄清公共垄断厂商的社会和商业活动。在欧盟竞争政策这一包罗众议的体系中,熊彼特的竞争过程——竞争和进步同时发生于一系列短暂垄断中——正在发挥作用。例如,在任一特定时段,每个市场均被能够提升价格和赚取垄断利润的一家厂商所主导。垄断利润吸引了其他厂商，其中一家厂商则会开发出更高级产品而取代初始的主导厂商。新的主导厂商会利用其机会设定垄断价格，导致图 8.3 所示的常见市场扭曲和垄断负担。但是，该厂商也会再次被新进入厂商挤开。此种"创造性破坏"和竞赛性竞争的循环会不断持续下去，创新创造出主导地位，主导地位使其获取垄断利润，垄断利润又激发了新的创新和主导地位，而在市场体系的演化之中，纵向关系的出现成为 20 世纪 90 年代厂商发展的典型特征。

如果有效竞争在具有纵向安排特点的产品市场上是一种常态，并且寡头垄断因素更容易出现于某些经济中的话，竞争政策行为在各国之间就应该是不同的。并且，对于许多成员国来说，它们必须找到这样一个司法平衡：允许自然垄断厂商进行结盟以获取规模经济和增强效率，与此同时，又确保其在国内市场中的主导地位能够不断下降。必须予以提醒的是，在理论上，实行价格歧视的垄断厂商相对完全竞争厂商而言通常更能增加社会福利。具有讽刺意味的是，一方面正是小的国内厂商的退出造成了国家垄断厂商（削弱国际竞争力）存在的可能性；另一方面，尽管存在垄断和寡占市场，但是那些小的国内厂商，比如在爱尔兰和其他欧洲国家，也在不断成长。

纵向协议

在新制度学派的反托拉斯主义者看来，纵向安排部分替代了同时具备效率和反竞争成分的纵向一体化形式。而在我们的讨论中，则将重点更多地集中于获自纵向约束的 x 效率。纵向协议的福利意义在于,其使得厂商能够在相对较大的规模上获取成本效率(减少了 x 无效率)(McNutt,1993)。实施纵向安排尤其是排他性销售协议的公司将采取策略行为,也就是说,如果在产品市场上竞争对手与供应商签署了一份合作协议,则该厂商将会采取跟随-领导策略,并在该框架内进行博弈。

创新与企业家自由

纵向安排越来越被企业视为一种产品市场上的供应链(进入模式),它在保持市场有效竞争的同时能够提升销售效率。新的竞争性市场与 20 世纪 60 年代的市场在如下两方面存在根本区别:一是引发品牌间竞争的对手管理行为的策略性;二是随着单一欧洲市场变得更加开放和更具竞争性,而在不同国家所出现的销售结构变化(例如,日益集中的销售趋势)。持续的一体化进程为分析纵向约束问题增加了另一个视角,该视角提供了一个在日益全球化、竞争不断加剧的全球市场中"分析竞争力的跳板"。

要想从整体上评估厂商经济行为,记住下述告诫非常重要:有关一体化的任何经济观点都应该同时考虑到为何现代厂商越来越将纵向安排引入特定产品市场。人们可能认为,竞争与合作,无论如何界定,无论是否可见,均是相互对立的。该观点源自传统的静态市场结构理论,它既不足以支持纵向约束赖以为基础的经济理论,也不能代表反托拉斯经济学的新方向。直觉上看,销售世界中正呈现一种更为集中的趋势。纵向安排形式的采纳反映出现代企业的更加动态化的特征——侧重企业运营过程而非产品和市场,并且,约束选择很可能为理解管理策略问题提供了一个新角度。

第 12 章 竞争法的价值

> **案例 12.1　两组加油站**
>
> 先看一下沃特森(Waterson, 1991)所阐述的例子。假设有两组加油站。相对那些提供额外设施(如洗车、便利店)的加油站而言,仅提供汽油的加油站具有较高的交叉价格需求弹性。后者的价格和利润更易受到价格战的影响。所以,后者进行纵向分割的策略动力更大,更有可能设定批发价格和征收特许权使用费。现在,我们再看看哈默和钱皮(Hammer and Champy, 1993)的马车制造商的例子:马车制造商认为自己是一家运输公司而被汽车赶超的看法事实上是错误的——并无特殊原因让我们相信一个在制造木制马车方面出色的公司就能够适应复杂的汽车生产工业。更确切地说,马车制造公司应该向相关领域谋求多元化发展,例如,发展木制产品和整合其供应网络以构建并资本化其运营能力。

x 无效率

现代企业为保住现有市场份额,正努力寻求成本效率、改善顾客服务、开拓新市场或开发新产品。而这正是斗争型竞争的精髓所在。纵向安排则为现代企业提供了上述可能性。欧盟委员会对该问题的关注早在 1997 年《纵向约束绿皮书》的第一章第五十一段就已表达出来:"从传统的相互之间保持距离的关系向合作关系的转变可能削弱供应链内的正向力量,例如品牌内竞争情形。此外,供应链由其中一家成员厂商而非传统的销售渠道所控制,似乎越来越有可能。"

几个世纪来,加速了生产和销售过程变化的技术一直在不断演化。x无效率是指如下情形:现代厂商浪费资源,进而导致成本高出应有水平。传统意义上,x无效率的存在通常与自然垄断有关,竞争环境的缺失导致组织松懈,产出水平和质量均低于最优标准。另外,x无效率也是一种为获得成本竞争力而需要削减的私人部门成本。长期来看,管理层更为关注市场体系中随厂商规模的收缩和扩张而来的生产成本变化。管理结构的日益复杂所引发的生产规模扩大似乎更易于导致x无效率,其具体表现为官僚主义、寻租以及对外部市场变动的反应迟钝。

非杠杆作用假设

在理解厂商内部和厂商之间纵向关系的法学和经济学含义时,有一个关键问题,它由埃斯特布鲁克(Easterbrook, 1981, 1984)最早提出:为何供应链中的销售协议或安排必须接受反托拉斯审查?认为纵向约束行为阻碍竞争过程,是违背事实的。必须强调的是,仅在市场势力很大且存在进入壁垒时方会出现负面结果——在竞争性市场中纵向安排不可能阻碍一体化进程。但是,当市场偏离了传统的完全竞争情形时,是什么构成竞争市场,依然不够清楚。

如前所述,合作与竞争并非总是相互对立。其他同等重要的结构因素似乎在当今更为突出,最典型的就是x无效率的盛行。导致x无效率的原因很多,最为突出的就是规模已经使得现代厂商很难避免内部成本无效率。在20世纪70年代和80年代,芝加哥学派发展起来,他们指出:一体化根本就没有增强垄断力量。在阿德尔曼(Adelman, 1959)假设的基础上,包括伯克(Bork, 1978)

和埃斯特布鲁克(Easterbrook,1984)在内的许多学者都不断重申这一观点,并为新芝加哥学派有关纵向约束尤其是区域市场限制和 RPM 的观点奠定了基础。

新芝加哥学派(非杠杆作用)假设假定了一个没有摩擦且运行良好的市场体系,并且,仅在能够获取技术经济时方采取全盘一体化。纵向约束中的搭便车情形——"约束并不创造市场势力,它仅仅是为了提升服务水平而对搭便车问题的一个回应"——在经济学者中可能已经失去了吸引力。该新古典观点最初由阿罗(Arrow,1974)提出,并被反芝加哥学派的许多学者所引用。然而,随着科斯和威廉姆森所开创的交易成本经济学(TCE)的发展,更为稳健的经济理论被发展出来:采用非价格纵向约束(捆绑销售、排他性购买、选择性以及排他性销售协议)形式,能够获取"威廉姆森式"效率及改善 x 无效率状况(通过逐个案例可以进行衡量)。

效率利得

在法学和经济学的分析范式内,纵向一体化被理解为从属于同一所有权的制造商与零售商之间的一种完全的内部联系。纵向约束,即厂商(供应商)努力施加在纵向链(连接制造商和终端销售商)内其他厂商行为上的限制,能够被解释为对同时具有效率和反竞争因素的纵向一体化形式的部分替代。法学和经济学主要关注厂商间纵向关系的性质。典型的供应商-消费者关系更难以判别。如前所述,我们关注的重点在于获自纵向约束的 x-效率。可替代程度将依赖于诸多因素,即资本市场的竞争程度、进入壁垒的高度以及相关产品和地理市场上不确定性和竞争不完全的程度。

纵向约束的反竞争性包括排斥效应及品牌间竞争程度的下降。如果用于进入抵制的支出能够被证明其并未产生生产要素的准租金(McNutt，1993)，则减少 x 无效率将被视为有助于福利改善。更进一步说，如果现代管理为获得成本领先和竞争力而选择纵向供应策略(各种纵向协议的结合)，那么对于一个竞争管理机构来说，引入一个独立于市场规模的纵向约束体制则是竞争管理机构义不容辞的责任，该体制非但不会阻碍反而会弥补管理层的供应策略。

例如，排他性购买协议迫使零售商只能从唯一一家厂商那里购买特定商品(沃特森，1991)。该协议使得该制造商免于品牌间竞争并因此提高了其边际收益。这通常伴随着排他性销售协议(特许经营权或汽车零售权)。但是，如果零售商遍布全国，那么在一些地方，其市场空间可能只适合一家零售商同时销售两种产品——这就是 x——两家零售商则会更加 x 无效率；如果制定了排他性购买协议，则市场需求对于每种产品的零售商而言均会足够大。相比无约束情形而言，该协议增强了零售水平上的竞争程度，并通过减少 x 无效率而提高了福利水平。

一个新的福利命题

市场体系方法所主张的福利命题，是指纵向安排使得厂商能够在相对较大的生产规模上获取成本效率，并且在由后文中引理 1 到 3 所描述的市场条件下，仅当每家厂商的自然市场规模不对称时市场均衡方能存在。

既然许多协议均是进入产品市场和获取成本效率的方法，总体而言,在缺乏对其对竞争所造成的经济效应和影响进行严格分析的情况下,纵向安排不应受到限制。一个恰当的例子如下:排他性购买协议的社会福利效应并非不够清楚,实际上,排他性销售能够带来诸多潜在收益。沃特森(Waterson,1991)认为,相互竞争的产品或品牌间的交叉需求弹性越高,排他性购买协议越有可能对社会有益,反之亦然。带有约束的纵向分割(啤酒和汽油中的例子)比起纵向一体化来说可能更加不合社会意愿。

一体化是否能够影响垄断力量,在经济学界依然不够明朗。新芝加哥学派认为,一体化并不能把垄断力量从一个层面转移到另一个,也不能创造出比横向约束情形下更大的垄断力量。另一传统观点认为,一体化取代了公开交易,通常妨碍了市场并因此排除了竞争对手。不过,下述观点已经形成共识:一体化仅仅是一个程度问题(其大小取决于供应链网络、规模经济——可以比较任意两个产品市场中的一体化程度,如钢铁和面包产品)而非严格的对错问题。

几个反托拉斯引理

引理1:厂商之所以实施纵向安排、协议是由于其存在交易成本,也就是说,厂商缺乏建立一个纵向网络的资本,市场存在信息不对称或者消费者存在搜寻成本。**引理2**:管理层采用纵向协议和协定作为其纵向供应策略。**引理3**:在零售需求竞争或不完全竞争时,福利效应能够进行测度。

纵向协议是一种为获取净经济效益的策略反应(McNutt,2000b)。换言之,如果 x 水平的相对市场份额不具有显著的排斥效果,并且净经济效益是正的且是增进福利的,则反托拉斯法就不应运用于纵向协议情形。超出该市场份额时,则应采用逐案审查的推理原则。

净经济效应

但是,交易成本经济学将会指出,较大的厂商规模导致错误丛生,削弱了对组织成本的控制并且疏远了工人股东(Ricketts, 1994)。例如,市场交易可能是一系列紧密的长期契约,它们如同直接所有权一样提供了更多控制。主要的理论分歧是:由于契约原因,在纵向一体化的私人和社会期望之间是否存在分歧。可论证的是,任何分歧都能够在 s 型厂商(如第 2 章所述)中被最小化。

命题 I:现代厂商并非运行于最优市场中,也就是说,最优契约安排事实上是不可能的。因此,厂商存在激励去选择特定水平的纵向一体化,只是低于直接所有权所对应的水平而已。其政策含义是,集中的纵向供应链并不一定不合社会意愿。

人们也许会认为,厂商发现进行纵向联系对彼此均有益这一事实并不意味着此种联系或安排就是对社会有利的。纵向约束的存在更多是由于策略原因。然而,在试图将"威廉姆森式"主张纳入福利命题时,x 无效率方法就能够将科斯-威廉姆森的成本清单(包括官僚成本、法律的不确定性以及寻租花费)转变为 x 资源的无效率分配,而纵向安排则能消除此种无效率。x 无效率的改善及纵向协议中促进竞争的成分,将取决于零售需求是竞争性的还是不完全竞争的。

为将供应网络内部的 x 无效率降到最低水平,生产商引入了纵向协议。要想考察纵向约束的影响,必须确定、分析和考虑获自纵向一体化程度的净经济效应。如何考虑和分析净经济效应呢?

可思考一下下列因素:厂商及其竞争对手的策略行为、进入的难易程度及可用 x 无效率方法予以测度的诸如有限理性和机会主义之类的交易成本。净经济的因素可以被分解为由竞争政策产生的成本。相对于绝对市场份额而言,相对市场份额可被解释为厂商在市场中所获份额的一个方面。例如,如果厂商的财务能力出现了问题,那么它的资本或利润规模(而非销售额)就更具有决定性。

命题 II:对于现代厂商而言,x 水平的相对市场份额已经不够充分。而对一个多产品的垄断厂商来说,市场份额是其长期赢利和获得成本竞争优势的必要条件。其政策含义是,在认定某种协议是否属于法律免责范围时,应存在更大的弹性。

竞争管理机构应该确保对销售协议的任何现有控制都不太具有限制性,因为此种限制阻碍了单一市场内最具效率的销售体系的发展。在此情形下的一个重要命题是违背事实的:一体化存在反竞争动机。因无法带来规模经济效应,横向兼并往往是不合意的,但认为纵向兼并也如此,则只有在其包括实质性的横向影响时方能成立,它整体而言是对社会有利的。下游厂商数量的减少可能与下游负的横向兼并效应有关。任一纵向约束的确都限制了其他团体的自由,因而显得限制了竞争。但是,该约束是否真的限制竞争,还是相反的情况——其通过解决搭便车或道德风险等可能阻碍有效竞争的问题从而促进了竞争,对于任何法庭而言均难以抉择。

对诸如排他性购买等纵向协议的社会福利效应进行严格的经济学分析,是非常必要的。纵向协议的理论依据不仅应该包括钢铁和报纸产品市场所体现出的规模经济,还应包括净经济效应。

命题Ⅰ暗示纵向协议是一种契约；此种纵向联系具有明确的最小化交易成本和获取规模经济的企图，却未必具有竞争政策所关注的内容。纵向一体化为投资于股份公司且具有所有权和财产权的厂商带来了收益。然而，针对使现代厂商行为理性化的交易成本方法提出的主要反对论点是，这种方法并不适合福利经济学的命题。引入福利经济学命题仅为了将更多的交易成本方法应用于纵向约束分析。

根据福利经济学命题，我们只有将有关纵向约束的可能影响的经济分析集中于下述实质性问题上方才适宜：在何种市场份额水平上，在命题Ⅱ中的何种 x 百分比上，方有可能实现净经济效应？是 10%、30% 还是 40%？能够得到一致认可的市场份额水平应使竞争政策所关注的实质问题立足于稳健的市场分析，这些问题包括效率利得、市场一体化、最大化消费者福利以及市场力量。较高的市场份额事实上会提出这样一个假设：纵向兼并的社会成本超过了其收益，然而纵向约束所带来的成本收益则严格取决于净经济效应、不断扩张的地理市场中的结构和行为条件，以及 x 无效率成本的削减。

竞争政策的含义

我们进行一系列论证的政策含义就是，在竞争相容假设及能够批驳结构和行为条件的前提下，尽可能地减少市场份额不足 x 水平的现代厂商所承担的责任范围。取 x 为 20 是有好处的。在横跨新兴欧洲市场的不同裁量中，国家竞争管理机构必须确定 x 的共同取值标准。当前的一个选择就是处于 20% 到 30% 范围内的一个离散和趋同的混合取值——如果其有助于本土厂商提升国际竞争力的话。

新成员国对其设立国家规制机构的必要性必须进行严格评估，同时，他们在应用欧盟层面的共同竞争政策时，还必须严格审查其可能存在的分歧。他们不应阻止任何成员国使用竞争政策来抵制国外厂商的行为从而保护自身利益。如果用以抵制国内垄断势力的主要保护手段是进口的话，那么竞争政策的有效性则主要取决于贸易保护主义。换言之，一个经济体系内国外厂商的数量越多，贸易政策就越有效。但是，竞争政策的制定者不要忘了，国外竞争并非国内竞争的完全替代。

有效竞争法的本质

法经济学范式将非负交易成本作为其核心分析变量。然而，在反垄断界，所获取的分析结论很容易就变成了一个协议、一致行为或合谋。交易成本经济学为分析厂商组织、治理结构或威廉姆森（Williamson，1996b）所说的"混合形式"提供了一个工作模板。在 TCE 的分析框架内，仅在特定的混合形式中方有可能得出明确结论。例如，纵向协议已被承认能够增加福利，除非其包含显著的横向效应。兼并同样要根据严格的指导方针进行评估。

但是，在兼并和收购情形下，共同控制及收购厂商对目标厂商决策可能具有的影响问题在欧洲竞争法中经常出现。如果兼并和收购仅是一种契约的看法能够成立，那么可能就有人辩护说，兼并和收购或许只是 s 型厂商为消除组织结构中存在的 x 无效率而采取的一种反应。在美国法律中，反竞争行为的范围早已在诺尔-彭宁顿豁免原则中得到较好的澄清。

二者都属于具有效率意义却无法被竞争管理机构自由观测到的行为,因此采取这些行为的辩护方可能选择去追求私人利益而不惜牺牲他人利益。辩护方改变自身行为的趋势是反托拉斯中的一种道德风险。在此种风格的世界中,竞争管理机构不可能了解厂商的诸多特征。在厂商试图采取无效率行为或向竞争管理机构提供扭曲信息以误导其采取无效率行为的情形下,道德风险问题就会出现。在这样一个存在道德风险的世界中,上述讨论使得我们对竞争法的价值及竞争管理机构的有效性产生了怀疑。我们将分别在案例 12.2 和案例 12.3 中对欧盟法律中的共同控制问题和美国法律中的诺尔-彭宁顿原则进行回顾。

共同控制

比起经济事实,共同控制与法律权利的关系更为密切。然而,作为经济事实,一个厂商拥有对手的股份在竞争法中具有重要意义——利益控制及可能因此引发的竞争影响问题。菲利普·莫里斯(1988)一案的裁决就已判明,"享有竞争对手股份的厂商的收购行为并未构成对竞争的限制。但是,此种收购可能会影响厂商为限制或扭曲竞争而采取的商业行为"。

一般公认,如果收购竞争对手股权的行为影响到相关厂商的市场行为,因而使厂商间的竞争受到限制,则此种收购行为受条约第 81 条管辖。在本节所虚构的案例中,厂商 B 凭借其所拥有的股份对厂商 A 具有较强的控制能力。相对较低的股份持有比率,应当符合"竞争不受影响"的条件。此处蕴含着对关联厂商予以界定的关键判断标准。

关联厂商

我们在界定关联市场上花费了太多的时间和精力,然而在关联厂商的界定上却用时太少甚至根本就没投入时间。厂商的边界由控制所决定。欧洲竞争法假设控股股东可能采取控制行为。尽管如此,此类假设完全能够被商业自主(体现为事实上的控制)这样一种行为证据所驳斥。

案例12.2　共同控制

思考面的虚构例子。我们有一个具有不同偏好的股东集(a,b,c)。厂商 A 有两个股东,多数持股人 a(A)及少数持股人 b(A)。厂商 B 有两个股东:c(B)及多数持股人 b(B)。股东 b(B)想收购 c(B)的股份,从而取得对厂商 B 的全部控制权。股东 a,b,c 要么是投资公司要么就是厂商。股东 b(B)是厂商。还存在有待评估的竞争问题。但对股东 b(B)收购 B 的其余股份进行评估时,该评估能确保将重点放在厂商 A 上吗?如果 b(A)和 b(B)是同一家厂商呢?

例如,股东 b(A)在厂商 A 中拥有控股权吗?对股权收购行为进行竞争评估必备的标准,在于评判此种控制权的行使是否会影响厂商 A 的商业策略,例如,通过投否决票的形式。如果股东 b(A)能够否决厂商 A 的重要决策,那么 b 就会拥有事实上的控制权(Korah,1994),并且"任何自治都因之成为虚构"。因此,如果没有证据证明 b(A)拥有否决权,那么 b(A)就没有厂商 A 的实际控制权。进而,任何证明 b(A)在厂商 A 策略方向及管理方面所扮演的角色的证据均应在下述背景下予以审视,即所有或者某些议案(尤其是那些违反国内竞争法的议案)是否由多数股东 a(A)所决定。

然而，(持股)所有权一般并不意味着其就具有竞争法所认为的"控制"地位。从法经济学的角度来看，所有权以及控制地位均应被视为复杂的合同关系。例如，法律关系允许公司及其投资者能够根据环境做出调整，以更好地适应他们所面对的经济环境，或者为投资者提供法律保护。换言之，所有权和控制地位是一种法律上的构建，在评估任何竞争性问题时，对它们本身的完整性应当予以重视。

股东协议

对厂商 A 持股的强调(例如，在评估对厂商 B 的股权收购时)，至少需要清楚 a(A)和 b(A)之间的股东协议(如果存在的话)。这在 a(A)是多数持股人的情况下意义尤其重大。在对 b 收购厂商 B 剩余股权的行为进行评估时，控股股东 a(A)与 b(A)之间就厂商 A 达成的股东协议(可执行合同)的缺失将对聚焦于厂商 A 的任何决策的有效性提出挑战。任何股东协议的缺失，均有可能将 b 对厂商 A 的股份持有解释为仅仅具有财务意义。

如果实情调查者所收集的进一步信息能够确认厂商 A 董事会(估计有八名成员)中的三名并非执行官，并且由 b 保留这三个席位，那么在试图准确解释八名董事中的三名如何对厂商 A 的管理策略施加绝对影响力时，一个法经济学问题就出现了。例如，公共选择学者可能会提出这样一个问题：这三名董事将如何能拥有否决权。任何股东协议的缺失也会挑战进行否决的契约权利，如果不存在该种契约权利，那么共同控制问题就不会存在。

禁止持股

竞争管理机构通常会决定禁止持股。股权出售早在1992年雀巢-毕雷一案即有先例，最近的例子则是2001年的英国"英特布鲁/巴斯"补偿案(*Interbrew/Bass*)(参见 www.patrickmcnutt.com 中的文章)。如果根本不存在对竞争的实质性潜在影响(负面的、使福利下降的影响)，为何还要禁止持股呢？对市场上所流行的策略问题进行评估(例如，策略性止赎、较短的产品生命周期、品牌多样化、研发成本的增加以及技术的进步)会使人们得出结论：股权要么是厂商生存的必要条件，要么是市场重构过程的一部分。换言之，没有人会认为，股权本身有可能通过一些特别的手段(它们有别于那些以经济绩效为基础作用于正常竞争的手段)而影响到市场结构。

不同所有权结构并非相互排斥

x水平的股权、百分之十甚至更少的股份，通常伴随其在厂商A董事会中代表资格的放弃及对剩余股份优先购买权的放弃，但这事实上并未表明TCE框架下的不同所有权结构。此处，所有权结构是从交易成本经济学角度来进行审视的，所有权结构是竞争选择的内生结果，在该选择过程中，公司对不同的成本优势和劣势进行平衡以实现均衡的组织结构。对于竞争政策评估而言，它们并不是互相排斥的。但是，我们并不能根据下述理由而断言前面(拥有百分之x的股权)的所有权结构是反竞争的，而后者则不是：(1)两者均为少数股权；(2)任一少数股权对厂商A共同控制问题的影响，会不可避免地与其多数股权的未来变动有关，并且还会不可避免地与公司 A 出售其少数股权的未来变动有关。

免予承担反托拉斯责任

早在 19 世纪 60 年代美国法律中的诺尔-彭宁顿原则就已阐明,私人行为者可以免于对其试图保护政府行为的行动承担反托拉斯责任,即使该政府行为会限制贸易。然而,该原则也豁免了私人行为吗?在试图回答该问题时,阿里达和霍文开姆(Areeda and Hovenkamp,2000)指出,只有在政府是关键性的决定力量时,诺尔-彭宁顿豁免原则方能适用于私人团体。但是,第三巡回法院的裁决却得出一个不同结论,其对私人辩护人和司法部长之间达成协定的私人行为进行了免责。[A.D. 波德尔公司与菲利普·莫里斯公司诉讼案(A.D. Bedell Inc. v. Philip Morris Inc.),2001]。

案例 12.3 诺尔-彭宁顿原则

案例背景为:在针对主要烟草制造商的诉讼中与菲利普·莫里斯公司达成的多州和解协议得以执行。在波德尔案中,如原告在其诉讼中所称,烟草制造商通过索取较高价格的反竞争行为导致他们遭受严重损害。为达成该观点,法庭援引了第七巡回法庭对坎贝尔与芝加哥诉讼案(Campell v. City of Chicago)(1987)的裁定。在坎贝尔,两家出租汽车公司对其针对芝加哥"交换更有利的新秩序"政策的诉讼达成和解。此后不久,出租汽车公司就加入了支援通过新秩序的游说运动。出租汽车司机声称这项新秩序限制贸易,而提起针对芝加哥市和出租汽车公司的反托拉斯诉讼。

第12章 竞争法的价值

> 第七巡回法院肯定了初等法院的裁决：根据诺尔-彭宁顿原则，出租汽车公司的决议及其游说努力免于承担反托拉斯责任。福尔(Foer,2001)指出，该原则无法用于波德尔一案，因为坎贝尔案(鼓励城市通过这项新法案)中和解协议之后的私人行为具有影响政府行为的企图，并且正是这种随之而来的政府行为而非私人行为本身具有反竞争效应。相反，波德尔案(经营一项产出卡特尔并且提高价格)中和解协议之后的私人行为根本就没有去试图影响政府行为，并且其私人行为本身就具有直接的反竞争效应。

争夺市场的竞争

在任一有关反竞争效应的评估中，注意力均应集中于策略竞争及确定其是否开始替换为(策略性)竞争方面。如此，市场就会起作用，也就是说，无论所谓的反竞争行为的程度如何，竞争均会发生。具有策略竞争特征的厂商行为反映出该厂商的卓越绩效。可以肯定的是，主导地位并未因市场势力而弥漫于整个市场。主导地位的增强是由于该厂商的出众效率，由于进入条件(而非进入壁垒)、需求条件、策略行为以及市场不完全。市场不完全不仅包括异质性产品、x 无效率以及供应链竞争，还包括针对主要烟草生产商的各州立法。

和解协议(master settlement)的专门出台可能很容易导致烟草公司与生产商之间以及生产商与州律师之间的商务关系中出现成本高昂的道德风险问题。竞争效应，事实上可能强化道德风险问题。米尔格罗姆和罗伯茨(Milgrom and Roberts,1992)提供了一个出现于20世纪80年代美国信贷行业的竞争具有反常效应的描述。竞争压力体现为存款利息超出其运营成本。信贷厂商要么支付更低的存款利息而面对存款额缩减的危机,要么满足此种竞争水平上的较高利率而遭受收入损失。

各种情形下均应考虑为争夺市场所展开的策略竞争。下述问题是值得注意的:在影响其有效竞争能力方面,该厂商的内部组织是否扮演了一个重要的策略角色;组织设计本身是否是动态市场中应对竞争压力的一种有效工具。竞争机构必须清醒地意识到其决策作为商业信号所具有的影响(见第7章),它为竞争性厂商提供了充分动机去实施那种能够应对竞争压力的组织架构。这与卡特尔调查或者对兼并的经济学分析是截然不同的。在竞争机构、规制者或政府介入道德风险或逆向选择问题的情形下,问题就不在于制止反竞争行为,而关键在于以一种完全不同于专利法中显而易见概念的方式来界定反竞争行为的"显而易见性"。

违反竞争法的"显而易见性"标准

法律推定中,显而易见的违法肯定背离了充分精确和清晰的推理规则,比如被竞争机构广泛制止的价格限定。专利法就有着应用"显而易见性"概念的长达二十年的历史。在判定专利作废的过程中,与显而易见性问题相关的诉讼策略在专利法中的应用并非是偶然的。当我们转向卡特尔评估或兼并分析时,显而易见性概念就变得有些模糊了。在所宣称的卡特尔式行为的评估中,该概念正变得越来越不可靠。

例如,兼并或收购案例中有关厂商资产所有权的争论可能使得司法机构在严格推理中引入一个新的"所有权的中间程度"标

第 12 章 竞争法的价值

准,并且,有关厂商行为的争论也可能使其将道德风险因素纳入逻辑分析中来。那么,它们在哪些地方偏离了竞争法呢?假设而言,在波德尔一案中招致反托拉斯行为诉讼的香烟批发商并未认识到其为争夺直接批发市场所展开的策略竞争已经排挤了事先商定的竞争类型。和解协议所触发的市场不完全导致 x 无效率,进而损害到每一家批发商。先前设定的认识——凭借其 98% 的市场份额而具有规模经济优势的制造商在需求下降时仍然能够提供比以前更便宜的产品——崩溃了。

作为原告,其行为已由和解协议所引发的市场不完全而预先决定。市场不完全对竞争所造成的所有影响必须分解为集中度或竞争的缺乏对市场结构(市场份额)的影响。通过寻求法律赔偿,原告为诉讼中的准租金增加了 x 无效率成本。然而,在评估作为被告的香烟制造商的行为时,法庭应该援引普雷克斯公司与宝洁公司诉讼案(*Purex Corp v. Procter&Gamble Co.*)(1979),并使其自身相信,被告在协议达成之后和之前均不可能去做什么,并且其行为在反托拉斯法的任何可行范围内均不是反竞争的。

思考一个虚构的交易,b 购买了厂商 B 的剩余股份,并且借助供应链向上游市场(该市场历来以非价格竞争著称)嵌入了一种真实竞争手段,从而为增强竞争的市场重构提供了可能。市场可能表现出品牌多样化和广告等非价格竞争特征。随着时间的推移,竞争会进入供应链。如果这样,那么 b 所拥有的厂商 A 的股权不可能会削弱批发供应链中的真实竞争手段。

契约中拟定的否决权和准予公司及其投资者根据环境进行行为调整(帮助它们更好地适应经济环境)的法律关系之间的交叠,必须予以清晰和严格的分析。换言之,此种交叠引发出违反竞争法的"显而易见性"及评估此种显而易见性的问题。在所有权情形下,如果缺乏足够准确和清晰的规则来说明所有权本身在多大程度上方构成侵权的话,其可能是无效的。

例如,对第81或82条法案的违反何时才是明显的呢?在我们上面所虚构的案例中,侵权(表面上)是非常明显的:b拥有x%的厂商A的股份(与此同时还收购了厂商B的剩余股份),但在一个相对较小的股权情形下则根本就不显而易见。例如,28%的股权会违法吗?11%的股权会违法吗?10.5%违法吗?为何10%甚至更少的股权就不会违法呢?在超过10%股份的情形下,何处明显构成违法呢,为何10%或者更少的股份就不那么显而易见构成违法呢?

B所拥有的厂商A的x%的股权本身(并不是基于共同控制假设上的市场份额的加总)事实上是如何改变市场的竞争结构,以致(1)将股权削减至10%甚至更少是对阻碍、限制或扭曲竞争进行补偿的必要条件,(2)将股权削减至(比如说)28%对重新构建有效竞争是不充分的,(3)无论是在情形(1)或(2)下,对厂商B剩余(100-x)%股权的收购,并未构成对竞争的阻碍、限制或扭曲呢?

竞争法的价值

对厂商A的交叉持股与交叉持股本身对竞争结构和市场集中度的影响之间的因果关系,已经引起了检察官的质疑。为此,反托拉斯界存在一种确认及解释其所蕴含的法和经济学根据(竞争法和公司治理经济学)的迫切需求,借此,源于市场不完全(不同的所有权结构和道德风险)的厂商行为就被认为是:(1)要么改变潜在的市场结构(损害竞争),要么削弱竞争对手的竞争力(损害竞争者),来进行反竞争经营;(2)将阻碍、限制或者扭曲竞争视为目标或影响,而干预国家的反托拉斯法。

有效的竞争法评估体系不能对该问题——所有权结构与公司行为及道德风险与公司行为之间的因果关系对经济绩效的影响——保持沉默。在公司治理与竞争政策的相互衔接中,竞争法的价值必须根据其对公司适应性的贡献来加以衡量。换言之,竞争法应该允许公司发展,而不是阻碍或者威胁(大的)公司的绩效和(或)管理。例如,如无任何迹象表明共同控制行为(其承诺并确实极大地削弱了竞争对手的竞争实力,如案例12.2所示)存在,则令人满意的评估是有望实现的。

对竞争的侵害

国家竞争管理机构存在的问题,在于其可能滥用反托拉斯法——如果允许被告将促进竞争的协议误用为反竞争武器的话。核心问题相当复杂,并且经常会演变为对案件中事实材料的法律解释问题。如果反竞争行为所造成的侵害能够得到确认,那么反托拉斯经济学就不应将焦点集中于协议的谈判或者成就上,而应该集中于实施操作及其引发的福利效应上,因为这些才是导致竞争性侵害的真正缘由。法经济学者可能会探究所宣称的反竞争行为是否导致了价值最大化抑或不可能实现的结果。

思考一下表12.1。前提是相当简单的:伴随创新的竞争是技术进步的基本源泉。促使厂商创新和成长的市场力量可能会劝阻另外一家厂商。如果有效竞争法在本质上是对竞争有害的,那么传统经济学就会引导检察官将其调查集中于矩阵中的卡特尔和合谋区域。然而,经验分析可能仅仅观察到策略联盟,而无法发现表明协议能够提升福利的任何证据。下述结论可以得出:市场呈现出通过市场共享而进行垂直约束的特征。但是,如果市场竞争是由供应链竞争所驱动的,那么垂直协议就能适当地降低成本。并且,随着成本下降,具有较高效率的厂商就能够向消费者提供较低的价格。此种厂商将主导市场。但是,检察官所关注的集中度只是个经验问题——高集中度并非就简单地意味着高价格。

表 12.1 协议矩阵

	水平效应	垂直效应
竞争	敌对状态 激烈的竞争 萨顿(降低价格)	降低成本 供应链竞争
合作	策略联盟 卡特尔 合谋(价格上涨)	垂直约束

于检察官而言,在相对集中的市场中发现价格下降是没有意义的,除非某家厂商面临掠夺性定价的反托拉斯指控。反托拉斯并不针对价格下降情形下的合谋问题。随着价格的升降,具有较高效率的厂商会获得超额利润,而其他所有厂商则获得正常回报。然而,仅仅较高价格情形下的合谋才被给予负面评价。我们似乎应该延伸英语语言,以拒绝对价格下降情形下的合谋给予负面评价。不同的解释可能导致不同案件中的认识混乱。在反托拉斯范畴内,合谋因其导致价格上涨而被视为"坏的"行为;合谋因其引发的结果本身而被视为"坏的",但仅仅因为其被假定会引起价格上

第12章 竞争法的价值

涨。那么我们如何处理高度集中的市场中价格下降的行为呢？这与萨顿(Sutton,1991)所定义的"竞争的活力"极为相似。在其他条件相同的情况下，如行业 A 的价格低于给定厂商数目情形下的价格，那么行业 A 就比行业 B 更加富有竞争活力。

因此，主导地位和较高效率的经济问题不仅仅牵扯到经济事实，而且关系到实践中的重要性。较高效率是对抗竞争对手的一种方式。在动态市场体系内尤其如此，该体系中存在诸多不断衰减的环境，包括关联市场中集中度的历史性持续、品牌分享、内生进入壁垒、潜在的市场内部竞争和极重要的市场的策略本质。内生壁垒指所有市场在位者影响或完全控制的进入壁垒。这些壁垒包括过剩产能、广告、专利以及一系列策略选择，如定价、对抗性广告以及利用垂直一体化形式而进行的供应链竞争。

竞争政策的有效性

政策的有效性取决于其保持和重建市场有效竞争的能力。司法决策通常依赖于按照地理、股权信息或与所谓的滥用定价权有关的事实材料等项目对市场的界定。在地理市场的案例中，如杰弗逊教区医院诉海德(1984)一案，法庭判定该医院拥有足够的市场能力来强迫消费者购买其捆绑的商品。当偏离传统的完全竞争市场时，何以构成竞争性的地理市场依然不够清楚。在杰弗逊教区一案中，法庭主要依赖于这样一个事实，即对问题商品进行捆绑式购买在当时构成了"一种数额巨大的州际贸易"。依据价格滥用的定义，英国竞争委员会上诉审裁处在最近的纳普制药公司与公平贸易局诉讼案(*Napp Pharma Holding Ltd. v. DGFT*)(2002)中，标示出了一种费劲的定价方法。事后确定定价准则不能作为一种良好的抗辩。纳普一案的推定是不够清晰的，定价决策仅能在法律基础上做出，即，如果价格下降超出了掠夺性或者歧视性定价的相关标准的话。如第11章所述，仅凭观察来确定价格走势，对于检察官而言很困难，更不要说定价实践的意图了。

基本法律要点

所有情形中的基本法律要点，是指争议中的反竞争损害是否由（运行产出卡特尔和或具有单边提价权的）私人被告厂商的事后行为所导致。从决策到真正发生变化是一个长期过程，主要公共品当然也是如此。检察官可能会问：存在源于协议签订或自由限制的因果关系吗？如存在的话，问题就成为如何确保方案在平等的竞争条件下得以实施了。

但最终，任何法律的价值都应根据下述原则来衡量：忽视法律是没有借口的。宾默（Binmore,1998）对该原则的必要性进行了合理解释。如果起诉必须证明被告了解其所违反的法律的每一个细节，那么所有人都会祈求任何时候都是几乎无知的，并且司法体系将会崩溃。法律的价值将因有关市场定义和稀缺资源的争论而被进一步削弱。一些评论家建议，只要市场中存在对消费者带来潜在伤害的团体，就无须定义一个确切的衡量标准来判断谁在或者谁不在关联市场中。其他人则认为，在兼并方的产品价格持续地显著上涨时，只要消费者能够转向替代品，就无须严格界定市场。规制的核心问题是指自然垄断的出现。

水是自然垄断吗？

水是自然垄断吗？如果是，那么水供应就应该由公共支出来予以资助——如果由公共财政资助的组织经营水务公司的话。然而,如果水被视为稀缺资源,则规制必须同时考虑到水费计量和水务公司私有化两个方面。后者的结果一般通过分析水供给基础设施的持续投资来断定。但是许多评论家忽视了这样一个事实:补偿供给成本的恰当贡献(第 6 章)仅在财产权(公共财政相对公共水资源)被明晰定义的情况下方能获得。否则,根据水费抗议者所宣称的不明确产权来判断的话,事后发生的结果将是无效率的。

有关市场界定的争论已被归入对诸如反托拉斯逻辑模型之类的计量分析技术的稳健性的争论中去,该技术使用关于消费者替代方式的有关假设以降低传统计量模型的数据需求。对电信、邮政服务、电力和自来水行业的成功规制(根据价格和服务质量来判断),在不同的法律体系中程度也是不同的,如此复杂的问题很难用通行的模板来分析处理。问题并不在于自然垄断是否存在,而在于规制框架能够有效率地实现一系列社会、环境和经济目标。

有罪假定或责任逃避(见后记)

被告厂商没有选择 x 而是 y,其原因在于 x 的效用超过了 y 的效用。然而,x 的效用比 y 的效用大又是因为该被告厂商总是选择 x 而非 y。竞争法和规制行为是将(对厂商超出控制范围的)谴责行为制度化了。这并非是说,罚金水平从未根据被告厂商的控制范围来决定。相反,这些情况均会清晰地反映在法律内。这也并不是说,稀缺资源的公共所有权比私人的非政府所有权更具有帕累托效率。不同审判提供了妨碍法律条款的不同经济和物质因素。但是,由于对反竞争行为的侦破和证实存在诸多不确定性,因此人们不禁要问:在证明厂商无罪之前,一直认定它们有罪是否正确呢？规制者和竞争机构从来都不应忘记，规则既可能作为外部威胁而被厂商纳入其生产函数（第2章），也可能影响厂商进行市场竞争和博弈的具体方式。

宗教和竞争法

规则也被整合到个体行为中去，从而影响到个体如何与社会中的其他个体相互来往。我们曾在第1章讨论小红母鸡和竹笛模型时阐述过这一问题。竞争法与宗教情形中的契约法之间存在着有趣和复杂的交叠。人们可能会问：如教堂提供服务被视为经济行为，那么宗教是否受制于有关服务供给自由的社区法呢？尤其是，希望在天主教堂举行婚礼的夫妇通常被期望参加一个婚前课程；如果由于某些原因未能参加，则他们很可能要与主持其婚礼的牧师在婚礼准备过程中多花费些时间。该婚前课程可能违反了《欧共体条约》第81款，因而是反竞争的。

婚姻是一种契约，因此与经济行为息息相关。婚前课程是强制性的。由于其试图为夫妻双方设置一份婚姻契约（该契约确保婚生孩童将在天主教信仰下被抚养长大），而具有追求经济利益的目的。在婚姻被视为一种契约的博弈中包含诸多"博弈规则"，如一夫一妻制、信仰义务及成文的税收安排。上述规则因试图最大化夫妻双方的经济和精神财富而具有追求经济利益的目标。如本章开篇前提所述，除非执法者能够提供相应动机，否则使得风险厌恶个体承受本可规避的风险的法律是缺乏效率的。婚前课程起到了一种阻碍作用，并很有可能限制或扭曲经济服务的提供自由。

存在这样一种义务：应使有效的、非歧视性的、透明的竞争法体系适得其所。法律的边界有多大呢？例如，要去证明婚前课程

(其限制了个体自由结婚的能力)违反了竞争法的话,证据会对天主教堂造成负担吗？任何法律的价值均根据其对变化的适应能力来加以衡量,这些在原始法律制定时未被预料到的变化有时却被裁定为新生事件。道德会引导人们遵守法律,但是它也会引导人们违反法律。理想的、规范的竞争法体系(包括规制与规制机构)概念,即遵守规则与法律的协议,必须植根于下述基础之上:它们均是我们在罗尔斯的"无知之幕"中所必须认同的规则和法律。它们生成了(McNutt,2002)一种尊重权威和法律的司法和政治秩序。

后　记

——竞争法和相关议题的最新进展

> 充满着悲伤和诱惑的时期充
> 斥着眼泪、嫉妒和痛苦的时代
> ——厄斯塔什·德尚

2004年5月1日,有两个新的共同体条例开始实行,它们将对欧盟内部竞争和反托拉斯领域的未来司法体系产生重大的间接影响。这两个条例是:关于实施创建欧共体的《欧共体条约》第81和82条的2003年第1号委员会条例(EC),它取代1962年2月6日的第17号委员会条例;关于控制合并的2004年第139号委员会条例(EC)。新《欧共体合并条例》(ECMR)大刀阔斧地改革了程序和标准,欧盟委员会据此评价拟议中的交易。

从条例中引申出的一些重要发展值得加以评论,因为每一点对整个欧盟竞争政策的有效性及其对公司和企业以及更广泛的欧盟公众的价值都将有重大影响。在本书前面章节,我们告诫要警惕对既定的竞争问题的不同经济学解读,并指出市场的地理问题对评估很重要(见第5章)。现在,地理对在一个更广、更大的欧盟中解读共同体法律的意义更为重大,在其中,公司和企业、产品和工艺超出了国家的地理边界。

可以设想，在一个有效、高效、透明和可预见的合并审查程序的推动下，新建立的欧洲竞争管理机构的网络有望在不同的司法管辖权限下确保适用于竞争规则的新共同体条例得到同质的实施。

欧盟法规

2002年12月16日的2003年第1号条例推翻了用以控制反竞争惯例和协议的原体系。2003年第1号条例基于这样一个体系：在其中，国家竞争管理机构，法庭和欧盟委员会拥有并存的权力来实施《欧共体条约》第81和82条。特别是，作为改革的结果，国家竞争管理机构和国家法院应该整体实施第81条，包括建立在第81条第3款中的法律豁免制度，而这一条款曾经是欧盟委员会的禁脔。因而，对某一个协议中公司和企业各方进行事前通知的义务被废除了，它们应该评估该协议是否与第81条兼容。至于第82条，国家竞争管理机构和法院可以实施比共同体法律更严格的国内条例。

2004年1月20日的2004年第139号条例根据市场和公司策略的演进引入了重要改革。最近公布的三项通知和规则补充了新ECMR：(1)在ECMR下针对横向并购评估的横向兼并准则；(2)针对欧共体并购控制程序的最佳实践准则；(3)用以在新的ECMR下取代关于通知、时限和听讼的1998年第447号条例的实施条例。进一步的信息和所有的文件都可以在欧盟委员会的网址www.europa.eu.int/comm/competition/mergers上或由网站www.patrickmcnutt.com上的链接找到。

新的实质性检验

原来的标准是由委员会在共同体层面上评估一项并购时实行的支配检验。在2004年第139号条例中,这些标准已经被新的"严重妨碍有效竞争"(在某些文件中也作"严重挫败有效竞争")的经济原则,即SIEC标准(见第7章)取代,伴随着对并购的经济效率的评估,在分析并购案例的优点时该评估能被明确地加以考虑。旧的ECMR禁止可能创造或强化支配地位的交易,而新的ECMR采用这些新标准,禁止将会严重妨碍有效竞争的交易。

重要的是要注意,现存的支配标准下的欧共体先例仍是相关的。因而,当一项针对市场支配的调查结果符合新标准时,这样的结果可能不再是阻断交易的先决条件。同样重要的是要注意,委员会已经承认,在并购条例下的评估应该"考虑相关企业提出的任何证实的或可能的效率",并且他们进一步承认,"集中带来的效率(可能)抵消对竞争的影响,特别是不这样做就可能产生的对消费者的潜在损害(Recital 29)"。

正如科拉(Korah,2004)指出的,作为实际问题,委员会没有必要追溯曾被质疑的没有创造或强化支配地位的合并,并且新ECMR关于这种交易的广泛实施"可能意味着在交易后市场份额低于被质疑追溯的程度的情况下解决单边结果的管制干预"。委员会在Recital 26中已经指出,"竞争的重大障碍将通常产生于支配地位的确立或强化"。在Recital 25中,单边结果被理解为意味着源于消除了并购公司之间竞争的后果。

例如,即使在不存在寡头市场各成员之间协调的可能的情况下,并购也将导致市场上竞争压力的下降,形成对有效竞争的重大妨碍。这就过于强调没有竞争[关注(p,q)空间]而不是强调一个市场上竞争的存在(关注质量和创新)。后者更体现克拉克可行性竞争的原创性概念的精神。

尽管委员会拒绝采用在美国、英国、加拿大和澳大利亚实行的竞争剧减检测(SLC),它已经在新的ECMR框架下彻底修改了实质性检验,以努力在两个方面捕捉横向并购:一是在不利于默契共谋的寡头市场上;二是在单个公司的支配地位没有确立,"然而由于并购公司间竞争消除的单边结果引起的对市场势力的担忧"的情况下(Korah,2004)。SIEC检验把实质性检验的范围扩大到非共谋寡头间。新ECMR的Recital 25明确规定:"条款2(2)和(3)中'严重妨碍有效竞争'的概念应被理解为扩大到一次集中的反竞争后果,而这次集中来自于企业间的非协调行为,即使它们在相关市场上没有支配地位。"

关于集体支配,委员会已经认可了空中旅游公司案一审法院(2001)所用的分析框架(第9章),它确认三个累计的条件:(1)寡头垄断成员间的透明性;(2)遏阻任何一个成员欺骗的惩罚策略;(3)寡头行动免于来自竞争者和消费者的挑战。在确认基于显而易见的可持续默认共谋的风险的集体支配概念时,委员会已经将它的方法向美国的看齐(Korah,2004)。希望SIEC检验和SLC检验在各自对合并和集中的可能后果的经济理解上将趋同。

来自美国反托拉斯历史的教训

如果竞争和反托拉斯的原则是基于在福利经济学中被正确理解的消费者福利原则,那么竞争法律的价值关键取决于销售时消费者所获得的更低的真实价格。然而,竞争政策仍然被竞争评估中的动态竞争、地理范围、技术和创新在法经济学中的滞后应用所质疑。竞争政策的有效性与财产变现错综复杂地联系在一起,每一次变现都在根本上影响被指控的反竞争侵权和事件。例如,相对于竞争管理机构,市场势力本身可能会在(p,q)空间中为消费者提供一个更好的结果,我们可以从欧洲的低成本航空公司、零售、个人电脑和移动电话的定价中看到这一点。

从美国100年的反托拉斯历史中得出几个重要教训。在过去30年中,归入《克莱顿法案》第二节的价格歧视案件的数目已经相对减少了。任何一个标志性的垄断案件对消费者收益的实际影响都可以忽略,或这类案件拖延的时间跨度使得纠正措施在实施时已经无关痛痒。克兰德尔和温斯顿(Crandall and Winston, 2003)注意到"在西雅图,对面包师的反托拉斯起诉书对面包价格没有影响"。他们进一步评论道,"研究者没有表明,对涉嫌勾结的政府公诉系统地导致消费者价格重大的、非临时性的*下降*"(斜体是本书作者加上去的)。

正如全书所认为的,市场真正应该被透过棱镜看成一个随时间演进的市场体系,$t \geq 0$,其中并不是每个公司或行业一定要反竞争地运营。斯蒂格勒(Stigler, 1964)在40年前就得出结论,竞争常常是公司的支配策略。演进企业的熊彼特周期会导致暂时的垄断,这看起来和抨击它们的竞争法律不一致。当公司在抢夺性和竞赛性竞争体系中演进时,财产权利被确立。公司作为实际资源的所有者不能漠视真实价格竞争、更好的质量和创新所带来的消费者收益。在新的条例下,欧盟的竞争法律有机会更加关注在质量和创新的竞争以及(p,q)空间中的损失。

福利权衡

本书后面章节中提出的论点表明，相关产品市场上在位者的市场势力应该在该市场上随时间演化的竞争周期背景下予以考虑。换言之，在新的条例下，有进一步的机会让国家竞争管理机构对市场中暂时的垄断地位给予某种承认——历史上，这种垄断地位曾经在2004年前的欧盟各经济体中出现以控制电信自由化中的毁损，试图迁就（国内）公共事业垄断的调整过程。随着准入条件和管制进入的放松，如果能事先计算出定义在管制者关于市场（如邮政和电信服务市场）应该如何随时间演进的视角中的参数内的长期管制结果，社会增加的净福利收益将稍微容易确认。

然而，对竞争法律框架下事后竞争评估来说，可能并非如此。竞争评估需要集中在各类具体的福利权衡测度上，这些类型在第8章和第10章中确认。在确认垄断或并购的社会成本的几何测度的局部模型中，存在测度确认问题。在竞争分析中，寻租和x无效率的几何测度极少被明确地作为福利权衡的一部分进行评估。麦克纳特（McNutt，1993）证明，正如几何测度的，就计算垄断的社会成本这一目的而言，寻租和x无效率可能在观察上是相同的。哈勃格（Harberger）三角保留了它作为对无谓损失测度的重要性。社会成本包括一个长方形和一个三角形，即一个梯形的几何区域。例如在被阻止合并的情况下，对这个梯形的计算可能是关键的，因为社会成本事后不能被观测到。

长方形和三角形

因此，在寻租对手为市场上的垄断租金（长方形）而竞争的世界中，国家竞争管理机构被实情调查者存在市场失灵的观点说服，必须确保它的干预不仅仅等同于垄断租金的再分配（以长方形和三角形之和测度）。正如在先前的第 6 章论证的，竞争法律的功能不是仲裁垄断租金的再分配。克兰德尔和温斯顿（Crandall and Winston，2003）向国家竞争管理机构提及 1977 年引入美国反托拉斯的"反托拉斯理论"，它要求"原告应该被他们正在抱怨的行为的反竞争方面所损害"。

国家竞争管理机构和法院应该理解新进入者可能经常无法满足可交付的需求并经历 x 无效率：由于它们要为竞争性产品和服务做供应链和分配上的事先调整，只是因为产品和服务必须竞争性地定价——这是竞争的本质和新进入受管制市场的条件的基本原理。加入新市场的成本可能会引起 x 无效率或准租金的消失，意味着在分配或产品渠道中会产生比预期更高的成本。

因此，一个公司的价格可能相对于另一家公司更低的从成本来确定的价格会高些。如果确实有一种对 x 无效率的测度能显示出在观测上等同于准租金，那么它们在局部均衡模型——竞争分析的基石中是可测度的。如果代表对 x 无效率测度的区域超过了在反托拉斯或管制分析中普遍应用的福利收益三角的面积，新公司的进入可能不是帕累托改进。因此，对竞争的损害可能不会被最小化（消费者获得不了难以捉摸的低价），但对竞争者的损害（对消极自由的侵害），特别是对初始在位的垄断者或并购双方的损害，可能不是非积极的。

国家战略公司

欧盟内的绝大多数政府都愿意让它们的国民经济更快地增

长,并且差不多都认为,通过精心判断的减税或补贴或宏观经济刺激,它们的产业能为更快增长目标的实现做出更大贡献。随着欧盟成员国数目的不断增长(2004年5月新加入10个国家),在特定国家的产业和每个国家的位置的相对吸引力方面的分歧会成为更清晰的焦点。

随着新成员国对老成员国的政策和程序的"干中学",成员国间对新欧盟经济财富份额的争夺将激化。障碍在于,它们的产业可能无法获得新欧盟市场上的所有租金,因为2004年前存在的成员国将继续拥有很多成功的公司和企业(如银行业、航空制造业、电话或航空公司),或创造有益于新成员的条件以整合一系列不仅在它们国民经济内,而且在新的欧盟大经济体内具有显著战略价值的公司或企业。

通过来自更先进经济体的进口,成员国将有能力获得更高的技术或更合算的投入以使它们国内的产业更有效率。并购和收购提供了一种方式来实现成本经济,而跨界并购则提供了一种在更广阔的欧盟地理市场上建立战略公司的方式。与国家卫士不同,战略公司因其超越国家地理边界而更大比例地获取欧盟市场上的租金。竞争对手将从对相近产品和服务市场上的其他公司的溢出效应中获益,还会获得不能被额外资本或劳动解释的产出获益,也就是全要素生产率(TFE)会提高。第2章引入了s型公司作为一个公司内被测度的生产率收益的组织解释量。然而,在更广阔地理边界的市场上竞争的战略公司可能对新欧盟全要素生产率的提高做出贡献,这些贡献是通过对诸如创新或技术的沉淀累积支出来实现的。

相互制衡的场景

在任何竞争评估中,由15个"相互制衡"构成的"效力场景"应该被实情调查者贯彻执行(见表 P.1)。各种制衡关系(1 到 9)试图既迎合消费者应该从市场上能够长时间维持的较低价格中获益的事实,又迎合被告公司或并购公司的消极自由,它们的行为正经受调查。较高的分数代表更有效的竞争政策制度。

剩下的制衡关系(10 到 15)集中于竞争政策的作用。大公司未必就应该被肢解。在新欧盟内,公司大型化的成就不应该变成竞争性损害的最新理由。欧盟战略公司的表现——无论它们起源于哪个国家,爱尔兰、不列颠、法兰西、波兰或者爱沙尼亚——应该在国际贸易的大背景中变得神圣不可侵犯,其中产品作为流动资产,公司超越地理市场边界。在这种情况下,可能有人会争论说,战略公司将以自然垄断的类型在市场体系的循环中出现,只要国内的公司:(1)仅以部分产品就可满足全部市场需求,并且适当考虑国内竞争法律;(2)不仅在欧洲,还在别处,例如美国、中国或下一批欧盟国家的竞争性地区市场中运营。

表 P.1 制衡关系

要获得什么结果?	1	较低价格+较高质量
	2	市场大小+创新
	3	消费者选择
	4	公司成长
谁实施政策?	5	市场 vs. 第三方管制
	6	NCAs vs. 法庭
	7	DGIV vs. 法庭
在哪儿实施政策?	8	市场的地理区域
	9	国家领土考虑

后记——竞争法和相关议题的最新进展   433

续表

采用什么信息?	10	市场份额 vs. 价格
采用什么信息?	11	利润 vs. 租金
补救措施效果如何?	12	可维持的较低价格
补救措施效果如何?	13	更具竞争性的市场
补救措施效果如何?	14	集中 vs. 进入
调查何时完成?	15	公布的时间表

条目1到9的计分卡代表着一次全面调查,这次调查是针对反竞争侵害或并购调查中所有可能的经济和法律结果进行的。条目15的计分卡符合委员会自身的意图,即在不减损自然的程序正义的前提下移向"迅速审查"的系统,并且遵从委员会的最佳实践准则。

委员会发起的调查

在新条例下,有几种情形会使竞争问题引起委员会的注意并引发一次调查。例如,在1/2003条例下,委员会可以主动地或者在接到投诉后行动。必须牢记,利润和增长是股东价值必不可少的驱动器,最终二者又都涉及一个公司在为它的产品和服务定价时多么得心应手。但是委员会应该注意到先前在第11章提出的一个观点,许多公司可能被观察到根据现在的供求条件来调整价格,而这样的行为会导致较低的平均价格(见图11.1)。可能有根据每年几个星期和产品数量来定价的促销活动。品牌间的竞争并非必然会被这些促销所阻碍或者淡化。并且,如果没有市场势力,人们可能会想知道,横向效应是否使得对定价惯例的过分强调有正当理由。

如果较大的数量抵消了边际上可能的下降，公司将继续以低于平均的成本推高数量。实情调查者可能观察到，一个公司在 t>0 时期积极定价并试图保持赢利。价格的可持续性是商业定价的关键因素。一个公司的价格，只有当消费者继续按照该价格购买该公司的产品且来自对手的竞争压力足够微弱时，才是可行的。否则，该价格在市场上无法维持。在第 8 章，一个参数 α 被识别出来，它是被嵌入竞争管理机构采用的正常的价格-成本勒纳指数中的。它理所当然地使实情调查者考虑 α≠1 的可能性。如果 α 趋向于 0，我们将在图 8.3 的点 C 获得完美的竞争结果 (p_c, q_c)。

随着跨界并购日益成为许多不同产品市场上的规范，欧盟内的公司将越来越多地朝着战略公司的方向发展。没有任何东西可以替代对欧洲企业和行业的第一手知识和经验。因此，无论 DGIV 和国家竞争管理机构的人员安排多么复杂，实情调查者仍然需要躬亲庶务。新的共同体条例是受欢迎的，我们希望它们宣告不断扩大的欧盟内新的有利于企业的商务环境的到来。然而，《经济学家》2004 年 9 月 25 日的调查暗示，长期来看，宪法危机将证明新兴的欧盟仅仅因太多样化而不能被包含在一个单一的联邦结构中。欧盟已经在为企业创造一个安全的法律环境和使欧洲公司获得规模经济方面发挥了关键作用，而这以前只有美国能做到。

全球法律

21 世纪一部全球性的竞争和反托拉斯法律的成功与否取决于一系列的问题，但在撰写本后记时至少有两个关键问题值得评论。首先，欧盟委员会和美国反托拉斯当局的制度呼应，和它们分别对诸如新建立的国际竞争网络（验证网址：www.international-

competitionnetwork.org)(ICN)和 WTO 等国际组织的承诺,是一部全球性法律成功所不可缺少的部分。然而,英特尔案(2004)中的涉外问题(本后记中案例 2),再加上欧盟和美国间在通用电气与霍尼韦尔公司合并案中的严重分歧,都意味着复杂的法律前景和迥异的经济哲学,它们补充着具体地对反托拉斯法,进而普遍地对法律的制度呼应。

第二,在全球竞争框架下,一阶反托拉斯和管制调查中对价格和价格水平的依赖将是过时的。我们会在本后记的后面部分解决这个问题。在此时刻足以说,在对一个被告公司的价格行为或规划的连贯理解中,有太多的变量要调节。现代公司需要创新,并且对一个公司真正的竞争威胁(特别是在全球市场规则下)已经落后于竞争者在研究和发展上的投资。现代企业把创意(Baumol,2002)转化为商业价值的过程是一个既依赖良好的管理又依赖正确的组织结构的复杂过程(Williamson,1986,1996b)。但是,在理解这个过程时,存在一个危险,即国家的竞争和管制机构在它们对竞争理想的追求中蜕化成价格管制者,变得官僚化,漫不经心地对支撑那个理想的竞争根本原则的运作设定限制。

积极联合

此刻,值得向读者指出,对全球呼应的探索不是全新的,它已经有很长历史了。1967 年,OECD 成为了试图把竞争政策全球化的关键角色,当时它的理事会采纳了一条关于"成员国间就影响国际贸易的限制性商业惯例进行合作的程度"的建议。接下来的主要故事是针对跨欧洲公司的趋势,和为引入确保垄断价格的限制性商业惯例而在不同市场上对支配地位的运用。对支配地位的滥用和价格方面的一致行动仍然是现代反托拉斯法的两个关键支柱。

自那时起，OECD的后续工作已经推动了为多国利益而行动的主动承诺，一个就影响多个国家的反托拉斯执法行动进行"积极联合"的框架。积极联合的协议允许一个司法管辖下的执法官员要求另一个司法管辖下的执法官员适用他们的竞争法律去处理某些反竞争行为，这些行为对发出请求的司法管辖造成了严重损害。例如，2004年10月5日，加拿大和美国签署了一项积极联合协议，以强化两个司法管辖间实施竞争法律的合作。积极联合与消极联合协议相对立。消极联合是指，一个司法管辖在可能与其他司法管辖的法律、法院判决或者政府政策相冲突时自愿避免对反竞争行径适用本国的国内法律。

积极联合协议正成为规范。自1991年以来在美国和欧盟间就存在反托拉斯合作协议，其中一条规定允许任何一方要求另一方采取针对反竞争惯例的反托拉斯执法行动。例如，1998年6月4日签署的协议补充了一个前提，即在某些情况下将采取积极联合。一部被许多观察家称作是"全球化的"竞争法律——在美国和欧盟的技术援助下——向许多发展中国家和亚洲经济体的扩展，历经多年，已经为商业的全球管制创立了智力基础。对国家垄断和公共事业的自由主义的放松管制已经得到国际认可，各国依次设定竞争的行为守则。规范经济体每个部门的竞赛是无情的。

然而，从一部有效法律的视角来看，法经济学者一点都不清楚如何解读朝向一部全球竞争法律的步骤。存在着诸如防止不公平竞争、市场准入、竞争性定价和对公认的垄断地位的滥用等不同的目标或理想。不同的国家对这些目标的排序也不同。它们对同样目标的排序可能与美国或欧盟的排序不同。纵览全书，在位者的消极自由、有效率的进入和竞争的过程被继续看成是一部有效的竞争法律的重要标志。竞争的过程和有效率的进入被折中后，实体经济中的企业需要一套简单规章，以规定某些竞争规则。有一个危险是，规则上的竞争和管制领域的竞争可能干脆把一部竞争法律的远期目标贬低得一无是处——竞争法律中的虚无主义必须避免。

商业远景

21世纪的商业远景日益表现为多变的市场条件和跨越地理边界的公司。美国布兰兹公司(1978)案开创的先例在随着价格呼应越来越被法律限制而在今天更为相关。此案中，欧洲法院承认了现代企业所面对的商业现实，即"一个居于支配地位的企业不能被剥夺在它们遭到攻击时保护它自己的贸易利益的权利"。价格折扣可能将其他竞争者排除在外，但它反映了一个公司用卡车装载皮毛制品的运输成本上的节约，可能是公平的：它们鼓励消费者以这种方式组织自己的业务以便供货商能够采用低成本的运输方式。正如第12章所论证的，无论全球还是本土，供应链竞争处于各公司竞争力挑战的核心位置，因而处于21世纪竞争过程的核心位置。

实情调查者将日益经历不同程度的挫折。然而，除了供应链中的成本节约，其他类型的成本节约可能变得更难以量化因而难以证明正当与否。国家竞争管理机构对取消抵押品赎回权的担心（已经被对诸如零售业和金融服务业等行业的不断变化的调查所证实)普遍反映了欧盟关注于想要进入一个市场的公司的利益(对竞争者标准有害)的愿望而不是关注于公司间的竞争过程本身(对竞争标准有害)以满足消费者的利益。在供应链竞争中,价格折扣只是将相互间不交易的小公司排斥在外。例如,如果没有一个购买集团,任意的一个买主都会认为国际贸易仅仅是提高了对手的成本。当主导公司占有很大的市场份额时,可能没有足够供应剩余留给国际贸易来提供一个有效的解决方案。

实情调查者对阻碍竞争的概念受到一个分歧的强烈影响,即以经营表现为基础的竞争(诸如索要较低价格或提供更好产品,即使它的竞争者受到了损害,这对一个主导公司也是允许的)和只允许非主导的公司采取的其他竞争形式之间的分歧。例如,柏林上诉法院在它 1980 年的宠物食品案(*Fertigfutter*)中发现"年度回扣系统被滥用,但暗示带有较短参照时期的系统将是合法的"(Korah,1994)。联邦卡特尔办公室后来接受了同一个公司基于季度参照期的回扣系统。这种解决方案将"使得一个经销商在第一个季度获得资格,将它没有卖掉的产品留作存货,而一旦处理了它的存货,它就在第二个季度从其他公司购买"(Korah,1994)。

福利三角中顾客作为消费者的情形

竞争对消费者有何不利之处? 如果某种折扣被给予一个皮货商,购买类似数量皮货的所有其他皮货商都应该有权获得这个或者同等的折扣。如果其余的皮货商为了获得享受类似折扣的资格必须组织成一个购买集团,重点应该放在购买集团对竞争法律的遵从上。在纳皮尔布朗公司案中确立了一个关键的欧洲先例,即欧洲法律下的价格歧视条款暗含着一道对非等同交易平等对待的禁令。委员会发现英国食糖政策中的"交货价格"是歧视性的。该政策涉及对一种产品的所有购买者索取一个捆绑价格（"交货"价格），它包含了运输成本，即使买主不希望产品由英国糖业来运输。于是可以寻求一个澄清，即一个皮货商和一个购买集团能够在法律下被作为"非等同交易"来对待。如果它们被认为如此，那么它们就不能被平等对待。

通过形成一个购买集团，参与者认识到它们的相互依赖和市场势力，因而自成一格地视自己为竞争者。例如，一个小的屠宰场可以和一个牛皮经销商或皮货商一起加入一个购买集团。如果一个主导企业能够与一批不同的公司和企业做生意，它事实上是在同相互之间不竞争的不同客户做生意。这条推理线索和在美国《罗宾逊-帕特曼（Robinson-Patman）法案》中表达的观点并无不同：例如，如果卖方有合理的证据相信，较低的价格对应对竞争者开出的同样低的价格是必需的，该法案允许它们对某些客户索要较低的价格。这就允许一家公司既可以防御性地留住既有客户，又可以攻击性地竞争以获得新客户。

关键账户和折扣定价

"善意地对待竞争"的反托拉斯标准是国际反托拉斯法律不可或缺的一部分。它起源于美国的反托拉斯法，提供了一个可能为某些价格歧视开脱的辩护基础。例如，在1987年对布西-霍克斯案的裁定中，欧盟委员会评论道："一个主导企业所采取的行为方针会违反第82条，这些行为是基于美德的合法竞争以外的手段并着眼于将竞争者排斥在市场之外。"（斜体是本书作者加上去的）因此，可提出一个论点，即一家公司采用的特殊定价方案不要表现得超出合法保护该公司商业利益的需要。

折扣方案是市场中商业结构的一部分。对许多经济体来说，在全球经济秩序下，像零售。批发和分销这样的大部门仍然是非交易的。对关键账户可能存在单独的长期协议，给予的折扣超出和高于公布的国家或当地范围。2004年在法国的发展值得注意：制造商和零售分销商在政府领导的倡议的主持下，加入了一个旨在降低消费品售价百分之二的协议。法国的零售分销商曾经争辩说，对"亏本转售"的禁令阻止了他们符合消费者利益地降低零售价格水平。在起草竞争委员会报告（Conseil de la Concurrence）时，法国竞争委员会在2004年10月18日传达的一份意见中得出结论，不可能确认该协议与竞争法相一致。在法国，争论在继续；焦点集中在相对价格水平、价格的含义和毛利等（见 www.finances.gouv.fr/conseilconcurrence）。

积极定价与反竞争定价

"满足竞争防卫"的程度和它是否适用于将消费者置于不利境地的价格歧视案例，肯定了对能够就定价惯例的意图进行客观论证的证据的需要。在没有对它可能或已经对消费者造成的精确损害或对托词运用它的企业进行深入调查之前，反托拉斯当局不可能得出结论：一个被提议的定价方案被最终假定为不合理因而不合法的。不得不放弃一个销售时可能为消费者增加利益的价格方案的后果是，一个公司无力合法地应对较低价格的竞争，而这可能会激起失败公司的一次辩护，像许多司法管辖下反托拉斯法律要求的那样。

然而，我们应该注意最近美国最高法院就莱佩奇公司与3M

公司诉讼案(LaPage v. 3M)(2003)所做的裁决,在该案中,即使垄断者以超出成本的价格销售其产品,积极的多产品折扣也被认为是违法的。下级法院担心,捆绑回扣可能导致对"同等效率的公司"的排斥,而这些公司只是不销售这么多类型产品的。通过拒绝听审此案,最高法院为各级法院打开了大门,各级法庭可以逐案裁定捆绑定价和回扣方案是否构成对市场垄断地位的维持。如第12章所略述,英国竞争委员会上诉法庭对纳普制药公司案(2002)的裁定也标志着对定价的苛刻方法。事后证明定价惯例是正当的不能作为一次出色的辩护。读者还应查阅(网址 www.ct-tc.gc.ca)最近的两个来自加拿大竞争法庭的裁决,加拿大管道公司案和西尔斯公司案(2005)。这些案例应该起到提示作用,大西洋两岸的公司在实施旨在鼓励消费者排他地与自己交易的销售方案和促销时需要具备埃涅阿斯的谨慎。

价格限制与价格关联

在经济学教科书中,价格作为一个在(p,q)空间中 1∶1 的函数关系,给定一个价格(p_1)就有一个给定的数量(q_1)与之对应,因而有序数列(p_1,q_1)是需求函数上的一点。然而,对绝大多数消费者来说,q_1 在一系列包括 p_1 的价格下都是可取的——它取决于你在哪儿买的 q_1,何时买的 q_1,还取决于销售时的价格折扣或特殊促销。换言之,对给定的 q_1 有一个价格关联。我们在有关抢夺型定价的讨论中曾经阐述过一个并不相异的观点,强调实情调查者观测到的定价次序和定价时间。对时期 t_1 的价格不能仅仅根据它在时期 t_1 的影响来判断其合法性。就公司的角色来看,价格和价格关联的历史与效率考虑或宏观经济冲击的关系比它与反竞争动机的关系更深。

在全球竞争法律框架中对价格的理解尤为敏锐。21世纪的全球竞争法律实际上必须在宏观经济框架中被理解,这超出了本书的范围。注意到欧盟25国的经济是一种过渡中的新经济秩序,但将以欧洲劳动力跨部门跨国的更快速流动为特点就足够了。公司将重新布局,生产力水平将改变,非贸易品的价格将与消费者的收入弹性相一致。另外,具有全球布局和国际技术规模经济的公司能够并且将要在国内或当地市场上向消费者提供较低的价格。正如本书后面章节所争论的,实情调查者应该与时俱进地分析价格。

价格既不能被实情调查者创造又不能被解构:在实体经济中的基本的真实价格第一规律下绝对地 $p_t = p_t$。一个真实价格,时期 t^* 的价格 p^*,在一个当地的地理市场上可能是不完全信息。(p^*, t^*) 组合可能告诉不了实情调查者多少在 t 时刻的基本的市场供需条件。加拿大竞争法庭近期做出的关于加拿大管道公司案(2005)的裁定是一个典型的案例。该裁定意味着占支配地位的企业将无须暂停其忠诚计划。这是一个划时代的裁定。如果分销商选择从加拿大管道公司购买他们所有的铸铁产品,经受调查的忠诚计划就会提供给他们回扣和当场折扣。法庭认为,在该计划的存续期内,市场显示出了竞争性的定价和新的进入。

回顾消极自由

作为基本的真实价格第一规律的一个反例,国家竞争管理机构可能选择证明一个公司进行价格竞争的未来能力是无关紧要的,因而它作为独立竞争者的消失不会影响市场。有一个来自美国反托拉斯的法律先例——美国与通用动力公司诉讼案(*US v. General Dynamics Corp*)(1974)。在该案中,法院允许了一次并购,推断认为一家公司的消失不会影响市场竞争。该论点同德士古公司与哈斯布劳克诉讼案(*Texaco Inc v. Hasbrouck*)(1990)中清晰阐明的论点并无不同,即考虑到时期 t^* 供应链中的函数性折扣能够被公司整理。竞争管理机构可能会争辩,价格歧视的合法性取决于它在时期 t^* 的竞争性效果。管制者确实争辩价格上限的优点。向顾客即消费者中的批发客户索取低于零售客户的价格可能并不违反反托拉斯法,除非批发价格以某种方式传递给了与卖方的其他零售顾客相竞争的零售商。法国采纳的协议牵涉到供货商和分销商;它与竞争法律的一致可能最终取决于新的定价安排是否足够透明以消除供应链中的任何反竞争影响。

然而,被告公司可能辩护说合法竞争是保持市场份额的唯一手段。法律保护竞争者免于非掠夺性价格竞争造成的利润损失这一观点的成立,实际上会使得任何公司削价以扩大市场份额的决定不合法。只要一个本身是对价格歧视的禁令,允许在简单和透明的名义下对有效率的商业规则的禁止,这就强调了对反托拉斯损害的需要。如果管理机构继续争辩说,一个公司的方案引起了实情调查者所详述的反竞争后果,那么被告公司可以挑战实情调查者的推理。确实,它能引入历史上高露洁原则(美国诉高露洁案,1919)的特殊性质,即一家公司可以选择与任何客户做生意或不做生意,因为单边结果不是在反托拉斯法律下的一致行动,或者它可以争取批发商的帮助,他们并不削价以引入定价政策或加入其他联合行动,为消费者增加可论证的收益以推进他们的定价政策。

蜕变成价格管制者

有一种危险,国家竞争和规制机构在它们对竞争理想状态的追求中可能蜕变成价格管制者。作为公共机构,它们演变成治理机器的一部分(McNutt,2002),从而获得合法性。对价格的过度依赖转移了任何经济评估中的竞争过程。如果价格继续成为问题,那么用一个机构——全国价格委员会代替具体部门的管制者和竞争管理机构可能是有道理的。在某些司法体系管辖下已经有了向超级规制机构的转变,例如 2003 年英国电信管理局 Ofcom 的形成。许多司法管辖将面对不可避免地仿效英国的任务,或者承受不同的具体部门管制者在"它们的部门"搜寻竞争性结果的"圣杯"过程中的不一致。价格遵从一条演进路径。可能有一个对变化价格的时间导数,一个对价格的费曼式三阶导数——d^3p/dt^3——能够将竞争过程调整为在时期 t 价格反应与三阶导数成比例的过程。

反托拉斯界对价格的评估让人联想到很多真实世界的社会选择问题,其中那组替代方案被定义为对每一组给定变量的(有限)域值的笛卡尔乘积。传统上这些变量不能被假定为在偏好上是独立的(举个例子,如果 P 是行业价格而 p_1 是公司的价格,对 p_1 的偏好取决于 P 的取值)。这样的组合域过于庞大以至于不能考虑用来明确地代表偏好关系或效用函数(也就是,按替代方案的秩或效用来排列);正因为此,人工智能的研究者已经在开发尽可能简洁地把偏好关系或效用函数具体化的语言了。讨论简洁的代数语言的作用可能是值得的,这些语言用以代表和解决反托拉斯案例中复杂的定价问题。

传统上,会为实情调查者明确列出各个价格(典型地,$p_m > p_c$),这种做法确保正在调查的价格数目不至于太众多。但是正在调查的那组价格可能是一个联合结构,即对一组变量中的每一个有限值域的笛卡尔乘积,比如准入条件或市场势力。例如,近期在加拿大的西尔斯公司案(2005)中,备选的那组价格涵盖从"一般销售价格"到"传单上的申报价格"到"诚意销售价格"到"正常价格"到"市场会验证的真正和善意的价格"等各种价格。审查被告行为的那段相关时期对于得出对该行为的最终评价经常是决定性的。因此可能的备选方案的空间会是变量数目的指数,在这种情况下,要求实情调查者在偏好范围内排列或估计所有备选方案并非不合理。默认的偏好范围将以 $p_m > p_c$ 或 $p_t < P$ 开始,这是代表反托拉斯实情调查者的价格偏好的语言。

或者,思考下列情况:实情调查者可能必须理解一组错综复杂的价格,这组价格由生产价格、交货价格、供应价格和消费者价格组成,每一个价格又可以有六种差异。这造成 6^4 种备选价格。如果从中进行选择的四种价格相互独立,这将不是个难题:关于该组 6^4 个价格的复杂定价问题会归结为四个对六个价格搜索的独立问题,任何标准的定价公式都能够被毫无困难地应用。在实体经济中,一旦供货商和分销商表现出价格间的依赖(典型的价格歧视和价格折扣),诸如"我要在价格 p_1 购买 X,除非产品 Y 的价格 $p_2 > p_1$,那样我宁愿购买产品 Z 而不是 X",或者"如果一种产品是 Z 且没有 X,我将支付 p_3,如果一种产品是 X 且没有 Z,我将支付 p_2,在其他情况下我想同样支付 p_2 或者 p_3",供应链中的情形将变得更加复杂。只要变量之间不是在偏好上独立的,把带有 6^4 个变量的组合定价问题拆分成一组小而明确界定的问题通常是一个坏主意,这些小问题中每个都包含一个单独变量(例如,$p_m > p_c$,市场势力)。

价格的莱西明排序

可能出现与投票悖论并无不同的价格悖论,比如在反托拉斯调查中,实情调查者对相关价格的选择使得价格的分解导致次优选择。我们在前面对掠夺性定价的讨论中提到了这一点。如何打包各种组合(公民投票的不同主张,法案的不同修正案)以使投票人不至于被过多的,有些还是不一致的选择所淹没,已经被认为是在社会选择中难以解决的实际问题(McNutt,2002)。因为每个实情调查者的偏好结构不能通过罗列所有价格的方式合理明确地表示出来,因此,需要一种简洁的偏好表示语言。这样的语言已经在人工智能团体内通过对命题逻辑的改编开发出来。在本书的前面章节,我们已经用布尔逻辑解决了这个问题。

在这篇文献中,对一个组合投票问题来说,首先要确定的参数是代表投票人偏好的语言。如果这同样适用于现代反托拉斯对价格的调查,可能存在对价格按词汇排序的需要以补充最基本的排序 $p_m > p_c$。莱西明是最大最小规则的修正版本,在此规则下,如果在 u 中境况更差的个体经济状况好于在 v 中境况更差的个体,价格(效用)向量 u 就比价格(效用)向量 v 要好。如果这些个体的处境相同,境况稍好的个体的效用就被用来决定社会的排序。程序继续,直到有了严格的排序或者两个效用向量彼此置换,在此种情况下它们被宣布为同样好。因而,对所有的 u,v,R^n,一组价格 P 的莱西明排序可以被定义为 uRv⇔u 是 v 的互换或者存在 j 包含于 P,这样对所有的 i>j 且 u(i)>v(j),存在 u(i)=v(i)。

对境况最差的消费者的损害

当价格降至竞争水平时,消费者福利增加且对竞争的危害达到最小化;从图 8.3 中的三角形 ABC 看,消费者境况变好。然而,如果我们把图 8.3 中的价格 p_m 和 p_c 重新作为价格向量,衡量对境况最差消费者的损害的新标准就产生了:在建议从 p_m 到 p_c 的价格变动之前,实情调查者将必须证明,在价格向量 p_c 下境况最差的消费者的处境要好于在价格向量 p_m 下境况最差的消费者。然而,在反托拉斯的计算中,对境况最差的消费者的损害即便不是根本不提也是没有被摆在突出位置。在反托拉斯分析中有效使用的消费者福利标准来自于图 8.3 中的构建,但作为总的测度,它们没有传统地将注意力集中于权衡按收入概况排序的不同消费者的损失和收益。当价格下降到 p_c 水平时,基于反托拉斯的补偿检验变形(第 3 章)的福利权重可被用于区分实际的福利改善(ABC)和潜在的福利改善。

在《蜜蜂的寓言》中,曼德维尔(Mandeville, 1975)在探寻社会的性质时提醒大家:

> 他的生意:按照一个价格卖出尽可能多的丝,这个价格能让他得到他所计划的东西,并且按照贸易的惯常利润来看是合理的。
>
> 对女士来说:她要做的是满足自己的幻想,以一个比通常售价每码便宜四便士或六便士的价格购买她想要的丝。

对一种商品或服务来说很少只有一种价格。在一个市场上,有许多不同的价格来满足众多个体的幻想。损害作为总测度,在一个价格向量下既没有抓住消费者的收益又没有抓住消费者的权利。莱西明价格排序有助于证明一个价格向量对境况最差的消费者的反竞争效果。不一定所有的消费者都被较高价格损害,而所有消费者在较低价格下境况都变好也不是实情。但是,在价格向量 p_c 下境况最差的消费者的境况真的好于在价格向量 p_m 下的境况最差的消费者吗?

权利和损害

在某些司法管辖下(例如英国),在高山、丘陵、湖边和海岸,包括沙丘、平地和悬崖"漫步的权利"已经成为了关于开放进入的辩论,目标是权衡农场主和土地所有者与散步者和漫步者之间的利益。但也有时间和地域是不适合进入的,例如筑巢时节的保留地。在新欧盟内,对市场份额的权利(以规模和全球影响来测度)也同样应该被理解为是关于开放进入市场的辩论,权衡公司与消费者各自的利益和自由。对一个坚持权利的大公司来说,也将有偶尔是不合适或不明智的情况——让辩论开始吧。

在新的条例下,对欧盟委员会和 NCAs 及国家法院来说,当务之急是正确地理解国家公司发展的过程,并且极为小心地避免从国家公司或在一国领土内的公司的阵线中界定战略公司的出现。原告或受损害的一方将必须证明,在被告的行为和原告的损害之间存在破坏或因果关系。如果市场被认为是演进的系统,如果地理和技术不被作为解释被告行为的极为重要的因素,如果被告提出同样似是而非的事件顺序,来自原告的任何等同于表面证据的事实应该被驳回。这应该确保可持续价格中的消费者价值,并维护竞争政策实施的有效性,以捍卫所有竞争公司的自由和权利,特别是辩护的权利。

逃避责任

只有个体的随机行为在塑造普通人生命中的不寻常事件时没有直接和立即的后果,法律才可能是公平和有效率的。在经济模型中,个体通过计算未来事件的期望值来处理不寻常事件。在确定过失的公式中的一个附加因素是,在所谓"粗心大意"时造成的危害是否是"能够合理预见的"。如果伤害是由假定为过失的一方所拥有或控制的东西造成的,但不知道实际上事故是如何发生的,过失可基于"res ipsa loquitur"(拉丁语"事实自己说话")原则被认定。当事件或事故周围的环境构成了被告过失的充分证据时,法庭可以运用此原则来支持其调查结果。

这个原则可被追溯到伯恩与博德尔诉讼案(*Byrne v. Boadle*)(1863)。在该案中,伯恩被从被告店铺上方二楼窗户掉落的一桶面粉砸伤。法庭的推定是,从二楼窗户掉落的一桶面粉本身就是过失的充分证据。主审法官波洛克(Baron Pollock)认为,"有许多不能从中做出过失推定的事故,但我认为,制定一条这样的规则将是错误的:在任何情况下都不能从事故的真相中引出过失假定"。如第4章所论述的,效率必须被测度,不仅要测度责任和谨慎激励的分摊,还要测度逃避责任。换言之,正如主审法官波洛克得出的结论:"如果存在与过失不一致的事实,应由被告来证明它们。"

对普通人的不寻常威胁会发生:一位女病人接受手术,在麻醉状态下医生实施了不正确的操作。按照"事实自己说话"的原则，手术的所有相关人员都对过失负有责任。对普通人的不寻常威胁会被严格责任规则有效地处理，只要这个规则鼓励潜在的侵权者有效率地关心和预防。在严格责任规则下，被告-侵权者永远是要承担责任的。丹尼斯（Dnes,1996）给出了一个例子。一条黑曼巴蛇从主人的公寓逃出并杀死了邻居。在这种情况下，反证责任在于其主人。该主人要求受害者应该让他的房子防蛇，这一点是不合理的。然而，如果受害者没有采取具有成本收益的措施来预防事故，严格责任规则就不是一个有效率的规则。在过失标准下，侵权者如果没有合理地谨慎，他将赔偿损失。该标准只有在受害者也能采取预防措施的情况下才是有效率的。

案例 P.1 "事实自己说话"与"最终避免机会"

原告在公路上开车时发生了一起事故。原告声称，事故是由"一个身份不明且/或不能追踪的"车主漏在路上的油引起，油使得公路光滑并导致原告对汽车失去控制，撞上了一辆迎面而来的汽车。原告就有了举证责任，因为造成漏油的车主或汽车的身份是未知的。在高级法院的案子中双方都接受"被告的任何责任都来自被告与牧师的协议，即在发生事故的情况下，爱尔兰汽车保险局的责任应该扩展到对赔偿的支付，而这种赔偿是由在公共场所过失驾驶的车辆所造成的任何人的人身伤害或死亡引起的，在这种场所，车辆所有者或使用者的身份仍然不能被确认或追踪"。高级法院的主审法官断言，"如果他不能证实，在车主或车辆的身份已知，他不需要承担举证责任的情况下，车主可能没有任何辩护"，拒绝对原告的赔偿是不对的。

> 法院的决议在最高法院对罗斯韦尔与爱尔兰汽车保险局诉讼案（*Rothwell v. The Motor Insurers Burean of Ireland*)（2003）的裁决中被推翻了。在该案中，哈迪曼法官裁定该案中的被告爱尔兰汽车保险局没有责任。在他的裁决中，哈迪曼法官不同意主审法官的裁决，他解释道："不能追踪的车主在驾驶未知的车辆过程中的过失是被告责任的先决条件。"他继续解释：
>
> "没有过失的证据……协议独自规定，责任因为未知的人的疏忽而被归因到被告身上。在证实的由那个人做出的成为原因的过失不存在时，被告没有责任。"在某些方面，可以认为在这个特殊案件中的原告被判定为曾经有最后避免机会。具有讽刺意味的是，如果适用严格共同过失责任规则，它使得有过失的原告不能从有过失的被告那里得到赔偿，"最后避免机会"规则应该拯救粗心的原告的诉讼。

但是，如果每个人都知道采取预防的义务并行使了应有的谨慎，又会怎样？对原告-受害者来说至少有两种情况。如果发现受害者促成了事故，（1）他可能不会追回事故造成的损失或损害（共同过失）或（2）受害者-原告的损失或损害可能和责任的分摊联系起来（比较过失）。如果原告-受害者只是轻微过失又该如何？在历史上，法院试图通过"最后避免机会"的规则来减轻这种后果，该规则即"只有在他具有避免事故的*最后避免机会*时原告才构成共同过失"（Dnes，1996，斜体是本书作者加上去的）。2003年爱尔兰最高法院就事故责任的裁决可能已经处理了一个并无不同的潜在的过失问题。

在法经济学的范式内能够表明（Cooter and Ulen，2003），传统的共同过失将导致风险规避型个体采取额外的预防措施,这种过失伴随着法院对一方谨慎和预防水平评估的不确定性。作为一个有效的法律标准,"事实自己说话"的规则不适合放入"最后避免机会"标准的效率标准。在此规则下,被告的过失依赖于这样的事实,即要求原告去证实他力所不能及的东西是有失公平的。

卡特尔定价

例如,如果卡特尔定价的反托拉斯过错在"事实自己说话"的标准下被判定,被告公司就被附加一种责任去反证,导致过错的定价是由起因于市场的迫切需要的价格上的偶然一致(ASP)引发的。在价格竞争的市场上,对手公司相互匹敌,积极定价,存在出现"相同"的可能性。还有一个额外因素,即影响价格水平的原告的需求弹性。在本书的前面,ASP 标准被阐述为挑战一个理论公理的关键要素,该公理即在时点 $t = t_0$ 对绝对价格的发现和测度是可能的。反托拉斯法并不仅仅是关于保证所谓的卡特尔的成员不被发现的——它必须确保它们不能逃避对过错的责任。同样地,作为该法仲裁人的国家竞争管理机构和法院必须对出于获取竞争对手机密信息的目的提起托词性投诉的可能性保持警惕。

案例 P.2　国外的可发现性

2000 年 10 月,AMD 公司在欧盟委员会对英特尔公司提起了一个关于 DG 竞争的反托拉斯投诉。AMD 声称,通过运用忠诚回扣和价格歧视,英特尔因滥用支配地位而违反了欧盟的竞争法律。AMD 建议委员会寻求对一份文件的发现,该文件产生

> 于英特尔在美国的一个非官方诉讼案——鹰图公司与英特尔公司诉讼案(Intergraph Corp v. Intel Corp)(1998)中,但委员会拒绝了。AMD自己请求发现:下级法院不授权此项发现,一个上诉法院逆转了该裁决,最高法院在英特尔公司与AMD公司诉讼案(Intel Corp v. AMD Inc.)(2004)中裁定,美国联邦法院酌情准予对欧洲委员会发起的反托拉斯调查中的一个非官方团体的发现。现在,在准予或拒绝一个发现之前,美国法院被要求听取事实和争论。

国外的可发现性

在英特尔公司案裁决(2004)之前,如果回应方能够证明被搜寻的证据在具有国际权威的法律下是不能发现的,要求发现的请求将会被拒绝。对法经济学学者来说,一个关键的制度问题是欧盟委员会是否会因为组织内部的 x 无效率——承担在捍卫主权利益的活动中显露的高昂成本——而决定不要求那些文件。对行为跨越地理边界的全球性公司来说,存在着对投诉的深切担忧,这些投诉是出于窥视竞争对手机密信息的目的而发起的。这是委员会的正当的担心。对法经济学学者来说,一个关键的法律问题是,发现是否仅限于在这个范围内:只在被美国法律认为是类似于国外程序的国内诉讼中才允许。

实体经济

任何法律的价值应该与一个原则相权衡,即对法律的无知不是借口。同样地,竞争管理机构的效力也应该与它们固有的理解相权衡,即关于工作的远景已经改变。在许多更发达的经济体中,从衰落行业的永久转移已经变成结构性的,这是由于在制造业中存在由于提前退休的较大概率或因技能缺乏而受限制的内部工作调动造成的变相失业,而在服务部门较老的员工可以被一起雇用甚至取代年轻的同事。经济学家还没有最终明白,结构变化的净效应会在多大范围或多长时间内继续对劳动力的参与率或可测度的全要素生产率水平产生影响。

在时间 $t>0$ 时对公司 X 内的 Y 产品的风险不当定价的员工和管理层将面对失业的可能性。对于构成公司人才库的员工和管理层来说,一个反应是,长期内他们在公司中将变得可互换。这是第 2 章中 s—公司的精粹。重申在第 12 章提出的早期观点是有用的:管制者和竞争管理机构不应该忘记,规则可能会作为外部威胁被整合进被管制公司的生产函数,因而会影响到该公司怎样进行竞争博弈且与市场互动。

实体经济被日益分解进入不同竞争管理机构的准则。例如,2004 年美国司法部反托拉斯署公布了《它的对并购的补救措施的政策指导》,见 http://www.usdoj.gov/atr。它提供给公司对一个分析框架的一种理解,该框架是司法部用在并购案例中实现执法救济的。该《指导》还提供了对反托拉斯署采取的并购补救政策内在的经济和法律基础的详细描述。特别是应该注意到,反托拉斯署强调,当它"确定一次并购会充分减少竞争(时),除了禁止该并购以外,任何补救措施必须完全重建市场上的竞争"(斜体是本书作者加上去的)。这是进步的思想;伴随着新的共同体条例,该指导在总体上很好地预示了并购分析和反托拉斯法的未来。

全球影响

通过间接表明对低效率竞争者的拒绝、排斥或令其退出是有好处的,"可牺牲的竞争者"的问题移除了在任何竞争评估中的障碍。一份竞争影响的声明将便利管制机构对潜在进入者的评估,这些潜在进入者的实际进入会增加消费者福利(例如通过降低进入后的价格或改善在位者在潜在进入者进入前提供的一系列产品和服务的质量和创新)。在美国,如果反托拉斯的排外性行为导致被认为是"同样有效率的竞争者"被排除在市场之外,该行为就会被认为是被滥用的。在欧盟,仍将存在涉及第 82 条的改革和(在一个日益扩张的地理市场上)市场势力的后果的辩论。例如,在第 82 条下的一个承担证明责任的被告公司,可能不仅必须提供基于商业理由或经济效率的证据,还必须提供与委员会调查的假定的反竞争惯例的感知对象相反的证据。

相对于竞争法律通过遵从对企业施加了高额短期成本和"不作为"的机会成本,解除管制作为带给消费者延迟利益的短期原则往往占上风。当政府和管制机构为了证明对完全竞争的"圣杯"的探求是正当的,从而修辞性地和象征性地运用它们时,原则是可以改变的。当政府更迭和一个经济体中有新的管制机构出现时,原则也会改变。在后记中呈现的制衡关系引出一个重大问题,即是否应该继续提倡把"硬性法律"规则作为定价问题(例如操纵价格或掠夺性定价)的指令性解决方案的一部分。伴随着激烈竞争,在软竞争法律的保护伞下竞争公司的遵从不经意地为消费者创造了正的外部性。在 (p,q) 空间中竞争性和非竞争性结果间众所周知的差距缩小了,消费者选择占了上风。

因此，在全球竞争法律框架下公司定价的（国内或当地）经济学要求在以企业全球化和市场全球化为特点的未来被认真考虑。当所有的消费者面对相同的价格表时，有些人会按照自己的偏好支付不同的平均价格——理论上，折扣可适用于所有人，但功能上不是。如果两个消费者对皮货的需求不同，他们将支付不同的平均价格。正如第3章所概述的，价格的公平一定取决于作为交换的交易的公平。在布朗纳皮亚公司案（1986）中有人认为"竞争政策与公平交易不直接相关"（Korah，1994）。经济学理论告诉我们，在三级价格歧视下，一个公司能够根据某些特点把消费者区分为不同的群组并向其索取不同的价格。这是拉姆齐定价的精粹所在，在需求富于弹性（缺乏弹性）的区域开出较低（较高）的价格因而最大化公司获得的总收益净额。

这种现象不一定是国内或当地的。但作为一个反事实，一个公司可以建立一个经济模型来展示经济福利能够被价格歧视改善，前提是模型能够分别单一价格和歧视性价格，因而继续争论说，因为存在线性需求，各组消费者在单一价格的情况下购买正的数量，当允许价格歧视时经济福利下降了。但这个经济学故事不正是不可分割地联系着本国或当地市场吗？21世纪竞争法律的价值将会被竞争和定价过程中的智慧所驱动，这是一个公司具有全球影响的世界。对法经济学学者来说，在评估具有全球影响的法律的效率时，在权衡普通法推理的智力自由传统与更社团主义的法律环境时，存在着丰富的研究成果。

启 示

数百年来，半传说的特洛伊战争以其特洛伊围城战的史诗故事赋予史学家灵感。但是特洛伊的传说提供了某些惨痛教训：埃涅阿斯逃脱了并在整个地中海地区徘徊。他没有创建罗马。他依照他创建另一个城市的使命抛弃了迦太基女王狄多，没有任何警告。狄多在悲痛中自杀。作为 21 世纪关于竞争力的特洛伊战争领导者的全球公司，享受着 IT、技术和创新的进步带来的便利，徘徊在世界市场的地域内，与试图摧毁垄断势力的国家竞争和规制机构辩论。

不同司法管辖下反托拉斯判例法的历史是一个真实危险的见证。这个危险是，公司会把市场势力和定价惯例的祖传神灵带到不同国家的市场中。但是当国家管制和竞争机构在他们寻找一个更具竞争性结果的迦太基任务中，不能理解狄多，真正的商业远景时，可能会有同样的地下危险浮现。欧盟和美国的发展很好地预示着未来。就像柏拉图的被理智与情感两匹战马拖曳的灵魂战车，反托拉斯分析中将来的辩论将取决于法学和经济学的发展，取决于在一个舒适的客栈或酒馆中的学者、抄写员和实习者的策划。

判例引用

第1章

Canine Waste Law Section 1310 New York State Public Health Code, Pooper Scooper Law(1978)犬废法,《纽约州公共健康法典》,第1310章,拾便法令规定(1978年)

第2章

Duquesne Light Co v. Barash 488 US 299 314(1978)

杜奎森灯具公司与巴拉什公司诉讼案,《美国判例汇编》,第488卷,第299、314页(1978年)

第3章

Charnock v. *Liverpool Corporation*(1968)

查诺克与利物浦公司诉讼案(1968年)

Hadley v.*Baxendale* 9 Ex.341,156 Eng Rptr 145(1854)

哈德利与巴克森德尔诉讼案,《英国法律报告》,第156卷,第145页(1854年)

Hyde v.*Wrench* 49 ER 132(1840)3 Beav 334

海德与林奇诉讼案,《英格兰法律报告》,第49卷,第132页(1840年);《比凡法律报告》第3卷,第334页

Jones v. *Daniel* 2 Ch 332(1894)

琼斯与丹尼尔诉讼案,《大法官法庭报告》,第2卷,第332页

(1894年)

Photo Production v. Securicor Transport(1980年)

照片生产公司与斯克里科运输诉讼案(1980年)

Rose and Frank v.Crompton Bros Ltd(1925)

罗斯和弗兰克与康普顿兄弟有限公司诉讼案(1925年)

Smith v. Hughes(1871)LR 6 QB 597

史密斯与休斯诉讼案(1871年),《英国高等法院报告》第6卷,第597页

Storer v. Manchester City Council(1974)3 All ER 824 56

仓库保管员与曼彻斯特市委员会诉讼案,《全英法律报告》,第2卷,第824、56页(1974年)

第4章

Roto-Lith v.FP Bartlett & Co Ltd 297 F 2d 497(1962)

罗特-利斯与巴特利特有限公司诉讼案,《联邦法律公告(第二系列)》,第297卷,497页(1962年)

US v. Carroll Towing Co(1947)

美国与卡洛尔拖车公司诉讼案(1947年)

第5章

Aspen Sking Co v.Aspen Highlands Sking Corp 472 US 585(1985)

阿斯彭滑雪公司与阿斯彭海兰滑雪公司诉讼案,《美国判例汇编》,第472卷,第585页(1985年)

Bronner(Oscar)GmbH & Co v.Mediaprint(1998)C-7/97

布朗纳(奥斯卡)股份有限公司与媒体印刷公司诉讼案,案例C-7/97号(1998年)

Commercial Solvents v. *Commission*（6& C-7/73）6 March 1974 ECR 223

商用溶剂公司与欧共体委员会诉讼案（6& C-7/73），1974年3月6日，《欧洲法院公告》，第223号裁决

ERT（1991）ECR I-2925 para 31 Case C-260/89

ERT案例，《欧洲法院公告》，第2925号裁决，第31段，案例C-260/89

Federal Trade Commission v. *EI Dupont de Nemours & Co Docket*（1979）

联邦贸易委员会与杜邦公司诉讼案（1979年）

Gencor v. *Commission Judgement* 25 March 1999 T-102/96 Case No IV/M629

范科公司与欧盟委员会诉讼案，判决书，1999年3月25日，T-102/96号案例，IV/M629

Hempenstall et al. v. *The Minister for the Environment*; *Ireland*（1992）: Costello, J 2.I.R.20

海姆彭斯丹等人与爱尔兰环境部长诉讼案（1992年）：科斯特洛，J 2.I.R.20

Hofner and Elser（1991）I（1979）para 28 Case C-41/90

霍夫纳和埃尔塞（1991）I（1979），第28段，C-41/90号

Hugin v. Commission（22/78）31 May 1979 ECR（1869）（1979）8 December 1977

哈根公司诉欧共体委员会案，1977年12月8日，《欧洲法院公告》，1979年5月31日

Mannesmann/Vallourec/Iva Case IV/M315（1994）OJ L

102/15

曼内斯曼/瓦卢瑞克/伊尔瓦案,案例 IV/M315,《官方公报》,L 102/15(1994 年)

Michelin BV v. *Commission*（322/81）9 November 1983 (1983)ECR 3461(1985)CMLR 282

米其林与欧共体委员会诉讼案(322/81),1983 年 11 月 9 日,《欧洲法院公告》第 3461 号裁决(1985 年),《欧共体法律公告》,282 页

Nestle-Perrier Case IV/M 90(1992),OJ L356/1

雀巢-毕雷案,案例 IV/M 90 号(1992 年)

Sealink/B&I Holyhead: *Interim Measures*(1992)5 CMLR 258

西林克公司与 B&I 荷利赫德案:暂行办法,1992 年,《欧共体法律公告》第 5 卷,第 258 页

Television Listings/Magill RTE v.*EC Commission*(1991)ECR II-485

电视节目预告/马吉尔公司与欧共体诉讼案,《欧洲(初审)法院公告》,第 485 号裁决(1991 年)

Terminal Railroad Association v US(1912)

美国终点站铁路协会与美国诉讼案(1912 年)

United Brands Co v. *Commission*(Metro I)(1978)EC 207 1 CMLR429 C-27/76

联合商标公司与欧共体委员会诉讼案(1978 年),《欧共体法律公告》,第 1 卷,第 429 页,案例 C-27/76 号

United States v.*Grinnell Corp* 384 US 563(1996)

美国与格林奈尔公司诉讼案,《美国判例汇编》,第 384 卷,第

563 页(1996 年)

United States v, EI DuPont de Nemours & Co 351 US 377 (1956)

联邦贸易委员会与杜邦公司诉讼案,《美国判例汇编》,第 351 卷,第 377 页(1956 年)

Verizon Communications Inc v. Law Offices of Curtis V Trinko (1996)

韦瑞森通信公司与柯蒂斯·崔科律师事务所诉讼案(1996 年)

第 6 章

AKSO Chemie BV v. Commission (1991) ECR 1-3359 C-62/86

AKSO 化学公司与调查委员会诉讼案,《欧洲法院公告》第 3359 号裁决,案例 C-62/86 号(1991 年)

Appalachian Coals Inc v. United States 288 US 344 360 (1933)

阿巴拉契亚煤炭有限公司与美国诉讼案,《美国判例汇编》,第 351 卷,第 377 页(1956 年)

Barry Wright Corp v. ITT Grinnell Corp 724 F2d 227 232 (1983)

巴里赖特股份有限公司与美国国际电话电信公司诉讼案,《联邦法律公告(第二系列)》,724 卷,227 页(1983 年)

Brooke Group Ltd v. Brown & Williamson Tobacco Corp 509 US Reports 209 (1993)

布鲁克集团公司与布朗和威廉姆森烟草公司诉讼案,《美国判例汇编》,第 509 卷,第 209 页(1993 年)

第 7 章

Bayer-Adalat v.*Commission* 6 January 2004

拜耳-阿德莱特与欧盟委员会诉讼案,2004 年 1 月 6 日

Duquesne Light Co v.*Barash* 488 US 299 314(1978)

杜奎森灯具公司与巴拉什公司诉讼案,《美国判例汇编》,第 488 卷,第 299、314 页(1978 年)

Quality King Distributors v.*L'Anza Research International* Case No 96 1470(1996)

宝利金贸易公司与兰扎国际研究诉讼案,No 96 1470 案例(1996 年)

Silhouette International v.*Yves St Laurent Parfums* SA C-355/96(1996)

斯尔霍伊特与伊夫圣罗兰香水诉讼案,SA 法律报告 C-355/96(1996 年)

Silhouette v. *Hartlauer* Case C-355/96:Judgement 16 July 1996

斯尔霍伊特与哈特拉乌瑟诉讼案,案例 C-355/96:1996 年 7 月 16 日判决

第 8 章

Commissioner of Competition v.*Superior Propane Inc* August 1999 Federal Court of Appeal Dated April 2001,2000 Comp Trib 16 April 2002

竞争委员与高级丙烷股份有限公司诉讼案,1999 年 8 月,2000 年、2001 年在联邦法院上诉,2002 年 4 月 16 日做出赔偿裁决

Federal Trade Commission v.*Procter & Gamble Co et al.* 386 US 568(1967)

联邦贸易委员会与宝洁等公司诉讼案,《美国判例汇编》,第386卷,第568页(1967年)

第9章

Airtours First Choice Decision 22 September 1999 Airtours and First Choice Case IV/M.1524

空中旅游公司-第一选择旅游公司案,1999年9月22日,《空中旅游公司-第一选择旅游公司案例 IV/M》,第1524页

Airtours v. *European Commission*, CFI. Judgment 6 June 2001

空中旅游公司与欧盟委员会诉讼案判决书,原讼法庭,2001年6月

Appalachian Coals Inc v.*United States* 288 US 344 360 (1933)

阿巴拉契亚煤炭有限公司与美国诉讼案,《美国判例汇编》,第351卷,第377页(1933年)

Brown Shoe v. US 370 294(1962)

布朗鞋业公司与美国诉讼案,《美国判例汇编》,370,294(1962年)

FTS v.*Staples Inc* 970 F Supp 1066(DDC 1997)

联邦贸易委员会与史泰普股份有限公司诉讼案,《联邦法律报告(附编)》,第970卷,第1066页(DDC 1997)

GE/*Honeywell* Case No COMP/M2220(2001)

通用电气与霍尼韦尔公司合并案,案例 COMP/M2220号(2001年)

Gencor v.*Commission Judgment* 25 March 1999 T-102/96

Case No IV/M 629

范科公司与欧盟委员会诉讼案,判决书,1999年3月25日,T-102/96号案例,IV/M629

Kali und Salz v.Commission (19 and 20/74) 14 May 1975 ECR 499(1975)2 CMLR

德国凯利—萨尔兹诉委员会案,1975年5月14日,《欧洲法院公告》第499号裁决(1975年),《欧共体法律公告》第2卷

Kali and Salz Cases C-68/94 and C-30/95 *French Republic et al.* v. *European Commission*(1998) ECR I-1375

德国凯利-萨尔兹钾肥公司案,案例C-68/94号,法兰西共和国等国家诉欧盟委员会,《欧洲法院公告》第1375号裁决(1998年)

Nestle-Perrier(92/553/EEC)22 July 1992 L356/1(1993)4 CMLR M17

雀巢-毕雷案(欧共体第92/553号),1992年7月22日;《欧共体法律公告》,第4卷,M17,L356/1(1993)

Schneider/Legrand v.Commission Case T-310/01 22 October 2002

施耐德/罗格朗与欧盟委员会诉讼案例,案例T-310/01号,2002年10月22日

Wood Pulp v.Commission C-89 104 14 27 September 1988 (1988)ECR 5193

木浆公司与欧共体委员会诉讼案,案例C-89 104 14,1988年9月27日,《欧洲法院公告》第5193号裁决(1988年)

第10章

AKSO Chemie BV v. *Commission*（1991）ECR 1-3359 C-62/86

AKSO 化学公司与调查委员会诉讼案(1991)，案例 C-62/86，《欧洲法院公告》第 3359 号裁决(1991 年)

Appalachian Coals Inc v. *United States* 288 US 344 360 (1933)

阿巴拉契亚煤炭有限公司与美国诉讼案,《美国判例汇编》,第 288 卷,第 344、360 页(1933 年)

Competition Authority Decision No 566（1999）MCCPSI Copyright Societies

公平竞争决定,第 566 号(1999 年),MCCPSI 版权协会

Federal Trade Commission v. *EI Dupont de Nemours & Co Docket*(1979)

联邦贸易委员会与杜邦公司诉讼案(1979 年)

Brooke Group Ltd v. *Brown & Williamson Tobacco Corp* 509 US Reports 209(1993)

布鲁克集团公司与布朗和威廉姆森烟草公司诉讼案,《美国判例汇编》,第 509 卷,第 209 页(1993 年)

Gencor v. *Commission Judgment* 25 March 1999 T-102/96 Case No IV/M 629

范科公司与欧盟委员会诉讼案,判决书,1999 年 3 月 25 日,T-102/96 号案例,IV/M629

Goldfarb v. *Virginia State Bar* 421 US 773(1975)

戈德法布夫妇与弗吉尼亚州律师协会诉讼案,《美国判例汇

编》,第 421 卷,第 773 页(1975 年)

National Collegiate Athletic Association v. University of Oklahoma 468 US(1984)

全国大学田径协会与俄克拉何马大学诉讼案,《美国判例汇编》,第 468 卷(1984 年)

UK Cement Federation and Office of Fair Trading UK(1966)

英国水泥制造商联合会与英国公平贸易委员会诉讼案(1966 年)

United States and State of New York v. Microsoft Corp 87 F.Supp 2d 30 45(2000)

美国及纽约州与微软公司诉讼案,《联邦法律报告(附编)(第二系列)》,第 87 卷,第 30、45 页(2000 年)

US v. Socony Vacuum Oil Co 310 US 150(1940)

美国与美孚石油诉讼案,《美国判例汇编》,第 310 卷,第 150 页(1940 年)

US v. Trenton Potteries Co 73 US 392(1927)

美国与特伦顿陶瓷公司诉讼案,《美国判例汇编》,第 73 卷,第 392 页(1927 年)

第 11 章

Coca Cola/Amalgamated Beverages Case NO IVM794 OJ L218(1997)

可口可乐兼并混合饮料公司案,案例 IVM794 号,《官方公报》,L218(1997 年)

Coca Cola Press Release IP(90)7,9 January 1990

可口可乐新闻稿,IP(90)7,1990 年 1 月 7 日、9 日

Guinness/Grand Metropolitan OJ L288/24(1998)

健力士/大都会兼并案,《官方公报》,L288/24(1998 年)

Guinness/Grand Metropolitan Case no IN/M938 OJ L288 (1998)

健力士/大都会酒业兼并案,案例 IN/M938 号,《官方公报》,L288(1998 年)

Jefferson Parish Hospital v.Hyde 466 US 2 104 S Ct 1551 (1984)

杰弗逊教区医院与海德诉讼案,《美国判例汇编》,第 466 卷,第 2 页,《最高法院报告》,第 104 卷,第 1551 页(1984 年)

Monsanto v. *Spray-Rite Services* 465 US 752(1984 年)

孟山都与喷雾典礼服务诉讼案,《美国判例汇编》,第 465 卷,第 752 页(1984 年)

Nestle-Perrier(92/553/EEC) 22 July 1992 L356/1(1993) 4 CMLR M17

雀巢-毕雷案(欧共体第 92/553 号),1992 年 7 月 22 日,L356/1(1993 年),《欧共体法律公告》,第 4 卷,M17

United States and State of New York v. *Microsoft Corp* 87 F.Supp 2d 30 45(2000)

美国及纽约州与微软公司诉讼案,《联邦法律报告(附编)(第二系列)》,第 87 卷,第 30、45 页(2000 年)

United States v. *Colgate* 250 US 300(1919)

美国与高露洁诉讼案,《美国判例汇编》,第 250 卷,第 300 页(1919 年)

US v.*Socony Vacuum Oil Co* 310 US 150(1940)

美国与美孚石油诉讼案,《美国判例汇编》,第 310 卷,第 150 页(1940 年)

第 12 章

AD Bedell Inc v. *Philip Morris Inc* 263 F 3d 239(3rd Circuit 2001)

A. D. 波德尔公司与菲利普·莫里斯公司诉讼案,《联邦法律报告(第三系列)》,第 263 卷,第 239 页(第三巡回法庭,2001 年)

Berkey Photo v. *Eastman Kodak Co* 603 F 2d 263 (2nd Circuit 1979)

伯基照片与伊士曼柯达公司诉讼案,《联邦法律报告(第二系列)》,第 603 卷,第 263 页(第二巡回法庭,1979 年)

Campbell v. *City of Chicago* 823 F 2d 1182(7th Circuit 1987)

坎贝尔与芝加哥诉讼案,《联邦法律报告(第二系列)》,第 823 卷,第 1182 页(第七巡回法庭,1987 年)

Eastern RR President's Conference v. *Noerr Motor Freight Inc* 365 US 127(1961) and *United Mine Workers* v. *Pennington* 381 US 657(1965)

东部居民代表主席联盟与诺尔摩托运送股份有限公司诉讼案,《美国判例汇编》,第 365 卷,第 127 页(1961 年),及美国矿工彭宁顿诉讼案,《美国判例汇编》,第 381 卷,第 657 页(1965 年)

Interbrew/Bass Remedies Press Release UK OFT PN 29/01 (July 2001)

英特布鲁/巴斯补偿案新闻稿,英国公平贸易局,PN 29/01 号,2001 年 7 月

Jefferson Parish Hospital v.*Hyde* 466 US 2 104 S Ct 1551 (1984)

杰弗逊教区医院诉海德案,《美国判例汇编》,第 466 卷,第 2 页,《最高法院报告》,第 104 卷,第 1551 页(1984 年)

Napp Pharma Holdings Ltd v. *DGFT* Case 100/1/01(2002)

纳普制药公司与公平贸易局诉讼案,案例 100/1/01 号(2002 年)

Nestle-Perrier(92/553/EEC)22 July 1992 L356/1(1993)4 CMLR M17

雀巢-毕雷案(欧共体第 92/553 号),1992 年 7 月 22 日;《欧共体法律公告》,第 4 卷,M17,L356/1(1993)

Philip Morris 16th Report on Competition Policy 98,appeal sub nom *BAT* v.*Commission* 9142 and 156/84 17 November 1987 ECR 4487(1988)4 CMLR 24

菲利普·莫里斯,关于竞争政策的第 16 版报告,英美烟草公司诉委员会(次额定值上诉案),1987 年 11 月 17 日,《欧洲法院公告》,第 4487 号裁决,《欧共体法律公告》第 4 卷,第 24 页

Purex Corp v. *Procter & Gamble Co* 596,F.2d 881(9th Cir. 1979)

普雷克斯公司与保洁公司诉讼案,《联邦法律报告(第二系列)》,第 596 卷,第 881 页(第九巡回法庭,1979 年)

United States v. *Colgate* 250 US 300(1919)

美国与高露洁诉讼案,《美国判例汇编》,第 250 卷,第 300 页(1919 年)

后记

BBL/Boosey & Hawkes(Interim Measures)(87/500/EEC)

29 July 1987 OJ L286/36(1988)4 CMLR 67

布西-霍克斯(暂行办法)(欧共体第 87/500 号),1987 年 7 月 29 日,《官方公报》,L286/36(1988 年),《欧共体法律公告》,第 4 卷,第 67 页

Berlin Court of Appeal, Decision of May 9 1980, *Case Fertigfutter* (Pet Foods), published in Wu W/E DE-R(Olg) 2463 (1980)

柏林上诉法院,1980 年 5 月 9 日裁决,宠物食品案,Wu W/E DE-R(Olg)2463(1980)

Byrne v. Boadle 2 H&C 722(1863)159 ER 299

伯恩与博德尔诉讼案,1863 年,《英格兰法律报告》,第 159 卷,第 299 页

Commissioner of Competition v. Canada Pipe Co (Comp. Tribunal, CT-2002-006 February 3 2005)

竞争委员与加拿大管道公司诉讼案(加拿大竞争裁决,CT-2002-006 号,2005 年 2 月 3 日)

Commissioner of Competition v. Sears Canada Inc (Comp. Tribunal, CT-2002-004 January 11 2005)

竞争委员与加拿大西尔斯股份有限公司诉讼案(加拿大竞争裁决,CT-2002-004 号,2005 年 1 月 11 日)

GE Honeywell v. Commission Case No COMP/M. 2220 (2001)

通用电气与霍尼韦尔公司合并案,案例 COMP/M.2220 号 (2001 年)

Intel Corp v. Advanced Micro Devices Inc 124 S Ct 2466

(2004)

英特尔公司与 AMD 公司诉讼案,《最高法院报告》,第 124 卷,第 2466 页(2004 年)

Intergraph Corp v.Intel Corp 3 F Supp 2d 1255(ND,ALA)(1998)

鹰图公司与英特尔公司诉讼案,《联邦法律报告(附编)(第二系列)》,第 3 卷,第 1255 页(ND,ALA)(1998 年)

LePage's Inc v *3M Co.*, 324 F. 3d 141 (3rd Cir. 2003)(2003)

莱佩奇股份有限公司与 3M 公司诉讼案,《联邦法律报告(第三系列)》,第 324 卷,第 141 页(第二巡回法庭,2003 年)(2003 年)

Liam Rothwell v. *The Motor Insurers Bureau of Ireland* 2003 1 IR 268(Record SC No 252 of 2001)

利亚姆·罗斯韦尔与爱尔兰汽车保险局诉讼案(2003 年),《爱尔兰判例汇编》,第 1 卷,268 页(最高法院记录,252 号)

Napier Brown & Co.Ltd v.*British Sugar plc*(88/518/EEC)18 July 1988,OJ 1988,284/41(1990) 4 CMLR 196

纳皮尔布朗有限公司与英国糖业有限公司诉讼案(欧共体第 88/518 号),1988 年 7 月 18 日,《官方公报》,1988,284/41(1990 年),《欧共体法律公告》,第 4 卷,196 页

Napp Pharam Holdings Ltd v.*DG* OFT Case 100/1/01 (2002)

纳普制药公司与公平贸易局诉讼案,案例 100/1/01 号(2002 年)

Pronuptia de Paris GmbH v.*Pronuptia de Paris*(161/84)

ECR 353(1986)1 CMLR 414 CRM14225

巴黎布朗纳皮亚股份有限公司与巴黎布朗纳皮亚公司诉讼案,《欧洲法院公告》1986 年,《欧共体法律公告》第 1 卷,414 页,CRM14225

Texaco v.Hasbrouck 110 S.Ct 2535(1990)

德士古公司与哈斯布劳克诉讼案,《最高法院报告》,第 110 卷,第 2535 页(1990 年)

United Brands Co v.Commission (Metro I)(1978)EC 207 1 CMLR 429C-27/76

美国布兰兹公司与欧共体委员会诉讼案(1978 年)《欧共体法律公告》,第 1 卷,第 429 页,案例 C-27/76 号

United States v.Colgate 250 US 300(1919)

美国与高露洁诉讼案,《美国判例汇编》,第 250 卷,第 300 页(1919 年)

United States v.General Dynamics Corp 415 US 486(1974)

美国与通用动力公司诉讼案,《美国判例汇编》,第 415 卷,第 486 页(1974 年)

参考文献

Adams, JN and Brownsword, R (1994): *Understanding Contract Law* 2nd Edition, Fontana Press, London.

Adams, W (1975): 'Public Utility Regulation' in Sichel, W and Gies, T [ed] *Public Utility Regulation* Lexington Books, MA, US.

Adelman, MA (1959): *A Study in Price-Cost Behaviour and Public Policy* Harvard University Press, Cambridge, US.

Agarwal, RD and Audretsch, D (2001): 'Does Size Matter? The Impact of the Life Cycle and Technology on Firm Survival' *Journal of Industrial Economics* vol 49 no 1 pp 21–43.

Aghion, P and Bolton, P (1987): 'Contracts as Barriers to Entry' *American Economic Review* vol 77 pp 388–401.

Ajzen, I and Fishbean, M (1980): *Understanding Attitudes and Predicting Social Behaviour* Prentice Hall, Englewood Cliffs, New Jersey.

Alchian, A (1950): 'Uncertainty, Evolution and Economic Theory' *Journal of Political Economy*, vol 58 pp 211–22.

Alchian, A (1965): 'Some Economics of Property Rights' *Il Politico* vol 30 pp 816–29

Alchian, A (1977): *Economic Forces at Work* Liberty Press, Indianapolis, US.

Alchian, A and Demsetz, H (1972): 'Production, Information Costs and Economic Organisation' *American Economic Review* vol 62 no 5 pp 777–95.

Areeda, P (1983): 'Market Definition and Horizontal Restraints' *Antitrust Law Journal* vol 52 pp 550–56.

Areeda, P and Hovenkamp, H (2000): *Antitrust Law* 2nd Edition, Aspen Publishers, US.

Areeda P and Kaplow, L (1997): *Antitrust Analysis: Problems, Texts and Cases* 5th Edition, Aspen Law and Business, New York.

Areeda, P and Turner, D (1975): 'Predatory Pricing and Related Practices Under Section 2 of the Sherman Act' *Harvard Law Review* vol 88 pp 697–733.

Areeda, P and Turner, D (1978): *Antitrust Law* Little Brown, Boston.

Armour, J and Whincop, M (2001): 'The Proprietary Structure of Corporate Law' Conference Paper, European Association of Law and Economics, Vienna, University of Nottingham Working Papers.

Arrow, KJ (1974): *The Limits of Organisation* W W Norton and Company, US.

Arrow, K (1994): 'Information and the Organization of Industry' *Lectio Magistalis*, Catholic University of Milan, April 1994.

Arthur, B (1989): 'Competing Technologies, Increasing Returns and Lock-in by Historical Events' *Economic Journal* vol 99 pp 116–31.

Ashenfelter, O and Greenstone, M (2004): 'Estimating the Value of a Statistical Life', AEA Papers and Proceedings *American Economic Review* vol 94 no 2 pp 454–60.

Atiyah, PS (1989) *Introduction to the Law of Contract* 4th Edition, Butterworths, London.

Averch, H and Johnson, LL (1962): 'Behaviour of the Firm under Regulatory Constraint' *American Economic Review* vol 52 pp 1052–69.

Averitt, N and Lande, R (1997): 'Consumer Sovereignty: A Unified Theory of Antitrust and Consumer Protection Law' *Antitrust Law Journal* vol 65, no 3 pp 713–56.

Bailey, E and Baumol, WJ (1984): 'Deregulation and the Theory of Contestable Markets' *Yale Journal of Regulation* vol 1 no 2 pp xx.

Bain, J (1949): 'A Note on Pricing in Monopoly and Oligopoly' *American Economic Review* vol 39 pp 448–64.

Bain, J (1956): *Barriers to New Competition* Harvard University Press, Cambridge, MA.

Bain, J (1968): *Industrial Organization* Wiley, New York.

Baird, D, Gertner R and Picker, R (1994): *Game Theory and the Law* Harvard University Press, Cambridge, US.

Banerjee, A (1992): 'A Simple Model of Herd Behavior' *Quarterly Journal of Economics* vol 107(3) pp 797–817.

Bangemann, M (1993): 'Industrial Policy and International Competitiveness' *EC Frontier Free Europe*, September/October.

Bar-Gill, O (2003): 'The Uneasy Case for Comparative Negligence' *American Law and Economics Review* vol 5 no 2 pp 433–69.

Barro, R (1972): 'A Theory of Monopolistic Price Adjustments' *Review of Economic Studies* vol 39 no 1 pp 17–26.

Barzel, Y (1997): *Economic Analysis of Property Rights* Cambridge University Press, Cambridge, UK.

Barzel, Y (2000a): 'Dispute and Its Resolution: Delineating the Economic Role of the Common Law' *American Law and Economics Review* vol 2 no 2 pp 238–58.

Barzel, Y (2000b): 'Property Rights and the Evolution of the State' *Economics of Governance* vol 1 no 1 pp 25–51.

Basu, K (1995) 'Flexibility in Economic Theory' in Killick, T [ed] *The Flexible Economy* Routledge Press, UK.

Baumol, W (1977): 'On the Proper Cost Test for Natural Monopoly in a Multi-Product Industry' *American Economic Review* vol 67 no 5 pp 809–22.

Baumol, W (2002): *The Free Market Innovation Machine* Princeton University Press, US.

Baumol, W and Ordover, J (1985): 'Use of Antitrust to Subvert Competition' *Journal of Law and Economics* vol May pp 265–75.

Baumol, W, Panzar, J and Willig, R (1982): *Contestable Markets and the Theory of Industry Structure* Harcourt Brace Jovanovich, New York.

Baxter, W (1984) 'The Definition and Measurement of Market Power in Industries Characterised by Changing Technologies' *Antitrust Law Journal* vol 53 pp 716–25.

Beale, HG, Bishop, WD and Furmiston, MP (1990): *Contract: Cases and Materials* 2nd Edition, Butterworths, London.

Bebchuk, L, Fried, J and Walker, D (2002): 'Managerial Power and Rent Extraction in the Design of Executive Compensation' *University of Chicago Law Review* vol 69 no 3 pp 751–61.

Becker, G (1964): *Human Capital: A Theoretical and Empirical Analysis with Special Reference to Education* Columbia University Press, New York.
Becker, G (1968): 'Crime and Punishment: An Economic Approach' *Journal of Political Economy* vol 76 pp 169–217.
Becker, G (1976): *The Economic Approach to Human Behaviour* University of Chicago Press, Chicago, US.
Becker, G. (1983): 'A Theory of Competition Among Pressure Groups for Political Influence' *The Quarterly Journal of Economics* vol 98 no 3 pp 371–400.
Becker, G (1985): 'Public Policies, Pressure Groups and Deadweight Cost' *Journal of Public Economics* vol 28 pp 329–47.
Becker, G (1993): 'Nobel Lecture: The Economic Way of Looking at Behaviour' *Journal of Political Economy* vol 101 pp 385–409.
Bentham, J (1823): *An Introduction to the Principles of Morals and Legislation* Pickering, London.
Berlin, I (1958): *Two Concepts of Liberty* Clarendon Press, Oxford.
Bicchieria, C (1994): *Rationality and Coordination* Cambridge University Press, UK.
Bikhchandani, S, Hirshleifer, D and Welch, I (1992): 'A Theory of Fads, Fashion and Custom and Cultural Change as Informational Cascade' *Journal of Political Economy* vol 100 no 5 pp 992–1026.
Bikhchandani, S, Hirshleifer, D and Welch, I (1998): 'Learning from the Behaviour of Others' *Journal of Economic Perspectives* vol 12 no 3 pp 151–70.
Bilas, R (1972): *Microeconomic Theory* 2nd Edition, McGraw Hill International, New York.
Binmore, K (1989): 'Social Contract: Harsanyi and Rawls' *Economic Journal* vol 99 pp 84–102.
Binmore, K (1990): *Essays on the Foundations of Game Theory* Basil Blackwell, Oxford.
Binmore, K (1992): *Fun and Games* DC Heath, Lexington, MA.
Binmore, K (1998): *Just Playing: Game Theory and Social Contract* MIT Press, US.
Bishop, S and Walker, M (1999): *Economics of EC Competition Law* Sweet and Maxwell, London.
Black, F and Scholes, M (1973): 'The Pricing of Options and Corporate Liability' *Journal of Political Economy* vol 81 pp 637–54.
Blanchard, O and Fischer, F (1989): *Lectures on Macroeconomics* MIT Press, Cambridge.
Boarman, J (1993): 'Antitrust Law in a Global Market' *Challenge* vol January–February pp 30–36.
Bohm, P (1973): *Social Efficiency* Macmillan Press, London.
Bonanno, G (1991): 'The Logic of Rational Play in Games of Perfect Information' *Economics and Philosophy* vol 7 pp 37–65.
Boole, G (1847): *The Mathematical Analysis of Logic* Catalogue of Scientific Memoirs, Royal Society, London.
Bork, R (1978): *The Antitrust Paradox* Basic Books, New York.
Bos, D (1987): 'Privatisation of Public Enterprises' *European Economic Review* vol 31.

Boscheck, R (2002): 'Contract Logic and Efficiency Concerns' *World Competition* vol 25 no 4 pp 435–62.
Bouckert, B and DeGeest, G (2000): *Encyclopaedia of Law and Economics* Edward Elgar, Cheltenham, UK and Northampton, MA, USA.
Boulding, KE (1981): *Evolutionary Economics* Sage Publications, Beverly Hills, CA
Bradburd, R and Caves, R (1982): 'A Closer Look at the Effect of Market Growth on Industries' Profits' *Review of Economics and Statistics* vol 64 pp 635–45.
Brennan, G and Buchanan, J (1985): *The Reason of Rules* Cambridge University Press, New York.
Brenner, R (1987): *Rivalry in Business, Science and Among Nations* Cambridge University Press, UK.
Bresnahan, T and Reiss, P (1991): 'Entry and Competition in Concentrated Markets' *Journal of Political Economy* vol 99 pp 977–1009.
Brousseau, E and Glachant, JM (2002): *The Economics of Contracts* Cambridge University Press, UK.
Brown, JP (1973): 'Toward an Economic Theory of Liability' *Journal of Legal Studies* vol June pp 330–40.
Buchanan, J (1983a): *The Limits of Liberty: Between Anarchy and Leviathan* University of Chicago Press, Chicago.
Buchanan, J (1983b): 'Rent-seeking, Non-compensated Transfers and Laws of Succession' *Journal of Law and Economics* vol 71.
Buchanan, JM (1989): *Essays on the Political Economics* University of Hawaii Press, Honolulu.
Bulow, J (1985): 'Multi-market Oligopoly' *Journal of Political Economy* vol 93 no 3 pp 488–511.
Bulow, J and Roberts, J (1989): 'The Simple Economics of Optimal Auctions' *Journal of Political Economy* vol 97 pp 1060–90.
Calabresi, G (1970): *The Costs of Accidents: A Legal and Economic Analysis* Yale University Press, New Haven, US.
Calabresi, G (1972): 'Optimal Deterrence and Accidents' *Yale Law Review* vol 81 pp 1055–85.
Campbell, D (1998): 'On What is Valuable in Law and Economics' in McGee, R [ed] *Commentaries on Law and Economics*, Dumont Institute for Public Policy Research, South Orange, New Jersey, US.
Capra, CM (2004): 'Mood-driven Behaviour in Strategic Interactions', Papers and Proceedings, *American Economic Review* vol 94 no 2 pp 367–72.
Carlton, D (2004): 'Why Barriers to Entry are Barriers to Understanding' *American Economic Review*, Paper and Proceedings vol 94 no 2 pp 466–70.
Carlton, D and Perloff, J (2000): *Modern Industrial Organization* 3rd Edition, Addison-Wesley, Harlow, UK.
Cassel, G (1932): *Theory of the Social Economy* Harcourt Brace, New York.
Celen, B and Kariv, S (2004): 'Distinguishing Informational Cascades from Herd Behavior in the Laboratory' *American Economic Review* June pp 484–98.
Chamberlin, EH (1962): *The Theory of Monopolistic Competition* 8th Edition, Harvard University Press, Cambridge, US.

Chandler, AD (1992): 'Organizational Capabilities and the Economic History of the Industrial Enterprise' *Journal of Economic Perspectives* vol 6 no 3 pp 79–100.

Cheung, S (1968): 'Private Property Rights and Sharecropping' *Journal of Political Economy* vol 76 pp 107–22.

Cheung, S (1970): 'The Structure of a Contract and the Theory of the Non-exclusive Resource' *Journal of Law and Economics* vol 13 pp 49–70.

Cheung, S (1974): 'A Theory of Price Control' *Journal of Law and Economics* vol 17 pp 53–72.

Cheung, S (1983): 'The Contractual Nature of the Firm' *Journal of Law and Economics* vol 26 pp 1–21.

Chryssides, G and Kaler, J (1996): *Essentials of Business Ethics* McGraw Hill, UK

Clark, JB (1902): *The Control of Trusts* Macmillan, New York.

Clark, JM (1940): 'Towards a Concept of Workable Competition' *American Economic Review* vol XXX pp 241–55.

Coase, R (1937): 'The Nature of the Firm' *Economica* vol 4 pp 386–405.

Coase, R (1960): 'The Problem of Social Cost' *Journal of Law and Economics* vol 3 pp 1–44.

Coase, R (1988): *The Firm, the Market and the Law*, University of Chicago Press, Chicago.

Coase, R (1994): *Economics and Contiguous Disciplines* University of Chicago Press, Chicago.

Coleman, J (1988): *Markets, Morals and the Law* Cambridge University Press, UK.

Comanor, WS (1990): *Competition Policy in Europe and North America* Harwood Academic, New York.

Comanor, WS and Wilson, T (1974): *Advertising and Market Power* Harvard University Press, Cambridge, US.

Conaway, S (1988): 'The Continuing Search for Solutions to the Drinking Driver Tragedy' *Northwestern University School of Law Review* vol 82 no 2 pp 403–42.

Cooter, R (1984): 'Prices and Sanctions' *Columbia Law Review* vol 84 pp 1523–59.

Cooter, R and Kornhauser, L (1980): 'Can Litigation Improve the Law Without the Help of Judges? *Journal of Legal Studies* vol 9 pp 139–63.

Cooter, R and Ulen, T (1986): 'An Economic Case for Comparative Negligence' *New York University Law Review* vol 61 pp 1067–110.

Cooter, R and Ulen, T (1988): *Law and Economics* Harper Collins, New York.

Cooter, R and Ulen, T (2003): *Law and Economics* International Edition, Pearson Publishing, UK.

Copes, P (1985): 'The Market as a Commons: Open Access v Price Adjustment' *De Economist* vol 132 no 3 pp 225–31.

Cournot, A (1838): *Researches into the Mathematical Principles of the Theory of Wealth* translated by Bacon, N (1963) Irwin, Homewood, Illinois.

Crandall, R and Winston, C (2003): 'Does Antitrust Policy Improve Consumer Welfare? Assessing the Evidence' *Journal of Economic Perspectives* vol 17 no 4 pp 3–26.

Crew, M and Twight, C (1990): 'On the Efficiency of Law: Public Choice Perspective' *Public Choice* vol 6 pp 15–36.

Cubbin, JS (1988): *Market Structure and Performance: Empirical Research* Harwood Academic Publishers, New York.
Damasio, AR (1994): *Descartes Error*, Putnam, New York.
Davidson, R (2002): 'Anxiety and Affective Style' *Biological Psychiatry* January vol 51 no 1 pp 68–80.
DeAlessi, L (1980): 'The Economics of Property Rights' *Research in Law and Economics* vol 2 pp 1–47.
DeAlessi, L (1983): 'Property Rights, Transaction Costs and X-inefficiency: An Essay in Economic Theory' *American Economic Review* vol 73 pp 64–81.
DeJasay, A (1989): *Social Contract, Free Ride: A Study of the Public Goods Problem* Oxford University Press, Oxford.
DeJouvenel, B (1967): *The Art of Conjecture* Basic Books, UK.
Demsetz, H (1964): 'The Exchange and Enforcement of Property Rights' *Journal of Law and Economics* vol 3 pp 1–44.
Demsetz H (1967): 'Towards a Theory of Property Rights' *American Economic Review* vol 57 pp 347–59.
Demsetz H (1968): 'Why Regulate Utilities?' *Journal of Law and Economics* vol 11 pp 55–65.
Demsetz H (1973): 'Industry Structure, Market Rivalry and Public Policy' *Journal of Law and Economics* April pp 1–10.
Demsetz H (1982): 'Barriers to Entry' *American Economic Review*, March vol 72 pp 47–57.
Demsetz, H (1997): 'The Firm in Economic Theory: A Quiet Revolution' *American Economic Review*, Papers and Proceedings vol May.
Dewey, D (1959): *Monopoly in Economics and Law* Rand McNally, Chicago.
Dewey, D (1961): 'Mergers and Cartels: Some Reservations About Policy' *American Economic Review* vol 51 pp 255–62.
Diamond, P (1971): 'A Model of Price Adjustment' *Journal of Economic Theory* vol 3 no 2 pp 156–68.
Diekmann (1983): 'The Volunteer's Dilemma' *Journal of Conflict Resolution* vol 29.
DiMauro, L and Inotai, G (2004): 'Market Analysis under the New Regulatory Framework for Electronic Communications' *Competition Policy Newsletter*, no 2 vol Summer 2004 pp 52–5.
Dnes, A (1996): *The Economics of Law* Sweet and Maxwell, London.
Dovidio JF (1984): 'Helping Behaviour and Altruism' in L Berkowitz [ed] *Advances in Experimental Social Psychology* Academic Press, New York.
Duhamel, M and Townley, P (2003): 'An Effective and Enforceable Alternative to the Consumer Surplus Standard' *World Competition* vol 26 no 1 pp 3–24.
Dworkin, R (1980): 'Is Wealth a Value?' *Journal of Legal Studies* vol 9 pp191–226
Dworkin, R (1986): *Law's Empire* Belknap Press, Cambridge, MA.
Easterbrook, FH (1981): 'Predatory Strategies and Counter Strategies' *University of Chicago Law Review* vol 48 pp 263–337.
Easterbrook, FH (1982): 'Ways of Criticizing the Court' *Harvard Law Review* vol 95 pp 802–32.
Easterbrook, F H (1984): 'The Limits of Antitrust' *Texas Law Review* vol 63 pp 1–40.

Easterbrook, FH and Fischel, D (1989): 'The Corporate Contract' *Columbia Law Review* vol 89 pp 1444–6.

Easterbrook, FH and Fischel D (1991): *The Economic Structure of Corporate Law* Harvard University Press, Cambridge, US.

Edgeworth, F (1881): *Mathematical Psychics*, Routledge Press, London.

Edlin, AS (2000): 'Review of The New Palgrave Dictionary of Economics and the Law' *American Law and Economics Review* vol 2 no 2 pp 407–22.

Eggertsson, T (1990): *Economic Behaviour and Institutions* Cambridge University Press, UK.

Eichner, A (1974): *The Megacorp and Oligopoly* Cambridge University Press, New York.

Eichner, A (1985): *The Megacorp and Oligopoly* Cambridge University Press, Cambridge, UK.

Ellig, J (2001): *Dynamic Competition and Public Policy* Cambridge University Press, MA.

Elzinga, KG and Hogarty, TF (1973): 'The Problem of Geographic Market Definition in Antitrust Suits' *Antitrust Bulletin* vol 18 pp 45–81.

Epstein, RA (1992): 'The Path to the *T.J. Hooper*: The Theory and History of Custom in Tort Law' *Journal of Legal Studies* vol 21 pp 1–38.

Etzioni, A (1988): *The Moral Dimension* Free Press, New York.

Evans, R (1995): 'Coalitional Bargaining with Competition to Make Offers' DAE *Working Papers Series* no 9539 University of Cambridge.

Farrell, J (1987): 'Holdouts, Externalities and the Single Owner' *Journal of Law and Economics* vol 36 pp 553–87.

Faull, J and Nikpay, A (1999): *The EC Law of Competition* Oxford University Press, UK.

Feldman, A (1974): 'Recontracting Stability' *Econometrica* vol 42 no 1 pp 35–44.

Fisher, FM (1979): 'Diagnosing Monopoly' *Quarterly Review of Economics and Business* vol 19 no 2 pp 7–33.

Foer, A (2001): *Amicus Curiae Brief,* American Antitrust Institute, US Supreme Court no 01/656 21 November 2001.

Friedman, D D (2000): *Law's Order* Princeton University Press, US.

Friedman, J. (1979): *Oligopoly and the Theory of Games* North Holland, Amsterdam.

Friedman, J, Jehiel, P and Thisse, J-F (1995): 'Collusion and Antitrust Detection' *Japanese Economic Review* vol 46 pp 226–46.

Friedman, J (2000): 'A Guided Tour of the Folk Theorem' in G. Norman & J-F Thisse [ed] *Market Structure and Competition Policy*, Cambridge University Press, UK.

Friedman, M (1953): 'The Methodology of Positive Economics', in Friedman, M [ed] *Essays in Positive Economics* University of Chicago Press, Chicago.

Friedman, M (1962): *Capitalism and Freedom* University of Chicago Press, Chicago

Fudenberg, D and Tirole, J (1986): *Dynamic Models of Oligopoly* Harwood Academic Publishers, New York.

Fudenberg, D and Tirole, J (1991): *Game Theory* MIT Press, Cambridge, US.

Fudenberg, D and Tirole, J (1999): 'Pricing Under the Threat of Entry by a Sole Supplier' Harvard University *Working Paper Series*, June.

Furubotn, EG and Pejovich, S (1972): 'Property Rights and Economic Theory' *Journal of Economic Literature* vol 10 pp 1137–62

Galli, G and Pelkmans, J (2000): *Regulatory Reform and Competitiveness in Europe* Edward Elgar, Cheltenham, UK, and Northampton, MA, US

Gaskins, DW (1971): 'Dynamic Limit Pricing' *Journal of Economic Theory* vol 3 pp 306–22.

Gauthier, D (1986): *Morals by Agreement* Clarendon Press, Oxford

Gellhorn, E and Kovacic, WE (1994): *Antitrust Law and Economics* West Publishing Company, St Paul, MN

Georgescu-Roegen, N (1971): *The Entropy Law and the Economic Process* Harvard University Press, Harvard, MA

Gertner, R and Picker, R (1994): *Game Theory and the Law*, Harvard University Press, Cambridge, US

Gibbons, R and Waldman, M (2004): 'Task-specific Human Capital' AEA Papers and Proceedings *American Economic Review* vol 94 no 2 May pp 203–7

Ginzberg, A (1976): *The Human Economy* McGraw Hill, New York

Glader, M (2001): 'Innovation Economics and the Antitrust Guidelines on Horizontal Co-operation' *World Competition,* vol 24 no 4 pp 513–540

Glaeser, EL (2004): 'Psychology and the Market' Papers and Proceedings *American Economic Review* vol 94 no 2 pp 408–19

Glaeser, M, Laibson, D and Soutter, C (2000): 'Measuring Trust' *Quarterly Journal of Economics* vol 115 no 3 pp 811–46

Glaeser, W, Kessler, D and Piehl, A (2000): 'What Do Prosecutors Maximise? Analysis of the Federalization of Drug Crimes' *American Law and Economics Review* vol 2 no 2 pp 259–90

Gordon, HS (1954): 'The Economic Theory of a Common-property Resource: The Fishery' *Journal of Political Economy* vol 62 pp 124–42.

Gordon, R (1987): 'Productivity, Wages and Prices Inside and Outside of Manufacturing in the US, Japan and Europe' *European Economic Review* vol 31

Green, E and Porter, R (1984): 'Noncooperative Collusion under Imperfect Price Information' *Econometrica* vol 52 pp 975–94

Grief, A (1996): 'Contracting, Enforcement and Efficiency: Economics Beyond the Law' in Bruno, M and Pleskovic, B [ed]: *Annual World Bank Conference on Development Economics* The World Bank, Washington DC

Grossman, S and Hart, O (1986): 'The Costs and Benefits of Ownership' *Journal of Political Economy* vol 94 pp 691–719

Hadfield, GK (1992): 'Bias in the Evolution of Legal Rules' *Georgetown Law Journal* vol 80 pp 583–616

Hammer, M and Champy, J (1993): *Reengineering the Corporation* Harper Collins, New York

Hanoch, G (1975): 'The Elasticity of Scale and the Shape of Average Costs' *American Economic Review* vol 65 pp 492–97

Harberger, A (1954): 'Monopoly and Resource Allocation' *American Economic Review* vol May pp 77–87

Harbord, D and Hoehn, T (1994): 'Barriers to Entry and Exit in European Competition

Policy' *International Journal of Law and Economics* vol 14 pp 411–35.

Hardin, G (1968): 'The Tragedy of the Commons' *Science* vol 162 pp 1243–8.

Harel, A and Parchomovsky, G (1999): 'On Hate and Equality' *Yale Law Journal* vol 109, pp 507–39.

Harsanyi, J (1955): 'Cardinal Welfare, Individualistic Ethics and Interpersonal Comparisons of Utility' *Journal of Political Economy* vol 63 pp 309–21.

Harsanyi, J (1977): 'Morality and the Theory of Rational Behavior' *Social Research* vol 44 no 4 pp 623–56.

Hart, HLA (1961a): *The Concept of Law* Oxford University Press, UK.

Hart, HLA (1961b): 'Legal Duty and Obligation' in Hart [ed] *Essays on Bentham* Oxford University Press, UK.

Hart, O (1995): *Firms, Contracts, and Financial Structure* Oxford University Press, Oxford.

Hassell, M (1976): The Dynamics of Competition and Predation' *Studies in Biology* no 72 Edward Arnold, UK.

Hawk, B (1995): 'System Failure: Vertical Restraints and EC Competition Law' *Common Market Law Review* vol 32, pp 973–89.

Hayek, FA (1976): *Law, Legislation and Liberty* University of Chicago Press, US.

Heller (1992): *The Superchiefs* Mercury Books, London.

Herrnstein, R and Prelec, D (1991): 'Melioration: Theory of Distributed Choice' *Journal of Economic Perspectives* vol 5 no 3 pp 137–56.

Hicks, JR (1939): 'The Foundations of Welfare Economics' *Economic Journal*, vol 49 pp 696–712.

Hofstede, G (1980): *Culture's Consequences: International Differences in Work Related Values* Sage Publications, London.

Hohfeld, WN (1920): 'Fundamental Legal Conceptions as Applied in Judicial Reasoning' in Cook, W [ed] *Fundamental Legal Conceptions as Applied in Judicial Reasoning* Yale University Press, New Haven, US.

Holler, M (1987): 'Labour Quality Strategies' Aarhus University Memo no 1987-24.

Holmes, OW (1897): 'The Path of the Law' *Harvard Law Review* vol 10 pp 454–8.

Holmstrom, B (1982): 'Moral Hazard in Teams' *Bell Journal of Economics* vol 13 pp 324–40.

Honore, AM (1961): 'Ownership' in Guest, A [ed] *Oxford Essays on Jurisprudence* Oxford University Press, Oxford.

Hotelling, H (1929): 'On Duopoly' *Economic Journal* vol March.

Hsiung, B (2001): 'A Methodological Comparison of Ronald Coase and Gary Becker' *American Law and Economics Review* vol 3 no 1 pp 186–98.

Hutchinson, AC and Monaghan, PJ (1984): 'Law, Politics and the Critical Legal Scholars' *Stanford Law Review*, vol 36 pp 199–245.

Jacquemin, A (1972): 'Strategies d'Enterprise, Structures de Marche et Controle Optimal' *Revue d'Economique Politique* vol 82 pp 1104–18.

Jacquemin, A and Wright, D (1993): *The European Challenges Post-1992* Edward Elgar, Aldershot, UK and Brookfield, US.

Jamison, M (1999): *Industry Structure and Pricing* Kluwer Academic, Dordrecht, Amsterdam.

Jensen, M (1983): 'Organization Theory and Methodology' *Accounting Review* vol 58 no 2 pp 319–39.
Jensen, M and Meckling, W (1976): 'Theory of the Firm: Managerial Behavior Agency Costs and Ownership Structure' *Journal of Financial Economics* vol 3 pp 305–30.
Jevons, WS (1869): *The Substitution of Similars: The True Principle of Reasoning* Macmillan and Co, London.
Johnsen, DB (1991): 'Property Rights to Cartel Rents' *Journal of Law and Economics* vol XXXIV pp 177–203.
Jones, A and Sufrin, B (2001): *EC Competition Law* Oxford University Press, Oxford.
Jorde, T and Teece, D (1990): 'Innovation and Cooperation: Implications for Competition and Antitrust' *Journal of Economic Perspectives* vol 4 no 3 pp 75–96.
Jorde, T and Teece, D (1992): *Antitrust, Innovation and Competitiveness* Oxford University Press, New York.
Joskow, P (2002): 'Transaction Cost Economics, Antitrust Rules and Remedies' *Journal of Law, Economics and Organization* vol 18 no 1 pp 95–116.
Joskow, P and Schmalensee, R (1993): *Markets for Power* MIT Press, Boston, MA
Kahn, R (1989): *The Economics of the Short Period* Macmillan Press, UK.
Kahneman, D (1996): 'New Challenges to the Rationality Assumption' *Journal of Institutional and Theoretical Economics* vol 1 in Arrow, K [ed]: *The Rational Foundations of Economic Behaviour* St Martin's Press, New York.
Kahneman, D and Tversky, A (1979): 'Prospect Theory' *Econometrica* vol 47 pp 263–92.
Kaldor, N (1939): 'Welfare Propositions in Economics' *Economic Journal*, vol 49 pp 549–52.
Kalecki, M (1939): *Essays in the Theory of Economic Fluctuations* George Allen and Unwin, London.
Katz, M (1991): 'Game Playing Agents: Unobservable Contracts as Pre-commitment' *Rand Journal of Economics*, vol 22 no 3 pp 307–28.
Katz, M and Shapiro, C (1985): 'Network Externalities, Competition and Compatibility' *American Economic Review* vol 75 pp 424–39.
Katzner, D (1988): *Walrasian Microeconomics* Addison Wesley, MA, US.
Kavka, G (1986): *Hobbesian Moral and Political Theory* Princeton University Press, Princeton, US.
Kavka, G (1991): 'Review of Jules L Coleman: Markets, Morals and the Law' *Economics and Philosophy*, vol 7 no 1 pp 105–11.
Kavka, GS (1995): 'The Rationality of Rule Following' *Law and Philosophy* vol 14 no 1 pp 5–34.
Keynes, JM (1936): *The General Theory of Employment Interest and Money* Harcourt Brace, New York.
Khana, VS (1996): 'Corporate Criminal Liability' *Harvard Law Review* vol 109 pp 1477–96.
Kizer, JB (1976): 'Berlin's Two Essays on Liberty' *The Freeman* vol 26 no 9 pp1–10.
Klein, B (1988): 'Vertical Integration and Organizational Ownership' *Journal of Law Economics and Organization* vol 4 pp 199–213.

Klein, B and Leffler, KB (1981): 'The Role of Market Forces in Assuring Contractual Performance' *Journal of Political Economy* vol 89 pp 610–22.
Knack, S and Keefer, P (1995): 'Institutions, and Economic Performance' *Economics and Politics* November vol 7 no 3 pp 207–27.
Kogut, B (1993): *Country Competitiveness: Technology and the Organisation of Work* Oxford University Press, UK.
Kohlberg, E and Mertens, JF (1986): 'On the Strategic Stability of Equilibria' *Econometrica* vol 54 pp 1003–37.
Kohlberg, L (1971): *Stages of Moral Development* Harvard University Press, Cambridge, MA, US.
Komesar, NK (2002): *Law's Limits* Cambridge University Press, UK.
Koopmans, T (1957): *Three Essays on the State of Economic Science*, McGraw Hill, New York.
Korah, V (1994): *EC Competition Law and Practice* Sweet and Maxwell, London.
Korah, V (2004): *Competition Law of the European Communities* Lexis Publishing, London.
Kornhauser, LA (1982): 'An Economic Analysis of the Choice Between Enterprise and Personal Liability for Accidents' *California Law Review* vol 70 pp 1345–92.
Kornhauser, LA (1986): 'An Introduction to the Economic Analysis of Contract Remedies' *University of Colorado Law Review*, vol 57 pp 683–725.
Kornhauser, LA (1999): 'The Normativity of Law' *American Law and Economics Review* vol 1 nos 1 and 2 pp 3–25.
Kovacic, WE and Shapiro, C (2000): 'Antitrust Policy: A Century of Economic Thinking' *Journal of Economic Perspectives*, vol Winter pp 43–60.
Krecke, E (1998): 'Law and the Market Order' *Commentaries on Law and Economics* Dumont Institute for Public Policy Research, South Orange, New Jersey, US.
Kreps, D (1990): *Game Theory and Economic Modelling* Oxford University Press, Oxford.
Kreps, D and Spence, M (1984): 'Modelling the Role of History in Industrial Organization and Competition' in Feiwal, G [ed] *Contemporary Issues in Modern Microeconomics*, Macmillan Press, London.
Kronman, A and Posner, R (1979): *The Economics of Contract Law* Little, Brown & Co, Boston.
Krouse, CG (1990): *Theory of Industrial Economics* Basil Blackwell, Oxford.
Kuran, T and Sunstein, CR (1999): 'Availability Cascades and Risk Regulation' *Stanford Law Review* vol 51 pp 1131–92.
Laffont, J-J and Tirole, J (1987): 'Comparative Statics of the Optimal Dynamics Incentives Contract' *European Economic Review* vol 75 pp 597–626.
Laffont, J-J and Tirole, J (1993): *A Theory of Incentives in Procurement and Regulation* MIT Press, Cambridge, MA, US.
Laffont, J, Rey, P and Tirole, J (1998): 'Network Connection' *Rand Journal of Economics,* vol 29 no 1 pp 1–56.
Landes, W (1971): 'An Economic Analysis of the Courts' *Journal of Law and Economics* vol 14 pp 61–107.
Landes, W and Posner, R (1975): 'The Independent Judiciary as an Interest Group

Perspective' *Journal of Law and Economics* December pp 875–902.

Landes, W and Posner, R (1981): 'Market Power and Antitrust Cases' *Harvard Law Review* vol 94 no 5 pp 937–96.

Landes, W and Posner, R (1987): *The Economic Structure of Tort Law* Harvard University Press, Cambridge, US.

Larner, A (1966): 'Ownership and Control in the 300 Largest Non-financial Corporations 1929–1963' *American Economic Review* vol September.

Leibenstein, H (1966): 'Allocative Efficiency and X-efficiency' *American Economic Review* vol 56.

Lerner, A (1934): 'The Concept of Monopoly and the Measurement of Monopoly Power' *Review of Economic Studies* vol March pp 157–75.

Leventhal, GS (1980): *'What Should be Done With Ethical Theory?* in Gergen, KJ et al [eds] *Social Change* Plenum Press, New York.

Levine, M and Forrance, J (1990): 'Regulatory Capture, Public Interest and the Public Agenda' *Journal of Law, Economics and Organization* vol 6 pp 167–98.

Lewis, D (1989): 'The Punishment that Leaves Something to Chance' *Philosophy and Public Affairs*, vol 18 pp 53–67.

Lindenberg, E and Ross, S (1981): 'Tobin's q Ratio and Industrial Organization' *Journal of Business*, vol 54, pp 1–32.

Little, IMD (1950): *A Critique of Welfare Economics* Oxford University Press, London.

Little Red Hen (1981) 3rd Edition, Brimax Books, Cambridge, UK.

Lloyd, CL (1980): 'The Northern Stores Project' *Collected Works* of Business School at Simon Fraser University, Canada, cited in Katzner (1988).

Locke, J (1967): *Two Treatises of Government* Cambridge University Press, New York.

Lucas, RE (1978): 'On the Size Distribution of Business Firms' *Bell Journal of Economics* vol 9 no 2 pp 508–23.

Lundesgaard, J (1995): 'Contract Law and Economics: Breach by the Seller' unpublished mimeo.

Macneill, IR (1980): *The New Social Contract* Yale University Press, New Haven.

Macneill, IR (1985): 'Relational Contract: What We Do and Do Not Know' *Wisconsin Law Review* vol 3 pp 482–524.

Mailath GJ (1993): 'Perpetual Randomness in Evolutionary Economics' *Economics Letters* vol 42.

Mandeville, B (1975): *Fable of the Bees* Edited by Monro, H, Oxford University Press, Oxford.

Markham, JW (1951): 'Damages Caused by the Acquisition and Use of Monopoly Power' *American Economic Review* vol 41 pp 891–905.

Marsh, M and Soulsby, B (1989): *Business Law* McGraw Hill, London, UK.

Marshall, A (1920): *Principles of Economics* 8th Edition, Macmillan, London

Marwell, G and Ames, R (1979): 'Experiments on the Provision of Public Goods' *American Journal of Sociology* vol 84 no 6 pp 1335–60.

May, RM (1973): *Stability and Complexity in Model Ecosystems*, Princeton University Press, Princeton, US.

Maynard-Smith, J (1974): 'The Theory of Games and the Evolution of Animal Conflicts' *Journal of Theoretical Biology* vol 47 pp 209–21.

Maynard-Smith, J (1982): *Evolution and the Theory of Games* Cambridge University Press, Cambridge, UK.

McAfee, P and McMillan, J (1988): 'Multidimensional Incentive Compatibility and Mechanism Design' *Journal of Economic Theory* vol 46 pp 335–54.

McCormick, RE, Shuhgart, WF and Tollison, RD (1984): 'Disinterest in Deregulation' *American Economic Review* vol 74, pp 1075–9.

McDermott, J (1991): *Corporate Society* Westview Press, Oxford, UK.

McGee, J (1958): 'Predatory Pricing Cutting: The Standard Oil Case' *Journal of Law and Economics* vol October pp 137–68.

McGee, R (1994): 'Some Thoughts on the Relationship Between Property Rights and Immigration Policy' *Cleveland State Law Review* vol 42 no 3 pp 495–508.

McGee, R (1998): 'The Fatal Flaw in the Methodology of Law and Economics' *Commentaries on Law and Economics* Dumont Institute for Public Policy Research, South Orange, New Jersey, US.

McNutt, P (1988): 'A Note on Altruism' *International Journal of Social Economics* vol 15 no 9 pp 62–4.

McNutt, P (1992a): 'Economic Issues in Competition Policy' in McNutt, P and M Doherty [ed]: *Competition Policy and the 1991 Irish Competition Act*, Centre in Economics and Law, CIEL, University College Galway and Social Science Research Centre Press, Galway, Ireland.

McNutt, P (1992b): 'Mapping-Fairness: The Adaptation of the Schroeder-Bernstein Theorem to Economic Theory' *Pure Mathematics & Applications* vol 3 pp 175–85.

McNutt, P (1993): 'Rent-seeking and x-inefficiency' *Public Choice* vol 74 no 4 pp 371–8.

McNutt, P (1994): 'Ownership and the s-firm' in Burke, A [ed] *Enterprise and the Irish Economy* Oak Tree Press, Dublin.

McNutt, P (1996): *The Economics of Public Choice* 1st Edition, Edward Elgar Publishing, UK.

McNutt, P (1998): 'Legal Barriers to Entry and Compensation' in McGee, R [ed] *Commentaries on Law and Economics*, Dumont Institute for Public Policy Research, South Orange, New Jersey, US.

McNutt, P (2000a): 'The Landscape of Efficient Competition Law' *Irish Journal of European Law* vol 9 no 1 pp 38–52.

McNutt, P (2000b): 'The Appraisal of Vertical Agreements' in Rivas, J and M Horspool [ed] *Modernisation and Decentralisation of EC Competition Law* Kluwer, Netherlands.

McNutt, P (2001a): 'The Relevant Firm in European Merger Law' *World Competition* vol 24 no 1 pp 199–210.

McNutt, P (2001b): 'Internet and the Competitiveness Challenge' *Journal of Business and Entrepreneurship* vol 13 pp 107–17.

McNutt, P (2002): *The Economics of Public Choice* 2nd Edition, Edward Elgar, Cheltenham, UK and Northampton MA.

McNutt, P (2003): 'Taxonomy of Non-market Economics for European Competition Policy' *World Competition* vol 26 no 2 pp 303–32.

McNutt, P and Batho, C (2004): 'Employee Ownership and Governance' *International*

Journal of Social Economics.

McNutt, P and Doherty, M (1992): *Competition Policy and the 1991 Irish Competition Act* Centre in Economics and Law, CIEL, University College Galway and Social Science Research Centre Press, Galway, Ireland.

McNutt, P and Kenny, P (1998a): 'Regulation of the Taxi Market' *Discussion Paper* no 8/1998 Competition Authority, Dublin, Ireland.

McNutt, P and Kenny, P (1998b): 'Economic Power in Developing Economies' *International Journal of Development Planning Literature* vol 13 no 3 pp 275–83.

Menel, PS (1983): 'A Note on Private v. Social Incentives to Sue in a Costly Legal System' *Journal of Legal Studies* vol 12 pp 41–52.

Merkin, R (1987): 'Predatory Pricing or Competitive Pricing' *Oxford Journal of Legal Studies* vol 7 no 2 pp 182–214.

Milgrom, P and Roberts, J (1982): 'Predation, Reputation, and Entry Deterrence' *Journal of Economic Theory* vol 27 pp 280–312.

Milgrom, P and Roberts, J (1992): *Economics, Organization and Management* Prentice Hall, Englewood Cliffs, US.

Minow, M (1989): 'Law Turning Outward' *Discussion Paper* Harvard University Law School, mimeo.

Miscovich, P and Haider, D (2003): 'New Organizational Integration Models: Pre-course Materials' TS-Deal PwC, Atlanta.

Mishan, EJ (1981): *Economic Efficiency and Social Welfare* Allen and Unwin, London.

Mohring, H (1970): 'The Peak Load Problem with Increasing Returns and Pricing Constraints' *American Economic Review* vol 60 pp 639–705.

Monro, H (1975): *The Ambivalence of Bernard Mandeville* Clarendon Press, Oxford, UK.

Moore, HL (1906): 'Hypotheses in the Term Competition' *Quarterly Journal of Economics* vol XX February pp 10–15.

Mueller, C (1991): 'Antitrust in the Clinton Administration: Beware the National Champion Theory' *Antitrust Law and Economics Review*, vol 23.

Mueller, D (1980): *Public Choice* Cambridge University Press, New York.

Mueller, D (1986): *Profits in the Long Run* Cambridge University Press, Cambridge, UK.

Mueller, D (1992): *Lessons from the US Antitrust History* manuscript, University of Vienna.

Mueller, EN (1980): 'The Psychology of Political Protest and Violence' in Gurr, TR [ed] *Handbook of Political Conflict* Free Press, New York.

Nash, J (1950): 'The Bargaining Problem' *Econometrica* vol 18 pp 155–67.

Nash, J (1953): 'Two-person Cooperative Games' *Econometrica*, vol 21 pp 128–40.

Nelson, J (1970): 'Information and Consumer Behaviour' *Journal of Political Economy* vol 78 pp 205–15.

Nelson, J and Winter, A (1982) 'The Schumpeterian Trade-off Revisited' *American Economic Review* vol 72 pp 105–15.

Nelson, J and Winter, A (1982a): *An Evolutionary Theory of Economic Change* Harvard University Press, Cambridge, MA.

Nelson, P (1974): 'Advertising as Information' *Journal of Political Economy*, vol 82

no 4 pp 729–54.
Newman, P (1998): *The New Palgrave Dictionary of Economics and Law*, Macmillan, London.
Nicholson, AJ (1954): 'Dynamics of Biological Populations' *Australian Journal of Zoology* vol 2 pp 9–65.
Nolan, RL and Croson, DC (1995): *Creative Destruction* Harvard University Press, Boston, US.
North, D (1991): 'Institutions' *Journal of Economic Perspectives* vol 5 no 1 pp 97–112.
Nozick, R (1974): *Anarchy, State and Utopia* Basic Books, New York.
Odudo, O (2002): 'The Role of Specific Intent in Section 1 of the Sherman Act' *World Competition* vol 25 no 4 pp 463–91.
Offe, C (1984): *Contradictions of the Welfare State* Hutchinson, London.
Offe, C (1991): 'Capitalism by Democratic Design?' *Social Research* vol 58 no 4 pp 865–92.
Owen, G (1982): *Game Theory* Academic Press, New York.
Passmore, J (1966): *A Hundred Years of Philosophy* Penguin Books, London.
Paton, HJ (1964): *The Moral Law: Kant's Groundwork of the Metaphysics of Morals* Hutchinson, London.
Pejovich, S (1982): 'Karl Marx, Property Rights School and the Process of Social Change' *Kyklos* vol 3 pp 383–97.
Peltzman, S (1969): 'Issues in Vertical Integration Policy' in Weston, JF and Peltzman, S [ed] *Public Policy Towards Mergers* Chicago University Press, Chicago.
Peltzman, S (1976): 'Towards a More General Theory of Regulation' *Journal of Law and Economics* vol 19 pp 211–40.
Peltzman, S (1977): 'The Gains and Losses from Industrial Concentration' *Journal of Law and Economics* October, pp 229–63.
Peltzman, S (1979): 'The Causes and Consequences of Rising Industrial Concentration' *Journal of Law and Economics* vol 22 pp 209–11.
Peltzman, S (1989): 'An Economic Theory of Regulation After a Decade of Regulation' *Brookings Papers on Economic Activity*, vol Microeconomics, pp 1–41.
Penrose, E (1952): 'Biological Analogies in the Theory of the Firm' *American Economic Review*, vol 42 pp 799–810.
Perkins, HW (1997): 'College Student Misperceptions of Alcohol and Other Drug Norms Among Peers' in Perkins [ed] *Designing Alcohol and Other Drug Prevention Programs in Higher Education* The Higher Education Centre for Alcohol and Other Drug Prevention, Newton, MA, USA.
Perry, M and Reny, P (1994): 'A Noncooperative View of Coalition Formation and the Core' *Econometrica* vol 62 pp 795–817.
Phlips, L (1995): *Competition Policy: A Game Theoretic Perspective*, Cambridge University Press, UK.
Phlips, L and Moras, IM (1993): 'The AKSO Decision: A Case of Predatory Pricing?' *Journal of Industrial Economics* vol 41 pp 315–21.
Pierson, M (1994): *Beyond the Welfare State* Polity Press, UK.
Pleatsikas, C and Teece, D (2001): 'New Indicia for Antitrust Analysis' in Ellig, J [ed]

Dynamic Competition and Public Policy Cambridge University Press, UK.

Polinsky, M (1980): 'Strict Liability vs. Negligence in a Market Setting' Papers and Proceedings *American Economic Review* vol 70 pp 363–7.

Polinsky, M (1983): 'Risk-sharing Through Breach of Contract Remedies' *Journal of Legal Studies* vol 12 pp 424–44.

Polinsky, M (1989): *An Introduction to Law and Economics* 2nd Edition, Little, Brown, Boston.

Polinsky, M (2000): 'The Fairness of Sanctions' *American Law and Economics Review* vol 2 no 2 pp 223–37.

Polinsky, M and Shavell, S (1999): 'On the Disutility and Discounting of Imprisonment and the Theory of Deterrence' *Journal of Legal Studies* vol 28 pp 1–16.

Polinsky, M and Shavell, S (2000): 'The Economic Theory of Public Enforcement of Law' *Journal of Economic Literature* vol 38 pp 45–76.

Porter, M (1990): *The Competitive Advantage of Nations* Macmillan Free Press, New York.

Posner, R (1975): 'The Social Costs of Monopoly and Regulation' *Journal of Political Economy* vol 83.

Posner, R (1976): *Antitrust Law: An Economic Perspective* University of Chicago Press, Chicago.

Posner, R (1977): *Economic Analysis of Law* 2nd Edition, Little, Brown and Company, Boston.

Posner, R (1979): 'The Chicago School of Antitrust' *University of Pennsylvania Law Review* vol 127 pp 159–83.

Posner, R (1980): 'The Value of Wealth: A Comment on Dworkin and Kronman' *Journal of Legal Studies,* vol 9 pp 243–51.

Posner, R (1986): *Economic Analysis of Law* 3rd Edition, Little, Brown and Company, Boston.

Posner, R (1992): *Economic Analysis of Law* 4th Edition, Little Brown & Co, Toronto.

Posner, R (1993): 'Gary Becker's Contributions to Law and Economics' *Journal of Legal Studies* vol 22 pp 211–15.

Posner, R (1997): *Economic Analysis of Law* 4th Edition, Reprint, Little, Brown and Company, Boston.

Posner, R (1998): *Economic Analysis of Law,* 5th Edition, Aspen Law and Business, New York.

Posner, R (2001a): *Frontiers of Legal Theory* Harvard University Press, Cambridge, US.

Posner, R (2001b): *Antitrust Law: An Economic Analysis,* 2nd Edition, University of Chicago Press, Chicago.

Posner, R and Easterbrook, F (1981): *Antitrust: Cases and Economic Notes* 2nd Edition, University of Chicago Press, Chicago.

Prentice, DD and Holland, PRJ (1993): *Contemporary Issues in Corporate Governance* Clarendon Press, Oxford, UK.

Rabin, M (1993): 'Incorporating Fairness into Game Theory and Economics' *American Economic Review* vol 83 pp 1281–302.

Radin, M (1987): Market-inalienability' *Harvard Law Review* vol 100 pp 1845–53.
Ramsey, F (1927): 'A Contribution to the Theory of Taxation' in R Braithwaite [ed] *The Foundations of Mathematics and Other Logical Essays* Kegan Paul, London.
Rasmusen, E (1996): 'Stigma and Self-fulfilling Expectations of Criminality' *Journal of Law and Economics* vol 39, pp 509–21.
Rasmusen, E (2004): 'Agency Law and Contract Formation' *American Law and Economics Review* vol 6 no 2 pp 369–409.
Rawls, J (1955): 'Two Concepts of Rules' *Philosophical Review* vol 64 no 3 pp 1–10.
Rawls, J (1971): *A Theory of Justice* Harvard University Press, Cambridge, US.
Raz, J (1975): *Practical Reasons and Norms* Hutchinson & Co, London.
Raz, J (1994): *Ethics in the Public Domain: Essays in the Morality of Law* Oxford University Press, New York.
Ress, G (1994): 'Ex-ante Safeguards Against Ex-post Opportunism in International Treaties' *Journal of Institutional and Theoretical Economics*, vol 150 no 1 March pp 279–303.
Ricketts, M (1994): *The Economics of Business Enterprise* Harvester Wheatsheaf, London.
Rosen, S (1982): 'Authority, Control and the Distribution of Earnings' *Bell Journal of Economics* vol 13 no 2 pp 311–23.
Rosen, S (1992): 'Contracts and the Markets for Executives' in Werin, L and Wijkander, H [eds] *Contract Economics* Basil Blackwell, Oxford.
Ross, T (1988): 'On the Price Effects of Mergers in Freer Trade' *International Journal of Industrial Organisation* vol 2 pp 32–45.
Rotemberg, JJ (1991): 'A Theory of Inefficient Intrafirm Transactions' *American Economic Review* vol March pp 191–209.
Rousseau, JJ (1754): *The Social Contract and Discourses* translated by GDH Cole, 1913, JM Dent Publishing, London.
Rowley, C (1973): *Antitrust and Economic Efficiency* Macmillan Press, UK.
Rubin, PH (1977): 'Why is the Common Law Efficient?' *Journal of Legal Studies* vol 6 pp 51–64.
Rubin, PH (1982): 'Common Law and Statute Law' *Journal of Legal Studies* vol 11 pp 205–23.
Rubinfeld, D (1987): 'The Efficiency of Comparative Negligence' *Journal of Legal Studies* vol 16 pp 375–94.
Salanie, B (1998): *The Economics of Contracts* MIT Press, Cambridge, US.
Salop, S (2000): 'The First Principles Approach to Antitrust', *Antitrust Law Journal* vol 68 pp 12–21.
Salop, S and Scheffman, D (1983): 'Raising Rivals' Costs' *American Economic Review* vol 73 pp 267–71.
Samuelson, P (1950): 'Evaluation of Real National Income' *Oxford Economic Papers*, vol 2 pp 1-29.
Samuelson, P and Nordhaus, W (1998): *Economics* 16th Edition, McGraw Hill, US.
Schelling, TC (1960): *The Strategy of Conflict* Harvard University Press, Cambridge, US.
Scherer, FM (1980): *Industrial Market Structure and Economic Performance* 2nd

Edition, Rand McNally, Chicago.
Scherer, FM (1996): *Industry Structure Strategy and Public Policy* Harper Collins, New York.
Scherer, FM and Ross, D (1990): *Industrial Market Structure and Economic Performance* Rand McNally, Chicago.
Schmalensee, R (1985): 'Do Markets Differ Much?' *American Economic Review* vol 75 no 3 pp 341–52.
Schmalensee, R (2004): 'Sunk Costs and Antitrust Barriers to Entry', AEA Papers and Proceedings *American Economic Review* May pp 471–75.
Schmalensee, R and Willig, R (1989) *Handbook of Industrial Organization* North-Holland, Amsterdam.
Schumpeter, J (1934): *The Theory of Economic Development* Harvard University Press, Cambridge, US.
Schumpeter, J (1947): *Capitalism, Socialism and Democracy* Harper Press, New York.
Schwab, S (1989): 'Coase Defends Coase: Why Lawyers Listen and Economists Do Not' *Michigan Law Review*, vol 87 pp 1171–98.
Scitovsky, T (1941): 'A Note on Welfare Propositions in Economics' *Review of Economic Studies*, vol 9 pp 77–88.
Scitovsky, T (1971): *Welfare and Competition* Allen and Unwin, London.
Selten, R (1994): 'New Challenges to the Rationality Assumption' *Journal of Institutional and Theoretical Economics* vol 1 no 1 pp 1–12.
Sen, A (1982): 'Rights and Agency' *Philosophy and Public Affairs* vol 1 pp 1–15.
Sen, A (1987): *On Ethics and Economics* Basil Blackwell, Oxford.
Shapiro, C (1997): 'Commentary' *Jobs and Capital*, vol Winter pp 10–17.
Shapiro, C and Stiglitz, J (1984): 'Equilibrium Unemployment as a Worker Discipline Device' *American Economic Review* vol 74 pp 433–44
Sharkey, WW (1982): *The Theory of Natural Monopoly* Cambridge University Press, New York.
Shavell, S (1980): 'Damage Measures for Breach of Contract' *Bell Journal of Economics* vol 11 pp 466–90.
Shavell, S (1985): 'Criminal Law and the Optimal Use of Nonmonetary Sanctions as a Deterrent' *Columbia Law Review* vol 85 pp 1232–62.
Shavell, S (1987a): 'The Optimal Use of Nonmonetary Sanctions as a Deterrent' *American Economic Review* vol 77 pp 584–92.
Shavell, S (1987b): *Economic Analysis of Accident Law* Harvard University Press, Cambridge, US.
Shavell, S (2002): 'Law versus Morality as Regulators of Conduct' *American Law and Economics Review* vol 4 no 2 pp 227–57.
Shelanski, H and Sidak, G (2001): 'Antitrust Divestiture in Network Industries' *The University of Chicago Law Review* vol 68 no 1 pp 1–98.
Shleifer, A (2004): 'Does Competition Destroy Ethical Behaviour?' AEA Papers and Proceedings, *American Economic Review* May pp 414–18.
Shughart, WF II (1995): 'Antitrust Policy in Virginia and Chicago' *Kansas Journal of Law and Public Policy* vol 4 pp 27–33.
Sidak, G (2001): 'An Antitrust Rule for Software Integration' *Yale Journal on*

Regulation vol 18 no 1 pp 1–82.
Sidak, G and Spulber, D (1997): *Deregulatory Takings and the Regulatory Contract*, Cambridge University Press, UK.
Simon, HA (1957): *Models of Man* Wiley, New York.
Simon, HA (1979): 'Rational Decision Making in Business Organisations' *American Economic Review* vol September.
Sisk, DE (1985): 'Rent-seeking, Non-compensated Transfers and Laws of Succession: A Property Rights View' *Public Choice* vol 46 pp 95–102.
Smirlock, M, Gillagan, T and Marshall, W (1984): 'Tobin's Q and the Structure Performance Relationship *American Economic Review* vol 74 no 5 pp 1051–59.
Smith, Adam (1776): *The Wealth of Nations;* 1937 Edition, Modern Library, New York.
Smithers, A and Wright, S (2000): *Valuing Wall Street* McGraw Hill, US.
Spindler, Z and DeVanssay, X (1996): 'The Public Choice of Cartels', conference paper, European Public Choice Society, Tiberias.
Spulber, DF (1989): *Regulation and Markets* MIT Press, Cambridge, MA.
Sraffa, P (1926): 'Sulla Relazione fra costo e quantita prodotta' *Economic Journal* vol December, pp 277–378.
Stevens RB and Yamey, B (1965): *The Restrictive Practices Court* Weidenfeld and Nicholson, London.
Stewart, RE (1979): 'The Resource Allocation Role of Reviewing Courts' in Russell, CS [ed] *Collective Decision Making: Applications from Public Choice Theory* Johns Hopkins University Press, Baltimore, US.
Stigler, G (1955): *Business Concentration and Price Policy* Princeton University Press, US.
Stigler, G (1956): 'The Statistics of Monopoly and Mergers' *Journal of Political Economy,* vol 64 pp 33–40.
Stigler, G (1963): *Capital and Rates of Return in Manufacturing* Princeton University Press, Princeton, US.
Stigler, G (1964): 'A Theory of Oligopoly' *Journal of Political Economy* vol February pp 44–61.
Stigler, G (1968a): *The Organisation of Industry* Irwin, Homewood, Illinois, US.
Stigler, G (1968b): 'The Economic Effects of the Antitrust Laws' *Journal of Law and Economics* vol October pp 225–58.
Stigler, G (1971): 'The Theory of Economic Regulation', *Bell Journal of Economics,* vol 2, pp 3–21.
Stopford, J and Strange, S (1991): *Rival States, Rival Firms* Cambridge University Press, UK.
Sugden, R (1986): *The Economics of Rights, Cooperation and Welfare* Basil Blackwell, Oxford.
Summers, L (1988): 'Relative Wages, Efficiency Wages, and Keynesian Unemployment' *American Economic Review* vol 78 no 2.
Sunstein, R (1999): 'Behavioural Law and Economics: Progress Report' *American Law and Economics Review* vol 1 nos 2 and 3 pp 115–57.
Sutton, J (1991): *Sunk Costs and Market Structure* MIT Press, Cambridge, US.
Sutton, J (1998): *Technology and Market Structure* MIT Press, Cambridge, US.

Taylor, C (1993): *The Ethics of Authenticity* Harvard University Press, Cambridge, MA.
Taylor, F (1911): *The Principles of Scientific Management* Harper and Row, New York.
Temple-Lang, J (1998): 'Subsidiarity and Public Purchasing' *European Public Law* vol 4 no 1 pp 55–68.
Thaler, RH (1991) *Quasi-rational Economics* Sage Publications, New York.
Thurow, L (1975): *Generating Inequality* Basic Books, New York.
Tirole, J (1988): *The Theory of Industrial Organization* MIT Press, Cambridge, US.
Tobin, J (1969): 'A General Equilibrium Approach to Monetary Theory' *Journal of Money Credit and Banking*, vol 1 pp 15–29.
Tremblay, V (1987): 'Scale Economies, Technological Change and Firm Cost Asymmetries in US Brewing' *Quarterly Review of Economics and Business*, vol 27 pp 71–86.
Tremblay, V and Tremblay C (1988): 'The Determinants of Horizontal Acquisition' *Journal of Industrial Economics* vol XXXVIII no 1 pp 21–45.
Tullock, G (1967): 'The Welfare Costs of Tariffs, Monopolies and Theft' *Western Economic Journal* vol 5 no 3 pp 224–32.
Tullock, G (1989): *The Economics of Special Privilege and Rent Seeking* Kluwer Academic, Netherlands.
Tversky, A and Kahneman, D (1991): 'Loss Aversion in Riskless Choice: A Reference-Dependent Model' *Quarterly Journal of Economics* vol 106 pp 1039–61.
Tyler, TR (1990): *Why People Obey the Law* Yale University Press, New Haven, US.
Ulen, TS (1997): 'The Economic Case for Corporate Criminal Sanctioning' in Lofquist, WS, Cohen, MA and Rabe, GA [eds]: *Debating Corporate Crime* Academy of Criminal Justice, Andersen Monograph, US.
Utton, M (1995): *Market Dominance Antitrust Policy* Edward Elgar Publishing, UK.
Vanberg, V (1986): 'Spontaneous Market Order and Social Rules' *Economics and Philosophy* vol 2 pp 75–100.
Vanberg, V (1994): *Rules and Choice in Economics* Routledge Press, UK.
Vanberg, V (1997): *The Market and the State* University of Freiburg Press, Germany.
Vanberg, V (1998): *The Impossibility of Rational Regulation* Mont Pelerin Society, Plenary Lecture, Washington DC.
Vanberg, V and Buchanan, J (1988): 'Rational Choice and Moral Order' *Analyse und Kritik* vol 10 pp 138–60.
Van Den Brink, R (1997): 'An Axiomatization of the Disjunctive Permission Value for Games with a Permission Structure' *International Journal of Game Theory* vol 26 pp 27–43.
Van Gerven, W (2000): 'Of Rights, Remedies and Procedures' *Common Market Law Review*, vol 37 no 3 pp 501–36.
Varian, H (1992): *Microeconomic Analysis* 3rd Edition, WW Norton, New York.
Varian, H (2000): 'Buying, Sharing and Renting Information Goods' *The Journal of Industrial Economics*, vol XLVIII Dec pp 473–88.
Varley, GC, Gradwell, GR, and Hassell MP (1973): *Insect Population Ecology: Analytical Approach* Blackwell, Oxford.

Veljanovski, C (1990): *The Economics of Law: Introductory Text* Institute of Economic Affairs, London, UK.
Vickers, J and Yarrow, G (1989): *Privatisation: An Economic Analysis* MIT Press Cambridge, US.
Viscusi, W Kip (1993): 'The Value of Risks to Life and Health' *Journal of Economic Literature* vol 21 pp 1912–46.
Viscusi, W Kip (2000): 'The Value of Life in Legal Contexts: Survey and Critique' *American Law and Economics Review,* vol 2 no 1 pp 195–219.
Viscusi, W Kip, Vernon, J and Harrington, J (1995): *Economics of Regulation and Antitrust* MIT Press, Cambridge, US.
Von Weizsacker, C-C (1991): 'Antitrust and the Division of Labour' *Journal of Institutional and Theoretical Economics,* vol 147 no 1 pp 99–113.
Walras, L (1954): *Elements of Pure Economics* Allen & Unwin, London.
Warneryd, K (1993): 'Anarchy, Uncertainty and the Emergence of Property Rights' *Economics and Politics* vol 5 no 1 pp 1–14.
Waterson, M (1991): 'The Economics of Product Patents' *American Economic Review* vol 80 pp 860–69.
Weingast, B (1995): 'The Economic Role of Political Institutions' *Journal of Law, Economics and Organization* vol 11 no 1.
Weintraub, R (1979): *Microfoundations: Compatibility of Microeconomics and Macroeconomics* Cambridge Surveys of Economic Literature, Cambridge University Press, Cambridge, UK.
Weitzman, ML (1973): 'Free Access v Private Ownership as Alternate Systems for Managing Common Property' *Journal of Economic Theory* vol 8 no 2 pp 225–34.
Whincop, MJ (1997): 'Nexuses of Contracts' *University of New South Wales Law Review* vol 20 pp 274–310.
Whinston, M (1990): 'Tying, Foreclosure and Exclusion' *American Economic Review* vol 80 pp 182–98.
Whish, R (2003): *Competition Law* 5th Edition, Lexis Nexis Publishing, London.
Williams, JR (1999): *Renewable Advantage* Free Press, New York.
Williamson, O (1967): 'Hierarchical Control and Optimum Firm Size' *Journal of Political Economy* vol 75 pp 123–38.
Williamson, O (1968): 'Economics as an Antitrust Defence: The Welfare Trade-offs' *American Economic Review* vol 58 no 1 pp 18–36.
Williamson, O (1975): *Markets and Hierarchies: Analysis and Antitrust Implications* Macmillan/Free Press, New York.
Williamson, O (1979): 'Transaction Cost Economies: The Governance of Contractual Relationships' *Journal of Law and Economics* vol 19 pp 223–61.
Williamson, O (1985): *The Economic Institutions of Capitalism* Macmillan/Free Press, New York.
Williamson, O (1986): *Economic Organisation: Firms, Markets, and Policy Control* New York University Press, New York.
Williamson, O (1991): 'Comparative Economic Organisation: The Analysis of Discrete Structural Alternatives' *Administrative Science Quarterly,* vol 36 pp 269–96.

Williamson, O (1993): 'Calculativeness: Trust and Economic Organisation' *Journal of Law and Economics*, vol 36 no 1 pp 453–86.

Williamson, O (1996a): 'Economic Evolution: An Inquiry into the Foundations of the New Institutional Economics' *Economic Journal*, vol 106 pp 1791.

Williamson, O (1996b): *The Mechanisms of Governance* Oxford University Press, New York.

Wils, W (2002): *The Optimal Enforcement of EC Antitrust Law* Kluwer International, The Hague.

Wilson, E (1975): *Sociobiology* Harvard University Press, Cambridge, US.

Wilson, R (1991): 'Multiproduct Tariffs' *Journal of Regulatory Economics* vol 3 pp 5–26.

Wittman, D (1974): 'Punishment as Retribution' *Theory and Decision* vol 4 pp 209–37.

Wooton, R (1984): *A Functional Biology of Sticklebacks* Croom Helm, London.

Zerbe, R (2002): *Economic Efficiency in Law and Economics* Edward Elgar Publishing, UK.

Zsolnai, L (1997): 'Moral Responsibility and Economic Choice' *International Journal of Social Economics* vol 24 no 4 pp 355–63.

索　引

（页码为原著页码，即本书边码）

accidents 意外事故 99-100, 103, 109, 110-15, 116

acquisitions 兼并 294, 322-3

action 行为 3, 5, 6-7, 18-19, 266

Adelman, M. A. 阿德尔曼, M. A. 276, 316

adverse selection 逆向选择 310, 327

advocacy 倡议 191

agency law 代理法 64

agency relations 代理关系 39, 57, 74, 165

aggressive competition 289, 295, 302, 侵略性竞争 309

aggressive pricing 侵略性定价 173, 350-51, 360

Agreement to Fix Prices case study 协议定价案例 263-4

agreements 协议 32, 41, 85-6, 324, 330-31

see also contracts; horizontal Arrangements; vertical Arrangements 又见合同；水平安排；垂直安排

Air tours Case case study 航空案例研究 242, 247-9

Alchian, A. 阿尔钦, A. 15, 32, 41, 43, 73, 208

Alchian-Demsetz-Coase (ADC) firm 阿尔钦-德姆塞茨-科斯（ADC）企业 73

allocation disputes 分配争议 2-3, 4, 27, 89, 108

allocation rules 分配原则 3, 4-5

allocative efficiency 分配效率 147-8

altruism 利他主义 10, 11, 28, 74

anarchy 无政府状态 10, 118

antitrust 反托拉斯

and aggressive competition 与侵略性竞争 309

and cartels 与卡特尔 13, 20, 156, 179, 360

cases 案例 274-5

classic 古典的 280-81

and concentration 与集中 156-7

and criminality 与犯罪性 20

critical economic analysis 严格经济分析 242
definition 定义 13
and disputes 与纠纷 178-9
immunity from liability 免于承担责任 325-6
lemmas 引理 318-19
and mergers 与并购 361-2
and monopolies 与垄断 13, 105, 134-6, 166
negativity of 消极性 166-7
and non-market economics 与非市场经济学 238
and predatory pricing 与掠夺性定价 270
and price discounts 与价格折扣 351
and price discrimination 与价格歧视 350
and price-fixing 与价格协定 17, 20, 与价格操纵 176-7, 261, 271
and prices 与价格 340, 346, 360
and redistribution of rents 与租金的再分配 178-9
and regulatory agencies 与规制机构 13-14
and transaction cost economics (TCE) 与交易成本经济学 208
see also Clayton Act (US); competition law; Sherman Act (US) 又见《克莱顿法案》(美国); 竞争法;《谢尔曼法》(美国)
arbitrage 套利 132, 200, 仲裁 303-5, 306, 307
Areeda-Turner rule 阿里达-特纳规则 171-2, 269, 270
Aristotle 亚里士多德 118
Arrow, K. 阿罗, K. 24, 32-3, 41, 44, 316
Arrow-Debreu-McKenzie (ADM) model 阿罗-德布鲁-麦肯齐模型 11, 287
ASP (accidental sameness in price) 价格的偶然一致性 180-81, 276, 288-9, 360
average costs 平均成本 125, 227, 269, 270
average variable costs 平均可变成本 269, 270
Bain, J. 贝恩, J. 130, 218-20, 253, 276
Baker's Loaf case study 贝克面包案例 98
Bargaining 讨价还价 37-9, 45, 64-6, 68-9, 70-71, 72, 75, 363
bargaining costs 讨价还价成本 32, 45, 63, 65, 70
Barzel, Y. 巴泽尔, Y. 12, 16, 31, 34
Battle of Forms case study 形式战役案例 100, 101

battle the sexes 性别战 177-8

Baumol, W. 鲍莫尔, W. 130, 134, 148, 152, 212, 225, 226, 228, 230, 231, 245, 266, 297, 346

Bayer-Adalat and Intellectual Property Rights case study 拜耳-阿德莱特与知识产权案例 200-201, 202

Bayer-Adalat and Parallel Trade case study 拜耳-阿德莱特与平行贸易案例

Bayes's rule 贝叶斯准则 92, 93

Becker, G. 贝克尔, 33, 84, 237, 239, 285-6

behavior 行为 17, 18-20, 32

behavioral law and economics perspective 行为法则与经济学观点 22-9

beliefs 信念 22, 26, 55, 56

below cast pricing 低于成本定价 173-4, 223, 260, 267

benefits 利益 19, 利润 252, 254

Benthamite-utilitarian approach 边沁式功利主义方法 3, 6, 123

Berlin, Isaiah 柏林, 以赛亚 119

Bertrand enigma 伯川德悖论 275

Bicchieria, C. 比奇埃拉, C 20-21

bilateral exchange 双边交易 63-4, 85, 91-4

Binmore, K. 宾莫尔, K. 27, 42, 116, 332-3

biology 生物 284-5, 291

Boole, G. 布尔, G. 173

Boolean logic 布尔逻辑 172-3, 286-7

Boolean network 布尔网络 155, 157, 287, 298

breach of contract 违约 59, 61, 62, 63-4, 71-2,

Bronner (Oscar) GMBH &Co v. Media print case study 布朗纳（奥斯卡）股份有限公司与媒体印刷公司案例 143, 145

Brown Shoe v. US(1962) 布朗鞋业与美国诉讼案 255-7

Brussels *see* European Commission 布鲁塞尔见欧盟委员会

Buchanan, J. M. 布坎南, J. M. 29, 32, 45, 54

bureaucracy 官僚制度 210, 316, 346

business ethics 商业伦理 8-9

BWA (balancing weights approach) BWA(平衡权重方法) 215

Calabresi, G. 卡拉布雷西, G 100, 116

Calabresian tort analysis 卡拉布雷西侵权分析 98

Canada 加拿大 214-16, 339, 347, 351, 352, 353

care 照顾 103-4, 105-6, 110-11, 113, 115-18

  see also due care; duty of care 又见适当照顾；注意义务

索 引

cartels 卡特尔
 and antitrust 与反托拉斯 13,20,156,179,360
 as battle of sexes 性别战 178
 costs 成本 287,296
 definition 定义 13
 gains from 来自……的收益 273
 mapping-fair outcomes 映象式公平的结果 23
 pricing 定价 13,185,275,360
centralization 集中化 314
CFI, *Airtours v. EC* case study 原讼法庭,空中旅游公司与欧共体案例 242,249-50,339-40
Chandler, A. D. 钱德勒, A. D. 268-9
Chryssides, G. 克瑞斯顿斯, G. 6,7-8,9
cirualar neighbourhood 圆形邻域 72-3
civil cases 民事案件 190
Clark, J. M. 克拉克, J. M. 125,157,184,245,271
Clayton Act (US)《克莱顿法案》(美国) 197,305,340
club firms 俱乐部企业 167-8
clubs 俱乐部 18
Coase, R. 科斯, R. 4,34,63,81,254,316
Coase theorem 科斯定理
 and Edgeworth curve 与埃奇沃思曲线 70-71,82
 and firms 与公司 40,41,45,54
 and legal rights 与合法权利 35
 and ownership 与所有权 89,254
 and property rights 与财产权 133
 and rent-seeking expenditures 与寻租支出 16
Coleman, J. 科尔曼, J. 104
collective dominance 集体支配 156,249-50,302,307,339-40
collusion 共谋,合谋
 as 'bad' "坏的" 331
 and competition 与竞争 156
 and concentration 与集中 156,280,307,331
 and dominance 与支配地位 156-7,165-6,339
 and number of firms 与厂商数目 211-12
 and strategic interaction 与策略的相互影响 278
 types 类型 176-7
 and uncertainty 与不确定性 21
 see also cartels; price fixing; tacit collusion 又见卡特尔;价格协定;合谋
combat competition 斗争性竞争 155,291-2,296,307,315
Commercial Solvents v. Commission case study 商业溶剂公司诉欧盟委

员会案例 141-2
commodification 商品化 26-7, 29, 47, 49
common control 共同控制 322-3, 324
Common Control case study 共同控制案例 323
common law 普通法 2, 5-6, 15, 16, 34, 62, 74, 96, 101, 115
Community dimension test 欧共体标准 239-41
compensation 补偿
  and breach of contract 和违约 61
  distributional rankings 分配排序 79
  and market entry 与市场进入 131, 148, 149-50
  and opportunity costs 与机会成本 154, 170-71
  paradox of 矛盾 79-80
  and Pareto efficiency 与帕累托效率 79-80, 169-70
  and policy change 与政策变化 169-70
  and price-fixing cases 与价格协定案例 17
  and regulation 与规制 131, 148, 162
  and strict liability 与严格责任 103-4

  see also just compensation 又见公正赔偿
compensation tests 补偿标准 76-84, 214-15
competition 竞争
  and advocacy 与倡议 191
  assessment 评估 343-4, 362
  as an assumption 假设存在的 238-9
  and collusion 与共谋 156
  and concentration 与集中 130, 155-6, 与集中化 212, 292, 295-6
  and consumers 与消费者 178-9, 180, 192, 214, 256
  and contract law 与合同法 121
  and cooperation 与合作 22, 148, 314, 330
  and dominance 与占优 331
  versus economies of scale 对规模经济 220-21
  and efficiency 与效率 309, 331
  evolutionary economic approaches 演化经济方法 14-15, 260, 286-7, 295
  'as a form of friction' 作为一种摩擦形式 291
  and game theory 与博弈论 244-5
  as 'good' 作为"好的" 239, 261
  and incentives 与激励 188

injury to 对……的侵害 330-33

and innovation 与创新 245-6

and liberties 与自由 119,120-21, 123,154-5

and markets 与市场 156,157, 165,212,291,292,326-7

and moral hazard 与道德风险 327

non-price 非价格 195

presence 存在 157-8

and price-fixing 与价格协定 184, 261-2,276

and prices 与价格 13-15,151-3, 169-70,184,214,256-7,259, 260,261,276,280,284,297

as a process 作为一个过程 260, 283-4,285,286,307,309

and profits 与利润 169-70

and property rights 与财产权 123,133-6,167

and regulatory agencies 与规制机构 13-14,190-91,与监管机构 324-5,327

and rents 与租金 184

rules 规则 212

and technological progress 与技术进步 331

types 类型 155-6,260,274,275, 291-5

and welfare 与福利 192-3,202-3

see also aggressive competition; Boolean network; combat competition; contest competition; Cournot competition; domestic competition; fair competition; imperfect competition; international competitiveness; perfect competition; Schumpeter's competitive; process; scramble competition; workable competition 又见 侵略性竞争;布尔网络;斗争性竞争;竞赛性竞争;古诺竞争;国内竞争;公平竞争;不完全竞争;国际竞争力;完全竞争;熊彼特竞争力;进程;抢夺性竞争;可行性竞争

competition law 竞争法

and adverse selection 与逆向选择 310

common control 共同控制 322-3,324

compliance 服从 189,234-6

and contract law 与合同法 324-5

and criminality 与犯罪 197

and dominance 与支配地位 127-8,139,141,142-3,145,156-7

economic analysis 经济分析 2

enforcement 实施 238

escaping liability 逃避责任 333-4

and essential facilities 与关键设施 136-7

global 全球的 346, 347-8, 351, 363
guidelines 方针准则 310, 361-2
incompleteness 不完善 309
injury to competition 对竞争的损害 330-33
and liberties 与自由 120, 121, 253
net legal point 净法律要点 332-3
and non-market economics 非市场经济学 238, 239-43, 247-50, 251-2, 253, 256-7, 261-2, 280
obvious offences 明显的侵权 327-9
and prices 与价格 261-4, 332, 346, 352-3
and relevant firm 与相关企业 323-4
and supply chains 与供应链 352-3
trade-offs 公平交易 253
value 价值 329-35
see also antitrust; Clayton Act (US); essential facilities doctrine; Sherman Act (US) 又见反垄断;《克莱顿法案》(美国); 基本设施条例;《谢尔曼法》(美国)
competition policies 竞争政策
and compensation 与补偿 105
country differences 国家间的差异 312-13
and direction 与方向 197-206

and domestic 与国内的 312
and dominance 与支配地位 199
effectiveness 有效性 332, 340
and efficiency 与效率 200
enforcement 执行 203-4
fair competition 公平竞争 198-200
and firms 与企业 192-3, 199, 307, 343
global 全球的 346-8
and intellectual property 知识产权 200-202
and markets 与市场 121-2, 199, 274, 281-2, 286, 307, 321
modernization 现代化 120
and natural monopolies 与自然垄断 281, 313
and non-market economics 与非市场经济学 240-43
oligopolies 寡头 313
and rent-seeking 与寻租 203
and sanctions 与制裁 186-7
and signals 与信号 191
and vertical arrangements 与垂直安排 312, 313
competitive harm 竞争损害 178-9, 192-3, 竞争性危害 251-3, 342, 348-9
Competitive Impact Statement 竞争性影响声明 121, 126,

203, 362

compliance 遵守 17, 19, 28, 合规 163, 189, 234-6

concentration 集中

  and collusion 与共谋 155-6, 156, 280, 307, 合谋 331

  and competition 与竞争 130, 156, 212, 292, 295-6

  and consumer harm 与消费者损失 339

  and industry profits 与产业利润 285

  and natural monopolies 与自然垄断 212

  and prices 与价格 331

  regulation 规制 249

  and significant market power 与市场势力 298

confidentiality 机密 190-91

conflict, in s-firms s 型公司的冲突 46, 47, 52

consequentialism 实用主义 7, 106

consideration 赔偿费 86-7

Consideration case study 补偿费案例 86-7

constitutional equivalence 制度平等 28-9, 53-4

consumers 消费者

  and competition 与竞争 178-9, 180, 192, 214, 256

  harm 损害 254-5, 339, 342, 348, 355-6

  and law 与法律 8

  and markets 与市场 40, 193-4, 340

  and monoplies 与垄断 210

  preferences 偏好 284

  and prices 与价格 181, 184, 261, 270, 280-81, 342, 348, 349

  and product quality 与产品质量 211, 270

  and regulation 与规制 223

  welfare 福利 180, 340, 349, 355-6

contest competition 竞赛性竞争 155-6, 292, 293-5, 296, 307, 340

contestable markets 可竞争市场 184, 211, 212, 223-32, 271

contestable pricing 可竞争定价 225-6

contingencies 意外事故 89-90

contract law 合同法

  and agency law 与代理法 64

  and competition 与竞争 121

  and competition law 与竞争法 324-5

  and counter-offers 与对立报价 62

  definition 定义 57

  and equilibrium 均衡 75

  'mirror-image' rule "镜像"规则 62

  and neo-classical economics 新古

典经济学 58-60
objectivity 客观性 85-6
and risk 风险 97-9, 104
and tort law 民事侵权法 95
and transaction costs 交易成本 60-60, 69, 74-5
and voluntary obligations 与自愿性责任 12
contract theory 契约理论 74-5
contracting 签订契约
as bilateral exchange 作为双边交易 63-4
and the circular neighbourhood 与圆形邻域 72-3
costs 成本 100-101
definition 定义 58
and equality 与平等 69-70, 72, 75
and information 与信息 60, 65, 68-9, 81, 93-4
and the market 与市场 58, 60
and moral hazard 与道德风险 57, 99
and neo-Walrasian theory 新古典瓦尔拉定理 93-4
'off the contract curve' 偏离契约曲线 67-8, 69, 92-3, 94
principal-agent relationships 委托-代理关系 57, 63
and Walrasian theory 与瓦尔拉理论 91-3

see also Edgeworth-Bowley box; Edgeworth contracting 又见埃奇沃思-鲍利盒状图;埃奇沃思契约
contracts 合同
definition 定义 61
enforcement 执行 86-7
and fairness 与公平 86
and firms 63-4, 与厂商 208, 319
incomplete 不完全 61, 100
and p-firms 与 p 型公司 40
Pareto efficiency 帕累托效率 66-8, 72, 75, 86-7, 91-2, 94
and private order institutions 与私人秩序机构 12-13
and promises 与承诺 63-4, 84-91
and property rights 财产权 32, 33, 34, 60
s-firms s 型公司 25, 41-2, 44, 319
items 条款 100, 101
and time 时机 60-61, 86, 98
and transaction cost economics 与交易成本经济学 208
unfair 不公平 38
see also breach of contract; freedom of contract 又见违反合同;合同自由
cooperation 合作
and competition 与竞争 22, 148, 314, 330

and constituitional equivalence 与制度平等 53-4
and exchange 与交易 10
in legal system 在法律系统内部 22
and prices 与价格 176-7,278
successfulness 成功 22
see also cartels; club firms; clubs; collusion; duopolies; oligopolies; price-fixing 又见卡特尔;俱乐部公司;俱乐部;合谋;双寡头;寡头垄断;价格协定
cooperatives 协作的 44,45,53
Cooter,R. 库特,R. 19,20,60,67,84,88,95,96,103,104,109,118,359
cost structures 成本结构 269-70,271
costs 成本
of accident deterrence 意外事故预防 111-14
of accidents 意外事故 110-11
of bargaining 讨价还价 32,45,63,65,70
cartels 卡特尔 287,296
contracting 签订契约 100-101
and efficiency 与效率 254,313,318,331
ownership 所有权 44,205
p-firms p型公司 40

of sanction 制裁 105
and x-inefficiency 与 x 无效率 315,316
see also average costs; average variable costs; bargaining costs; LAC; LMC; marginal costs; monopoly costs; opportunity costs; social costs; sub-additive costs; sunk costs; transaction costs 又见平均成本;平均可变成本;议价成本;长期平均成本;长期边际成本;边际成本;垄断成本;机会成本,社会成本;次可加成本;沉没成本;交易成本
Counter-offer case study 对立报价案例 62
Cournot competition 古诺竞争 279,285
Cournot profits 古诺利润 277,279
Court of Instance (CFI) 初审法院 240,241,242,249-50,339-40
courts 法庭
consideration 赔偿 86-7
and contracts 与契约 74-5
and damages 与损失 82,83-4,87,88,99,358,359
and EU regulations 与欧盟规制条例 338,357
and reach of the law 法的边界

261,263,264
socially preferrd outcomes 社会偏好的结果 109
Crandall, R. 克兰德尔, R. 340,342
crime 犯罪 20.108,109,111,188-9,197
criminal cases 犯罪案例 190,191
CSS (consumer surplus standard) 消费者剩余标准 215
customers 消费者 317,348,349
damages 损失
    and contracts 与契约 64,71-2,82-4,87,88, costs 35
    and courts 与法庭 82,83-4,87,88,99, 与法院 358,359
    efficiency of 效率 104
    Hand formula 汉德公式 110-11
    legal rules 法规 36-7,64,71-2
DeAlessi, L. 德阿莱斯, L. 43,208
decentralization 分权化 199,205
decision-making 决策制定 2-5,7-8,12,15,106-8
decommodification 去商品化 47,56
DeJouvenel, B. 得琼维尼尔, B. 11,29
demand 需求 146,164,174,208,209,223-4,298,360
Demsetz, H. 德姆塞茨, H. 31,41,73,124,130,147,168,208,212,213,243

Demsetz's differential efficiency hypothesis 德姆塞茨效率差异假说 131,216,285
Denning principle 丹宁原则 101
deregulation 解除监管 2, 违反规定 56, 207, 209, 210-11, 不规则 232,347
Directorate Competition (DGIV) see European Commission 董事会竞争（DGIV）见欧盟委员会
discount pricing 打折定价 348,349,350,351
diseconomies 非经济性 46,53,294
disputes 争端 28,178-9
    see also allocation disputes 又见分配争议
distribution 分配 245, 312, 313-14,315
distributional rankings 分配等级 79
Distributional Shares case study 分配份额案例 79
Dnes, A. 丹尼斯, A. 31,61,75,98,111,359
domestic competition 国内竞争 198,312,321
dominance 支配地位
    and collusion 与共谋 156-7,165-6,339
    and competition 与竞争 331
    and competition law 与竞争法

127-8,139,141,142-3,145,156-7
and competition policies 与竞争政策 199
and liberties 与自由 121
and management 与管理 166
and mergers 与兼并 247-50
monopolies 独占,垄断 127,198
see also collective dominance; predatory pricing; Schumpeter's competitive process; super-dominance 又见集体支配；掠夺性定价；熊彼特竞争过程；超级主导
due care 应有的谨慎 105-6,115-16,117-18
duopolies 双头垄断 146-7,双寡头 225,290-91
duties 责任 5-6,7-8,12,17,19
duty of care 照顾的责任 154-5
Dworkin, R. 多肯, R. 96
Easterbrook, F. H. 伊斯特布鲁克, F. H. 33,155,316
EC Commission, Nestle-Perrier case study 欧共体委员会,雀巢-毕雷案例 299-302
EC Treaty 欧共体条约 238,242,337,338,362
ECMR (EC Merger Regulation) 欧共体合并条例 196,337,338-9
economic growth 经济增长 70

economies of scale 规模经济
and competition 与竞争 220-21,292
and concentration 与集中化 212
and entry barriers 与进入壁垒 146,218-20
and innovation 与创新 292
and mergers 与并购 222-3,294
natural monopolies 自然垄断 124-5,198,203,212
and predatory pricing 与掠夺性定价 270
and public policies 与公共政策 214
and Schumpeter's competitive process 与熊彼特竞争过程 272,283
and sub-additicve costs 与次可加成本 230
and vertical arrangements 与垂直安排 318,320
economies of scope 范围经济 225,230
Edgeworth-Bowley box 埃奇沃思-鲍利盒状图 11,61,63,64-6,70,71,72-3,78,91-4
Edgeworth contracting 埃奇沃思契约 61,64-6,67,68,69,70,71,75,78,82-3,117
efficiency 效率
allocation disputes 分配争议 3,4

and bargaining 与讨价还价 68-9, 70-71, 72, 75
common law 普通法 15
and competition 与竞争 200, 309, 331
and costs 与成本 245, 313, 318
of damages 损失的效率 104
and distribution 与分配 312, 313-14
economics 经济学 16, 经济效率 96
and ethics 与伦理学 4, 5-9
governments 政府 81
laws 法律 15-16, 105, 117
and legal rules 法规 15-16, 36-9, 185
and monopolies 与垄断 203, 209, 214-16
and morality 道德 96
and property rights 与财产权 35-6, 38-9
and public ownership 与公共所有权 209-10
statutory law 法定法律 15
and value-maxising principle 与价值最大化原则 3
and vertical restraints 与垂直约束 311-12
see also inefficiency; Pareto efficiency; Posnerian efficiency; wealth maximisation; x-efficiency; x-inefficiency 又见无效率; 帕累托效率; 波斯纳效率; 财富最大化; x效率; x无效率

efficient entry 有效进入 125, 129, 145-53, 155, 205, 275
efficient entry price 有效进入价格 148-51, 155, 159-60, 169, 205, 275
efficient market structure 有效市场结构 210
elasticity, prices 弹性, 价格 208, 217, 222, 226
elasticity of care 关照的弹性 117-18
elasticity of demand 需求弹性 298, 360
elasticity of supply 供给弹性 298-9
electricity industry 电力行业 140-41, 209, 231
Elzinga-Hogarty test 埃尔津加与霍伽特检验 122, 123
EMCR (EU Merger Control Regulation) 欧盟合并条例 238, 239, 242
emission tax 排放税 19, 20
employees 雇员 189
employers 雇主 269
end-states 最终状态 3-4, 89, 96, 98
entrants, new 新进入者 147, 272
entrants potential 潜在进入者 129, 131, 133, 154, 165

entepreneurship 企业家 40-41,52, 268,269
entry barriers 进入壁垒
 and economies of scale 与规模经济 218-21
 and efficient contracting 与有效契约 131
 endogenous 内生的 331-2
 essential facilities 关键设施 145
 and incumbent firms 与在位企业 123-4,166
 legal 法律的 123-4,125,148,154, 162,169,170,213-14,230
 and moral hazard 道德风险 169, 170-71
 and profits 与利润 126,130
 and property rights 与产权 129, 168-9
 and regulation 与规制 123-4,129-30,169-70,184,231
entry conditions 进入条件 123-124, 129-130,169-70,184
entry function 进入函数 146-7
entry price 进入价格
 and competition 与竞争 126,134, 155
 and liberties 与自由 123,124
 and opportunity costs 与机会成本 128-9,149-50,155
 and public good 与公共品 163-4
 see also efficient entry price 又见有效进入价格
equality 平等 69-70,72,75
equilibrium analysis 均衡分析 20-22,163
equilibrium prices 均衡价格 164
escaping liability 逃避责任 333-4, 357-64
essential facilities doctrine 关键设施原则
 definition 定义 136-7
 EU cases 欧盟案例 141-5
 evolution 进化 137-8
 and regulation 与规制 138-9, 140,278
 and small islands 与小岛 139-41
estoppel 禁止 90-91
ethics 伦理学 4,5-9,27
EU Competition Directorate 欧盟竞争总署 242,245,251,280,360
Europe 欧洲 46,47,50-51,192, 243,278
European Commission 欧盟委员会
 competition policies 竞争政策 198,312
 essential facilities doctrine 关键设施原则 136-45
 and EU regulations 与欧盟规制 196,238,239,242,338,344-5,357

and liability 与责任 189

markets 市场 122,125,239

and mergers 并购 196-7,239-40, 241-2,248-50,296-7,298-302

and predatory pricing 与抢夺性定价 270

tying 搭售 305

and vertical arrangements 与垂直安排 194,315

European Court of Justice 欧洲审判法庭 241-2,248,348

European integration 欧洲一体化 198-200,239,240,245

European Union 欧盟

competition 竞争 194,195

competition law 竞争法 120,127-8,135,156,157,189,238,261-2,322-4,346,347,360-61

competition policies 竞争政策 120,197-202,204,205,240-43, 274,307,312-13,321

discount pricing 价格折扣 350

geographic maket definition 地理市场的界定 121-3,239

innovation 创新 245

intellectual property rinights 知识产权 200,201,202

and mergers 与并购 196-7,238, 239-42,247-50

national strategic firms 国家战略企业 342-4

non-market economics 非市场经济 280

regulation 规制 138-9,192-3

regulations 规制 196,238,239, 242,337-41,344-5,347-8

telecommunications liberalization 电信自由化 228-9

evolutionary economic approaches 演化经济方法 14-15,81-2,260, 265,267-8,286-7,295

exchange 交易

analysis 分析 178-81

and bargaining 与讨价还价 64-6,363

and cooperation 与合作 10

'hold' 延迟 32

and legal system 与法律体系 12-13

and ownership 与所有权 10, 11-12

and Pareto efficiency 与帕累托效率 66-7,91-2

and property rights 与财产权 32, 33,39

see also contract law; contracting; contracts 又见合同法;订立合同;合同

exhaustion of rights 权利耗尽 200-202

索 引

exit, market 退出市场 292, 313
exit barriers 退出障碍 233
expected costs 期望成本 18-20, 22, 105
expected utility 期望效用 18-19, 26
expendable competitors 可消耗的竞争者 192-3, 254-5, 362
externalities 外部性 17-18
Fable of the Bamboo Flute case study 竹笛寓言案例 2-3, 4, 5, 6, 7, 11-12, 27, 89, 96, 108
Factory case study 工厂案例 99, 104
fair competition 公平竞争 194, 198-200
fairness 公平 22-3, 26, 86, 100-103, 108, 267, 363
Farmer Versus Rancher Paradox case study 农场主与牧场主冲突案例 35-6
Farrell, J. 法雷尔, J. 169-70
fault 过失 104-5
Federal Trade Commission (FTC) 联邦贸易委员会 191, 219, 221, 254-5, 297, 312
fees 费用 261, 262-3
fines 罚款 19, 20, 罚金 186-7, 189
firms 企业
　and contracts 与契约 63-4, 与合同 208, 319
　control 控制 322-4

decision-making 决策制定 7-8
duties 责任 8
ethics 伦理, 道德 8-9
evolution 演化 8-9, 267, 268
and government 与政府 55
hierarchical structures 等级结构 52, 73, 74
incentives 激励 43-4
inefficient 无效率 254, 267
and information 与信息 268-9
as legal entities 法律实体 73-4
and markets 与市场 193-4, 207-8, 243-4, 290-91
multi-product 多产品的 227-8, 230
number of 数目 207-8, 211-12, 291, 293-6
see also concentration 又见集中化
as organizational entities 组织实体 73-4
ownership structures 所有权结构 325
and rational individuals 与理性人 29
regulated 被规制的 55, 192-3
routines 路径 268-9
size 规模 192, 199, 272-3, 276, 278, 291, 292, 296-7, 316, 319
sovereignty 主权 155

structure 机构 32-3, 194
theory of the firm 企业理论 243-4
threats external 外在威胁 293, 294
and time 与时间 266, 307
see also club firms; entrants, new; entrants, potential; incumbent firms; large firms; n-boss firms; neo-classical firms; p-firms; rival firms; s-firms; small domestic businesses; small firms 又见俱乐部公司；进入；新进入者；潜在进入者；在位企业；大型企业；n个老板的企业；新古典企业；p型企业；竞争对手；s型企业；小型国内企业；小企业
fixed costs 固定成本 208, 209, 280, 290
Folk Theorem 无名氏定理 176-7
Ford Pinto case study 福特斑马车 107-8
Foreign Discoverability case study 国外发现能力案例 360-61
formal contracts 正式契约 85
freedom 自由 119, 194
freedom of contract 契约自由 59
friction 摩擦 291
Friedman, D. 弗里德曼, D. 13, 26, 36-9, 75, 83-4, 185, 188-9

Friedman, J. 弗里德曼, J. 176-7, 245
Friedman, M. 弗里德曼, M. 238-9
Friedman's Sinking Ship case study 弗里德曼沉船案例 37-9
Game theory 博弈论 3-4, 175-8, 187-8, 244-5, 246-7, 266, 274, 286, 289
GE/Honeywell case study 通用电气与霍尼韦尔公司合并案 240, 281, 174
general will of society 社会的一般意愿 29
Geographic market definition 地理市场界定 121-3, 239, 332
G-groups G组 118
global competition law 全球竞争法 346, 347-8, 351, 363
globlisation 全球化 307, 346-8, 349, 362-3
governments 政府 47, 54-5, 55, 70, 72, 81, 121
Hand formula 汉德公式 110-11
Harberger triangle 哈勃格三角 341-2
harm 损害
  to competitors 对竞争者 178-9, 192-3, 251-3, 342, 348-9
  to consumer 对消费者 254-5, 339, 348, 355-6
  to strategic firms 对战略公司 357

see also collusion 又见合谋
Harsanyi, J. 哈桑伊, J. 12, 116
Hart, H. L. A. 哈特, H. L. A. 17, 19, 28, 163
Hart, O. 哈特, O. 60, 74
Hassell, M. 哈斯, M. 285, 291
HHI Index 赫芬达尔指数 280, 285
hierarchical structures 等级结构 52, 73, 74, 81
'hold-up' 延迟 32, 34, 45, 54, 68
Holmstrom, B. 霍姆斯特姆, B. 64
homestead principle 宅基地原则 34, 68, 70, 74
homo economicus 经济学人 118
Honore, A. M. 奥诺雷, A. M. 31-2
horizontal arrangements 横向并购 294, 320, 330
horizontal restraints 横向约束 261
Hugin v. Commission case study 哈根公司与欧盟委员会案例 144
Hypothetical Compensation case study 假定补偿案例 70
imperfect competiton 不完全竞争 194, 216, 233, 243, 281,
incentives 动机 18, 19-20, 33, 43-4, 激励 184, 188
income 收入 31-2, 33, 69, 75
incumbent firms 在位企业
　and efficient entry 与有效进入 131, 145-9

　extant plaryers 在位者 166
　investment 投资 124, 154-5
　liberties 自由 120-21, 132, 137, 153, 169, 342, 347-8
　property rights 产权 133, 154-5, 169-70
　and regulation 与规制 119, 123-4, 139, 154
　responses 反应 164-6
　see also contestable market; entry barriers; entry conditions; perfectly contestable markets 又见可竞争市场；进入壁垒；准入条件；完全竞争市场
individuals 个体 16-17, , 18-19, 22-3, 25-6, 26, 28, 108
industry elasticity 产业弹性 278, 280
ineffciency 无效率 16, 38-9, 254, 267
　see also efficiency; x-efficiency; x-inefficiency 又见效率；x 效率；x 无效率
Inflexible Firms case study 不随市场变化而变化的企业案例 279
Information 信息
　and allocation disputes 与分配争议 2-3, 4, 27, 89, 108
　constraints 限制 27-8, 34
　and contracting 与签约 60, 65, 68-9, 81, 93-4
　disclosure 披露 190-91

and firms 与企业 268-9
and prices 与价格 223, 289-90
see also knowledge 又见知识
informational asymmetries 信息不对称 24, 68, 93, 193
injunctions 禁令 35, 36
injuries 损害 109
innovation 创新
 and competition 与竞争 158
 and deregulation 与解除监管 2
 and economies of scale 与规模经济 227, 292
 and efficient entry 与有效进入 145
 and markets 与市场 264, 266-7, 307
 and monopolies 与垄断 206
 and prices 与价格 162, 346
 rewards for 报酬 245-6
 and technological progress 与技术进步 331
 and uncertainty 与不确定性 290
 see also R&D; Schumpeter's competitive process; technology 又见研究与开发;熊彼特竞争过程;技术
institutional frameworks 制度框架 212-13
institutions evolution of 制度演化 12-13, 29, 72-3, 81
insurance 保险 99, 109
intellectual property rights 知识产权 145, 158, 200-202
inter-citizen solutions 民间解决办法 18
interest groups 利益集团 15, 164
interests, and regulation 利益与规制 120
international competitiveness 国际竞争力 198, 312, 346
internet 互联网 151, 247
Interval of Exchange case study 交换的时间间隔案例 98
investment 投资 41, 47, 124, 154-5, 346
Ireland 爱尔兰 197-8, 262-3, 313
Jevons, W. S. 杰文斯, W. S. 173
just compensation 公平补偿 82, 109, 公正的补偿 162, 168-70
justice 正义 28, 法官 88-9
Kahneman, D. 卡尼曼, D. 106
Kahn's short period 卡恩的短期 216, 279-80, 282, 290
Kaldor-Hick compensation tests 卡尔多-希克斯补偿检验 16, 17, 69, 76-7, 82, 84, 215
Kaler, J. 卡勒, J 6, 7-8, 9
Kantian calculus of duty 康德式的责任计算 12, 19
Kantian reason 康德理性 3-4, 5, 6-7
Katzner, D. 卡兹纳, D. 9, 66, 91, 92
Kenny, P. 肯尼, P. 70, 169

knowledge 知识 24,32,44

Kohlberg,L. 科尔博格,L. 25-6

Korah, V. 科拉, V. 249, 339, 340, 349,363

Kornhauser, L. A. 科恩豪斯, L. A. 17,19-20,21,22,58,84

labelling 标记 205-6

labour hours 劳动时间 50-51

labour input see commodification; work-effort 劳动投入见商品化;工作努力

labour market 劳动力市场 47,51-2

LAC (long acerage costs) 长期平均成本

 and contestable markets 与可竞争市场 224

 and cost structures 与成本结构 269

 and economies of scale 与规模经济 227

 and efficient entry 与有效进入 149,150

 natural monopolies 自然垄断 209

 and prices 与价格 13-14, 149, 150,225,277

 and social surpluses 与社会剩余 167

 and sub-additivity of costs 与成本次级可加性 225

Laffont,J. 拉丰,J. 148-9

land 土地 74,75

Landes, W. 兰蒂斯, W. 146, 277-8,298

large frims 大企业

 and competition law 与竞争法 202,203

 and competition policies 与竞争政策 199,343

 disadvantages 劣势 319

 and economic cycles 与经济周期 192

 and innovation 与创新 272, 283, 292

 pricing 定价 171

 see also economies of scale 又见规模经济

last clear chance principle 最后机会原则 358-9

law 法律

 efficiency 的效率 15-16,105,117

 enactment 的建立 22

 enforcement 的实施 22,执行,履行 117

 existence 的存在 28-9

 fairness 公平 100-103

 indeterminacy 不确定性 96-7,118

 and neo-classical equilibrium 与新古典均衡 80,81

 and neo-Walrasian theory 与新古典瓦尔拉理论 93-4

 and rights 与权力 120,253

and social values 与社会价值观 25-6

whistle-blowers 告密者 190-91, 234-6

see also agency law; antitrust; common law; competition law; contract law; legal rules; legal system; moral law; natural law; normative law; reach of the law; tort law; universal laws 又见代理法律;反垄断;普通法;竞争法;合同法;立法规则;法律体制;道德准则;自然法;规范性法律;法律的边界;侵权法;普遍规律

law and economics paradigm 法经济学范式 11-12, 15-22, 73-4, 75, 82

least worst-off consumer standards 消费者损失最小原则 355-6

least-cost avoider principle 最小成本避免原则 98, 99-100

legal duties 法律责任 5-6

legal entry barriers 进入的法律壁垒 123-4, 125, 148, 154, 162, 169, 170, 213-14, 230

legal monopolies 法定垄断 145

legal rights 法律权利 5-6, 35

legal rules 法律规则

and battle of the sexes 与性别战 177-8

and contracts 与契约 38, 86

efficiency 效率 15-16, 36-9, 有效性 185

enforcement 执法 101-2

and equilibrium analysis 与均衡分析 20-22

as incentive 作为激励 19-20

and individual's behavior 与个人行为 17, 19

and Kaldor-Hicks efficiency 与卡尔多-希克斯效率 16

legitimacy 合法性 16

and obligations 与义务 163

and Pareto efficiency 与帕累托效率 15-16

and society 与社会 109-10, 118

and transaction costs 与交易成本 16

legal system 法律体系 12-13, 28

Lerner Index 勒纳指数 277, 278, 280

leximin pricing 莱西明定价 355, 356

liability rules 责任规则 12, 20, 赔偿责任原则 103-8, 357-9

liberalization 自由化 127, 139, 210, 228-9, 341

liberties 自由 119, 120-21, 123-4, 129, 132-3, 153-5, 169

see also negative liberties; positive liberties 又见消极自由;积极

自由

LIFO test LIFO 检验 122-3

litigation 诉讼 8,185,187

Little Red Hen (LRH) case study 小红母鸡案例 10-11,12,17,26, 27,29,81

Lloyd's Pricing and Arbitrage case study 劳尔德定价与套利案 303-4,306

LMC (long-run marginal costs) 长期边际成本

 and contestable markets 与可竞争市场 224

 and economies of scale 与规模经济 227

 and efficient entry 与有效进入 129,148,149,150

 and internet 与互联网 247

 natural monopolies 自然垄断 209

 and prices 与价格 13-14,148, 149,150,151-2,173,275,277

 and regulation 与管制 223,233

 and social surpluses 与社会剩余 167

LOFI test LOFI 检验 122,123

long-run competitive prices 长期竞争性价格 288,289

long-run equilibrium price of entry 进入的长期均衡价格 150,155

long-run profit maximization 长期利润最大化 40

making defendants whole 没收被告所得 264-5

making plaintiffs whole 把被告当作一个整体 265

management 管理

 and collusion 与合谋 212

 conduct 行为 234-6

 and neo-classical firms 与新古典企业 74,75,164-5,243-4

 and p-firms 与 p 型企业 40, 41,243

 psychology 心理学 311-12

 reputation 声誉 233-4

 rule 的规则 26-7

 and s-firms 与 s 型企业 33,41, 43,44,45,49,51,52,54,244

 and workers 与工人 165,189

 and x-inefficiency 与 x 无效率 315-16

management indifference curves 管理层无差异曲线 233-4

Mandeville, B. 曼德维尔, B. 110,356

mapping-fairness 映象式公平 23,反应公平 102

marginal costs 边际成本

 and arbitrage 与套利 304-5

 and cost structures 与成本结构 269,270

 and efficient entry 与有效进入

151
and prices 与价格 146,172,223,256,259,280
zero 零 151
see also LMC (long-run marginal costs) 又见长期边际成本

marginal revenue 边际收入 172,259,269,303-5

market definition template 市场界定模板 277-8,296

market failures 市场失灵 244,262-3,281,341-2

Market Failures and Copyright Fees case study 市场失灵与版权费案例 262-3

market power 市场势力
and allocative efficiency 与分配效率 147
assessment 评估 157,264
and liberties 与自由 121,124
and market share 与市场份额 276-8,282,298
and prices 与价格 256,267,297-8
and regulation 与规制 123,124
and unilateral effects 与单方效果 339

market prices 市场价格
and demand 与需求 164
and equilibrium 与均衡 161,162-3
and LRH model 10,11,12,27 与小红母鸡模型
and market power 与市场势力 256,267,297-8
and oligopolies 与寡头垄断 302
and property rights 与产权 34,119

market share 市场份额
and competition 与竞争 156,157,165,291,292
and competition policies 与竞争政策 199,321
and market power 与市场势力 276-8,282,298
and vertical arrangements 与垂直安排 315,320

market systems 市场体系
and competition policies 与竞争政策 281-2,286
concept of 含义 265-6
and economic time 与经济时间 266
as evolution 演化 267-8
and innovation 与创新 266-7,307
and market structure 与市场结构 292-3,295-302
and predatory pricing 与抢夺性定价 270-71
and time 与时间 302

markets 市场

and competition 与竞争 212, 326-7

and consumers 与消费者 40, 193-4, 340

and contracting 与签订契约 58, 60

definition 定义 264, 277-8, 296-9, 333

and firms 与企业 193-4, 与厂商 207-8, 243-4, 290-91

geographic definition 地理学界定 121-3, 239, 332

and governments 与政府 121

and obligations 与义务 162

selection 选择 290-91

and strategic behaviour 与策略行为 163-4, 264

structure 结构 208, 212, 266, 274, 292-3, 295-302

and time 与时间 209, 266

Markham, J. W. 马克汉姆, J. W. 212

Markovian process 马尔科夫过程 150-51, 159-60

Marshall, Alfred 马歇尔, 阿尔弗雷德 15, 216, 267, 291

matching pennies 匹配罚金 187-8

maximin rule 最大最小原则 107, 355

maxims, of action, 行为的真理 3, 6-7

McNutt, P. 麦克纳特, P. 18, 23, 25, 39, 43, 46, 65, 70, 81, 88, 102-3, 119, 123, .129, 147, 169, 170, 198, 229, 232, 246, 272, 275, 288, 289, 313, 317, 318-19, 335, 341, 353, 355

merger policies 并购政策 192-3, 兼并政策 222-3, 240-41, 247-50, 299-302

mergers 并购

and antitrust law 与反托拉斯法 361-2

and common control 与共同控制 322-3

and contest competition 与竞争性竞争 293-5

and dominance 与支配 247-50

and economies of scale 与规模经济 219, 294

prices 价格 214, 215, 216

regulations 管制 213, 337-41, 342-8

SIEC test 严重妨碍有效竞争标准 196-7, 238, 338, 339, 340

vertical restraints 纵向约束 240

and welfare 与福利 214-16, 217-18, 221-2

and x-inefficiency 与 x 无效率 222

MES (minimum efficient scale) 最小效率规模 209, 214, 219, 220, 223,

224,225,259,270

Milgrom, P. 米尔格罗姆, P. 39, 41, 57, 68, 73-4, 118, 327

mixed duopolies 混合双头垄断 146-7

monopolies 垄断

 and antitrust law 与反托拉斯法 13, 105, 134-6, 166

 as 'bad' "坏的" 166, 206, 213, 239, 261, 309

 and consumers 与消费者 210

 domestic 国内的 198

 dominance 支配地位 127, 198

 economies of scope 范围经济 225-6

 efficiency 效率 203, 209, 214-16

 and government 与政府 55

 innovation 创新 206

 legal 法定的 127

 and liberties 与自由 123, 124, 132-3, 153, 342

 and paradox of price 与价格悖论 13-14

 price discrimination 价格歧视 202, 303-5, 306-7

 regulation 规制 123, 124, 125-6, 127-8, 132-6, 153, 154

 rent-seeking 寻租 123, 124, 126

 transient 暂时的 228-9, 341

monopoly costs 垄断成本 217, 225, 226, 227

monopoly power 垄断势力 187, 198, 206, 垄断力量 212, 222, 264, 321

monopoly prices 垄断价格

 and competition policies 与竞争政策 271

 and efficiency 与效率 217-18

 Lerner index 勒纳指数 277, 278, 280

 and predatory pricing 与抢夺性定价 171, 173

 and R&D 与研发 206

 and Schumpeter's competitive process 与熊彼特竞争过程 195-6, 313

monopoly profits 垄断利润

 and assets 与资产 147

 and contestable markets 与可竞争市场 224, 227

 and entry barriers 与进入壁垒 169, 220

 and fines 与罚金 186

 and prices 与价格 181

 and regulation 与规制 123

 as rent-seeking 作为寻租 232

 and Schumpeter's competitive process 与熊彼特竞争过程 194, 195-6, 313

Moore, H. L. 穆尔, H. L. 291

moral hazard 道德风险
    and accident prevention costs 与意外事故防范成本 112-13
    and competition 与竞争 327
    and competition law 与竞争法 310,322
    and contracting 签订契约 57,99
    and entry barriers 与进入壁垒 169,170-71
    and entry prices 与进入价格 129
moral law 道德法则 6-7
morality 道德 3-4,5,6-7,96,234-6
morality metric 道德标准 105-8, 110-11
motivation 动机 17,20,45-6,163
multi-lateral rivalry (MLR) 多边竞争 228,229-30,231
multi-product markets 多产品市场 227-8,230,320,351
mutual interest 相互利益 12,42,54
n-boss firms n个老板的公司 24
n-Tuple pricing n 重定价 153,174-5
Nash, J. 纳什, J. 266
Nash duopoly 纳什双头垄断 147
Nash equilibrium 纳什均衡 175-6, 178,187-8,279
national competition agencies (NCAs) 国家竞争管理机构
    and Competitive Impact Statements 与竞争性影响声明 203-4
    and compliance programmes 与遵守规则 189
    and essential facilities doctrine 与关键设施原则 139
    and EU regulations 与欧盟规制法案 338,341-2,345,357
    and market failures 与市场失灵 341-2
    and negative liberties 与消极自由 352
    as price regulators 作为价格规制者 353
    and whistle-blowers 与告密者 310
national strategic firms 国家战略性企业 342-4,357
nationalization 国有化 210
natural law 自然法则 11
natural monopolies 自然垄断
    and antitrust 与反托拉斯 13
    and competition policies 与竞争政策 281,313
    and concentration 与集中化 212
    and contestability 与可竞争性 223-4
    and costs 与成本 209
    definition 定义 227,228,229,333
    and economies of scale 与规模经济 124-5,198,203,212
    and sub-additivity of costs 与成本次可加性 224,229,230

and x-inefficiency 与 x 无效率 315
　　see also essential facilities doctrine; public monopolies; public utilities 又见关键设施原则;公共垄断;公用事业
natural 'partial' monopolies "部分"自然垄断 125,230-32
negative liberties 消极自由
　　concept of 概念 119,120
　　　of incumbent firms 在位企业的 120,121,124,128-9,137,153,342,347-8
　　versus positive liberties 对积极自由 153
　　potential entrants 潜在进入者 120
　　and property rights 与产权 132,253
　　and takings 与收入 205
negligence 疏忽 86,103,110,117,357-9
negotiation 谈判 40,45
Nelson, J. 尼尔森, J. 268
neo-classical economics 新古典经济学 32-3,40-41,58-60,82,164,226
neo-classical equilibrium 新古典均衡 80,81
neo-classical firms 新古典企业 73-4,164-5,243
neo-institutional economics 新制度经济学 12-13,25
neo-Walrasian theory 新古典瓦尔拉定理 9-11,93-4
net economies 净经济效益 318-21
net legal point 纯立法要点 332-3
new entrants 新进入者 147,228-9,272,342
　　see also entrants, potential 又见进入者,潜在
Nicholson, A. J. 尼科尔森, A. J. 284-5
no-leverage hypothesis 无杠杆假说 316
Noerr-Pennington doctrine 诺尔-彭宁顿原则 332,325-6
Noerr-Pennington Doctrine case study 诺尔-彭宁顿案例 326
noisy individuals 噪声个体 93-4
non-compliance 不遵守规则 19,20
non-contestable markets 不可竞争市场 211
non-market economics 非市场经济学
　　and antitrust law 与反托拉斯法 238
　　boundary 界限 241-3
　　and competition law 与竞争法 238,239-43,247-50,251-2,253,256-7,261-2,280
　　and competitive harm 与竞争性损失 251-3

and costs 与成本 285-6

definition 定义 237,241,251

and expendable competitors 与潜在竞争者 254-4

and market failures 与市场失灵 243-4

and ownership 与所有权 254

and rewards for innovation 与创新收益 245-6

and Schumpeter's competitive process 与熊彼特竞争性过程 271-6

and transaction costs 与交易成本 67,74-5,81

unobservability of assumptions 假设的不可观察性 238-9

non-negative prices 非负价格 161-2,173,174-5,181

normative 规范性的 21,22,23,28,32,34,标准的 107,108

obedience see compliance 遵守见服从

obligations 责任

and behaviour 与行为 17,18-20

and compliance 与遵守 28

and contract law 与合同法 12

employees 雇员 188

and firms 与企业 23-4

legal 法定的 86,163

in markets 市场中 162

sanction theory 制裁理论 17-18,19,163

to society 对社会 28

and trade-off 与权衡 22

voluntary 自愿的 12,28

obvious offences 显著侵权 327-9

OECD 经合组织 191,346-7

Oil Wells and Singers case study 油井与歌手案例 89-90

oligopolies 寡头

and competition policies 与竞争政策 313

cooperation 合作 168

description 说明 302

and game theory 与博弈论 244

management 管理层 212

models 模型 147

profits 利润 278

regulation 规则 248-50,2-98-302,339-40

oligopolistically structured industry 寡头垄断产业 183-4,185,199,278,280,290

onus of disproof 责任反证 358

opportunism 机会主义 118,193

opportunity costs 机会成本

and compensation 与补偿 154,170-71

and competition 与竞争 123

contracts 契约 61, 63, 86, 87,

88,99
  and entry prices 与进入价格 128-9,149-50,155
  and liability 与责任 99,105
  and market entry 与进入市场 169
  neo-classical firms 新古典企业 73
owners 所有者 40,45,74,75
ownership 所有权
  change if 改变 45-6,48-9
  and control 与控制 324
  costs 成本 44,205
  disputes 争端 2-3,争论 89
  and exchange 与交换 10,11-12,32
  and government 与政府 54-5
  and justice 与公正 88-9
  and non-market economics 非市场经济学 254
  and rights 与权力 31-2
  in s-firm s 型公司中 45-6,48-9
  and stakeholders 与利益相关者 23-4
  structures 结构 325
  and transfer rights 与转让权利 33,119
p-firms p 型公司 40-41,44,46,50-51,243
paradox of compensation 补偿悖论 79-80
paradox of price 价格悖论 13-15,355
parallel pricing 平行定价 156-7,176-7
parallel trade 平行贸易 199,201,202
Pareto efficiency 帕累托效率
  and bargaining 与讨价还价 68-9
  and compensation 与补偿 79-80,169-70
  and contracts 与契约 66-8,72,75,86-7
  and damages 与损失 82-3,84
  definition 定义 95
  and exchange 与交换 66-7,91-2
  and information constraints 与信息限制 27-8
  and legal rules 与法律规则 15-16
  property rights 产权 119
  and Ramsey pricing 与拉姆齐定价 226
  and values 与价值 55-6
Pareto non-comparability 帕累托非可比性 69,75
Peltzman,S. 佩尔茨曼,S. 132,223
Peltzman's dilemma 佩尔茨曼困境 132-3
Peltzman's Dilemma case study 佩尔茨曼困境案例 132-3
Penrose,E. 彭罗斯,E. 267
perfect competition 完全竞争 34,

67, 128-9, 166, 167, 184, 243-5, 271

perfectly contestable markets 完全可竞争市场 211, 223-4, 226-7

performance 绩效 348-9

personal liability 个体义务 189

φ-factor φ因子 43, 45, 49, 50-51, 52

policies 政策 170-71

   see also competition policies; merger policies; public policies; redistribution policies; social policy; trade policies 又见竞争政策；合并政策；公共政策；再分配政策；社会政策，贸易政策

Polinsky, M. 波林斯基, M. 102, 103, 108, 111

politics 政治学 223, 政治 239

poor persons 穷人 70, 75

positive comity 主动让步 346-8

positive liberties 积极自由 119, 120, 121, 128, 132, 153, 205

Posner, R. 波斯纳, R. 15, 25, 43, 71, 95, 96, 108, 146, 162, 212, 237, 277-8, 298

Posnerian efficiency 波斯纳效率 15, 16, 35, 36, 105, 147

precautions 预防 103-4, 110-11, 358-9

Precis on Tying case study 捆绑销售案 305-6

predatory pricing 掠夺性定价 171-3, 174-5, 192, 270-71, 331

preferences 偏好 18-19, 20-21, 26, 27, 29

price coordination 价格协议 275, 289-90

price-cost margins 价格-成本差额 285-6

price discounts 价格折扣 348, 349, 350, 351

price discrimination 价格歧视 202-3, 204, 303-5, 306-7, 340, 349, 352-3, 363

price fixing 价格协定

   and antitrust law 与反托拉斯法 17, 20, 176-7, 261, 271

   and ASP 与价格的偶然一致性 180-81, 288

   as 'bad' 不好的 261, 280-81

   and cartels 与卡特尔 185, 275

   and competition 与竞争 184, 261-2, 276

   and competition law 与竞争法 261-4

   and market failures 与市场失灵 262-3

   and risks 与风险 262, 263

   strategies 策略 188

   and transaction costs 与交易成本 262, 263

prices 价格
　　and antitrust law 与反托拉斯法 340,346
　　below cost 低于成本 173-4,223,260,267
　　and cartels 与卡特尔 13,185,275,360
　　commitment 委员会 303
　　competition law 竞争法 332,346
　　competitive 竞争性的 13-15,竞争 151-3,169-70,184,214,256-7,260
　　and concentration 与集中化 331
　　and consumers 与消费者 181,184,261,270,280-81,342,348,349
　　and contracting 与签订契约 63
　　cooperation 合作 176-7,278
　　elasticity 弹性 208,217,222,226
　　fairness 公平 267,363
　　and information 与信息 223,289-90
　　and innovation 与创新 192,346
　　and LAC (long-run average costs) 与长期平均成本 225
　　and marginal costs 与边际成本 259
　　and marginal revenue 与边际收益 259
　　and markets 与市场 161,162,256,267,297-8
　　mergers 兼并 214,215,216
　　movement 变动 176-7
　　negotiation 谈判 40
　　and non-compliance 与不遵守规则 19
　　non-negative 非负 161-2,173,174-5,181
　　and politics 与政治学 223
　　reaction 反应 303-4
　　regulation 管制 211,353-5
　　sustainability 可持续性 224-6,228
　　and time 与时间 351-2
　　see also aggressive pricing; ASP (accidental sameness in price); contestable pricing; discount pricing; efficient entry price; entry price; equilibrium prices; leximin pricing; long-run competitive prices; market prices; monopoly price; n-Tuple pricing; parallel pricing; Ramsey pricing; real competitive prices; sustainable prices 又见 侵略性定价；ASP（价格偶然一致性）；竞争定价；折扣定价；有效进入价格；进入价格；均衡价格；莱西明定价；长期竞争性格；市场价格；垄断价格；n 重定价；平行定价；拉姆

齐定价；真实竞争性价格；可持续价格

principal-agency relationships 委托-代理关系 57,64

principle of unanimity 全体一致原则 36,37

private monopolies 私人垄断 195

privatization 私有化 42,54,55,56

producers 生产商 223,317

product life cycles 产品生命周期 205-6

production 生产 216,225-6,277,315-16

productivity 生产力 24-5,26,28,生产率 33,42,43,45,46,48-52,269

products 产品
  and economies of scale 与规模经济 227-8
  and economies of scope 与范围经济 225-26
  quality 质量 170,205,211,270
  substitutability 可替代性 150-51,152-3,297,299

Professional Fee Schedules case study 专业收费清单案例 262

profit maximization 利润最大化 73,167,209-10,301

profits 利润
  and competition 与竞争 169-70
  and entry barriers 与进入壁垒 130
  monopolies 垄断 123,147
  oligopolies 寡头垄断 278
  p-firms p型企业 41,46
  s-firms s型企业 33,42,48,49,53
  and Walrasian model 与瓦尔拉模型 13
  see also Cournot profits; monopoly profits; supra-normal profits 又见古诺利润；垄断利润；超额利润

promises 承诺 63,84-91

proof 证据 188

property rights 财产权
  assignment 分配 32,33-9
  categories 种类 31-2,33
  and Coase theorem 与科斯定理 71
  and competition 与竞争 123,133-6,167
  concept 概念 31,32
  and contracts 与契约 32,33,34,60
  and efficiency 与效率 35-36,119
  and enforcement 与执行 34-5
  and entry barriers 与进入壁垒 168-9
  and exchange 与交换 32,33,39
  incumbent firms 在位企业 133,154-5,169-70

legal definition 法律定义 34

and LRH model 与LRH模型 34,119

market prices 市场价格 34,119

and negative liberties 与消极自由 132,253

perfectly competitive equilibrium 完全竞争均衡 34

productivity 生产率 24-5,26,28

and property value 与资产价值 34,38

and regulation 与规则 44,54-5, 123-4,133-6

and rent-seeking 与寻租 24,25, 56,154-5

and rules of the game 与博弈规则 36-9

in s-firms s型公司中 24,25,32, 43-6,48-9,50,51,52-3

and social norms 与社会标准 32,34

and strict liability 严格赔偿责任 109

structures 结构 34-6

and takings 与收入 205

transaction costs 交易成本 35-6, 38-9

and x-inefficiency 与x无效率 24, 25,147

prospect theory 预期理论 106

public choice theory 公共选择理论 209,243

public good 公共物品 11,18,123, 163-4

public monopolies 公共垄断 195, 199,229,公共性垄断者 312, 341,347

public ownership 公共所有权 209-10

public policies 公共政策 208-9, 214-23

public utilities 公共事业 119,124-5, 133,154,公共效用 211,229, 341,347

see also electricity industry; essential facilities doctrine; natural monopolies; public monopolies; telecommunications 又见电力行业；关键设施原则；自然垄断；公共垄断；电信

punishment 惩罚 105,108

quality,product 产品质量 170,205, 211,270

quasi-rents 准租金 25,33,43-5,46, 213-14,229,342

Rabin,M. 拉宾,M. 22-3

Ramsey pricing 拉姆齐定价 226, 227,363

Rasmusen,E. 拉斯姆森,E. 20,64, 71-2

rational choice 理性选择 237,241, 251

rational deduction, and morality 理性推理,与道德 3-4

rational economic action 理性经济行为 57-8,65,188-9

rational individuals 理性个体 18, 32,93-4,116,117-18

Rawls,J. 罗尔斯,J. 74,116,170

Raz,J. 拉兹,J. 19-20

R&D 研发 193,206,245,346

reach of the law 法的边界 260-65

reaction,price 反应,价格 303-4

real competitive prices 真实竞争价格 179-80,275-6

real economy 实际经济 361-2

reason,human 理性,人类的 5

reasonable care 合理的照顾 103, 110-11

reasons 理由 19,20

recontracting 重新签订契约 66

redistribution 再分配 78,166,168, 178-9,253

redistribution policies 重新分配政策 70,72

regulation 监管
 and advocacy 与倡议 191
 case selection 案件选择 203-4
 and compensation 与补偿 131, 148,162

and competition 与竞争 13-14, 157-8,190-91,324-5,327

of concentration 集中 249

costs 成本 232

effectiveness 有效性 185-6

and efficient entry 与有效进入 145,146,147-9

and entry barriers 与进入障碍 123-4,138-9

environment of regulator 规制者的环境 185-93

and essential facilities doctrine 与关键设施原则 138-9,140,278

firms 企业 42-3,55,119,123-4, 139,154,192-3

and liberty 与自由 119,120-21, 123-4,132-3,153-5

and litigation 与诉讼 187

and LMC (long-run marginal costs) 与长期边际成本 223,233

and market definition 与市场定义 333

and market power 与市场势力 123

mergers 兼并 213,337-41,344-5, 347-8

monopolies 垄断 123,124,125-6, 127-8,132-6,153,154

oligopolies 寡头垄断 298-302,339

and prices 与价格 13-14, 211, 352, 353-5
and property rights 与产权 44, 54-5, 123-4, 133-6
and quasi-rents 与准租金 213-14
and short period 与短期 290
task of regulator 规制者的任务 138-9
theories 理论 223
see also national competition agencies (NCAs) 又见国家竞争机构 (NCAs)

regulations, European Union 欧盟规制条例 196, 238, 239, 242, 337-41, 344-5, 347-8
relationships 关系 269
Relevance of Freedom of Contract case study 契约的相关自由案 59
relevant firm 相关企业 323-4
religion 宗教 5, 334-5
rent redistribution 租金再分配 166, 167, 168, 178-9
rent-seeking 寻租
and Coase theorem 与科斯定理 16
and competition policies 与竞争政策 203
and liberties 与自由 169
and market failures 与市场失灵 341-2

monopolies 垄断 123, 124, 126, 232
and preferences 与偏好 108
and property rights 与产权 24, 25, 56, 154-5
and x-inefficiency 与x无效率 24-5, 147, 185, 243
rents 租金 131, 132-3, 184, 223, 243, 253
reputation 声誉 233-4
res ipsa loquitur 事实自言 357-9, 360
Res Ipsa Loquitur V. 'Last Clear Chance' case study "事实自己说话"与"最后避免机会"案例 358-9
resources 资源 10-11, 25, 26-7, 31, 32, 33, 252, 284-5
see also property rights 又见财产权
rich persons 富人 70, 75
Ricketts, M. 里克茨, M. 41, 58, 267, 268, 269, 319
rights 权利 5-6, 35, 120, 253, 356-7
see also intellectual property rights; legal rights; property rights; user rights 又见知识产权；合法权；财产权；用户权
RIO (reference interconnect offer) 相互接入的基准价格 128
risk analysis 风险分析 208

risk premium 风险溢价 121
risks 风险 33,97-9,104,153,262,263,361
　　see also market failures; shocks; uncertainty 又见市场失灵；冲击；不确定性
rival firms 竞争性厂商 228,229-30,231,266,279,298,313-14,331
Roberts,J. 罗伯茨,J. 39,41,57,68,73-4,183 327
Rousseau,J.J. 卢梭,J.J. 29
Rubinfeld,D. 鲁宾菲尔德,D. 20,82
rule of reason 推理规则 261
rules 规则 3-4,11,12,41-2,212
　　see also legal rules; rules of the game 又见法律规则；博弈规则
rules of the game 博弈规则 25,36-9,53,324-5
s-firms s型公司
　　bargaining 讨价还价 45
　　and conflict 与冲突 46,47,52
　　contracts 合同 25,契约 41-2,44,319
　　description 描述 41-3
　　diseconomies 非经济 46,53
　　governance structures 治理结构 52-6
　　incentives 动机,激励 33,44
　　and knowledge 与知识 32,44

management 管理者 33,41,43,44,45,49,51,52,54,244
motivation 动机 45-6
negotiation 谈判 45
and obligation 与责任 23-24
ownership changes 所有权变更 45-6,48-9
productivity 生产力 24,生产率 33,42,45,46,48-52
profits 利益 33,42,48,49,53
property rights 财产权 24,25,产权 32,43-44,43-6,48-50,51,52-3
and quasi-rents 与准租金 43-5,46
and regulation 与规制 42-3
risks 风险 33,361
structure 结构 32-3
technology set 技术集 48-52
transaction costs 交易成本 45,52
Salanie,B. 萨拉尼耶,B. 63,71
Samuelson-Little criterion of distributional efficiency 萨缪尔森-里特分配效率标准 78,79,82
sanctions 制裁
　　and competition policy 与竞争政策 186-7
　　costs 成本 105
　　and efficiency 与效率 36-8
　　fairness 公平 102
　　and illegal gain 与非法所得 103

and norms 与规则 22

and obligations 与义务 17-18, 19,163

size 尺度 19,20,22

Schumpeter, J. 熊彼特, J. 195,272, 283,292

Schumpeter's competitive process 熊彼特竞争过程 194-6, 271-6, 283,292,297,312-13,340

Scitovsky compensation test 斯托夫斯基补偿标准 77-8

scramble competition 抢夺性竞争 155,291,292,296,307,340

Sealink/B&I Holyhead case study 西林克/B&I 与荷利赫德案例 141

self-interest 自利 3-4,17,22-3,28,74,利己 163

shareholders 股东 49, 75, 164-5, 210,323-5

shareholding 控股 324-5,329

sharing 分享 10-11,份额 115-17

Shavell, S. 沙维尔, S. 58,103,108, 111,234,235

Sherman Act (US)《谢尔曼法》(美国) 135-6,156-7,197,261,305

shipment analysis 运输成本分析 122-3

shocks 冲击 145,251,274,361

short period 短期 216, 279-80, 282,290

Sidak, G. 斯达克, G. 128,133,155, 170,225,257,280,305

SIEC test 严重妨碍有效竞争标准 196-7,238,338,339,340

signals 信号 163-4,205,327

significant market power (SNP) 显著市场势力 298

simple contracts 简单合同 85

SLC (substantial lessening of competition) test 竞争实质性减少标准 197,339,340

small countries 小国 192,195,198

small domestic businesses 国内小企业 195,313

small firms 小企业 165, 171, 192, 195,203-4

small islands 小岛 139-41

social contracts 社会契约 41-2, 56,73

social costs 社会成本 99-100,103-4,114,146,235,341

social policy 社会政策 80

social values 社会价值观 25-6

society 社会 28, 29, 32, 106, 108, 109-10,118

specific performance 具体表现 87-8,106

spulber, D. 斯普尔伯, D. 128, 133, 170,225

SSNIP test 价格的显著、持续微量上升检验 121, 296-7, 298-302

stakeholders 利益相关者 23-4, 25, 26, 32, 106

    see also management; owners; ownership; worker-stakeholders 又见管理层；所有者；所有权；工人利益相关者

standards, and legal rules 标准和法律法规 102-3, 177

statutory law 法定的法律 15, 法定法规 100

Stigler, G. 斯蒂格勒, G. 14, 97, 130, 156, 219, 273, 275, 280, 285, 340

strategic behaviour 策略性行为 16, 163-4, 264, 278, 281, 286, 292-3

    see also game theory 又见博弈论

strategic firms 战略企业 342-4, 357

strict liability 严格赔偿责任 103-4 109 110, 117, 358

structure-conduct-performance (SCP) model 结构-行为-绩效模型 207-8, 209, 213, 253

sub-additive costs 次可加成本 225, 229, 230, 231

substitutability 可替代性 150-51, 152-3, 297, 299, 317

sunk costs 沉没成本 121, 124, 125, 131, 147, 220, 226, 227, 232

super-dominance 超支配地位 138

super-game approach 超级博弈方法 246-7, 251

Superior Propane case study 高级丙烷案例分析 214-16

suppliers 供应商 211, 313-14, 317

supply 供给 174, 297, 298, 299

supply chains 供应链 245, 310, 311, 315, 319, 348, 352-3

    see also vertical arrangements; vertical restraints 又见垂直安排；垂直约束

supra-normal profits 超额利润 123, 130, 184, 27, 331

surpluses 剩余 221-2

sustainable prices 可持续价格 224-6, 228, 261

Sutton, J. 萨顿, J. 130, 156, 331

tacit collusion 合谋 21, 默契共谋 176, 244, 合谋 273-4, 275, 288, 289, 339, 340

Tacit Collusion and Gencor/Lonhro case study 合谋与范科/伦何案例 273-4, 280

takings 收入 205

taxes 税 19, 20, 47, 70

Taylor, C. 泰勒, C. 118

TCE (transaction cost economics) 交易费用经济学 208-9, 234, 316, 319, 322

technology 技术 146, 227, 264, 307
telecommunications 通信 124, 127, 128, 134-6, 138-9, 140, 147-8, 151, 157, 电信业 228-9, 341
Television Listings/Magill case study 电视节目预告/马吉尔案例 144-5
Thaler, R. H. 泰勒, R. H. 23
third parties 第三方 64, 74, 78, 79, 82, 83, 93, 190-91
threats, external 外在威胁 293, 294
time 时机
 and contracting 与签订契约 60-61, 86, 98
 and economies of scale 与规模经济 227
 and firms 与企业 266, 307
 Kahn's short period 卡恩的短期 216, 279-80, 282, 290
 and market systems 与市场体系 302
 and markets 与市场 209, 266
 and prices 与价格 351-2
 transient monopolies 暂时的垄断者 228-9, 341
Tirole, J. 梯若尔, J. 147, 148-9, 183, 228
Tobin's q 托宾 q 131-3, 298-9
tort law 侵权法 12, 民事侵权行为法 57, 64, 95, 98, 99-100, 106, 侵权(行为)法 253
tortfeasors 民事侵权者 110-11, 112, 113-18, 358
torts 民事侵权行为 98, 109-11
trade 贸易 10, 11-12, 122-3
trade-offs 权衡
 classic antitrust 古典反托拉斯 281
 and competition law 与竞争法 253
 economic 经济学的 188-9
 and obligations 与责任 22
 and property rights 与产权 36
 and public policies 与公共政策 214-23
 welfare 福利 221-2, 341-2
trade policies 贸易政策 198, 321
tragedy of the commons 公地的悲剧 106, 167
traité octroyé 条约授予 41-2, 56, 73
transaction costs 交易成本
 and contract law 与契约法 60-61, 69, 74-5
 definition 定义 1
 and FBF model 与竹笛寓言模型 12
 of law 法律的 4
 and legal rules 与法律规则 16
 and non-market economics 与非市场经济学 67, 74-5, 81

'off the contract curve' 偏离契约曲线 67
and price-fixing 与定价 262, 263
in price negotiation 价格谈判 40
and property rights 与产权 35-6, 38-9
s-firms s 型公司 45, 52
and vertical arrangements 与垂直安排 318, 319, 320-21
zero 零 4, 39, 52, 69, 80-81, 82
Tullock-Posner-Krueger rent-seeking 塔洛克-波斯纳-克鲁格寻租 25
Two Petrol Stations case study 两个加油站的案例分析 314-15
tying 搭售 305-6
Tyler, T. R. 泰勒, T. R. 26, 28, 101, 103
UK 英国 139, 197-8, 210, 247-8, 263, 276, 324, 332, 339, 351, 353
Ulen, T. S. 乌兰, T. S. 60, 67, 88, 95, 96, 103, 104, 109, 118, 234, 359
ultimatum game 终极博弈 3-4, 23
uncertainty 不确定性 21, 27-8, 32, 54, 233, 289, 290
unemployment 失业 49, 51, 52
unfairness 不公平 27, 103
Uniform Commercial Code 统一商法典 100, 101
unilateral effects 单边结果 339

United Brands v. Commission case study 美国布兰兹与欧盟委员会案例 142-3, 348
universal laws 普遍适用的法律 6-7
unobservability 不可观察性 238-9
unwilling uncompensated transfers 非意愿的非补偿转移支付 25
US 美国
  antitrust law 反托拉斯法 174, 175, 179, 188, 208, 242, 274-5, 276, 322, 325-6, 347, 350, 351 (see also Clayton Act (US); Sherman Act (US))［又见《克莱顿法案》(美国); 《谢尔曼法》(美国)］
  competition policies 竞争政策 312
  homestead principle 宅基地原则 74
  intellectual property rights 知识产权 200, 201, 202
  litigation 诉讼 187
  proof 证据 188
  SLC (substantial lessening of competition) test SLC(竞争的实质性减少)标准 339, 340
US Department of Justice 美国司法部 219, 296-7, 361-2
US Supreme Court 美国最高法院 134-6, 221, 305, 351, 359, 360
user rights 使用权 31-2, 33, 35-6, 39

utilitarianism 功利主义 7-8
value 价值 3-4,34,38,99,329-35
value-maximisation 价值最大化 3, 67,68,70,71,75,167
values 价值观 5,25-6,55-6,103
Vanberg,V. 万博格,V. 28,53
veil of ignorance 无知之幕 116,170
Verizon Communications Inc. v. Law offices of Curtis V Trinko (1966) case study 韦瑞森通信公司与柯蒂斯-崔科律师事务所(1996)案例 134-6
vertical arrangements agreements 垂直安排协议 313-16
    and cases 与案例 204,247-8
    and competition 与竞争 194
    and competition policies 与竞争政策 312,313
    control 控制 320
    and economies of scale 与规模经济 318,320
    effects 影响 330
    efficiencies 效率 245,318,331
    and entry 与进入 245,311
    and market share 与市场份额 315,320
    and net economies 与净经济效益 318-21
    transaction costs 交易成本 318, 319,320-21

    and welfare 与福利 317,319, 320-21
    and x-inefficiency 与 x 无效率 317,319
vertical restraints 垂直约束 194, 200, 240, 311-12, 314, 316, 317,318
victims 受害人 103,104,109,110
wages 工资 42,44,51
Walras,L. 瓦尔拉,L. 92
Walras-Cassel model 瓦尔拉-卡塞尔模型 11,287
Walrasian model 瓦尔拉模型 9-13, 14,61,91-3,171-8
Waterson, M. 沃特森, M. 314, 317,318
wealth effects 财富效应 3,4,35,68, 69,75,78
wealth maximization 财富最大化 16,95-6,福利最大化 226,261
welfare 福利
    and competition 与竞争 192-3, 202-3
    consumers 消费者 180,340,349, 355-6
    and ethics 伦理 7
    and law 与法律 80,116,179,180
    loss 损失 150,151,169,232
    and mergers 与兼并 214-16,217- 18,221-2

and net economies 与净经济效益 319

and price discrimination 与价格歧视 202, 313

surplus measures 剩余测度 221-5

trade-offs 权衡 221-2, 341-2

and vertical arrangements 与垂直安排 317, 318-19, 320-21

see also Pareto efficiency 又见帕累托效率

welfare weights 福利的权重 215

whistle-blowers 告密者 190-91, 234-6, 310

Williamson, O. 威廉姆森, O. 12-13, 33, 208, 212-13, 214, 221-2, 233-4, 316, 346

Winston, C. 温斯顿, C. 340, 342

Winter, A. 温特, A. 268

Work-effort 工作努力程度 26, 43, 44, 45, 46, 49-51, 52, 53, 54, 74, 165

Workable competition 可行性竞争 125-6, 148, 149, 153-4, 245, 271, 307

Workable Competition in a Regulator's World case study 规制者世界的可行性竞争案例 126

Workable Competition in Competition Assessment case study 竞争评估中的可行性竞争案例 126

worker-stakeholders 工人-利益相关者 24-5, 26, 33, 41, 43-4, 45-6, 49-53, 54, 319

workers 工人 24, 26, 40, 73, 74, 165, 269

x-efficiency x 有效率 119, 313, 317

x-inefficiency x 无效率

  costs 成本 315, 316

  definition 定义 315-16

  and management 与管理 315-16

  and mergers 与兼并 222

  and n-boss firms 与 n 个老板的公司 24

  and natural monopolies 与自然垄断 315

  new entrants 新进入者 228-9, 342

  and property rights 与财产权 24, 25, 147

  and rent-seeking 与寻租 24-5, 147, 243

  and s-firms 与 s 型企业 47

  and vertical arrangements 与垂直安排 317, 319

zero-sum rule 零和规则 288-9, 298

图书在版编目(CIP)数据

法、经济学与反托拉斯:一个新视角 /(爱尔兰)帕特里克·A.麦克纳特著;段文斌等译.—北京:商务印书馆,2024
ISBN 978-7-100-23432-0

Ⅰ.①法… Ⅱ.①帕… ②段… Ⅲ.①经济学—应用—反垄断法—研究 Ⅳ.①D912.290.4

中国国家版本馆 CIP 数据核字(2024)第 045000 号

权利保留,侵权必究。

法、经济学与反托拉斯
—— 一个新视角

〔爱尔兰〕帕特里克·A.麦克纳特 著
段文斌 等译

商 务 印 书 馆 出 版
(北京王府井大街36号 邮政编码100710)
商 务 印 书 馆 发 行
北京市艺辉印刷有限公司印刷
ISBN 978-7-100-23432-0

2024年6月第1版	开本 880×1230 1/32
2024年6月北京第1次印刷	印张 17⅛

定价:118.00元